사도신경

예배가 있는 필사 성경

님께

년 월 일

드림

예배가 있는 필사 성경은

말씀마다 '메시지(설교)'와 '관련 찬송가'가 있어
'혼자 드리는 예배', '가정예배' 성경으로 활용할 수 있습니다.

'단어마다 줄바꿈'을 하면서 쓸 수 있게 공간이 넉넉합니다.

'기도 제목'을 기록하고 신앙 생활의 기록이 되게 합니다.

예배가 있는 필사 성경

2020년 12월 03일 초판 1쇄 인쇄
2020년 12월 15일 초판 1쇄 발행

발행인 | 김혁연

발행처 | 후람

편자 | 후람

주소 | 경기도 의정부시 청사로45 플래티넘프라자 702-49호

전화 | 031-827-3231

팩스 | 0505-115-3231

E-mail | hurampub@naver.com

Homepage | www.huram.co.kr

등록 | 제2014-000003호

ISBN | 979-11-86114-46-9 04230 / 979-11-86114-45-2 04230(세트)

Printed in Korea

신앙기록

부부

범사에 우리 주 예수 그리스도의 이름으로 항상 아버지 하나님께 감사하며
그리스도를 경외함으로 피차 복종하라 (엡 5:20-21)

이름	세례일	집례목사(교회)
생년월일	결혼일	주례자
교회(직분)	좋아하는 성구	좋아하는 찬송

이름	세례일	집례목사(교회)
생년월일	결혼일	주례자
교회(직분)	좋아하는 성구	좋아하는 찬송

자녀

아브라함에게 허락하신 복을 네게 주시되 너와 너와 함께 네 자손에게 주사
너로 하나님이 아브라함에게 주신 땅 곧 너의 우거하는 땅을 유업으로 받게 하시기를 원하노라 (창 28:4)

이름	세례일	집례목사(교회)
생년월일	결혼일	주례자
교회(직분)	좋아하는 성구	좋아하는 찬송

이름	세례일	집례목사(교회)
생년월일	결혼일	주례자
교회(직분)	좋아하는 성구	좋아하는 찬송

이름	세례일	집례목사(교회)
생년월일	결혼일	주례자
교회(직분)	좋아하는 성구	좋아하는 찬송

이름	세례일	집례목사(교회)
생년월일	결혼일	주례자
교회(직분)	좋아하는 성구	좋아하는 찬송

활용법

성경 쓰기 예

필사한 날짜 기록

단어별로 띄어쓸 수 있게 만든 여유로운 쓰기 공간

읽기 편하고 쓰기 편하도록
단어마다 줄바꿈 하면서 쓸 수 있게
공간이 넉넉합니다.

예배순서
1 사도신경
2 관련 찬송
3 말씀

필사를 말씀의 의미를 알아가며
묵상과 예배의 시간이 되도록
예배 순서와 말씀 관련 찬송가를
표시했습니다.

창세기 4장 8

창

년 월 일 요일

|사도신경 |찬송 8, 64, 69장 |말씀 창 4:1~8

가인과 아벨

4 아담이 그의 아내 하와와 동침하매
하와가 임신하여 가인을 낳고 이르되
내가 여호와로 말미암아 득남하였다
하니라
2 그가 또 가인의 아우 아벨을 낳았는데
아벨은 양 치는 자였고 가인은 농사하는
자였더라
3 세월이 지난 후에 가인은 땅의 소산으로
제물을 삼아 여호와께 드렸고
4 아벨은 자기도 양의 첫 새끼와 그
기름으로 드렸더니 여호와께서 아벨과
그의 제물은 받으셨으나
5 가인과 그의 제물은 받지 아니하신지라
가인이 몹시 분하여 안색이 변하니
6 여호와께서 가인에게 이르시되 네가
분하여 함은 어찌 됨이며 안색이 변함은
어찌 됨이냐
7 네가 선을 행하면 어찌 낯을 들지
못하겠느냐 선을 행하지 아니하면 죄가
문에 엎드려 있느니라 죄가 너를 원하나
너는 죄를 다스릴지니라
8 가인이 그의 아우 아벨에게 말하고
그들이 들에 있을 때에 가인이 그의 아우
아벨을 쳐죽이니라

아벨의 제사는 받으시고 가인의 제사는 받지 않으셨습니다. 받지 않았다는 것은 매우 성급한 해석입니다. 요일 3:12에 보면 그의 악한 모습을 기록하고 있습니다. 악인이 드리는 제물은 가증스러운 것입니다(잠 21:27). 악한 마음을 가지고 드리는 제물은 그것의 양과 질에 상관없이 거짓된 것입니다. 그 제물을 하나님께서 받으실 리가 없는 것입니다. 그리스도인은 삶 전체가 하나님께 바치는 제물이 되도록 해야 합니다.

4 아담이 그의 아내 하와와 동침하매 하와
가 임신하여 가인을 낳고 이르되 내가 여
호와로 말미암아 득남하였다 하니라
2 그가 또 가인의 아우 아벨을 낳았는데 아
벨은 양 치는 자였고 가인은 농사하는 자
였더라
3 세월이 지난 후에 가인은 땅의 소산으로 제
물을 삼아 여호와께 드렸고
4 아벨은 자기도 양의 첫 새끼와 그 기름으
로 드렸더니 여호와께서 아벨과 그의 제물

주기도문

년 월 일 요일

|사도신경 |찬송 259, 260, 268장 |말씀 창 4:9~15

9 여호와께서 가인에게 이르시되 네 아우
아벨이 어디 있느냐 그가 이르되 내가
알지 못하나이다 내가 내 아우를 지키는
자니이까
10 이르시되 네가 무엇을 하였느냐 네
아우의 핏소리가 땅에서부터 내게
호소하느니라
11 땅이 그 입을 벌려 네 손에서부터 네
아우의 피를 받았은즉 네가 땅에서
저주를 받으리니
12 네가 밭을 갈아도 땅이 다시는 그 효력을
네게 주지 아니할 것이요 너는 땅에서
피하며 유리하는 자가 되리라

활용법

「**예배가 있는 필사 성경**」은 **하나님 말씀의 필사**를 은혜의 시간, **예배의 시간**이 되게 하며
마음과 정성을 다한 필사를 마치고 나서는 **'혼자 드리는 예배'**나 **'가정 예배'**의 **성경**으로 사용하여
신앙 생활의 기록이 되게 하시길 바랍니다.

9 **창세기 4장**

13

14

15

년 월 일 요일

|사도신경 |찬송 259, 261, 320장 |말씀 창 4:16~24

가인의 자손

16 ●

17

18

19

20

21

22

23

24

가인이 아벨을 살해한 뒤 하나님께서 그를 찾아 오셔서 그 죄를 지적하셨습니다.
가인은 "내가 내 아우를 지키는 자니이까"라고 오만불손한 대답을 했습니다. 이미 다 알고 물으시는데 그는 자신에게는 죄가 없다는 듯이 말한 것입니다. 그러나 "감추인 것이 드러나지 않을 것이 없고 숨은 것이 알려지지 않을 것이 없는" 것입니다(마 10:26). 세상에 비밀이란 있을 수 없는 것임을 알아야 합니다.
회개의 기회를 주셨음에도 불구하고 가인은 죄를 숨기고 죄의 형벌에서 피할 수 있는 기회가 더 있을 것이라고 생각했습니다. 그러나 그의 손으로 흘리게 한 아벨의 핏소리를 하나님께서 듣고 계셨습니다. 사람의 눈은 가릴 수 있어도 하나님의 눈은 가릴 수가 없습니다. 하나님은 인간의 모든 것을 보고 계시고, 듣고 계시고, 알고 계십니다.
가인의 죄가 백일하에 드러났습니다. 회개하지 않고 숨기려 했던 그의 죄에 대한 형벌은 매우 고통스러운 것이었습니다. 그것은 아담의 경우보다 훨씬 더 가혹한 것이었습니다. 하나님은 회개하는 자를 용서하시고 그 누추한 삶의 기록을 기억지도 아니하시나, 끝까지 회개하지 않고 거짓을 일삼는 자에게는 그 죄 값을 치르게 하십니다.
우리가 자신의 죄에 대해 말씀의 지적을 받았을 때 즉각적으로 회개하는 것이 바람직합니다.

|**기도**(기도 제목)

|**주기도문**

예배가 있는 필사 성경

찾기에 도움이 되는 **인덱스**

창

성경 말씀의 **단락 표시**

성경 **절 숫자 표시**

절 숫자를 표시해 놓아서 맞춰 쓰기 편하게 했습니다.

예배순서
4 말씀 메시지

필사한 성경 말씀에 대한 메시지가 있어서 말씀 묵상과 혼자 드리는 예배나 가정 예배의 설교 말씀이 될 수 있습니다.

예배순서
5 기도(기도 제목)
6 주기도문

기도 제목을 기록함으로 기도 생활의 기록이 되게 합니다.

차례

구약전서

신약전서

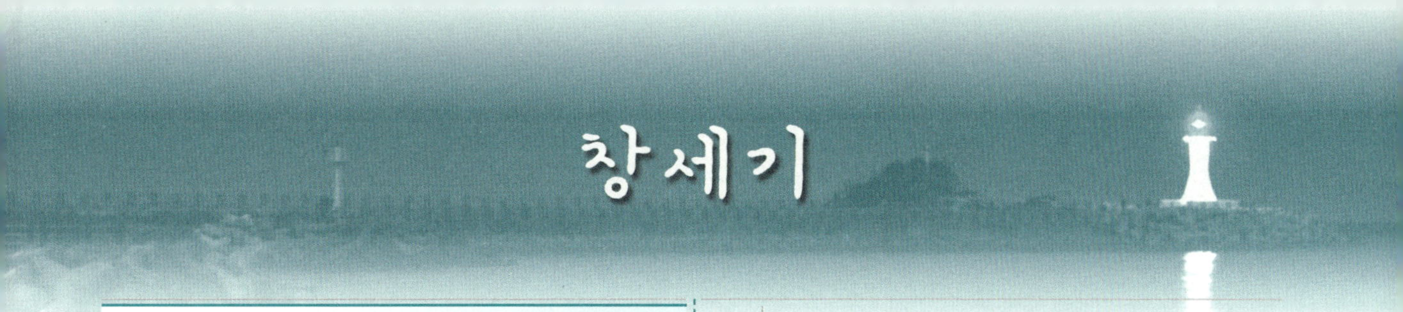

창세기

년 월 일 요일

|사도신경 |찬송 79, 78, 478장 |말씀 창 1:1~2

천지 창조

1

2

성경의 제일 첫 번째 주제는 "태초에 하나님이 천지를 창조하셨다"는 것입니다.

성경의 첫 주제의 주어가 하나님이라는 사실은 결코 우연이 아닙니다. 성경의 처음부터 끝까지, 그리고 성경의 구석구석을 하나님께서 완전히 장악하고 계십니다. 그러므로 성경은 하나님에 대한 책이 아니고 하나님이 직접 말씀하시는 책입니다. 모든 성경은 하나님의 입으로부터 나온 하나님의 말씀입니다.

태초라는 말은 시간적 상황 속에서 맨 처음에 또는 '시작이 있게 된 때에'라는 뜻입니다. 즉 이것은 역사의 시작을 의미합니다. 요 1:1에 태초는 이보다 훨씬 이전을 가리키는 '영원부터'라는 의미입니다. 결국 하나님이 '태초에' 천지를 창조하셨다는 것은 천지가 하나님에 의해 그 시작을 갖게 되었고 그 끝도 있다는 것입니다.

우주와 지구와 인류의 기원에 관한 여러 학설이 있습니다. 그러나 성경은 그 모든 것을 하나님이 창조하셨다고 단호하게 선언합니다. 창조란 말은 아무것도 없고 무질서한 상태(2)인 무에서 유를 만들어 내는 것으로서 생명체를 만들 때(1:21), 인간을 만들 때(1:27)도 역시 사용된 단어입니다.

이 성경의 첫 주제를 믿음으로 받아들이는 것이 신앙의 첫 출발입니다.

|기도(기도 제목)

|주기도문

년 월 일 요일

|사도신경 |찬송 69장 |말씀 창 1:3~25

3

4

5

6 ●

7

8

9 ●

10

11

12

13

창

14 ●

15

16

17

18

19

20 ●

21

22

23

24 ●

25

본문은 하나님이 우주 만물을 어떻게 창조하셨고 또 그 창조의 목적이 무엇인가에 대해 말씀하고 있습니다.

"하나님이 이르시되"라는 구절이 본문에 8회나 기록되어 있습니다. 이것은 하나님의 말씀으로 우주 만물이 창조되었고, 그 하나님의 말씀은 절대적인 권위와 능력을 갖고 있음을 보여줍니다(시 19:1, 104:24, 렘 10:12).

"하나님이 보시기에 좋았더라"라는 구절이 창세기 1장에서만 7번이나 사용되었습니다. 하나님께서는 자신의 기쁨과 영광을 위한 목적으로 우주 만물을 창조하신 것입니다(롬 11:36, 고전 15:28). 그러므로 하나님의 것인 성도는 하나님 보시기에 좋고, 하나님께 영광 돌리는 삶을 살아야 합니다(고전 10:31, 벧전 4:11).

하나님은 공허하고 무질서한 상태에서 인간을 내지 않으시고 모든 것이 완벽하게 갖추어진 마지막 단계에서 인간을 창조하셨습니다. 하나님은 우주 만물 그 어느 것보다도 인간을 귀하게 여기시며, 인간에게 날마다 풍성한 것으로 채워주시는 은혜를 베푸십니다(요 10:10, 롬 8:32).

피조물인 우리는 창조주 하나님의 창조 목적에 부합한 삶을 살아야 하겠습니다.

기도(기도 제목)

주기도문

년 월 일 요일

사도신경 **찬송** 305, 401, 301장 **말씀** 창 1:26~31

26

27

28

29

30

31

하나님의 인간 창조에는 깊은 뜻이 담겨 있습니다. 왜 하나님께서는 인간을 가장 뛰어나게 창조하셨을까?

그것은 하나님의 창조 중에서 가장 마지막입니다. 이 사실은 다른 모든 피조물들이 인간을 위한 도구로써 만들어졌으며, 인간이 창조의 중심이며 클라이막스라는 것을 깨닫게 해 주는 것입니다. 또한 여기에서 인간의 필요에 대한 하나님의 관심과 준비가 얼마나 치밀하고 완전한가를 보게 됩니다.

인간이 다른 피조물들과 분명하게 다른 것은 인간은 신적 협의에 의해 하나님의 형상대로 창조되었다는 것입니다. 이것은 인간이 얼마나 고귀한 존재인가를 말해줍니다. 하나님의 형상이라 함은 하나님의 영적, 도덕적 본성을 의미합니다. 그래서 인간만이 하나님과 영적 교제를 가질 수 있습니다.

진화론에서는 인간이 지구상 아무 곳에나 우연히 나타난 것으로 보며, 실존주의에서는 인간은 던져진 존재라고 합니다. 그러나 성경은 분명히 하나님께서 인간에 대한 계획을 가지고 인간을 창조하셨음을 강조합니다. 인간을 최고의 존재로 만드셔서 다른 모든 피조물을 다스리도록 하는 문화적 사명을 주신 것입니다.

성도는 그리스도의 피로 구속함을 받은 보배로운 존재임을 인식하여 그 사명을 잘 감당해야 할 것입니다.

기도(기도 제목)

주기도문

년 월 일 요일

사도신경 **찬송** 44, 43, 46장 **말씀** 창 2:1~3

2

2

3

엿새 동안 모든 것을 다 만드신 하나님은 일곱째 날에 쉬셨습니다. 안식의 의미가 무엇인지 살펴봅시다.

하나님이 6일 동안의 창조 사역을 마친 후에 보니 보시기에 심히 좋았더라고 했습니다(1:31). 창조가 완전하였다는 것입니다. 이렇듯 하나님께서는 더 이상 손댈 필요가 없이 완벽하게 창조를 이루셨기 때문에 쉬셨습니다. 이는 또한 그것을 이루어 놓으신 일에 대한 성취의 기쁨과 평안 속에 들어가셨다는 뜻입니다.

특히 하나님이 이 날을 복 주사 거룩하게 하셨기 때문에 안식의 의미는 쉬는 것과 동시에 하나님께서 인간을 위해서 이 날을 제정하셨다는 데 있습니다(막 2:27). 그러므로 인간은 이 날을 다른 날과 구별하여 거룩하게 지켜야 하며, 그때에 하나님께서는 이 날을 통해 인간에게 참된 안식과 평안과 복을 허락하십니다.

창조주 하나님께서 안식하심으로써, 피조물인 인간도 하나님을 본받아 안식을 하게 하셨습니다. 하나님이 일곱째 날에 쉬신 것같이 인간도 일곱째 날에는 쉬어야 합니다. 또한 하나님이 엿새 동안 자신의 일을 행하신 것

같이 인간도 엿새 동안 자신의 일을 수행해야 합니다(출 20:8-11, 레 19:30, 시 118:24).

이 창조 가운데 정하신 안식의 정신과 의미는 주일로 바뀐 오늘날에도 결코 인간이 폐지시킬 수 없습니다.

기도(기도 제목)

주기도문

년 월 일 요일

사도신경 **찬송** 288, 305장 **말씀** 창 2:4~17

에덴 동산

4 ●

5

6

7

8

9

10

11

12

13

14

15

16

17

에덴동산의 모든 것을 허락하신 하나님은 오직 한 가지를 금지시켰습니다.

아담에게는 에덴동산의 모든 것을 마음대로 처리할 수 있는 권리가 주어졌습니다. 16절에 "네가 임의로 먹되"라는 구절이 그 증거입니다. 하나님은 인간을 로보트와 같은 존재로 만드시지 않았습니다. 생각하고 느끼고 행동하는 인격적인 존재로 만드셨습니다. 그래서 인간과 인격적인 관계와 교제를 원하시는 것입니다.

하나님은 인간이 자유의지를 굴복시켜 순종하는가의 여부를 시험하시기 위해서 선악과의 열매는 먹지 말라는 금지 조항을 만드신 것입니다. 다시 말해서 선악과는 우리가 하나님의 뜻에 순종하는 지의 여부를 판별할 수 있는 기준으로 세워 둔 것입니다. 인간에게는 순종할 수도 있고 불순종할 수도 있는 선택이 주어져 있습니다.

선악과를 먹는 날에는 반드시 죽으리라고 했습니다. 이것은 선악과를 따 먹는 행위 자체가 죽을 만한 일이라는 것이 아니라 하나님의 말씀에 불순종한 것이 죽을 만한 일이라는 것입니다. 여기에서 '죽음'은 영과 육이 분리되는 육체적 죽음뿐만이 아니라 인간의 영혼이 하나님과 분리되는 영적 죽음까지 모두 포함하는 것입니다.
우리는 많은 것을 할 수 있는 선택권을 갖고 있습니다. 하나님의 뜻을 이루어 복된 삶을 살아야 하겠습니다.

기도(기도 제목)

주기도문

년 월 일 요일

사도신경 **찬송** 602, 605, 604장 **말씀** 창 2:18~25

18 ●

19

20

21

22

23

24

25

하나님이 주례자가 되신 아담과 하와의 결혼을 통해 결혼의 참된 의미와 비밀을 살펴봅시다.

결혼은 인간이 자신의 필요를 위해 만든 것이 아니라 하나님이 에덴동산에서부터 친히 만드신 제도입니다. '부모를 떠나'라고 했습니다. 결혼한 남녀는 육체적으로, 정신적으로, 심지어 경제적으로도 완전히 독립해야 합니다. 남자는 부모의 보호로부터 벗어나서 이제부터는 아내를 보살펴야 하는 책임과 의무를 갖게 되는 것입니다.

하나님은 아담이 홀로 있는 것을 보고 돕는 배필 하와를 만드셔서 둘을 결혼시키셨습니다. '합하여'란 동등한 인격을 가진 한 남자와 한 여자의 육체와 영혼이 하나가 되는 것을 의미합니다. 두 인격체가 가정이라는 하나의 공동체를 이루어 서로 사랑하는 것이 결혼인 것입니다. 그리고 이 결혼은 사람이 나누지 못합니다.

결혼 관계는 사람이 기초되어 순결하고 아름다운 관계를 형성합니다. 결혼 관계는 서로의 모든 것을 다 드러내 놓고도 부끄럽지 않을 수 있는 관계입니다. 절대적인 이해와 관용이 결혼에는 꼭 필요한 것입니다. 또한 이것은 그들이 서로 순결하다는 것을 의미하는 것입니다. 육체적, 정신적, 영적으로 순결해야 합니다.

결혼이 그리스도와 교회와의 연합처럼 되기 위하여 노력해야만 할 것입니다(엡 5:22-33).

기도(기도 제목)

주기도문

년 월 일 요일

사도신경 **찬송** 348, 351, 359장 **말씀** 창 3:1~6

사람의 불순종과 하나님의 심판 선언

3

2

3

4

5

6

이 시험을 이기려면 사탄의 전략을 잘 알아야 합니다. 본문을 살펴봅시다.

여기에서 '뱀'은 피조물로서의 뱀인 동시에 악령입니다. 사탄이 유혹의 도구로서 뱀을 사용한 것입니다(욥 26:13, 사 27:1, 계 12:9, 20:2). 사탄은 자기 위치를 지키지 아니하고 자기 처소를 떠나 범죄한 천사라고 성경은 말합니다(벧후 2:4, 유 6). 사탄은 육체를 가지고 있는 존재가 아닙니다. 영적인 존재입니다.

하와는 선악과를 먹지 말라는 말씀을 하나님께로부터 직접 듣지를 못했습니다. 그래서 그 말씀을 깊이 마음속에 두지 못했을 것입니다. 사탄은 하나님의 말씀을 직접 체험적으로 받고 간직한 사람을 쉽게 시험하지 못합니다. 그러나 여자는 그러하지 못했으며 남자보다 더 약했기 때문에 먼저 유혹을 받았습니다.

사탄은 먼저 하나님에 대한 의심을 마음속에 품게 합니다(1). "하나님이 참으로……하시더냐" 하는 것은 "너 혹시 잘못 들은 것 아니냐"의 뜻을 품고 있는 질문입니다. 특히 "모든 나무"라고 한 것은 고차원적인 속임수입니다. 또한 사탄은 하나님의 말씀을 정면으로 부정하며 거짓말을 일삼습니다.

그러므로 성도는 믿음을 굳게 하여 사탄을 대적하여 승리하도록 늘 경성하고 깨어 기도해야 합니다.

기도(기도 제목)

주기도문

년 월 일 요일

사도신경 **찬송** 284, 421, 305장 **말씀** 창 3:7~24

7

8

9

10

11

12

13

14

15

16

17

18

19

20

21

아담과 하와를 쫓아내시다

22 ●

23

24

본문은 하나님의 명령을 불순종한 인류와, 그럼에도 불구하고 베푸시는 하나님의 은총을 보여주고 있습니다.

범죄 이전의 인간은 수치를 느끼지 않았습니다(2:25). 그런데 "이에 그들의 눈이 밝아"라고 한 것은 그들이 양심의 가책을 느끼고 있음을 보여줍니다. 그들은 무화과나무 잎으로 그 수치를 가리려고 했습니다. 그러나 그것이 그들의 수치를 진정으로 덮어 주지는 못했습니다. 그들은 죄를 숨기려고만 했습니다.

하나님과 가까이에서 즐겁게 교제하였던 그들이 범죄 후, 하나님의 낯을 피하여 숨게 되었습니다. 하나님이 두려움의 대상이 된 것입니다(계 6:16). 하나님이 "네가 어디 있느냐"고 물으신 것은 회개의 기회를 주기 위한 하나님의 은혜였음에도 불구하고 그들은 죄의 책임을 서로에게 전가했습니다.

하나님은 뱀과 하와와 아담, 그리고 심지어 땅까지도 저주하셨습니다. 아담과 하와는 '반드시 죽으리라'는 말씀대로 하나님과의 관계가 단절되는 영적 죽음을 맛봅니다. 나중에 당하게 되는 육체적 죽음은 이에 대한 표증입니다. 그러나 하나님은 인간을 사랑하셔서 예수를 보내 구원의 은총을 베푸시겠다는 약속을 주셨습니다.

하나님은 죄는 미워하시나 사람은 사랑하십니다. 또한 징계 중에서도 긍휼을 잊지 않으십니다.

기도(기도 제목)

주기도문

창

년 월 일 요일

|사도신경 |찬송 8, 64, 69장 |말씀 창 4:1~8

가인과 아벨

4

2

3

4

5

6

7

8

아벨의 제사는 받으시고 가인의 제사는 받지 않으셨습니다. 받지 않았다는 것은 매우 성급한 해석입니다. 요일 3:12에 보면 그의 악한 모습을 기록하고 있습니다. 악인이 드리는 제물은 가증스러운 것입니다(잠 21:27). 악한 마음을 가지고 드리는 제물은 그것의 양과 질에 상관없이 거짓된 것입니다. 그 제물을 하나님께서 받으실 리가 없는 것입니다. 그리스도인은 삶 전체가 하나님께 바치는 제물이 되도록 해야 합니다.

가인은 땅의 소산물들(fruits)이 아닌 소산(fruit)을 드렸습니다. 즉 인색한 마음으로 그저 되는 대로 드렸습니다. 이에 반해서 아벨은 양의 첫 새끼와 그 기름으로 드렸습니다. '첫'이란 말은 가장 으뜸되고 가장 귀하고 좋은 것이라는 의미입니다. 이것은 아벨이 정성을 다해서 제물을 드렸음을 나타냅니다. 이 제물을 하나님께서 받으신 것입니다.

가인의 제물은 불경건한 자세 때문에 받지 않은 데 비해 아벨의 제물은 그의 믿음 때문에 받으셨습니다(히 11:4). 가인은 형식주의적이고 불신앙적이었으나 아벨에게는 중심과 진실이 있었으며 순종의 모습이 있었습니다. 이 진실함과 순종함이 하나님께서 제물을 받으시는 참된 이유였습니다.

하나님께서는 우리의 외모를 보지 않으시고 중심을 보십니다. 어떤 마음으로 드리느냐가 중요한 것입니다.

|기도(기도 제목)

|주기도문

년 월 일 요일

|사도신경 |찬송 259, 260, 268장 |말씀 창 4:9~15

9

10

11

12

13

14

15

가인이 아벨을 살해한 뒤 하나님께서 그를 찾아 오셔서 그 죄를 지적하셨습니다.

가인은 "내가 내 아우를 지키는 자니이까"라고 오만불손한 대답을 했습니다. 이미 다 알고 물으시는데 그는 자신에게는 죄가 없다는 듯이 말한 것입니다. 그러나 "감추인 것이 드러나지 않을 것이 없고 숨은 것이 알려지지 않을 것이 없는" 것입니다(마 10:26). 세상에 비밀이란 있을 수 없는 것임을 알아야 합니다.

회개의 기회를 주셨음에도 불구하고 가인은 죄를 숨기고 죄의 형벌에서 피할 수 있는 기회가 더 있을 것이라고 생각했습니다. 그러나 그의 손으로 흘리게 한 아벨의 핏소리를 하나님께서 듣고 계셨습니다. 사람의 눈은 가릴 수 있어도 하나님의 눈은 가릴 수가 없습니다. 하나님은 인간의 모든 것을 보고 계시고, 듣고 계시고, 알고 계십니다.

가인의 죄가 백일하에 드러났습니다. 회개하지 않고 숨기려 했던 그의 죄에 대한 형벌은 매우 고통스러운 것이었습니다. 그것은 아담의 경우보다 훨씬 더 가혹한 것이었습니다. 하나님은 회개하는 자를 용서하시고 그 누추한 삶의 기록을 기억지도 아니하시나, 끝까지 회개하지 않고 거짓을 일삼는 자에게는 그 죄 값을 치르게 하십니다.

우리가 자신의 죄에 대해 말씀의 지적을 받았을 때 즉각적으로 회개하는 것이 바람직합니다.

기도(기도 제목)

주기도문

년 월 일 요일

사도신경 | **찬송** 259, 261, 320장 | **말씀** 창 4:16~24

창

가인의 자손

16 ●

17

18

19

20

21

22

23

24

본문에서 가인의 죄와 불순종이 그의 후손들에게 얼마나 심각한 영향을 끼쳤는지를 보게 됩니다.
라멕은 하나님이 에덴동산에서 창설하신 일부일처제의 결혼 윤리를 파괴하고 중혼을 하였습니다(19). 이것은 라멕의 육체적인 탐욕 때문이었습니다. 또한 살인과 폭행이 더 번성했습니다(23). 참으로 인간의 윤리는 땅에 떨어지고 이로 인해 인간의 가정과 사회에 수많은 고통과 문제들이 야기되었습니다.
가인의 후손들은 세속적인 문명의 조상이 되었습니다. 그러나 거기에는 신앙적인 언급은 전혀 없었으며, 이미 도덕적으로 타락한 그들의 문명은 공격적이며 파괴적으며 퇴폐적인 것이었습니다. 오늘날의 최첨단의 문화와 문명이 하나님과 관계없는 것이 될 때에 결국 사회에 어떠한 영향을 미치는지 분명히 보고 있는 것입니다.
죄의 가장 심각한 영향은 교만입니다. 라멕의 빈정거리는 노래는 죄가 얼마나 빠르게 성장하는지를 보여줍니다. 가인은 죄의 대가를 받았습니다. 그러나 라멕은 자신의 죄를 오히려 기뻐하고 뽐내며 도전적인 자세를 취했습니다. 인간의 마음이 이렇듯 완악하고 교만하고 하나님을 거역하고 대적하는 상태까지 되어 버린 것입니다.
죄는 단순히 죄 그 자체로만 끝나지 않습니다. 여러 가지 심각한 결과를 수반합니다.

기도(기도 제목)

주기도문

년 월 일 요일

사도신경 | **찬송** 314, 458, 459장 | **말씀** 창 4:25~5:32

셋과 에노스

25 ●

26

아담의 계보

5

2

3

4

5

6 ●

7

8

9 ●

10

11

12 ●

13

14

15 ●

16

17
18
19
20
21
22
23
24
25
26
27
28
29
30
31
32

본문은 하나님이 아벨 대신 아담에게 주신 셋의 계보를 기록하고 있습니다. 셋의 계보는 믿음의 계보입니다.

이 계보는 바로 앞에 나오는 가인의 계보와 분명하게 구별되어 나옵니다. 아담의 아들을 기록할 때 셋만 기록하고 가인은 빼버린 것을 보십시오(5:3, 4). 셋은 아벨 대신에 구원 역사를 위해 주신 다른 씨였습니다. 셋과 에노스는 예수의 조상이 되었습니다(눅 3:38). 우리는 어떤 계보에 속합니까?

불의한 부모에게서 타락한 자식이 나며 의로운 부모에게서 경건한 자식이 나는 법입니다. 가인의 계보에 속한 사람들에게서 신앙과 연관된 언급은 전혀 찾아 볼 수가 없고 오히려 죄에 죄를 더하는 모습뿐입니다(4:16-24). 그런데 셋의 후손들이 여호와의 이름을 불렀다는 것은 그들에게 예배가 있었다는 것을 뜻합니다.

에녹의 경우를 제외하고 "…낳았고…죽었더라"가 반복되고 있는 것을 봅니다. 가인의 계보에는 "낳았고"라는 말 밖에 없습니다. 이것은 하나님께서 "반드시 죽으리라"고 하신 대로 실제로 아담의 후손이 모두 죽었다는 사실을 보여줍니다. 불신자들에게는 낳는 일만 있고(현실주의), 죽음에 대해서는 그 의미도 모르고 관심도 없습니다. 우리는 영적인 셋의 계보에 속한 사람들임을 확신하고 그에 합당한 구별된 삶을 살아야 합니다.

기도(기도 제목)

주기도문

년 월 일 요일

사도신경 | **찬송** 200, 450, 597장 | **말씀** 창 6:1~8

사람의 죄악

6
2
3
4

창

5 ●

6

7

8

타락한 인구가 증가됨에 따라 세상에 죄악이 가득하여 하나님이 한탄하시고 심판을 행하게 되었습니다.

하나님의 창조 질서 중 결혼 제도가 파괴되었습니다. 육체의 아름다움만 보고 오직 감각적 쾌락에만 젖어 있었기에 성 윤리가 무너지고 성적 범죄가 만연했습니다. 특히 믿는 자들(하나님의 아들들)이 불신자들(사람의 딸들)의 외적 조건만 보고 이방 혼인을 거리낌 없이 행하는 오늘날의 교회 현실은 매우 잘못된 것입니다.

"그들이 육신이 됨이라"고 했습니다. 이 말은 사람이 동물에 지나지 않음을 의미합니다. 사람은 육신으로만 존재할 수 없습니다. 그럼에도 불구하고 그 시대의 사람들은 육신의 쾌락으로만 살았습니다. 오늘날, 물질 문명이 발달하면서 사람들은 영적인 문제에는 별로 관심이 없고, 그저 물질적 차원에서 현실 만족만을 추구하고 있습니다.

'네피림'은 '거인', '장부', '폭군'이란 뜻입니다. 이것은 그 당시에 침략을 일삼는 무리들이 있었다는 것을 의미합니다. 타락에는 폭력이 필수적으로 따라다니는 것입니다. 오늘날 이 사회에도 얼마나 많은 폭력, 살인, 방화, 불법 등이 성행하고 있습니까? 오늘날 이처럼 부패한 인간 사회에 하나님의 심판이 예고되고 있습니다.

하나님은 오늘도 즉각적인 심판을 유보한 채, 속히 회개하기를 기다리고 계십니다.

기도(기도 제목)

주기도문

년 월 일 요일

사도신경 | **찬송** 382, 406, 419장 | **말씀** 창 6:9~12

노아의 족보

9 ●

10

11

12

그런 악한 시대에 살면서도 악과 타협하지 않고 구별되게 산 노아를 하나님은 선택하셨습니다.

노아는 불의가 가득한 사회에서 살았지만 거기에 동화되지 않고 의로운 삶을 살았습니다. 이것이 그리스도인의 삶입니다. "오직 의인은 믿음으로 말미암아 살리라"는 말씀대로 노아는 자신의 삶을 하나님께 맡기는 믿음으로 살았기 때문에 의인이라는 칭함을 받을 수 있었습니다. 또한 하나님께서 축복한 삶이었습니다.

완전한 사람이란 실패와 실수가 전혀 없는 사람이란 뜻이 아닙니다. 여러 가지 문제와 시험과 고통이 없을 수 없지만 그리스도라는 삶의 무게 중심이 확실하기 때문에 쓰러져도 다시 일어나는 사람입니다. 불완전한 세대 속에서 자신을 하나님께로 향하여 바로 세우는 사람입니다. 예수께서도 "너희도 온전하라"고 하셨습니다.

"하나님과 동행했다"는 것은 구약에 나타난 경건의 본질이라 할 수 있습니다(5:21-24). 그가 완전할 수 있었던 이유가 바로 여기에 있습니다. 그는 그 당시 사회 풍조를 거부하고 하나님과 동행하였습니다. '동행'이란 하나님과 늘 함께 하며, 그 말씀에 순종하는 삶을 사는 것을 의미합니다. 하나님은 구원의 역사를 진행시키시며 그 일을 위해서 노아와 같은 경건한 사람을 찾으시며 선택하십니다.

기도(기도 제목)

주기도문

년 월 일 요일

|사도신경 |찬송 260, 288, 214장 |말씀 창 6:13~22

13 ●

14

15

16

17

18

19

20

21

22

하나님은 세상을 심판하기로 작정하셨습니다. 동시에 방주를 만들라고 명령하심으로써 구원의 역사를 펴셨습니다.

하나님께서는 아브라함에게 소돔에 관한 모든 계획을 말씀해 주셨듯이 하나님과 동행한 노아에게도 홍수 심판과 구원 계획을 말씀하셨습니다. 하나님만이 노아와 그의 가족들의 안전을 대비하시고 책임질 수 있으신 분임을 분명히 알 수 있습니다. 이것은 오직 구원은 하나님께만 있다는 사실을 나타내는 것입니다.

하나님은 노아에게 방주의 제조에 대해서 상세하게 말씀해 주셨습니다. 이는 하나님의 인간 구원 계획이 얼마나 완전하고 치밀한가를 보여 줍니다. 방주를 건조하는 데 있어서 인간의 창조적 재능이 개입할 여지가 전혀 없었습니다. 후에 성막을 지을 때도 역시 하나님이 주신 모양에 따라서 되어 졌습니다.

아무리 방주가 완전하게 홍수로부터 구원받을 수 있는 것이라 해도 그 안에 들어가지 않으면 구원이 불가능합니다. 노아가 행한 일은 사람들에게 조소거리에 지나지 않았을 것입니다. 그러나 노아는 막대한 노력과 부단한 인내, 그리고 전적인 자기 희생으로 그 일을 수행하였습니다. 이것은 절대적인 믿음의 발로였던 것입니다.

홍수 심판은 마지막 심판의 상징이며, 성도는 이 하나님의 구원 역사를 믿음으로 받아들여야 합니다.

|기도(기도 제목)

|주기도문

년 월 일 요일

|사도신경 |찬송 384, 570, 405장 |말씀 창 7:1~24

홍수

7

2

창

3

4

5

6 ●

7

8

9

10

11

12

13 ●

14

15

16

17

18

19

20

21

22

23

24

홍수 심판 후, 노아와 그의 가족만이 남았습니다(23). 어떻게 그들만이 살아 남게 되었는가?

하나님은 노아의 의로움을 보시고 그와 그의 온 집을 구원하시겠다고 약속하셨습니다. 그것은 노아의 믿음 때문에 구원받았다는 뜻이 아니라 가장으로서의 노아의 의로운 믿음이 가족들에게 영향을 끼치고 있었던 것을 볼 수 있습니다. “주 예수를 믿으라 그리하면 너와 네 집이 구원을 받으리라”(행 16:31)는 약속이 실현되었습니다.

본문에는 “하나님이 노아에게 명하신 대로”라는 구절이 세 번이나 반복되고 있습니다(5, 9, 16). 이는 노아의 철저하고도 즉각적인 순종을 보여 줍니다. 하나님께서 명하신 대로 노아는 다 준행했습니다. 이것은 그의 믿음의 결과입니다(히 11:7). 노아의 순종은 한 사람의 순종으로써 구원 받는 도리를 예시해 주고 있습니다.

방주에 다 들어간 후에 하나님은 그에게 방주의 문을 닫으라고 하지 않으시고 친히 닫으셨습니다. 이것을 "열면 닫을 사람이 없고 닫으면 열 사람이 없다"(계 3:7)는 말씀처럼 구원받을 사람과 받지 못할 사람의 엄격한 구별을 가리키는 동시에 구원받을 사람들을 하나님께서 보호하신다는 사실을 교훈하는 것입니다.

마지막 심판 때에도 하나님은 예수 믿는 자를 구원하시고 믿지 않는 자는 멸망시키실 것입니다.

기도(기도 제목)

주기도문

년 월 일 요일

사도신경 **찬송** 382, 406, 419장 **말씀** 창 8:1~12

홍수가 그치다

8

2

3

4

5

6 ●

7

8

9

10

11

12

사람은 사람을 쉬 잊어버리나 하나님은 언제나 성도를 잊지 않으시고 보살펴 주십니다.

땅 위에 존재했던 모든 것이 하나님의 심판을 받아 모두 멸망을 당했지만 하나님은 노아를 기억하셔서 홍수 심판을 면하게 해 주셨습니다. 이제 모든 인간들은 하나님의 기억해 주심을 인하여서 심판에서 면제되고 구원을 받습니다. 성도들은 구원 받음에 대한 감사의 생활을 해야 합니다.

노아와 그 가족들은 홍수 가운데서 안전하게 구원을 받았습니다. 그러나 그들의 믿음은 시련을 받았습니다. 다섯 달이 지났는데도 물이 줄어들 기색이 없었습니다. 그러나 하나님은 그를 잊지 않으셨습니다. 마침내 바람을 불게 하여 물을 줄어들게 하셨습니다. 하나님은 성도의 시련과 환난을 기억하사 성령의 바람을 불게 하여 그것을 줄어들게 하십니다.

하나님은 노아 때문에 방주 안에 있는 모든 들짐승과 가축까지도 기억하셨다고 했습니다(1). 하나님은 성도를 기억하실 뿐 아니라 그의 가정과 그의 모든 영역을 기억하시고 보살펴 주십니다. 그래서 모든 것이 합력하여 선을 이루도록 역사하십니다. 우리 주님은 지극히 보잘것없는 자를 상관하지 않으시고 환영하셨습니다.

우리에게는 주님이 온 천하보다도 우리를 귀하게 여기신다는 확신과 자부심이 있습니까?

창

기도(기도 제목)

주기도문

년 월 일 요일

사도신경 **찬송** 449, 447, 459장 **말씀** 창 8:13~22

13 ●

14

15

16

17

18

19

노아가 번제를 드리다

20 ●

21

22

본문에 나타난 믿음의 사람 노아가 보여준 경건의 모습을 살펴봅시다.

노아는 하나님께서 홍수로 세상을 심판하시는 동안 방주 속에서 1년이 넘는 세월을 보냈습니다. 제한된 공간 안에서 기약없이 기다리는 1년이라는 기간은 대단히 긴 시간입니다. 그러나 노아는 오직 하나님을 향한 믿음으로 하나님의 명령과 인도하심이 있기까지 기다렸습니다. 그 긴 시간을 믿음으로 인내했기에 찬란한 영광을 맞았습니다.

이미 노아는 긴 세월 동안 하나님의 명령에 따라 배를 만듬으로써 그의 순종을 드러냈고 또한 아무 징조도 없을 때 하나님의 명령에 따라 가족과 각종 짐승들을 배에 태우는 순종도 나타냈습니다. 이제 본문에서 보면 노아는 하나님께서 나오라는 명령을 할 때에 방주에서 나왔습니다. 하나님의 뜻에 따라 순종한 것입니다.

노아는 오랜 기간 동안 배에서의 생활을 마치고 바깥 세상에 나와 맨 처음 하나님께 제단부터 쌓았습니다. 그는 하나님께 제사를 드림으로써 구원에 대한 감사를 드렸고 이 땅의 주인이시며 주관자이신 능력의 하나님을 찬양하였습니다. 그는 제사를 드릴 때도 정결한 짐승과 정결한 새로 제사드림으로 바른 경배의 모습을 보여주었습니다.

타락한 세대에 유일하게 그 의로움을 인정받은 노아의 경건은 우리에게 좋은 모범을 보여줍니다.

기도(기도 제목)

주기도문

년 월 일 요일

사도신경 **찬송** 273, 338, 353장 **말씀** 창 9:1~7

하나님이 노아와 언약을 세우시다

9

2

3

4

5

6

7

본문은 홍수 후에 하나님이 노아와 그 아들들에게 복을 주신 내용입니다.

하나님은 인간이 자연을 지배할 수 있는 권리를 주시는 중에(2)동물을 인간의 먹을 것으로 주셨습니다. 그러므로 불교에서 고기를 먹지 말라는 금기나 식이요법으로서의 채식주의 등은 비성경적인 인간의 사상인 것을 알 수 있습니다. 성도는 모든 음식을 하나님이 주신 것으로 알고 감사하게 받아야 합니다.

그러나 생명이 되는 피는 먹지 못하게 하셨습니다. 왜냐하면 피는 생명으로 간주되기 때문이었습니다(레 17:11, 14). 나중에 제사법이 완성되었을 때 피는 반드시 하나님께 드려져야만 했습니다(레 1-5장). 이것은 우리에게 육식이 허락되기는 했지만 그 짐승의 생명 자체를 경시해서는 안 된다는 것을 보여 주는 것입니다.

짐승의 생명까지도 귀한 것으로 여기시는 하나님께서 인간의 생명이 존귀함을 강조하신 것은 당연한 일입니다. 인간의 생명을 존귀하게 여겨야 하는 가장 큰 이유는 인간이 하나님의 형상대로 지으심을 받았다는 데 있습니다. 그러므로 고문과 폭력을 가하고, 살인을 하는 것은 거룩한 하나님의 형상을 파괴하는 것입니다.

생명을 경시하는 것은 하나님의 창조의 권위와 원리를 무시하는 것입니다.

기도(기도 제목)

주기도문

년 월 일 요일

사도신경 **찬송** 570, 301, 419장 **말씀** 창 9:8~17

8 ●

9

10

11

12

13

14

15

16

17

하나님은 노아에게 다시는 물로 세상을 멸망시키지 않겠다는 언약을 하셨습니다.

본문을 보면 하나님의 언약은 노아에게만 해당되는 것이 아니라, 노아 이후 모든 후손에게까지 미치는 것이었습니다. 이것은 그리스도를 통한 인류 구원의 하나의 상징입니다. 그래서 영원한 언약(16)이라고 했습니다. 오늘날의 모든 성도는 하나님의 언약의 백성들입니다. 언약의 백성다운 삶을 삽시다.

다시는 인류를 홍수로 심판 하지 않으실 것을 보여 주시기 위함입니다. 이것은 완전한 멸망 가운데서도 생명이 보존되고, 그로 말미암아 모든 생물이 새롭게 피어나는 언약이었습니다. 마침내 이 언약은 그리스도를 통하여 완성되었으며 모든 인류는 그리스도를 통하여 영원히 생명이 보존되고 새롭게 되는 축복을 받게 된 것입니다.

하나님은 이 언약을 "내가…기억하리라"고 반복하여 말씀하십니다. 이것은 하나님이 언제나 자신의 언약을 신실하게 지키시는 분이심을 보여줍니다. 언약의 증거로 하나님께서 제시하신 무지개는 노아 홍수 이후부터 지금까지 나타나고 있습니다. 천지는 변하여도 하나님의 말씀은 일점 일획도 변하지 않는다는 말씀 그대로입니다. 성경은 언약이 있었던 그 당시에만 국한되는 것이 아니라 오늘 우리에게까지 미치고 있는 신실한 언약입니다.

기도(기도 제목)

주기도문

년 월 일 요일

사도신경 | **찬송** 370, 406장 | **말씀** 창 9:18~29

노아와 그 아들들

18 ●

19

20 ●

21

22

23

24

25

26

27

28 ●

29

이제 온 땅에서 노아가 가장 어른이었고 무엇을 하든 거침이 없었을 것입니다. 이때에 노아가 실수를 했습니다.

노아는 의인이며 당대에 완전한 자라고 표현된 사람이었습니다. 그는 죄로 가득한 세상에서도 의를 지키고 완전하게 행한 사람이었는데 실수를 했습니다. 그것도 대낮에 포도주에 취해 가장 부끄러운 모습을 자식 앞에 드러낸 것입니다. 이는 근신하지 못하고 스스로 경계하지 않았기 때문입니다. 누구나 실수할 수 있습니다.

노아의 실수는 가장 가까우면서도 또한 하나님께서 세운 질서상 엄격히 구별되어야 할 자식에게 드러났다는 데에 문제가 있습니다. 함은 보지 않아야 할 부분을 보았고 그것을 경솔하게 비웃었습니다. 이것은 함의 커다란 잘못입니다. 하지만 그 근본 원인은 노아에게 있습니다. 그가 실수함으로 그의 아들 함에게까지 큰 영향을 미친 것입니다.

술에서 깬 노아는 함의 행위를 알게 되었고 함을 저주하고야 맙니다. 그는 자신의 실수에 덧붙여 자기의 아들을 저주하는 잘못까지 저질렀습니다. 함의 잘못은 저주를 받아 마땅하지만 노아는 자기의 아들을 저주까지 해서는 안 되었습니다. 자신의 실수로 자손 가운데 일부가 영원한 저주 가운데 있게 해서야 되겠습니까?

하나님께서 노아의 실수를 기록해 두신 것은 우리에게 자신의 연약함을 깨닫게 하시기 위해서입니다.

기도(기도 제목)

주기도문

년 월 일 요일

사도신경 **찬송** 382, 370, 419장 **말씀** 창 10:1~32

노아의 아들들의 족보 (대상 1:5-23)

10

2

3

4

5

6 ●

7

8

9

10

11

12

13

14

15 ●

16

17

18

19

20

21 ●

22

23

24

25

26

27

28

29

30

31

32 ●

본문은 노아의 자손 70인의 족보를 기록하고 있습니다. 여기에서 우리는 몇 가지 중요한 교훈을 얻게 됩니다.

노아의 후손들이 이처럼 크게 번성한 것은 "생육하고 번성하여 땅에 충만하라"(9:1, 7)고 하신 하나님의 약속과 축복이 그대로 이루어진 결과입니다. 여기에서 우리는 하나님이 자신의 약속을 지키시는데 있어서 얼마나 신실하신가를 깨닫게 됩니다. 또한 그 약속을 완전하게 이루실 수 있는 하나님의 능력을 찬양하게 됩니다.

본문에서 우리는 인류의 조상이 하나라는 것을 알게 됩니다. 오늘날의 인류가 신체적 특징과 민족적 특성이 다소 다르긴 하여도 인간 육체의 해부학적 구조, 생리적 기능, 심리학적 성질, 번식 능력 등은 모든 민족에게 공통된 현상입니다. 또한 현존하는 모든 언어는 세 개의 기원을 갖고 있음이 판명되었습니다.

창세기는 셋보다 가인의 자손을, 이삭보다 이스마엘을, 야곱보다 에서를 먼저 언급하고 있습니다. 여기서도 제일 먼저 야벳의 계보를, 그 다음에 함의 계보를, 끝으로 셈의 계보를 기록하고 있습니다. 처음에는 택하시지 않은 계보를 언급한 후 택하신 계보를 최후에 등장시키심으로써, 하나님의 섭리를 점진적으로 계시해 주십니다. 본문은 민족의 기원에 대해서 매우 권위있는 자료가 되는 중요한 장임을 알아야 합니다.

기도(기도 제목)

주기도문

년 월 일 요일

사도신경 | **찬송** 284, 272, 337장 | **말씀** 창 11:1~9

바벨

11

2

3

4

5

6

7

8

9

본문은 바벨탑을 쌓은 인간의 악함과 이를 바라보시는 하나님, 그리고 그 결과를 보여줍니다.

하나님의 심판이 지난 후 인간은 다시 악하여져서 교만해졌습니다. 그들은 하나님께서 어떤 분이시며 자신들이 어떻게 구원 받았는지를 잊어갔습니다. 그래서 그들은 하나님의 다스리심이 싫었고 자신들의 힘으로 하나님을 대적해보려는 시도를 하게 된 것입니다. 교만이 하나님께 돌려야 할 영광을 빼앗아 자신들에게 돌리게 하였습니다.

본문에서는 여호와께서 인생들이 쌓는 성읍과 탑을 보시려고 내려오셨다고 표현하고 있습니다. 이것은 사람이 하는 모든 생각과 의도는 하나님의 관찰의 대상에서 제외 될 수 없다는 사실을 말씀하는 것입니다. 하나님께서는 인간의 반역을 결코 묵과하시지 않습니다. 인간의 모든 일은 하나님의 법정에서 그 행한 대로 심판을 받습니다.

모든 인간들이 모두 단합하여 목적을 이루기 위해 노력했지만 결과는 아무것도 없었고 오히려 그들의 의도와는 반대로 땅에 흩어지게 되었습니다. 하나님께서는 그들의 언어를 혼잡하게 하셔서 그들 스스로 분쟁하고 흩어지도록 하신 것입니다. 결국 인간은 하나님을 배반하고 대적했지만 오히려 하나님의 징계만 받았습니다.

인간은 그 죄성으로 인해 한없이 교만해지려고 하지만 그 결과는 항상 영원한 형벌이 있을 뿐입니다.

기도(기도 제목)

주기도문

년 월 일 요일

사도신경 | **찬송** 330, 450, 204장 | **말씀** 창 11:10~26

셈의 족보 (대상 1:24-27)

10 ●

11

12

13

14

15

16

17

18

19

20

21

22

23

24

25

26

셈에서 아브람까지의 계보를 기록하고 있습니다. 이것은 아담에서 노아까지의 계보와 대조됩니다.

하나님의 택한 백성들인 셈의 후손을 여기에 따로 기록하신 것은 셈 족을 인류의 다른 족속으로부터 구별시키기 위함이었습니다. 과연 후에 하나님께서는 열국 중에서 이스라엘을 분리시키셨습니다. 지금도 하나님은 자기 백성을 아십니다(딤후 2:19). 또한 자기 백성을 부르시고 그들을 세상에서 분리시키고 계십니다.

여기에 셈의 후손이 다 기록된 것은 예수의 조상이 될 아브람까지, 메시야와 관계되는 혈통만을 기록한 것입니다. 그들은 하나님의 은혜의 그릇으로, 복음과 계약의 메신저로 선택되는 복을 받았으나 다른 사람들은 버림을 받은 것입니다. 이렇게 하나님께서는 당신의 절대 주권으로 선택하시고 은혜를 주십니다.

수많은 세대가 이미 세상에서 살다가 죽었고, 인간의 죄로 인한 홍수 심판으로 모든 인류가 죽었으며 바벨탑 사건으로 또 한번 저주를 받았습니다. 그러나 택한 백성과 맺은 하나님의 약속은 취소되지 않았습니다. 여기에서 하나님께서 택한 경건한 후손은 보존하셨음을 알 수 있습니다. 경건한 자는 하나님의 보호를 받습니다. 오늘도 하나님은 성도를 세상과 구별하시고 하나님의 신실성과 능력을 확증시켜 주십니다.

기도(기도 제목)

주기도문

년 월 일 요일

사도신경 **찬송** 542, 544, 546장 **말씀** 창 11:27~32

데라의 족보

27 ●

28

29

30

31

32

행 7:2, 3에 보면 아브람은 하란에 있기 전 메소포타미아에서 이미 하나님의 부르심을 받았습니다.

데라는 힘들고 위험이 따르는 여행에 싫증을 느끼고 자신과 가족, 가축들이 정착하기에 좋은 곳을 찾다가 하란에 머물게 되었을 것입니다. 우리도 이처럼 신앙생활을 하다가 사소한 문제에 부딪혀 신앙생활을 그만두고 또 결심이 약해서 도중에 하차하는 경우를 많이 보게 됩니다. 성도들은 이러한 일이 없어야 합니다.

데라는 갈대아 우르를 떠나 가나안으로 가라는 하나님의 명령을 아브람에게 전해 들었을 것입니다. 그는 우상을 섬기던 사람이었습니다. 그렇기 때문에 유일신 하나님에 대한 신앙이 결여되어 있었습니다. 그래서 그는 고향을 떠나야 하는 것이 크게 두려웠을 것입니다. 옛 것에 대한 미련과 앞날에 대한 염려가 그 원인이었습니다.

데라는 너무 늙어서 가나안 땅에 이르는 긴 여행을 감당할 수 없었을 것입니다. 어떤 일을 하기 위해서는 육체적인 건강도 필요합니다.성도는 영적 사명을 감당함에 있어서 육신의 연약함 때문에 사명이 방해받고 중단되지 않도록 하기 위하여 건강을 위해 기도하고 힘써야 합니다.

지금 우리는 혹시 신앙생활을 중단하거나 사명을 포

기하고 하란에 머물고 있지는 않습니까?

|기도(기도 제목)

|주기도문

년 월 일 요일

|사도신경 |찬송 449, 597, 204장 |말씀 창 12:1~9

여호와께서 아브람에게 이르시다

12

2

3

4

5

6

7

8

9

하나님은 지극히 평범한 한 인간 아브람을 부르셔서 놀라운 구원의 역사를 진행시키셨습니다.

"고향과 친척과 아버지의 집을 떠나라"는 것은 옛 생활을 청산하라는 것입니다. 특히 우상숭배를 떠나라는 것입니다(수 24:2, 3). 또한 자기중심적이고, 인간적으로 의지하는 모든 것을 끊으라는 말입니다(눅 14:26). "내가 네게 보여 줄 땅으로 가라"는 것은 성별된 새 이스라엘을 건립할 가나안 땅으로 가라는 것입니다.

하나님의 소명에 응하는 사람에게만 하나님의 은혜와 복을 누릴 수 있는 자격이 주어집니다. 하나님의 부르심에 응답만 하면 나머지는 모두 하나님께서 하십니다. 2절에는 "내가…하리니"라고 하셨습니다. 우리는 옛 생활의 불신앙과 나태함에 머물러 있으면서 하나님의 복을 기대하고 있지는 않습니까?

아브람이 따른 것은 오직 '말씀'이었습니다(4). 그가 따라 간 것은 사람도, 환경도, 인간적 기대도 결코 아니었습니다. 오직 말씀이 그를 인도했습니다(시 119:105). 그는 갈 바를 알지 못하였으나 믿음으로써 나갔다고 했습니다(히 11:8). 성도의 가는 길이 비록 이해할 수 없고 힘들다 해도 말씀을 붙잡고 나아가는 것이 참된 믿음입니다.

성도는 죄와 세상에서 하나님의 부름을 받은 사람들입니다. 우리는 부르심에 합당한 삶을 살고 있습니까?

|기도(기도 제목)

|주기도문

년 월 일 요일

|사도신경 |찬송 456, 458, 461장 |말씀 창 12:10~20

아브람이 애굽으로 내려가다

10 ●

창

11

12

13

14

15

16

17

18

19

20

성도의 신앙은 시련을 통해 성장합니다. 가나안 땅에 도착한 아브람에게도 그것은 예외가 아니었습니다.

약속의 땅에 기근이 들었다는 것은 아브람에게 큰 시험이었습니다. 오늘날에도 물질과 신앙 사이에서 갈등을 겪고 있는 사람들이 많습니다. 그러나 돈 때문에 신앙을 팔아서는 안 됩니다. 아브람은 애굽의 왕을 두려워하여 힘과 권세에 압도당했습니다. 성도가 사람을 두려워하면 진실한 신앙 생활을 할 수 없습니다.

아브람이 애굽으로 내려 간 행위는 거짓을 낳았고(12, 13), 거짓은 죄악을 낳을 뻔하였습니다(19). 그 결과 아브람은 애굽와 바로에게 책망을 당했습니다. 성도가 불신자에게 부끄러움을 당하는 것은 곧 바로 하나님의 이름에 먹칠을 하고 하나님의 영광을 가로막는 결과가 되고 마는 것입니다.

아브람의 실수에도 불구하고, 하나님은 그와 맺은 약속을 이행하시기 위해서, 즉 아브람과 사라를 통해 약속의 후손을 주시려는 계획의 성취를 위해 아브람과 사라를 보호해 주셨습니다. 이처럼 하나님의 언약 가운데 있는 성도는 어떠한 환경 속에서도 하나님의 보호를 받습니다(시 37:28). 이것이 하나님의 은혜입니다.

사람은 섰는가 하면 넘어집니다. 끊임없는 실패가 계속 되는 것입니다. 세상을 바라보기 때문입니다.

기도(기도 제목)

주기도문

년 월 일 요일

사도신경 **찬송** 449, 597, 204장 **말씀** 창 13:1~13

아브람과 롯이 서로 떠나다

13

2

3

4

5

6

7

8

9

10

11

12

13

애굽에서 나온 아브람과 롯은 많아진 재산 때문에 분가하게 됩니다.

롯은 물이 넉넉한 요단의 들이 유익할 것이라고 판단했습니다. 그러나 그것은 근시안적이었습니다. 보기에는 좋았으나, 곧 멸망할 도성에 대한 영적인 안목이 없었습니다. 즉 그의 선택은 영적인 문제와는 전혀 관계가 없는 육신적인 결정이었습니다. 여기서 롯은 세속적인 그리스도인의 표본적 모습을 보여주고 있습니다.

롯은 탐욕에 사로잡혀서 윤리적 관계에 대해 무관심했습니다. 이제까지 자기와 가족을 인도해 주었던 보호자, 숙부 아브라함에 대한 존경심이나 고마움 등은 그의 안목의 정욕 앞에 여지없이 무너지고 말았습니다. 우리는 자신의 결정으로 인해 다른 사람에게 상처를 주고 윤리적 관계에 손상을 입히는 선택을 해서는 안 됩니다.

롯의 선택이 가시적이고 이기적이 될 수밖에 없었던 것은 선택에 앞서 기도가 없었기 때문이었습니다. 여호와의 이름을 불렀던 아브람(4)과는 대조적으로, 롯은 중대한 결정을 앞에 놓고 하나님의 뜻에 대해 생각해보거나 기도하지 않았습니다. 우리는 선택의 기로에 섰을 때마다 기도하고 있습니까?(시 25:4, 12, 잠 3:6).

롯은 어리석은 선택을 했습니다. 그는 유황불의 심판을 선택한 셈이었습니다(13). 지혜로운 선택을 합시다.

기도(기도 제목)

주기도문

년 월 일 요일

사도신경 | **찬송** 524, 509, 428장 | **말씀** 창 13:14~18

아브람이 헤브론으로 옮기다

14 ●

15

16

17

18

아브람은 조카 롯에게 생활의 터전을 양보하였습니다(1-13). 그 결과 그가 얻은 축복은 다음과 같습니다.

육신적 안목과 욕심에 이끌렸던 롯에게는 하나님이 나타나시지 않았습니다. 그러나 물질보다 하나님의 뜻을 찾는 양보의 사람인 아브람에게 하나님이 나타나셨습니다. 그리고 그를 오히려 위로하셨습니다. 이것은 하나님이 롯보다 아브람에게 관심이 더 크시며 더 사랑하신다는 것을 보여준 것입니다.

약속의 땅 가나안에 대한 그의 믿음(히 11:9, 10)대로 아브람은 가나안 땅을 상속받게 되었습니다. 그러나 롯은 그가 선택한 땅 소돔에서 전쟁 중 포로가 되고 재산을 다 잃었으며(14:12), 소돔이 유황불의 심판을 받게 될 때 겨우 목숨을 건졌으나 그의 아내는 소금 기둥이 되고 말았습니다(19:26).

그리스도인의 모형인 아브람은 믿음의 조상이 되었고, 그의 후손인 선민 이스라엘은 크게 번성하였습니다. 그의 후손 가운데 그리스도가 태어나는 놀라운 복을 받았습니다. 그러나 롯은 그의 딸들과 정혼한 사위들에게까지도 조롱을 받았으며, 두 딸이 그와 관계하여 모압과 암몬 족속의 조상이 되는 자식을 낳는 불륜을 저질렀습니다.

하나님을 믿는 믿음에서 나오는 양보는 하나님의 인도하심을 받는 축복의 길이 됩니다(행 20:35).

기도(기도 제목)

주기도문

년 월 일 요일

사도신경 **찬송** 543, 544, 545장 **말씀** 창 14:1~16

아브람이 롯을 구하다

14

2

3

4

5

6

7

8

9

10

11

12

창

13 ●

14

15

16

아브람이 롯을 구출한 사건은 우리에게 많은 모범을 보여 주고 있습니다. 그 내용을 살펴봅시다.

롯은 아브람에게 배은망덕한 일을 한 '잘못된 선택' 때문에 보응을 받았습니다(14:12). 그러나 아브람은 섭섭한 마음이나 원망하는 마음을 갖지 않고 계속해서 롯을 사랑했습니다. 그는 이 전쟁에서 자신의 목숨을 잃을지도 모르는 위험을 감수해야 하는 정말 어려운 일이었습니다. 그래서 하나님께서 아브람을 도우신 것입니다.

아브람은 집에서 훈련시킨 자 318인을 데리고 전쟁에 참여했습니다(14). 롯은 공격받기 쉬운 평야 지대에 살면서도 방심했으나 아브람은 공격받을 위험이 별로 없는 산지에 살면서도 평소에 318명을 훈련시키며 원수들의 공격에 대비했습니다. 성도는 어느 때 닥쳐올지 모르는 시험과 환란에 늘 대비해야 합니다.

아브람이 국가 조직을 갖추고 정규 군대를 소유한 막강한 군왕, 그것도 네 왕이 연합한 동맹군을 상대로 불과 318명을 데리고 싸우려고 했던 것은 어쩌면 무모해 보일지도 모릅니다. 그러나 이것은 그의 믿음의 용기를 보여주는 것입니다. 애굽 왕이 두려워서 실수를 범한 그는 거기서 하나님의 절대적 능력을 경험했습니다.

그리스도인은 주님의 사랑을 지니고 시험에 대비하는 삶을 살아야 합니다.

기도(기도 제목)

주기도문

년 월 일 요일

사도신경 | **찬송** 455, 454, 427장 | **말씀** 창 14:17~24

멜기세덱이 아브람에게 축복하다

17 ●

18

19

20

21

22

23

24

아브람은 그돌라오멜을 비롯한 왕들을 파하고 돌아오다가 살렘 왕 멜기세덱을 만나 소득의 1/10을 드렸습니다.

아브람은 그가 얻은 것에서 1/10을 제사장에게 드렸습니다. 이것은 아브람이 자신이 얻은 모든 것이 하나님께서 주신 것으로 인정하였다는 것이며 그에 대한 십일조를 드린 것입니다. 이 제도는 나중에 모세의 율법으로 성문화되어 계속해서 지켜져 왔습니다. 이 제도는 신약시대에 와서도 폐지되지 않았습니다.

아브람은 자신이 나가 싸워 이겼기 때문에 그 전쟁에서 얻은 모든 것은 자신의 것이나 다름이 없습니다. 그가 취한다고 해도 아무 허물도 되지 않을 것입니다. 그러나 그는 모든 전리품을 원 소유주인 소돔 왕에게 돌려 주었습니다. 아브람은 자신의 분수와 물질에 대한 정당성이 확고하지 않을 때는 결코 그 물질에 욕심을 가지지 않았습니다.

아브람은 소돔왕의 제의를 거절할 때 천지의 주재이시요 지극히 높으신 하나님 여호와께 맹세한다고 했으며 그로 인하여 치부했다고 하는 소리를 들을까봐 그것을 취하지 않겠다고 했습니다. 이것은 아브람이 물질로 인해서 하나님의 영광을 가리지 않겠다는 뜻으로 아브람의 믿음을 보여주는 장면입니다.

성도는 물질을 오직 하나님의 뜻에 따라 하나님의 영광을 위해 모으고 사용해야 합니다.

기도(기도 제목)

주기도문

년 월 일 요일

사도신경 **찬송** 200, 544, 450장 **말씀** 창 15:1~11

여호와께서 아브람과 언약을 세우시다

15

2

3

4

5

6

7

8

9

10

11

본문은 그의 인간적 상태와 그의 '칭의' 사이의 대조를 통해 믿음의 중요성을 보여줍니다.

아브람은 두려움과 낙심 상태에 있었습니다. 그는 전쟁했던 네 왕(14:13-16)의 공격을 두려워하고 있거나, 막대한 물질을 다 사양하고(14:23)물질의 어려움 때문에 근심하고 있었을지도 모릅니다. "소망이 더디 이루어지면 그것이 마음을 상하게 하거니와"(잠 13:12)라는 말씀처럼 아브람은 지치고 실망 가운데 있었습니다.

두려움과 낙심에 처한 아브람에게 나타나신 하나님은 큰 위로와 약속의 말씀을 하셨습니다. 즉 하나님 자신이 '방패'와 '큰 상급'이라고 하셨습니다. 성도는 하나님께서 모든 대적의 공격과 두려움으로부터 방패가 되셔서 보호해 주심을 믿어야 합니다(시 3:3, 33:20).

"아브람이 여호와를 믿으니"라고 한 것은 바로 그가 하나님의 인격과 언약의 말씀을 믿었다는 것입니다. 두려움과 낙심 상태, 도저히 믿을 수 없는 상태에서 그는 여호와를 믿었습니다(히 11:8, 9). 이것이 그의 위대한 점입니다. 바로 그 점이 하나님께서 그를 의롭다고 하실 수 있게 한 점입니다. 성도는 비록 어려운 상황이라 해도 그 가운데 나타나는 하나님의 위로와 언약의 말씀을 굳게 믿어야 합니다.

|기도(기도 제목)

|주기도문

년 월 일 요일

|사도신경 |찬송 428, 429, 491장 **|말씀** 창 15:12~21

12 ●

13

14

15

16

17

18

19

20

21

아브람은 계속 나그네 생활을 했습니다. 그러나 그에게는 의인에게 합당한 복이 있었습니다.

아브람은 175세를 살았습니다. 성경은 여호와를 경외하고 그 계명을 지키는 자들이 받는 복이 장수라고 말씀하며, 또 악인은 단명할 것이라고 말씀합니다(잠 10:27, 왕상 3:14). 아브람은 하나님을 믿고 그의 약속을 의지했던 사람으로 하나님이 주시는 장수의 복을 누린 것입니다. 성도들도 이 복을 받아 누리십시오.

그는 고난 중에서도 평안을 잃지 않았습니다. 심령에 낙이 없으면 장수가 헛됨을 성경은 말합니다(전 6:3). 또한 그는 평안히 임종을 맞이하는 복을 받았습니다. 어떻게 사느냐 하는 것도 중요하지만 어떻게 죽느냐 하는 것도 중요합니다. 아름다운 임종은 성도가 받는 복이며 하나님은 성도의 죽음을 귀하게 여기십니다.

"조상에게로 돌아가 장사 될 것"이란 말은 그 생명이 하나님의 집에서 쉬게 될 것이란 뜻입니다. 예수께서는 죽음을 하나님께로 돌아가는 것이라고 하셨습니다(요 16:5). 그러므로 의인의 죽음은 끝이 아니고 영원한 천국에서 새 세계의 시작입니다. 그러므로 의인의 죽음에도 소망이 있는 것입니다.

하나님은 이처럼 성도에게 지극한 관심을 기울이시며 이 땅에서 천국까지 그의 생을 복되게 하십니다.

|기도(기도 제목)

창

|주기도문

년 월 일 요일

|사도신경 |찬송 280, 542, 545장 |말씀 창 16:1~6

하갈과 이스마엘

16

2

3

4

5

6

사래가 몸종을 남편과 동침케 하여 자식을 낳게 하였는데 이 사건은 아브람 가정에 비극의 씨앗이 되었습니다.

사래는 가나안에 거한 지 10년이 지나도록 하나님의 약속이 이루어지지 않자(3), 더 이상 기다릴 수가 없었습니다. 그들은 끝까지 하나님의 언약을 믿고 기다려야 했었습니다. 그러나 기다림에 지친 그들은 인간적인 방법을 취한 것입니다. 더 이상 기다릴 수 없다고 조급해 하며 스스로 해결하려고 그 상황을 합리화해서는 안 됩니다.

사래는 하나님의 능력과 약속을 끝까지 믿지 못하였을 뿐만 아니라 하나님이 주신 가정 윤리(창 2:24, 말 2:15)를 무너뜨리는 죄를 짓고 말았습니다. 물론 사래의 그런 행위는 그 당시의 일반적인 관습이었지만 하나님은 결코 일부다처제를 인정하거나 허용하신 적이 없습니다. 가정은 성결해야 합니다.

마침내 평화로워야만 했던 아브람의 가정에 분쟁이 일어났습니다. 가정의 질서가 깨어지고 교만과 비난과 미움이 가득했습니다. 뿐만 아니라 태어난 아니는 약속의 자녀가 아닌 육신의 자녀(롬 9:7, 갈 4:23)로서, 그의 후손들은 성령으로 난 자들을 박해하는(갈 4:29)결과를 낳았습니다.

그들이 하나님의 약속보다 이성적 판단을 앞세워 한 일이 그의 가정에 비극을 낳게 하였습니다.

|기도(기도 제목)

|주기도문

년 월 일 요일

|사도신경 |찬송 304, 310, 432장 |말씀 창 16:7~16

7

8

9

10

11

12

13

14

15 ●

16

본문은 하갈로 인해 일어나 아브람 가정의 문제가 어떻게 해결이 되었는지를 보여줍니다.

사래의 학대를 못 견디어 하갈은 도망하게 되었습니다. 그러나 그것이 그녀에게 자유를 주고 문제를 해결하는 방법이 되지는 못했습니다. 자유는 도망해서 얻는 것이 아닙니다. 오늘날 많은 사람들이 자신의 죄 문제를 망각하고자 하며, 또 거기서 도피하는 것을 해결책으로 삼고 있으나 그것은 어리석은 일입니다.

하갈이 사래를 "나의 여주인"이라고 부른 것은 4절에서 사래에게 행한 죄를 회개한 증거로 볼 수 있습니다. 하갈은 아무도 없는 광야에서 자신의 처지를 생각하며 하나님께 호소했을 것입니다. 그래서 하나님께서 그녀의 고통을 들으신 것입니다(11). 죄의 해결은 회개의 길뿐이요, 문제의 해결은 하나님께 호소하는 길뿐입니다.

잉태하여 교만하고 방자하게 굴었던(4)하갈은 자기의 위치를 망각했었습니다. 그것이 문제를 일으킨 이유였습니다. 사탄도 본래 천사였는데 자기 처소를 떠나 범죄하여 그런 위치로 떨어졌습니다(벧후 2:4, 유 1:6). 이제 하갈은 본래 자기의 신분과 위치로 되돌아 간 것입니다. 성도는 자기 위치를 지켜야 합니다.

결국 아브라함 가정의 문제의 해결의 열쇠는 하나님께 있었습니다.

|기도(기도 제목)

|주기도문

년 월 일 요일

|사도신경 |찬송 272, 338, 364장 **|말씀** 창 17:1~8

할례 : 언약의 표징

17

2

3

4

5

6

7

8

본문은 하나님께서 아브람에게 다섯 번째 나타나셔서 하신 말씀입니다.

아브람이 99세 때라고 분명히 못 박고 있는 것은 바로 앞절 16:16의 86세와의 간격을 보여주기 위함입니다. 실로 13년의 세월이 흐른 것입니다. 그 기간 동안에 하나님의 나타나심도, 말씀도 없었습니다. 우리는 세상적인 관심과 연락에 파묻혀서 하나님의 말씀이 없는 영적으로 단절된 세월을 보내고 있지는 않습니까?

이것은 '능력 있는 하나님'이란 뜻으로 하나님의 확실한 보증을 요청하는 자리에서 종종 나타나는 하나님의 칭호였습니다(28:3, 35:11, 43:14, 48:3). 이것은 언약의 후손을 반드시 주시겠다는 것을 아브람에게 확인시켜 주시기 위함이었습니다. 우리가 불완전한 삶을 사는 것은 하나님의 전능하심을 확신하지 못함이 아닙니까?

"너는 내 앞에서 행하여"라는 말은 아브람이 하나님 앞에서 살지 못했다는 것을 반영합니다. 성도는 언제나 하나님의 면전에서 살아야 하며, 말씀 가운데서 행해야 합니다. 완전한 삶이란 죄와 실수가 전혀 없는 삶이란 뜻이 아닙니다. 그것은 하나님 앞에서 언제나 자신을 바로 세우려고 하는 믿음을 의미합니다.

우리의 삶이 온전한 삶이 되기 위해서는 전능하신 하나님을 의지하고 그의 말씀대로 살아야 합니다.

기도(기도 제목)

주기도문

년 월 일 요일

사도신경 | **찬송** 257, 260장 | **말씀** 창 17:9~22

9 ●

10

11

12

13

14

15 ●

16

17

18

19

20

21

22

하나님께서는 아브라함과 맺은 언약의 표징으로 아브라함과 집에 있는 모든 남자로 할례를 받게 했습니다.

하나님께서는 할례를 명하실 때 만일 할례를 받지 아니하는 자가 있을 때는 백성 중에서 끊어진다고 말씀하셨습니다. 할례를 행함으로써 하나님이 아브라함과 언약한 언약의 자손이 되겠다는 말씀입니다. 하나님은 아브라함의 자손뿐만 아니라 누구나 할례를 시행하므로 언약의 자손이 될 수 있는 길을 열어 놓으셨습니다.

할례를 행한다는 것은 자신과 세상에 대한 의존을 단절하겠다는 뜻입니다. 가장 중요한 부분이요 자손 생산의 상징인 남성의 생식기를 자름으로써 자기 자신에 대한 포기를 나타내며, 다른 사람과 구별되는 표시를 함으로써 세상에 대한 포기를 나타냅니다. 이렇게 함으로 하나님께 전적으로 의존하겠다는 표시가 되는 것입니다.

신약 시대에 와서는 누구나 그리스도를 믿음으로 하나님의 백성이 될 수 있는 길이 열렸기 때문에 더 이상 할례가 필요하지 않게 되었습니다. 구약의 할례는 신약의 손으로 하지 않는 할례로 바뀌었는데 그것은 세례와 연관성을 가집니다. 세례는 죄씻음 받고 그리스도와 연합된다는 표시이며 언약의 공동체에 연합된다는 표시입니다.

구약의 할례처럼 우리는 그리스도의 피를 통해 그리스도와 연합의 관계에 들어갑니다.

기도(기도 제목)

주기도문

년 월 일 요일

사도신경 **찬송** 543, 545, 359장 **말씀** 창 17:23~27

23 ●

24

25

26

27

자손의 언약은 현실적으로 실현 불가능한 것이었습니다. 그러나 아브라함은 믿음으로 순종하고 있습니다.

아브라함은 하나님께서 말씀을 마치시고 떠나시자마자 그날에 즉시 집안의 모든 남자를 다 모아다가 하나님께서 말씀하신대로 할례를 시행했습니다. 그는 하나님의 명령과 말씀에 대해 조금도 지체하지 않고 즉시 순종한 것입니다. 이것은 쉬운 일이 아닙니다. 할례를 행하게 되면 자기 방어할 힘이 일시적으로 없어지기 때문입니다.

아브라함은 100세, 사라가 90세에 약속의 아들 이삭을 낳으리라는 것은 보통 사람은 아무도 믿지 못할 내용입니다. 그들은 생리적으로 생산이 중단된 상태였음에도 불구하고 자식을 주시겠다는 하나님의 약속에 대해 확실한 믿음을 가지고 있었습니다. 그렇기 때문에 하나님의 명령에 대해서도 믿음으로 순종할 수 있었던 것입니다.

아브라함은 할례를 시행하라는 명령을 받고 그날 할례를 시행하되 자신을 비롯하여 이스마엘과 집안 모든 남자 즉 모든 종에 이르기까지 모든 남자에게 온전히 할례를 행했습니다. 이것은 아브라함이 얼마나 철저하게 순종하는가를 보여주고 있습니다. 아브라함의 이런 믿음과 순종이 그를 믿음의 조상이 되게 한 것입니다.

아브라함처럼 어떤 두려움도, 난관도 이기고, 불가능한 상황이라도 믿고 따르는 순종이 필요합니다.

기도(기도 제목)

주기도문

년 월 일 요일

사도신경 **찬송** 449, 597, 447장 **말씀** 창 18:1~15

아브라함이 아들을 약속받다

18

2

3

4

5

6

7

8

9

10

11

12

13

14

15

본문은 아브라함이 손님을 극진히 대접하는 모습을 기록하고 있습니다.

그가 나그네를 보자마자 달려 나가 영접(2)한 것은 그의 마음이 이웃을 향한 사랑으로 가득 차 있었다는 것을 보여줍니다. 또한 '급히'(6, 7)라고 말한 것은 그가 마지못해서나 인색한 마음으로 한 것이 아니라 마음에서 우러나오는 기쁨으로 했다는 것을 표현해 주는 말입니다. 성도는 언제나 즐거움으로 베풀어야 합니다.

그는 '몸을 땅에 굽혀' 나그네를 영접했습니다(2). 또한 그들을 '주'라고 부르면서 자신을 종이라고 했습니다(3, 5). 이 얼마나 겸손한 섬김의 도리입니까? 우리는 남에게 베풀면서 자신을 나타내고 교만하기 쉽습니다. 성도에게는 철저한 섬김의 정신이 필요합니다. 바로 그 길이 예수님의 길이었습니다(막 10:45).

그는 손님들이 천사들인 줄 알고 대접한 것이 아니었습니다. 평소에는 손님 대접을 힘쓰던 그가 부지 중에 천사들을 영접하게 되었던 것입니다(히 13:2). 그리고 전혀 기대하지 않은 때에 아들을 낳을 것이라는 복된 소식을 듣게 되었습니다. 주님은 비록 냉수 한 그릇이라도 진실되게 베푸는 자를 결코 잊지 않으십니다(마 10:42).

성도는 주께서 본을 보이신 것 같이, 아브라함이 보여 준 것 같이 손님 대접하기를 힘써야 합니다.

기도(기도 제목)

주기도문

년 월 일 요일

사도신경 **찬송** 255, 528, 282장 **말씀** 창 18:16~21

아브라함이 소돔을 위하여 빌다

16 ●

17

18

19

20

21

하나님은 소돔과 고모라의 운명에 대해 아브라함에게 계시해 주셨습니다. 그 내용을 살펴봅시다.

하나님은 홍수 심판에 대해 노아에게 말씀하신 것처럼(6:13 이하)소돔과 고모라의 운명에 관한 비밀을 아브라함에게 말씀하셨습니다. 성경은 아브라함을 하나님의 벗이라고 부릅니다. 이는 그가 하나님과 언약을 체결하였고 하나님과 교제하는 새로운 위치를 가졌기 때문입니다. 하나님은 자신의 주권 사역을 자신의 종에게 계시하십니다.

소돔과 고모라의 멸망이 예고되고 있는 가운데, 아브라함과 그의 가정을 택하시고(19), 복을 재확인 시켜 주신 사실(18)은 매우 대조적인 장면입니다. 복의 근원이 될 아브라함을 통해 하나님은 자신의 뜻을 이루시기 위해 끝까지 그를 보호하셨습니다. 하나님은 택한 사람들을 통해 자신의 뜻을 이루시고 그들을 지키시며 보호하십니다.

그것은 소돔의 사악성 때문이었습니다. 구체적인 죄악상은 19장에 기록되고 있으나 그 죄는 극에 달했고 헤아릴 수 없을 만큼 심각했습니다(시 40:12). 그러나 하나님은 서두르시지 않았습니다. 21절은 하나님의 전지성이 부인된 구절이 아니라, 하나님께서 당장의 징계를 유보하시는 자비를 보여 주는 것입니다.

우리가 오늘도 삶을 영위하는 것은 하나님께서 심판을 유보하시고 오래참고 기다려 주시기 때문입니다.

기도(기도 제목)

주기도문

년 월 일 요일

사도신경 **찬송** 361, 364, 369장 **말씀** 창 18:22~33

22 ●

23

24

25

26

27

28

29

30

31

32

33

소돔과 고모라의 멸망을 계시받은 아브라함은 하나님께 중보의 기도를 드립니다.

"가까이 나아가"(23)라고 한 것은 아브라함이 하나님을 대함에 있어서 확신에 찬 친근감을 지니고 있었음을 표현해 주는 것입니다. 즉 기도에 있어서 하나님과의 사이에 거리감이나 장애가 없었다는 것입니다. 이러한 자세는 모든 성도의 기도에서 발견되어져야 할 요소이며 중보 기도에 있어서는 더욱 더 그러합니다(히 10:22).

그는 하나님의 공의를 찬양하였으며(25), 자신을 티끌과 같은 존재로 낮추면서(27)기도하였습니다. 교만한 마음이 있는 곳에는 기도의 자리가 마련될 수 없습니다. 은혜받은 영혼은 하나님의 긍휼 아래서 언제나 겸손한 법입니다(삼하 7:18, 눅 7:6). 아브라함은 이런 겸손한 자세로 기도하였습니다.

그의 기도는 분명한 목표가 있는 기도였기 때문에 간절함이 있었으며 끝까지 낙망하지 않는 집요함이 있었습니다(눅 18:7). 이러한 기도의 모습은 아브라함이 믿음의 자세로서 자신의 뜻이 관철되도록 하나님의 마음을 움직이는 데 전력을 다했다는 것을 보여 주는 것입니다(마 15:22, 눅 18:1).

특히 성도는 자기뿐만 아니라 자기 희생을 각오하고 타인을 위해서도 기도해야 합니다.

창

|기도(기도 제목)

|주기도문

년 월 일 요일

|사도신경 |찬송 273, 351, 354장 |말씀 창 19:1~11

소돔의 죄악

19

2

3

4

5

6

7

8

9

10

11

롯의 부지불식 간에 방문한 손님들을 대접하는 모습과 사건들을 통해 우리는 몇 가지 교훈을 얻을 수 있습니다.

롯은 두 천사가 소돔에 이르렀을 때에 그들을 맞아 집에 들이고 예의를 다해 그들을 섬겼습니다. 이것은 롯의 경건성을 드러내는 모습입니다. 롯은 죄악의 도시에서 장기간 살았지만 그들을 따라 악한 죄를 행하지 않았으며 오히려 그들의 죄를 책망하고 죄에서 떠날 것을 권고하기도 했습니다.

롯이 거하는 소돔은 죄가 가득한 곳이었습니다. 그 성에 찾아온 손님과 동성연애를 하기 위해 노소를 불문하고 다 모여 강제로 끌어내려고 할 만큼 도덕적 윤리적으로 타락한 도시였습니다. 그럼에도 불구하고 롯은 지금까지 그곳을 떠나지 못하고 미련 속에 그곳에서 살고 있는 것입니다. 믿음은 있었지만 세상과 완전히 단절되지 못했습니다.

롯은 자기 집에 들어 온 손님을 끌어내어 상관하려는 소돔성 사람들에게 타협안을 제시했습니다. 그것은 그 사람들 대신에 자기 두 딸을 주겠다는 것이었습니다. 이는 긍정적인 면이 없지 않으나, 그 방법은 타당하지 않았습니다. 선한 목적을 위해 불의한 방법이 정당화 될 수 없기 때문입니다. 롯은 세속적 방법에 익숙해 있었습니다. 성도는 믿음을 지키기 위해 성도와의 교제가 참으로 중요합니다. 죄악의 환경을 멀리해야 합니다.

창

|기도(기도 제목)

|주기도문

년 월 일 요일

|사도신경 |찬송 382, 401, 432장 |말씀 창 19:12~22

롯이 소돔을 떠나다

12 ●

13

14

15

16

17

18

19

20

21

22

본문에서 그들에게 제시된 세 가지 구원의 방법을 살펴봅시다.

과거에 집착하거나 미련을 가지 말라는 것이며, 세상적인 것에 애착을 갖지 말라는 것입니다. 또한 과거의 인간적 성취를 자랑하거나 과거의 죄와 실수로 인해 좌절하지도 말라는 것입니다. 성도의 삶이란 하나님 나라를 향해서 앞만 보고 전진하는 삶인 것입니다(빌 3:13). 여기에 주의 복이 함께하는 것입니다.

가다가 들이 나왔다고 해서 그곳에 머물지 말라는 것입니다. 성도들이 신앙의 순례길을 가는 데 있어서도 그럴 듯한 유혹의 자리, 호기심의 자리, 관심의 자리가 있습니다. 그러나 그곳은 성도가 머물 자리가 아닌 경우가 많습니다. 눈에 보기에는 편하고 성공할 수 있는 곳처럼 보이나 결국 사탄이 마련해 놓은 자리인 경우가 많습니다.

산은 하나님이 거하시는 곳의 상징이며 피난처의 상징이기도 합니다. 그러므로 산은 구원의 상징입니다. 그러나 산을 오르는 것은 쉬운 일이 아닙니다. 험준한 길입니다. 그러나 그 길은 그리스도인이 가야 하는 길입니다. 십자가를 지시고 갈보리 산을 오르신 주님을 따라 가는 길이 성도의 길입니다.

우리의 구원의 길은 하나님께서 은혜로 세워 놓으신 십자가에 죽으신 예수님을 믿는 길 밖에 없습니다.

|기도(기도 제목)

|주기도문

년 월 일 요일

|사도신경 |찬송 542, 544, 597장 |말씀 창 19:23~29

소돔과 고모라를 멸하시다

23 ●

24

25

26

27

28

29 ●

예수께서도 "롯의 처를 기억하라"고(눅 17:32)말씀하시면서 말세를 사는 성도들을 향해 경고하셨습니다.

롯의 처는 하나님께서 천사를 통해 하신 말씀을 불순종하였습니다. 그러나 롯은 천사의 지시대로 뒤를 돌아보지 않았습니다. 마치 롯의 사위들이 그의 말을 농담으로 여긴 것처럼, 그녀도 하나님의 말씀을 가볍게 여기고 옳은 충고를 예사로 들었습니다. 성경은 불순종하는 자에게 하나님의 진노와 형벌이 있을 것을 엄히 경고하고 있습니다.

그녀는 소돔을 좋아 했습니다. 그녀는 남편인 롯도 사랑하였겠지만 그녀가 진정 사랑하였던 것은 소돔 땅이었습니다. 소돔성에서의 평안과 안락에 대한 미련과 아쉬움을 떨쳐 버릴 수가 없었던 것입니다. 과거에 죄를 탐닉하던 때의 일을 근본적으로 청산하지 못하고, 재물에 대한 탐심을 포기할 수 없었기에 뒤돌아 보았던 것입니다.

그녀는 롯의 도움으로 몸은 소돔 밖에 있었으나 마음은 여전히 소돔 안에 있었습니다. 그리스도인들은 주님이 오시기를 바라고 기다린다. 그리고 그 때에는 그들이 가진 모든 것을 버리지 않으면 안 됩니다. 그럼에도 불구하고 버려야만 할 세상 욕심에 아직도 성도들의 마음이 사로잡혀 있다는 것은 안타까운 사실입니다. 성도의 소망은 세상에 있지 아니하고 천국에 있습니다. 세상을 버릴 것은 아니지만 세상에 집착해서는 안 됩니다.

|기도(기도 제목)

|주기도문

년 월 일 요일

|사도신경 |찬송 284, 272, 337장 |말씀 창 19:30~38

모압과 암몬 자손의 조상

30 ●

31

32

33

34

35

36

37

38

롯과 그의 딸들은 가까스로 소돔에서 떠나 생명을 건졌으나 그들이 죄에서 완전히 떠난 것은 아니었습니다.
롯이 소알에 거하기를 두려워한 것은 하나님의 엄한 심판을 보았기 때문이기도 하지만 엄밀히 말하면 그의 불신 때문이었습니다. 그는 자기 때문에 소알을 멸하지 않겠다는(21)하나님의 약속을 믿지 못하였고, 또 소돔의 멸망이 자기 때문이라고 생각할지도 모를 소알 사람들이 두려워 소알을 떠나 산의 동굴에 은거한 것입니다.
롯의 불신은 그의 범죄로 이어졌습니다. 그는 아무도 없는 산의 동굴에서 시험을 받아 넘어진 것입니다. 두 딸은 전혀 변화되지 못한 생각으로 추한 계획을 당당히 세우고(31, 32), 롯은 술 취함으로 이 계획에 빠져들었습니다(33, 35). 그의 방심과 술 취함이 근친상간의 엄청난 죄를 낳았습니다.

변화되지 못한 그들의 죄는 결국 모압 족속과 암몬 족속의 시조를 낳는 결과를 이루었습니다. 그리하여 이 두 족속은 항상 이스라엘을 대적하여 싸우는 원수가 되었습니다. 또한 롯의 소행에 대한 하나님의 진노는 그의 이야기가 끝을 맺고 여기서 더 이상 등장하지 아니하는 것을 보아서도 알 수 있습니다.

우리는 그리스도 안에서 변화된 삶을 살고 있습니까? 아직도 뿌리 뽑지 못한 죄의 습성은 없습니까?

기도(기도 제목)

주기도문

년 월 일 요일

사도신경 **찬송** 382, 407, 419장 **말씀** 창 20:1~7

아브라함과 아비멜렉

20

2

3

4

5

6

7

본문에 나온 아브라함의 불신앙적 타락 기사를 통해 서 얻을 수 있는 교훈은 다음과 같습니다.

그는 전에도 똑같은 죄를 애굽에서 지은 바 있습니다(비교 12:10-20). 18장에서 소돔성의 구원을 위해 기도하던 믿음의 장부 아브라함이 불과 얼마 후에 이렇게 초라한 졸장부의 모습으로 나타나고 있는 것은 인간의 연약성을 적나라하게 보여주는 것입니다. 아무도 자기 스스로는 완전할 수 없습니다.

하나님을 온전히 신뢰하지 못하면 여지없이 범죄하고 실수하게 됩니다. 인간의 방법에 의지하면 진리의 길을 이탈하게 될 수밖에 없습니다. 그가 하나님께서 예비한 가나안 땅을 저버리고 좀 살기 편하다고 하여 이방인들이 살고 있는 그랄 땅에 가서 정착하기 시작했다는 사실은(1)그의 불신을 구체적으로 나타내주는 것입니다.

하나님은 아브라함의 실수에도 불구하고 아비멜렉의 범죄를 막으셨습니다(3-7). 우리는 여기에서 언약을 끝까지 지키시는 하나님의 신실하심을 보게 됩니다. 하나님은 그의 택한 백성들이 연약하여 실수하고 범죄할지라도 버리지 아니하시며 그 가운데서 지키시며 보호해 주십니다. 이것이 하나님의 은혜입니다.

성도는 어떤 상황에서도 하나님을 절대 신뢰하며 자기의 자리를 꼭 지켜야 합니다. 이것이 믿음의 모습입니다.

기도(기도 제목)

주기도문

년 월 일 요일

사도신경 | **찬송** 274, 276, 282장 | **말씀** 창 20:8~18

8 ●

9

10

11

12

13

14

15

16

창

17

18

하나님은 아브라함의 실수를 통해서도 역사하셨습니다. 본문의 내용을 살펴봅시다.

아브라함은 이방인의 책망을 들었습니다(9, 10). 이것은 그에게 있어서 매우 큰 수치였습니다. 그러나 자신이 실수한 것은 하나님보다 사람을 더 두려워했기 때문이었다고 솔직하게 인정했습니다. 성도는 실수를 통해서 오히려 자신의 부족함을 깨닫고 하나님의 하나님됨을 믿는 믿음을 소유하게 되는 것입니다.

아비멜렉은 아브라함에게 전격적인 대우를 베풀었고, 사라도 온전히 돌려 보냈습니다. 이것은 아브라함의 세력을 두려워한 것이 아니라 아브라함과 함께하시는 하나님의 섭리에 순종하려는 뜻에서 한 일입니다. 아브라함은 그의 실수에도 불구하고 오히려 하나님의 복을 받게 되었습니다.

아브라함은 선지자적 위치에서 아비멜렉을 위해 축복하였고, 그 축복은 그대로 이루어졌습니다. 이것은 하나님께서 아브라함을 선지자로 세우시고(7), 이방인 중에서 존귀함을 얻도록 하시기 위함이었습니다. 실수로 인해 불신자인 아비멜렉에게 책망까지 받아 실추된 아브라함의 권위를 하나님께서 세워주신 것입니다.

성도는 비록 실수가 많은 존재이지만, 하나님의 자녀로 세움받았음을 자랑스럽게 여겨야 합니다.

기도(기도 제목)

주기도문

년 월 일 요일

사도신경 | **찬송** 570, 370, 301장 | **말씀** 창 21:1~7

사라가 이삭을 낳다

21

2

3

4

5

6

7

하나님께서 아브라함에게 아들을 주시겠다는 약속이 25년만에 성취되었습니다.

1절에서는 '말씀하신 대로'란 말이 두 번이나 반복되고 있습니다. 즉 하나님께서는 아들을 주신 것입니다. 하나님께서 약속하신 말씀은 반드시 성취되고야 맙니다. 그러므로 성도는 의심이 생기는 상황에서라든가, 손해볼 것 같은 상황에서도 하나님의 말씀하신 대로 살아야 합니다. 이것이 하나님의 뜻과 약속을 성취해 나가는 삶인 것입니다.

"하나님이 말씀하신 시기가 되어"라는 말은 하나님께서 아브라함에게 약속하셨던 바로 그 때란 뜻입니다. 하나님의 약속은 이르지도, 늦지도 않게 하나님께서 정해 놓으신 때에 성취되는 것입니다. 아브라함은 100세가 되도록(5)오래 기다려야 했지만, 그 기다림은 약속의 성취를 위해 꼭 필요한 기간이었습니다.

'노년의 아브라함에게'라고 한 것은 이미 아브라함과 사라는 아이를 낳는 것이 불가능한 상태였음을 가리킨다(18:11, 12). 또한 이 말씀은 이 약속의 성취는 사랑과 능력으로 된 것이라는 사실을 강조하는 것입니다. 이것이 바로 불가능을 가능하게 하신, 선하신 하나님의 능력입니다.

우리 성도들도 아브라함 같이 하나님의 약속을 굳게 믿는 신앙을 소유해야 하겠습니다.

기도(기도 제목)

주기도문

년 월 일 요일

사도신경 **찬송** 382, 406, 419장 **말씀** 창 21:8~21

하갈과 이스마엘을 내쫓다

8 ●

9

10

11

12

13

14

15

16

17

18

19

20

21

하나님은 이삭을 선택하시고 하갈과 이스마엘은 내쫓도록 하셨습니다.

이삭이 젖을 떼는 날에 이삭은 2, 3세쯤 되었으며 하갈의 소생 이스마엘은 16, 17세쯤 되었을 것으로 추정

됩니다. 그런데 이날에 이스마엘이 이삭을 희롱하였습니다. 바울은 이 사건을 가리켜 육체를 따라 난 자인 이스마엘이 성령을 따라 난 자인 이삭을 박해한 것이라고 해석했습니다(갈 4:29).

하나님께서는 자신의 선택을 보여 주셨습니다. 이스마엘은 하나님의 뜻에 의한 약속의 자녀가 아니었습니다. 그는 육체를 따라 난 자요 인간적인 노력의 열매였습니다. 그러나 이삭은 약속으로 말미암은 은혜의 선물이었습니다(롬 9:7, 히 11:18). 아브라함은 하나님의 선택에 따라서 이스마엘과 하갈을 쫓아낼 수 밖에 없었습니다.

쫓겨난 하갈의 기도를 들으신 하나님께서는 이스마엘에게도 역시 약속과 축복을 주셨습니다. 이는 불택자들에게도 주시는 하나님의 일반 은총입니다. 하나님께서는 비와 해를 의로운 자와 불의한 자 모두에게 똑같이 내리십니다(마 5:45). 또한 악인에게도 분깃을 주십니다(욥 20:29, 렘 13:25).

하나님은 무한한 사랑으로 우리를 선택하셨습니다. 우리는 그 사랑에 감사할 수 있어야 합니다.

기도(기도 제목) ______________________

주기도문

년　월　일　요일

사도신경 **찬송** 273, 275, 349장 **말씀** 창 21:22~34

아브라함과 아비멜렉의 언약

22 ●

23

24

25

26

27

28

29

30

31

32

33

34

아브라함과 아비멜렉의 화친 조약을 맺는 사건에서 불신자 앞에서 성도의 모습에 대해 교훈받게 됩니다.

실수를 통해서 하나님의 은혜를 체험한 아브라함은 더욱 더 경건하게 하나님을 섬김으로써 그의 신앙과 인격이 불신자인 아비멜렉에게 도전을 준 것입니다. 그랄의 왕 아비멜렉이 이방인인 아브라함에게 대등한 화친 조약을 요청한 것은 파격적인 것입니다. 이는 아브라함과 함께하시는 하나님을 인식하였기 때문입니다.

전에 아브라함은 자신의 실수로 인하여 아비멜렉에게 책망을 당한 일이 있습니다(10:9, 10). 그러나 지금은 아브라함이 이방의 왕을 책망하고 있습니다. 성도는 불신자에게 비난을 받는 삶을 살아서는 안됩니다. 오히려 성도는 세상을 향해서 하나님의 진리를 선포하고 잘못을 지적하고 책망할 수 있어야 합니다.

아브라함은 에셀나무를 심고 여호와의 이름을 불렀습니다. 이것은 그가 이방인 앞에서도 담대하게 하나님을 찬양하며 자신의 위치를 높여 주신 하나님께 감사했음을 보여줍니다. 아브라함의 믿음이 훌륭한 이유가 여기에서도 나타납니다. 성도는 항상 찬양과 기쁨과 감사의 삶을 보여야만 합니다.

우리의 삶은 단지 개인으로서 혼자만의 삶이 아닙니다. 성도로서 하나님을 드러내는 자인 것입니다.

기도(기도 제목)

주기도문

년 월 일 요일

사도신경 **찬송** 255, 337, 292장 **말씀** 창 22:1~3

이삭을 번제로 드리라 하시다

22

2

3

성도에게는 항상 시험이 있습니다. 본문에서도 하나님께서 아브라함을 시험하시고 있습니다.

사탄은 어떻게 하든지 믿는 자를 넘어뜨리려고 마치 우는 사자와 같이 찾고 다닙니다. 사람은 성도의 마음에 교만과 욕심과 음란과 거짓의 씨를 뿌려 범죄하여 하나님으로부터 멀어지게 하려고 애를 쓰는 것입니다. 아담과 하와도 사탄의 유혹에 넘어가 범죄하였고 심지어는 예수님께서도 사탄의 시험을 받으신 적이 있습니다.

하나님께서는 종종 성도를 시험하십니다. 이렇게 하나님께서 하시는 시험은 마귀가 하는 시험과는 근본적으로 다릅니다. 마귀는 넘어뜨리려고 하지만 하나님께서는 보다 든든히 세우시기 위해 하십니다. 하나님은 시험 곧 시련을 통해 성도로 하여금 하나님을 더 사랑하고 그에 대한 확신을 심어주십니다.

우리에게 닥치는 시험은 두 가지가 있는데 그것을 이기려면 각각 다른 대처가 필요합니다. 마귀가 가져다주는 시험에는 말씀과 기도가 무기가 됩니다. 반면 하나님께서 주시는 시험에는 믿음의 순종이 요청됩니다. 이것들은 모두 신앙의 훈련을 통해 얻을 수 있는 것들입니다. 훈련된 병사만이 승리할 수 있습니다. 주님처럼 아브라함처럼 우리도 승리하는 성도의 삶을 살아야겠습니다.

기도(기도 제목)

주기도문

년 월 일 요일

사도신경 **찬송** 449, 204, 455장 **말씀** 창 22:4~12

4

5

6

7

8

9

10

11

12

아브라함은 하나님의 명령(2)에 절대적으로 순종했습니다. 이것은 온전한 헌신이었습니다.

"아침에 일찍이 일어나" 떠날 준비를 하는 아브라함에게서 변명과 지체함이 없는 순종의 모습을 보게 됩니다(시 119:60). 아브라함의 이런 즉각적인 순종이 그 시험을 이길 수 있는 힘이 되었던 것입니다. 또한 3일이나 지났음에도 불구하고 아브라함의 순종의 마음에 변함이 없었던 것을 볼 수 있습니다(4).

아브라함이 동행한 두 종을 기다리게 한 것은 허세없는 진실한 순종의 모습을 보게 합니다. 또한 "우리가 너희에게로 돌아오리라"고 1인칭 복수를 사용한 것은 "이삭에게서 나는 자라야 네 씨라 부를 것임이니라"(21:12)는 하나님의 약속을 분명히 믿고 순종했다는 것을 보여 줍니다.

이삭은 삼일 길을 걷고도 능히 나무단을 지고 산을 오를 만한 건장한 청년이었습니다. 그럼에도 "번제할 어린양은 어디 있나이까"라는 단 한마디 질문을 하고 "하나님이 친히 준비하시리라"는 아버지의 대답을 듣고는 더 이상 말하지 않고, 결박 당하면서도, 아브라함의 칼 끝에서도 반항하지 않고 침묵과 순종으로 일관했습니다.

우리는 아브라함의 순종에서 믿음의 본질을, 이삭의 순종에서 그리스도의 희생을 볼 수 있습니다.

기도(기도 제목)

주기도문

년 월 일 요일

사도신경 **찬송** 597, 204, 447장 **말씀** 창 22:13~24

13

14

15

16

17

18

19

나홀의 후예

20 ●

21

22

23

24

하나님의 명령을 절대적으로 순종한 아브라함에게 어떤 결과가 일어났는가.

긴박한 상황 속에서 이삭은 구출되었습니다. 여호와의 사자가 '아브라함아 아브라함아'라고 두 번 부른 것은 이것을 잘 나타내주고 있습니다. 하나님은 아브라함이 100세에 난 귀한 독자까지 자신에게 아끼지 않았다는 사실을 치하하시면서 그의 믿음을 인정하셨습니다. 성도의 믿음은 어려운 상황에 부딪쳤을 때 확실하게 나타납니다.

하나님의 말씀을 순종하여 시험을 잘 통과한 사람에게는 그의 생각으로는 이해할 수 없고, 또 기대할 수 없을지라도, 모든 어려운 문제가 해결되는 복이 주어집니다. 여기에서 '숫양'은 희생의 제물 곧 대신 죽은 제물로써 그리스도의 예표가 됩니다. 즉 하나님은 그리스도를 통하여 구원하실 것이라는 예언적 의미가 있는 것입니다.

순종의 결과, 아브라함은 하나님의 복을 다시 한 번 확신하게 되었습니다. 이것은 13:14-18에서 이미 하나님께서 약속하신 복입니다. 아브라함은 순종함으로 새로운 확신을 얻게 된 것입니다. 순종하는 사람은 늘 하나님께 대한 확신을 새롭게 하지만 불순종하는 사람은 언제나 의심과 갈등 속에서 허덕이게 됩니다. 순종하는 사람은 새로운 복을 쌓아 가면서 하나님의 약속의 불변성을 체험하게 됩니다.

기도(기도 제목)

주기도문

년 월 일 요일

사도신경 | **찬송** 479, 607, 330장 | **말씀** 창 23:1~2

아브라함이 막벨라 굴을 사다

23

2

불신자는 사망이 제일 두려운 순간이지만 성도는 임종이 하늘문이 열리는 가장 영광스러운 때입니다.

사람들은 세상 모든 것에 대하여 부지런히 준비하고 신경을 쓰지만 사후의 일에 대해서는 거의 무관심한 것 같습니다. 그러나 신자로서 가장 많이 준비해야 할 것은 바로 이것입니다. 갑자기 사망의 검은 손길이 다가오면 당황하고 통곡할 수밖에 없는 것이 인지상정입니다. 잘 준비된 자만이 잘 맞을 수 있습니다.

우리에게 맡겨진 시간, 능력, 재물, 그리고 환경을 총동원하여 전심전력으로 힘써야 합니다. 이 믿는 일을 바로 해 나갈 때 하나님이 기뻐하시고 복을 주십니다. 신앙생활에 최선을 다했으면 죽음은 전혀 두려울 것이 못됩니다. 난방 장치를 철저히 하여 월동준비에 만전을 기했다면 엄동설한이 다가와도 아무 염려가 없을 것입니다.

나인성 과부의 독자가 죽었을 때처럼 하늘과 땅이 무너지는 애곡 소리가 있으면 아니될 것입니다. 이는 세상에만 온전히 소망을 두고 생활해온 연고일 것입니다. 일찍이 이화여대 총장이었던 김활란 박사는 유언으로 다음과 같이 말했습니다. "내가 죽으면 슬프게 장송곡을 부르지 말고 승리의 개선 찬송가를 불러달라."

성도의 죽음은 새로운 세계의 시작입니다. 그 시작을 위해 준비하는 삶을 살아야 겠습니다.

|**기도**(기도 제목)

|**주기도문**

년 월 일 요일

|**사도신경** |**찬송** 243, 480, 485장 |**말씀** 창 23:3~18

3

4

5

6

7

8

9

10

11

12

13

14

15

16

17

18

우리 성도가 땅에 살면서 힘써야 할 것은 신앙 인격의 확립입니다. 본문은 아브라함의 신앙 인격을 보여줍니다.

아브라함은 당시 '하나님의 방백'으로 명성이 높았음에도 불구하고 그 자신을 '나그네'라고 겸허하게 낮추었습니다. 우리 성도는 겸손해야 합니다. 아무것도 가진 것이 없을 때 낮아지기는 쉬우나 지위가 높아지고, 명예를 얻고 재물이 따를 때는 교만해지기가 쉽습니다. 그러나 성도는 배울수록 겸손해져야 합니다.

헷 족속이 매장지를 거저 주겠다고 하였을 때 거절하고 정당한 대가를 지불하였습니다. 그냥 받았어도 아무 문제가 발생하지 않았겠지만 그는 공의를 잃지 않았습니다. 신앙인은 매사에 있어서 자기를 위하는 생각이 앞서면 원칙을 상실하고 인정이나 감정에 흐르기 쉬우나 공의로운 정신이 언제나 뚜렷해야 합니다.

아브라함이 헷 족속의 땅을 매장지로 고집한 이유는 그곳이 약속의 땅이었기 때문입니다. 아브라함은 하나님의 언약의 말씀에 대한 확신과 그에 따른 삶이 있었습니다. 아내의 시체 앞에서 애통해 하는 순간에도 하나님을 생각하면서 일 처리에 임했습니다. 신자는 무슨 일을 하든지간에 그 일의 근거가 성경에 분명히 있어야 합니다.

성도의 신앙 인격은 사소한 일로 손상받기 쉽습니다. 항상 겸손하고 공명정대한 생활에 힘써야 합니다.

기도(기도 제목)

주기도문

년 월 일 요일

사도신경 | **찬송** 235, 610, 608장 | **말씀** 창 23:19~20

19

20

아브라함은 막벨라 굴에 사라를 매장하였습니다. 성도의 장례식에 대하여 주의하고 유념해 봅시다.

전도서 7:2에 보면 "초상집에 가는 것이 잔칫집에 가는 것보다 나으니 모든 사람의 끝이 이와 같이 됨이라, 산 자는 이것을 마음에 둘지어다"라고 하였습니다. 인생살이에 있어서 모든 것이 사실상 불확실하지만 한가지 절대분명한 것은 죽음이 있고 그 후에는 심판이 있다는 것입니다. 이것을 생각하면 교만할 수가 없습니다.

성도가 죽음에 임박하여 신자와 불신자의 다른점을 명확하게 드러내야 하지 지나치게 슬퍼 하는 것은 바람직하지가 않습니다. 그러므로 우리는 평상시에 신앙훈련을 많이 해서 이에 대비해야 합니다. 믿음은 어느날 갑자기 결단하여 생기는 것이 아니라 경건의 부단한 훈련과정 속에서 확립됩니다.

왜냐하면 죽음의 날짜를 모르기 때문입니다. 여기에는 순서가 없습니다. 그러나 보통의 사람들은 80년 정도는 살 수 있으려니 생각하고 준비하지 않습니다. 이것은 그 날짜를 알고 있는 교만함과 같습니다. 이러한 사고방식은 철저히 깨져야 합니다. 살고 죽는 것은 완전히 하나님의 장중에 있습니다. 우리는 주께서 허락하심에 따라 이 땅에서 살아갑니다. 항상 기뻐하며 감사하여 소망 중에 살아야 하겠습니다.

기도(기도 제목)

주기도문

년 월 일 요일

사도신경 | **찬송** 605, 604장 | **말씀** 창 24:1~9

이삭이 리브가를 아내로 삼다

24

2

3

창

4

5

6

7

8

9

아브라함이 그의 아들 이삭의 아내를 구하는 행위에서 우리는 그의 신앙의 참된 일면을 보게 됩니다.

가나안 족속의 딸 중에서 구하지 아니하고 자기의 고향인 하란에 가서 구하도록 그의 늙은 종에게 당부하였습니다. 이것은 세상 여자를 취하지 말라는 것입니다. 오늘날 성도들의 신앙을 보면 입으로는 믿음을 말하고 결혼할 때 보면 세상 표준인 경우가 허다합니다. 그러나 신자와 불신자의 결혼은 피해야 할 것입니다.

결혼은 인간이 결정하는 것 같으나 그 결단에는 하나님의 예정이 이미 포함되어 있습니다. 결혼에서처럼 하나님의 오묘한 섭리가 보여지는 경우는 아주 드물다. 때가 되면 인간편에서 최대한 찾고 노력해야 하지만 최후의 결정은 역시 우리 하나님께서 하십니다. 그러므로 너무 조급해서도 아니되고 무관심해서도 아니됩니다.

성도는 모든 일에 있어서 하나님의 뜻을 따라가야 하지 자기의 감정과 주관에 하나님의 뜻을 억지로 맞추려고 하는 것은 말도 안 되는 소리이고 또 절대로 그렇게 되지도 아니하는 법입니다. 이것은 신앙의 첫걸음도 모르는 우매함입니다. 근본자세가 틀렸으니 철저하게 회개해야 합니다. 성도의 결혼은 하나님의 섭리 안에서 믿음과 순종으로 이루어져야 합니다.

기도(기도 제목)

주기도문

년 월 일 요일

사도신경 **찬송** 312, 374, 433장 **말씀** 창 24:10~14

10 ●

11

12

13

14

창

17

아브라함의 종 엘리에셀은 종이었으나 아브라함의 경건한 신앙을 그대로 물려받은 충실한 종이었습니다.

본문에 보면 그가 사명을 완수하기 위한 어떤 계획이나 시도를 하기 전에 가장 우선적으로 한 것이 기도하는 것임을 알 수 있습니다. 무슨 일을 앞두고 기도하는 자세는 하나님을 경외하는 아름다운 신앙행위인 동시에 그 일을 성공적으로 완수하는 가장 확실한 통로이기도 합니다. 우리는 기도를 쉬거나 최후 수단으로 사용해서는 안 됩니다.

그는 자기 욕심을 이루기 위해 기도한 것이 아니었습니다. 구하여도 받지 못함은 정욕으로 쓰려고 잘못 구함이라고 했습니다(약 4:3). 욕심으로 구하는 기도에는 응답이 없습니다. 그러나 그의 기도는 철저하게 하나님의 뜻을 찾고자 하는 열심이 담긴 기도였습니다. 또한 자기 자신보다는 자기의 주인 아브라함을 위한 기도를 했습니다.

중언부언하는 기도가 아니었습니다. 꼭 이루어야만 하는 분명한 목적과 소원이 있는 기도였습니다. 목적 없는 기도에는 간절함이 상실되기 마련입니다. 그런 기도는 확신이 올 때까지 계속하지 못하고 중도에 그치는 것이 되어 결국은 응답을 받지 못하는 기도가 되고 마는 것입니다. 특히 젊은 그리스도인들은 분명한 목적 기도를 해야 합니다.

기도는 하나님의 뜻을 묻고 그에 순종하려는 태도로 드려야 합니다. 그때 하나님께서 응답하십니다.

18

19

20

21

22

23

24

25

26

27

기도(기도 제목)

주기도문

년 월 일 요일

사도신경 **찬송** 212, 320, 323장 **말씀** 창 24:15~27

15

16

30

이삭의 아내를 구하러 나홀의 성에 이른 엘리에셀은 하나님이 예비하신 딸 리브가를 만나게 되었습니다.

31

엘레에셀이 리브가를 만난 것은 우연이 아니라 그의 기도에 대한 하나님의 응답이었습니다. 성도가 기도하면 하늘의 보좌를 움직이게 됩니다. 그래서 마틴 루터는 '하나님을 움직이는 자'라는 별명을 가지게 되었습니다. 그렇게 되려면 분명히 믿고 기도를 해야 합니다. 믿지 아니하고 기도하는 기도는 실탄이 전혀없는 총과도 같습니다.

32

기도의 응답을 받아서 리브가를 상봉한 후에도 이삭의 아내로서 합당한 용모와 성품을 가지고 있는지의 여부를 알아보기 위해서 시험을 해보았습니다. 성도는 매사 일처리에 있어서 참으로 신중하고 사려깊어야 합니다. 감정에 치우치거나 조급하게 무슨 일을 하는 것은 절대금물입니다.

33

성도는 무슨 일이든지 성취되면 제일 먼저 하나님께 그리고 자기 주인에게 영광을 돌려야 합니다. 조그마한 일이 성사되면 흔히들 우쭐해하는 경향이 있는데 이것은 신앙의 올바른 자세가 아닌 줄 알고 고쳐 나가는 데에 힘을 써야 합니다. 우리는 언제나 할 일을 다한 후에 무익한 종으로서의 겸허함을 보여야 하겠습니다. 하나님은 믿음의 기도에 응답하십니다. 기도의 응답을 받은 사람은 더욱 겸손히 주를 섬깁니다.

34

35

기도(기도 제목)

36

주기도문

년 월 일 요일

사도신경 **찬송** 482, 410, 417장 **말씀** 창 24:28~40

37

28 ●

29

38

39

40

42

43

본문은 리브가의 오라비 라반의 신앙 인격에 대해서 말해주고 있습니다.

라반은 "여호와께 복을 받은 자여 들어오소서"라고 정중한 초대를 하였습니다. 성도는 항상 무의식 중에도 불신앙적인 말들이 입밖으로 나와서는 아니됩니다. 그렇게 되면 하나님의 영광이 땅에 떨어집니다. 모든 복의 근원은 하나님이십니다. 그러나 복보다는 그 복을 주시는 하나님이 훨씬 더 소중함을 알아야 합니다.

라반은 손님을 영접함에 있어서 참으로 세심한 배려를 기하였습니다. 그는 유숙할 방과 심지어는 낙타의 처소까지 미리 예비하였습니다. 성도는 항상 친절하게 봉사함을 기쁨으로 알아야 합니다. 우리는 다른 사람이 나에게 하는 행위를 보아서 자기자신의 인품 정도를 측정해 볼 수 있으리라 생각합니다.

엘리에셀은 아브라함의 종이었으나 겸손한 마음으로 음식을 정성껏 대접하고 종들의 발씻을 물까지 주었습니다. 신앙인은 사람 위에 사람 없고 사람 밑에 사람 없다는 평등정신을 생각하면서 빈부귀천, 배움의 정도 등을 가리지 말고 똑같이 모든 사람을 사랑하고 있는 힘을 다해서 섬겨야 할 것입니다.

신앙인의 인품은 그 행위로써 드러납니다. 우리의 삶을 살펴보아야 합니다.

기도(기도 제목)

주기도문

44

45

46

47

년 월 일 요일

사도신경 **찬송** 323, 459, 461장 **말씀** 창 24:41~49

41

48

창

49

엘리에셀은 라반에게 리브가를 이삭의 아내로 허락할 것인지의 여부를 확인합니다.

그는 환대를 받을 때에 자신의 임무를 말하기 전에는 먹지 않겠다고 했습니다. 이것은 그가 책임의식이 분명했음을 말해줍니다. 하나님께서는 복잡한 생각을 가지고 이중적인 자세를 가지고 있는 자를 사용하지 아니하시고 언제나 하나의 뚜렷한 삶의 목표와 거기에 최선을 다하여 충성하고 있는 자를 쓰십니다.

창 24장에서 그가 "우리 주인, 나의 주인"이라고 한 것이 8회나 됩니다. 우리 성도도 하나님의 이름만을 나타내어야 합니다. 하나님의 이름만을 영화롭게 하여 나가다 보면 그중에서 자기도 영광스럽게 되어지는 법입니다. 자기의 이름을 나타내기 시작하면 하나님의 영광은 가리워집니다. 그리고 자기자신도 결국은 망합니다.

이 세상에서 발생하는 모든 일은 그 최종 원인이 언제나 하나님께 있습니다. 그러나 보통 사람들은 나타나는 외부 결과만을 보지 근본 출발점은 보지 못합니다. 성도의 믿음의 눈은 항상 하나님의 인도와 섭리를 명확히 바라보고 준비하면서 기다리는 신앙을 가져야 합니다. 엘리에셀이 가진 신앙의 눈을 가져야 합니다.

종의 자세는 주인을 섬기고 그의 뜻을 따르며 그의 이름을 높이는 것입니다. 주의 종도 마찬가지입니다.

기도(기도 제목)

주기도문

년 월 일 요일

사도신경 **찬송** 326, 328, 315장 **말씀** 창 24:50~60

50 ●

51

52

53

54

55

56

57

58

59

60

누군가가 말하기를 "결단은 고통"이라고 하였습니다. 그 이유는 결단에 대한 결과와 책임 때문입니다.

결혼은 가장 결단하기 어려운 것 중의 하나입니다. 단

한번에 자신의 운명 전체를 결정하는 일이기 때문입니다. 그래서 사람들은 고민하고 염려합니다. 그러나 결단을 내리기 위해서는 어떤 표준이 있어야 할 것입니다. 불신자는 결국 자기를 중심한 세상 표준입니다. 그러나 성도는 하나님을 중심삼아 해야 하고 믿음에 근거해야 하는 것입니다.

엘리에셀은 하루 밤을 유숙한 뒤 아침에 떠나고자 하였으나 리브가의 어머니는 적어도 열흘은 지체해 달라고 요구했습니다. 그러나 최종 결정권자인 리브가는 다음날 출발하기로 마음을 굳혔다. 이것은 우리에게 귀중한 교훈을 줍니다. 결단에도 시기가 있는 법입니다. 우리도 하나님을 순종할 때 천사처럼 신속하지 않으면 안 됩니다.

마지막 결정은 자기가 하되 그에 이르는 과정에서 부모형제, 그리고 하나님의 섭리 등을 최대한 존중하여 물의가 없게 하였습니다. 결혼은 하나만을 위한 것이 아니고 모든 사람, 그리고 사회와도 관련되어져 있습니다. 하나님의 뜻에 어긋나지 아니 하는 범위에서 최대한 다른 사람들과의 대인관계를 원만히 해야 합니다.

성도는 매일 결단하며 사는 자입니다. 결단의 표준은 언제나 주님임을 기억합시다.

기도(기도 제목)

주기도문

년 월 일 요일

사도신경 **찬송** 383, 71, 397장 **말씀** 창 24:61~67

61 ●

62

63

64

65

66

67

이삭은 엘리에셀이 자기 아내를 구하러 떠난 그 당면 문제를 놓고 기도하였습니다.

여기에서 묵상이라 함은 기도를 의미합니다. 그것이 공상과 다른 점은 공상은 그저 목적 없이 생각만 하는 것이고, 묵상은 일정한 대상을 정해 놓고 생각하는 것입니다. 이삭은 40세가 된 성인(25:20)이었으나 자기 생각대로 결혼하지 않고 하나님의 뜻이 바로 이루어지도록 기도하고 있는 것입니다.

이삭은 저물 때에 묵상했습니다. 고된 하루의 일과가 끝나고 태양이 석양에 지면 황금빛 구름이 지평선에 빛날 때에 시원한 바람을 피부에 느끼면서 기도했던 것입니다. 우리는 적당한 기도 시간을 선택해야 합니다. 예수님은 새벽을 기도 시간으로 택하기도 하셨고(막 1:35), 밤을 택하기도 하셨습니다.

이삭은 들에 나가서 묵상하였습니다. 그곳은 사람이 없는 조용한 곳이었기 때문에 하나님과 교제를 나누기에 가장 알맞은 장소였습니다. 우리는 하나님의 임재와 능력을 볼 수 있는 장소를 확보하여야 합니다. 그러나 신앙이 고차원으로 성장하여 시간과 공간의 구애가 없도록 힘써야 할 것입니다.

이삭의 기도는 여러 면에서 기도의 모범을 보여줍니다. 이삭을 본받아 기도하는 성도가 되어야겠습니다.

기도(기도 제목)

주기도문

년 월 일 요일

사도신경 **찬송** 245, 239, 606장 **말씀** 창 25:1~11

아브라함이 죽다

25

창

2

3

4

5

6

7

8

9

10

11

본문은 아브라함의 죽음 후에도 신실하신 하나님의 언약이 계속 이어지고 있음을 분명하게 보여줍니다.

많은 사람들이 복을 불로소득처럼 생각하고 있는데 이것은 아주 비성경적입니다. 힘써서 일한 정당한 대가를 받는 것이 합당한 일입니다. 예수님도 공중의 날고 있는 새를 보라고 하셨습니다. 성경에 나오는 야곱도 사실은 자세히 살펴보면 옛날에 외삼촌 댁에 있을 때 힘써 일한 것을 나중에 나올 때 받은 것뿐입니다.

우리 성도는 체질상 남을 위해 살아야 계속해서 복을 받게 되어 있습니다. 세상 원리와는 정반대의 길을 걸어 가는 것입니다. 우리가 하나님으로부터 받은 은사와 재능은 봉사의 능력으로 받은 것이며 자기를 위한 것이 아닙니다. 받은 은사를 활용하여 선을 행하지 못하면 그것 또한 하나님 앞에 죄입니다.

근본된 복이란 무엇입니까? 십자가 보혈 공로에 의한 대속의 은총입니다. 이것을 망각하면 기본토대가 허물어지기 때문에 아무 것도 아니 됩니다. 성도는 부단히 십자가 은총을 고백하며, 이것을 반복하여 재확인하며 완전한 복의 자리로 나아가야 합니다. 그러면 감사에서 감사로, 복에서 복으로 한걸음씩 진일보할 수 있습니다. 우리도 아브라함의 하나님, 이삭의 하나님, 야곱의 하나님이 나의 하나님이 되도록 힘써서 믿어야 하겠습니다.

기도(기도 제목)

주기도문

년 월 일 요일

사도신경 | **찬송** 471, 472장 | **말씀** 창 25:12~26

이스마엘의 후예

12 ●

13

14

15

16

17

창

18

에서와 야곱이 태어나다

19 ●

20

21

22

23

24

25

26

본문은 이삭이 아들을 낳기 위해서 하나님께 간구하여 응답받은 일을 기록하고 있습니다.

이삭은 잉태하지 못하는 리브가를 위해 기도했는데 이것은 참으로 어려운 일이었습니다. 왜냐하면 결혼한지 이미 20년 세월이 지났는데도 아기가 없었기 때문입니다. 성도는 하나님의 능력을 제한해서는 아니 됩니다. 우리는 나의 능력에 맞는 일을 구하지 말고 내가 하고자 하는 일에 맞는 능력을 하나님께 간구해야 합니다.

왜냐하면 대개의 사람들이 큰일에는 관심을 가지고 신경을 쓰나 작은 일에는 무관심하여 실패하는 경우가 너무나 많기 때문입니다. 큰일의 실패도 실상은 작은 일이 누적되어서 된 것이기 때문에 이면을 철저히 바로 잡아야 하는데, 해보면 사실은 무척이나 힘이 들기 때문입니다. 예수님께서도 작은 일에 충성하라고 말씀하셨습니다.

마음에 확신과 평안이 오고 하나님의 뜻이 확인되면 기다려야 합니다. 성경에 나오는 사무엘의 어머니 한나는 근심 빛이 얼굴에서 완전히 없어질 때까지 기도하고 응답을 받아서 사무엘을 생산하였습니다. 무슨 일을 하든지 마지막 순간이 중요한 것입니다. 기도하기를 쉬는 것은 하나님을 등한히 하는 범죄를 행하는 것입니다.

우리는 자기자신에 대한 관심의 단계를 벗어나 하나님에 대한 관심으로 신앙이 전환되어야 합니다.

기도(기도 제목)

주기도문

년 월 일 요일

사도신경 | **찬송** 94, 446장 | **말씀** 창 25:27~34

에서가 장자의 명분을 팔다

27 ●

28

창

29

30

31

32

33

34

모든 사람들이 행동할 때 가지고 있는 기준되는 원칙이 있는데 이것을 가치관이라고 합니다.
에서의 최대 관심은 먹을 것이었습니다. 장자의 명분 따위는 안중에도 없었습니다. 오늘날 수많은 성도들도 이러한 사고방식에 오염되어서 기독교가 사회를 변화시키는 능력을 상실한 것이 아닌가 생각을 합니다. 예수를 믿기는 하되 우선 세상에서 현실안주를 할 수 있는 경제기반부터 마련하고자 하는 사고방식입니다.
에서는 성격상 늘 밖에 나가서 지내기를 좋아했는데 이것은 그의 치명적 결함이 되었습니다. 왜냐하면 경건한 부모님의 신앙교육과 감화를 받을 기회가 없어서 하나님의 언약에 대하여 무지했기 때문입니다. 유년기의 신앙교육은 매우 중요한 과제입니다. 신앙이 없다면 대통령이 되어도 별볼일이 없기 때문입니다.
조상 전래의 귀한 신앙을 팥죽 한 그릇에 팔아 망령된 자가 되어 버렸습니다. 이것은 가장 귀중한 것을 가장 무가치한 것에 팔아 넘긴 아주 우매한 행동입니다. 오늘날의 성도들도 세상의 부귀영화에 연연하여 가장 귀중한 복음신앙을 양보하지는 않았나 항상 자기자신을 살펴보아서, 만약 있으면 철저한 회개를 하여야 할 것입니다.
우리의 가치관은 언제나 하나님 제일주의요 인간중심이어야 하며 물질이 앞설 수 없습니다.

기도(기도 제목)

주기도문

년 월 일 요일

사도신경 **찬송** 569, 570, 401장 **말씀** 창 26:1~11

이삭이 그랄에 거주하다

26

2

3

4

5

6

7

8

9

10

11

이삭은 온유한 인격과 경건한 신앙을 가진 사람이었습니다. 그러나 그에게도 실수가 있었습니다.

흉년이 들어 하나님의 백성인 이삭의 가족도 고난을 겪어야 했습니다. 이처럼 하나님의 자녀도 이 땅 위에서 사는 동안은 고난에서 제외되지 아니합니다. 그 이유는 첫째로 세상이 악하기 때문이고, 둘째는 구속함을 받은 성도의 몸 안에도 아직 부패성의 잔재가 상존하여 중생한 영혼과의 마찰과 갈등을 조장하기 때문입니다.

그는 기근이 없는 애굽으로 가서 현실적인 풍요를 누릴 것인지, 아니면 하나님의 약속을 믿고 기근의 땅 그랄에 머무를 것인지를 결정해야만 했습니다. 이삭은 하나님의 약속이 없는 현실적 풍요와 만족보다 하나님의 약속이 있는 기근을 택하였습니다. 우리는 고난이 다가오면 참고 견뎌야 합니다.

전형적인 인간의 모습으로 돌아온 이삭은 아내를 누이라고 속이는 실수를 범하고 말았습니다. 인간은 누구나 연약하기 때문에 명심하면 시험에 빠질 수가 있습니다. 고전 10:12에 보면 "선 줄로 생각하는 자는 넘어질까 조심하라"고 하였습니다. 선 줄로 생각하면 그 자체가 벌써 넘어진 것임을 자각해야 합니다. 마귀는 성도를 넘어뜨리기 위해 늘 노리고 있습니다. 넘어지지 않기 위해 늘 경성하며 삼가고 조심해야 합니다.

기도(기도 제목)

주기도문

년 월 일 요일

사도신경 | **찬송** 151, 143, 144장 | **말씀** 창 26:12~22

12 ●

13

14

15

16

17

18

19

20

21

22

이삭이 복을 받은 데는 몇 가지 이유가 있습니다. 세상 만사 까닭없는 일은 없는 법입니다.

이삭은 그랄에 머물라는 명령에 순종하여 복을 받았습니다. 그러나 주의할 것은 복을 받기 위하여 순종하는 것은 하나님의 뜻과는 거리가 멀다는 사실입니다. 성도는 말씀을 순종하는 자체에 큰 기쁨을 느껴야 합니다. 우리가 생활할 때 시간을 알아보기 위해 시계를 보는 것처럼 삶의 표준은 항상 성경에 두어야 합니다.

우리가 번영하고 창성해지려면 하나님의 자녀 반열에 있어야 합니다. 믿음으로 우리는 아브라함의 자녀가 되었습니다. 불신자는 영적인 복에서는 일체가 제외됩니다. 그러나 세상에서는 노력 여하에 따라서 물질 성공은 어느 정도 하는데 그러나 그 마음에 참된 영적 평안은 결코 찾아 볼 수 없습니다.

의롭게 살기 위해서는 먼저 의인이 되어야 하는데 하나님은 자기의 자녀들을 의인으로 칭하셨습니다. 그리고 의인은 종려나무 같이 번성하며 레바논의 백향목 같이 발육할 것이라고 하였습니다. 아무리 사람이 노력해도 그것만으로는 성공하지 못하고 반드시 하나님의 더하시는 복이 그 위에 있어야 합니다.

하나님은 순종하는 자를 기뻐하십니다. 믿음으로 순종하며 복받는 성도가 됩시다.

성도의 길은 하나님께서 인도하십니다. 악한 세력의 방해에 같이 싸워서는 안 됩니다.

기도(기도 제목)

주기도문

년 월 일 요일

사도신경 **찬송** 347, 435장 **말씀** 창 26:23~35

23 ●

24

25

이삭과 아비멜렉의 계약

26 ●

27

28

29

30

31

32

33

에서의 이방인 아내들

34 ●

35

이삭은 브엘세바의 약속을 하나님으로부터 받고 또한 대적들에게서 진정한 승리를 거두게 되었습니다.

여기에서 하나님의 신실하신 약속이 아브라함 자손의 삶의 터전이 바뀔 때마다 재확인되는 것을 볼 수 있습니다. 하나님은 이삭에게 복을 주시되 그의 공적에 따라서 주시는 것이 아니라 믿음에 따라서 주십니다. 하나님은 무조건 역사하시는 것이 아니라 언약의 말씀이 있는 곳에 성취의 역사가 있습니다.

블레셋 사람들이 이삭을 방문하였습니다. 그들은 이삭과 화친 조약을 맺고자 하였습니다. 하나님의 사람과 대적하면 유익할 것이 없다고 판단하여 스스로 찾아와 굴복한 것입니다. 성도는 종이 조각이 바위에 접착되면 태풍이 불어도 요동하지 않는 것처럼 주님과 밀착되어 있어야 언제나 세상 세력에게 이길 수 있습니다.

이삭은 대적들에게 관용을 베풀고 잔치까지 벌여서 잘 대접했습니다. 도저히 용서할 수 없는 사람을 용서하면 영이 장성합니다. 이것은 선천적으로 마음이 착하다고 해서 되는 것이 아니라 선한 양심이 하나님에게 붙들려서 많은 연단을 쌓아 나가야 가능합니다. 형제의 허물을 보지 말고 하나님의 사랑으로 힘써서 사랑해야 합니다.

진정한 승리는 관용과 사랑의 승리입니다. 이것은 아무도 빼앗아 갈 자가 없습니다.

기도(기도 제목)

주기도문

년	월	일	요일

사도신경 | **찬송** 222, 638장 | **말씀** 창 27:1~4

이삭이 야곱에게 축복하다

27

2

3

4

본문에서 우리는 죽음을 준비하는 노년의 이삭의 신앙을 엿보게 됩니다.

모든 사람은 반드시 죽게 되어 있습니다. 이것은 자연적인 현상이 절대로 아니고 죄의 값입니다. 모든 사람이 죽는다라고 하는 말은 모든 사람이 죄인이라고 하는 말과 같은 말입니다. 그러므로 우리는 필히 그리스도에게로 돌아가야 하는 존재들입니다. 인간 개개인에게 육체의 종말이 있는 것처럼 역사에도 반드시 마지막이 있습니다.

신자와 불신자의 중요한 차이점 가운데 하나는 죽음에 대한 인식의 차이입니다. 불신자는 죽음 이후에 대한 확신이 없기 때문에 죽음이 최고의 공포대상입니다. 그러나 신자는 사후에 영생과 영광의 소망이 있기 때문에 그 죽음을 준비하며 하루 하루가 자신의 마지막인 것처럼 하나님 앞에서 최선을 다하여 사는 것입니다.

우리의 묘비에 기록하기를 “먹고 죽었다”라고 기록된다면 이 얼마나 허망한 말입니까? 그러나 유감스럽게도 대부분의 사람들이 이 부류에 속합니다. 이삭의 죽음 준비란 하나님 언약의 축복을 그의 후계자에게 물려주는 일이었습니다. 후손을 보면 선조의 신앙을 미루어 짐작할 수 있습니다.

우리는 주께서 부르시는 그때 신앙의 유산을 남길수 있도록 철저히 준비해야 합니다.

기도(기도 제목)

주기도문

년 월 일 요일

|사도신경 |찬송 407, 484, 490장 |말씀 창 27:5~17

5 ●

6

7

8

9

10

11

12

13

14

15

16

17

우리는 리브가가 이삭에게 행한 속임수와 계고를 보면서 몇 가지 교훈을 얻게 됩니다.

리브가는 잉태했을 때 하나님으로부터 "큰 자는 어린 자를 섬기리라"는 대답을 얻었습니다. 그래서 리브가는 야곱이 축복을 받는 것이 하나님의 뜻이라는 것을 확신하였습니다. 그러나 유감스럽게도 그 믿음이 오래 지속되지 못하고 불신의 늪으로 빠졌습니다. 성도는 하나님의 뜻이 일단 확인되면 최후의 순간까지 기다려야 합니다.

야곱이 이삭의 축복을 받는 것은 하나님의 뜻이었습니다. 인간적인 술수를 아니 써도 하나님께서는 때가 되면 자연스러운 과정을 통하여 그의 뜻을 이루실 것입니다. 온 세상 사람들이 다 모여서 반대해도 반드시 이루어질 것이며 하나님의 뜻에 어긋나면 인간의 지혜와 능력을 총동원하여 성취하고자 해도 결국 허사로 돌아가고 말 것입니다.

리브가가 에서보다 야곱을 더욱 사랑한 것은 자식들에게 나쁜 영향을 주었고 가정에 비극의 불씨가 되었습니다. 크리스천인 부모들은 이 점에 각별히 유념해야 합니다. 사랑을 하되 하나님의 공의에 준해야 합니다. 부족한 자녀를 더욱 사랑하여 소외감에 빠지지 않도록 신경을 써야 합니다. 이것이 참된 사랑입니다.

사람의 생각과 뜻이 하나님을 앞설 수 없습니다. 어떤 경우에도 하나님의 뜻이 성취되는 것을 믿어야 합니다.

|기도(기도 제목)

|주기도문

년 월 일 요일

|사도신경 |찬송 93, 607, 493장 |말씀 창 27:18~29

18

19

20

21

22

23

24

25

26

27

28

29

야곱은 어머니 리브가의 인간적 방법을 그대로 따라서 아버지와 형을 속이고 축복을 가로채고 맙니다.

그는 장자의 축복을 받기 위해 아버지 이삭을 속였습니다. 그러나 그것은 정당화될 수가 없습니다. 그가 축복을 받은 것은 거짓말이 성공해서가 아니라 하나님의 예정하신 섭리 때문이었습니다(롬 9:12-13). 목적이 선하면 방법도 선해야 합니다. 선한 목적을 위해 부정한 방법을 사용하는 것은 결코 정당화될 수 없는 것입니다.

거짓말은 그것을 정당화하기 위해 또 다른 거짓말을 낳게 됩니다. 야곱은 이제 하나님의 이름까지 들먹거리면서 거짓의 도를 더하고 있습니다. 우리 성도는 하나님의 이름을 존귀하게 사용해야 합니다. 하나님의 이름을 부르면서 그 뜻대로 살지 아니하는 것은 모두가 하나님의 이름을 망령되이 여기는 죄된 행위입니다.

그는 결국 축복을 받았습니다. 이것은 하나님이 그의 거짓을 용인한 것이 아니라 하나님의 예정하신 뜻이 이루어졌음에 불과합니다. 그러나 그는 순탄치 않은 곤고한 날을 많이 겪어야 했습니다. 우리 성도는 이 점을 항상 기억해야 합니다. 우리가 하나님 앞에서 죄를 범하면 나중에 회개해도 그 죄의 대가를 지불해야 합니다.

거짓이 승리할 수 없습니다. 또한 하나님께서 복을 주시지 않으십니다. 정당한 것이 진정한 복입니다.

기도(기도 제목)

창

|주기도문

년 월 일 요일

|사도신경 |찬송 363, 361, 366장 |말씀 창 27:30~40

30

31

32

33

34

35

36

37

38

39

40

에서는 자기가 받아야 할 장자의 축복을 야곱에게 빼앗기고 말았습니다. 그 교훈을 살펴봅시다.

그는 장자의 명분을 귀하게 여길 줄 모르고 물질적인 가치 추구에만 열중했습니다. 반면에 야곱은 인간적인 약점에도 불구하고 하나님의 축복을 사모하는 마음이 지극히 간절하였습니다. 성도는 일시적인 세상 것들 때문에 영구한 천국을 잊어서는 아니 되며 지혜롭고 신중하게 처신해야 합니다. 급한 것과 중요한 것을 잘 분별해야 합니다.

축복을 빼앗긴 에서는 소리내어 울었습니다. 그러나 그 울음의 의미는 그가 장자권을 상실한 것에 대한 통회의 눈물이 아니고 울분을 참지 못하여 운 것입니다. 그는 자신의 잘못을 깨닫지 못하고 야곱만을 원망하며 공격했습니다. 그는 자신의 무모한 행동을 부단히 후회했지만 참회할 기회를 얻지 못했습니다(히 12:17).

에서는 장자권과는 아무런 관계도 없는 축복이지만 아버지로부터 축복을 받으려고 통곡하며 애를 썼다. 그러나 그에게 주어진 분깃은 비옥하지 못한 세일 산지에서 살게 될 것이라는 예언뿐이었습니다. 그의 후손은 에돔인이 되어 황폐한 곳에 거하게 됩니다. 다윗은 후에 에돔을 정복함으로써 29절을 성취시켰습니다(삼하 8:13).
하나님의 역사는 사람을 통해 이루어집니다. 사람이 해야 할 역할에 대한 책임이 우리에게 있습니다.

기도(기도 제목)

주기도문

년 월 일 요일

사도신경 **찬송** 71, 343장 **말씀** 창 27:41~46

41

42

43

44

45

이삭이 야곱을 라반에게 보내다

46 ●

성도는 자기가 할 수 있는 모든 일을 다하고 난 후에 하나님의 인도를 기다려야 할 것입니다.
에서는 울분과 패배 의식에 사로잡혔다. 그래서 그는 동생을 죽이고자 하는 악한 계획을 마음속에 품게 되었습니다. 우리는 선한 목적을 위한다는 명분으로 다른 사람의 마음에 상처를 주고 있지는 않은가 살펴보아야 할 것입니다. 사람 앞에서 잘못한 것은 사람 앞에서 화해하고 하나님께 예물을 드리는 것이 성경적입니다.
리브가는 재빠른 상황 판단으로 또 한번 묘책을 꾸몄습니다. 에서의 분노가 식어질 때까지 시간을 끌기 위하여 야곱을 떠나 보내기로 한 것입니다. 그러나 그것은 비극을 초래하고 말았습니다. 44절의 "몇 날 동안"은 실로 20년의 세월로 바뀌고 말았습니다. 후일에 야곱이 고향 집에 돌아왔을 때에 어머니 리브가는 이미 세상을 떠났습니다.
속임의 결과 야곱 역시 얼마나 많은 고생을 하였던가. 장막에 거하기를 좋아했던 그가 방랑 생활을 시작하게 되었고 그것은 실로 20년이나 걸렸습니다. 그에게는 눈물과 탄식이 따라야 했습니다. 그는 다시는 어머니의 얼굴을 보지 못했으며 아버지를 속인 그대로 자식들에게 속임을 당했습니다. 그의 고백대로 험한 세월을 보내야 했습니다. 야곱은 아버지와 형을 속인 대가를 비싸게 치르었습니다. 불법과 악은 마땅한 보응을 받기 마련입니다.

기도(기도 제목)

주기도문

년 월 일 요일

사도신경 **찬송** 375, 379, 430장 **말씀** 창 28:1~9

28

2

3

4

5

에서가 다른 아내를 맞이하다

6 ●

7

8

9

형의 분노를 피해 떠나라는 어머니의 분부를 따라 야곱은 집을 떠나게 되었습니다.

27장에서는 이삭이 야곱을 에서로 착각하고 축복하였으나 여기서는 야곱을 언약적 상속자로 여기고 분명한 축복을 하고 있습니다. 마음속에 아버지의 축복을 간직하고 인생 여정을 살아가는 자식은 얼마나 복된가! 그보다도 하늘의 복을 마음속에 간직하고 살아가는 사람이야말로 더욱 복되지 않을 수 없습니다.

야곱은 혼자의 몸으로 길을 떠났지만 그에게는 때가 되면 얻게 될 후손과 기업에 대한 약속이 주어져 있었습니다. 이 약속은 후에 야곱의 12아들을 통해서 그대로 성취되었습니다. 성경의 모든 내용은 약속과 그것의 성취로 연결되어 있습니다. 오늘날의 성도들도 장차 받을 영광스러운 약속을 가슴 깊이 가지고 있어야 합니다.

야곱은 사랑하는 부모와 석별의 정을 나누면서 매우 슬프고 괴로웠을 것입니다. 그러나 그는 장차 받을 축복을 염두에 두고 그런 감정을 자제했을 것입니다. 그의 앞길에는 이삭이 리브가를 사랑했듯이 자기가 사랑할 아내에 대한 소망이 있었습니다. 그 여인은 약속의 후손의 어미가 될 것이었습니다.

하나님은 사랑하는 자의 죄에 대해 징계하지만 그러나 그중에서도 소망의 길로 인도하십니다.

기도(기도 제목)

주기도문

년 월 일 요일

사도신경 **찬송** 134, 105, 262장 **말씀** 창 28:10~22

야곱이 벧엘에서 꿈을 꾸다

10 ●

11

12

13

14

15

16

17

18

19

20

21

22

잠을 자는 야곱에게 하나님께서 나타나셔서 약속하시며, 야곱은 하나님께 서원을 합니다.

사닥다리는 하나님의 보호와 교통하심을 뜻합니다. 동시에 예수 그리스도의 중보를 의미합니다. 하나님의 약속은 그의 부친과 조부에게 약속한 내용과 같고, 또한 새로운 약속을 해 주십니다. 가나안 땅의 상속, 후손의 번성, 메시야 탄생입니다. 새로운 약속은 형과 이국 땅에서 보호하고 약속의 땅으로 돌아오게 하시겠다는 약속입니다.

야곱은 들에서 함께하신 하나님을 발견하고 놀란다. 하나님은 언제나 자기 백성과 함께하시고 보호하십니다. 야곱은 이상중에 "하나님의 집이요 하늘의 문"임을 깨달았습니다. 그래서 베고 자던 돌로 단을 쌓고 다시 단을 쌓겠다는 보증으로서 기름을 부었습니다. 야곱은 하나님의 약속과 임재, 보호, 인도하심을 깨달았던 것입니다.

야곱은 하나님께 그곳에 전을 지을 것이며 자기 소득의 십분의 일을 드리겠다는 서원을 했습니다. 야곱의 이 같은 서원은 놀라운 신앙고백입니다. 야곱의 서원은 욕심에 이끌린 행동이라기보다는 하나님의 약속에 대한 믿음의 표현으로 봐야 할 것입니다. 이는 하나님의 일방적인 언약과 야곱의 고백(17)으로 이루어졌습니다.

성도는 하나님이 깨닫게 해 주시는 은혜에 감사하며 매일 하나님 앞에서 자신의 삶을 결단해야 합니다.

기도(기도 제목)

주기도문

년 월 일 요일

사도신경 **찬송** 605, 604, 559장 **말씀** 창 29:1~14

야곱이 라반의 집에 이르다

29

2

3

4

5

6

7

8

9

10

11

12

13

14

야곱이 벧엘에서 하나님과 언약을 맺고 하나님의 은혜로 목적지인 하란에 도착하여 라헬을 만나게 됩니다.

야곱은 하란에 도착하여 라헬을 만나게 되었습니다. 이것은 하나님의 특별한 인도하심입니다. 하나님은 야곱에게 약속한 것을 실행하심으로써 하나님의 인도하심을 알게 하십니다. 성도는 하나님의 인도를 받지 않으면 그리스도인이라 할 수 없습니다. 오늘도 하나님은 우리를 인도하시며 주관하고 계십니다.

브엘세바에서 하란까지의 거리는 약 720km로 매우 긴 거리다. 10여일 걸어서 가는 도중에 아무 사고없이 도착한 것은 하나님의 보호하심입니다. 주님은 양들을 보호하고 인도하시기 위해 목숨까지 버리셨습니다. 이렇게 성도는 하나님의 보호하심 속에 살며 하나님 나라에 갈 때까지 보호하심을 보장 받았습니다.

야곱은 오랫동안 여행을 마치고 하나님의 주권 안에서 목자들과 라헬과 라반을 만난 것이 하나님의 은혜로 알고 눈물을 흘렸습니다. 하나님께서는 당신의 뜻을 이루시기 위해 성도를 보호하시고 인도하십니다. 이러한 경륜은 하나님의 약속을 성취하기 위함이고 메시야를 또한 하나님나라 완성이라 할 수 있습니다.

성도는 어떠한 환경에서도 하나님의 인도하심과 보호하심을 깨닫고, 감사하며 살아야 할 것입니다.

기도(기도 제목)

주기도문

년 월 일 요일

사도신경 **찬송** 15, 293, 299장 **말씀** 창 29:15~20

15

16

17

18

19

20

본문에서 우리는 참된 사랑과 봉사의 위력과 교회에 대한 그리스도의 사랑이 어떠함을 깨닫게 됩니다.

어떻게 야곱이 한달 동안 보수를 받지 않고 일을 할 수 있었을까? 그것은 변화된 야곱임을 알 수 있습니다. 하나님의 약속의 성취와 인도하심의 확신 때문이었습니다. 자신을 보호하신 하나님을 잘 알고 있었기 때문입니다. 성도는 하나님을 아는 지식만큼 행동하므로 체험적이고 확신있는 깨달음이 있어야 할 것입니다.

야곱이 7년의 봉사를 수일처럼 여기며 감당할 수 있었던 것은 라헬에 대한 뜨거운 사랑 때문이었습니다. 또한 사랑을 위해 어떠한 희생과 수고도 능히 감당했다는 것을 의미합니다. 하나님도 우리 위해 자기 아들을 십자가에 못 박히게 하셨던 것입니다. 그리스도인은 사랑으로 하나님 나라를 이루고 이 세상을 정복해야 할 것입니다.

야곱은 그리스도의 모형이며 라헬은 교회의 모형입니다. 야곱의 사랑과 봉사를 통해서 우리는 그리스도께서 교회를 얼마나 사랑하셨는가를 알 수 있습니다. 라헬을 사랑하여 야곱은 14년을 봉사하였으나 그리스도는 교회를 위하여 십자가에 죽으셨습니다. 생명을 내놓을 수 있습니다. 사랑보다 더 큰 사랑은 찾아볼 수 없습니다.

성도는 언제 어디서나 빛된 삶을 살아야 하고 사랑과 봉사로서 예수 그리스도의 사랑을 실현해야 합니다.

기도(기도 제목)

주기도문

년 월 일 요일

사도신경 | **찬송** 519, 531, 537장 | **말씀** 창 29:21~30

야곱이 레아와 라헬을 아내로 맞다

21 ●

22

23

24

25

26

27

28

29

30

야곱이 고난을 겪게 되는 사건을 통해 하나님이 가르쳐 주시는 교훈을 살펴 보고자 합니다.

이성으로 생각하기 어려운 문제입니다. 사랑하는 여인을 얻기 위하여 수년 동안 수고했음에도 불구하고 라헬을 알지 못하고 동침했다는 것은 이해하기 어렵습니다. 그러나 야곱이 이 귀중한 일에서 실수함으로 7년을 더 봉사해야만 했습니다. 그러므로 성도는 항상 모든 생활에 있어서 하나님의 인도를 잘 받는 사람이 되어야 할 것입니다.

레아는 총명이 없었습니다(17:31). 그리고 라헬이 더 아름다웠습니다. 그러므로 시기와 질투 때문에 레아는 범죄하게 됐고, 야곱은 고난을 맞이하게 된 것입니다. 이것은 야곱이 이삭을 속인 것과 같습니다. 또한 야곱은 후에도 요셉의 사건 때 자기 아들들에게 속습니다(37:31-36). 사탄은 성도를 가장 합리적으로 속여서 고난에 빠뜨립니다.

야곱은 라헬을 위해 7년을 더 수고해야 한다는 라반의 제의에 순응을 하고 더 봉사하게 됐습니다. 마치 모세가 미디안에서 40년을 훈련 받듯이 야곱을 고난으로 훈련받게 하시는 하나님을 볼 수 있습니다. 14년을 수고하고, 아내를 취하고, 봉사한 것이 모두 다 하나님의 섭리하심인 것을 알 수 있습니다.

성도는 항상 깨어있어야 하고 어떠한 고난이 와도 하나님의 섭리하심과 가르치심을 잘 깨달아야 합니다.

|기도(기도 제목)

|주기도문

년 월 일 요일

|사도신경 |찬송 407, 435장 |말씀 창 29:31~35

야곱에게 아이들이 생기다

31 ●

32

33

34

35

본문에서 레아에게 함께한 하나님은 어떠한 하나님인가를 배우고자 합니다.

여호와께서 레아에게 총명함이 없음을 아시고 태의 문을 열어 아들을 낳게 하셨습니다. 이것은 하나님의 큰 은혜입니다. 레아가 범죄했음에도 불구하고 그의 괴로움을 아시고 응답해 주셨던 것입니다. 어느 누구라도 죄를 회개하고 하나님께 돌아오면 하나님께서는 그를 용납하시고 구원을 베풀어 주시는 것입니다.

레아는 자식이 출생할 때마다 하나님이 주셨음을 고백하고 있습니다. 이것은 사랑의 하나님을 깨달았다는 증거입니다. 라헬은 자녀가 없었습니다(31). 반면에 레아는 세명의 자녀를 낳게 된 것을 볼 때 하나님의 크신 사랑임을 알 수 있습니다. 하나님은 우리가 죄인되었을 그 때에 은혜로 부르시고 아들로 삼아 주셨습니다.

일반적으로 라헬의 자식인 요셉을 통해서 약속된 메시야가 탄생했어야 옳았을 것으로 생각하기 쉽습니다. 그러나 반대로 레아의 자식인 유다 족속을 통하여 약속된 예수 그리스도는 탄생하신 것입니다. 이것은 하나님의 특별한 은혜인 것입니다. 이 구원은 이방인에게까지 전파되어 사망에서 생명으로 옮기는 복을 받게 된 것입니다.

하나님은 오늘도 성도 안에서 권고하시고 사랑을 베푸시고 구원을 이루어 가십니다.

|기도(기도 제목)

|주기도문

년 월 일 요일

|사도신경 |찬송 150, 251, 292장 |말씀 창 30:1~13

30

2

3

4

5

6

7

8

9 ●

10

11

12

13

인간의 욕심과 실수는 죄를 낳는다. 본문은 인간의 욕심이 어떻게 생기게 되는가를 잘 보여주고 있습니다.

라헬은 아들을 낳지 못했고 레아는 4명의 아들을 낳았습니다. 그 당시에 여자가 아이를 낳지 못하는 것은 큰 수치였습니다. 그래서 라헬은 투기하게 되어 남편을 원망했습니다. 이 원망은 하나님에 대한 도전이기도 합니다. 왜냐하면 자기 욕심에 이끌리게 했기 때문입니다. 라헬은 투기하는 마음 때문에 죄를 짓게 됐습니다.

라헬은 자녀의 출생이 하나님께 있음을 알지 못하고 남편에게 심한 도전을 하게 되어 죄를 짓게 되는 것을 볼 수 있습니다. 야곱은 이 말을 듣고 잘못을 깨우쳐줍니다. 라헬은 하나님의 길과 섭리를 알지 못하므로 자기 여종 빌하로 아들을 낳게 합니다. 이렇게 하나님의 뜻을 알지 못해서 죄를 짓게 되는 것입니다.

레아 역시 4명의 아들을 낳았음에도 불구하고 라헬과 같은 방법으로 그의 시녀로 아들을 낳게 합니다. 여기서 인간의 끊임없는 욕심을 발견 할 수 있습니다. 하나님은 인간의 허물과 죄를 긍휼과 자비하심으로 덮어주고, 용서하시기 위하여 예수 그리스도를 약속하시고 이 땅에 보내신 것입니다.

성도는 항상 무슨 일을 당하든지 하나님의 뜻을 살펴서 죄의 길에 서지 않게 행동해야 할 것입니다.

기도(기도 제목)

주기도문

년 월 일 요일

사도신경 | **찬송** 283, 288, 438장 | **말씀** 창 30:14~24

14 ●

15

16

17

18

19

20

21

22

23

24

봉사의 기간이 끝난 야곱은 그의 가족과 함께 고향으로 떠나겠다고 라반에게 정중하게 요구했습니다.

야곱은 라헬을 얻기 위해 불의한 라반의 집에서 최선을 다해 14년간 일을 했습니다(26, 29). 어떻게 오랫동안 성실한 생활을 했을까? 그것은 벧엘에서 한 하나님의 약속을 믿었기 때문입니다. 또한 그가 가나안 땅으로 돌아 갈 수 있다는 확신이 있었기 때문에 성실하게 역경과 고난을 참고 일할 수 있었던 것입니다(28:15).

라반은 떠나려는 야곱을 적극적으로 만류하였습니다. 이것은 자신의 욕심 때문이었습니다. 자신의 유익을 위해서 선심을 쓰고 품삯을 열 번이나 바꾼 교활하고 이기적인 사람이었으나 야곱은 욕심을 부리지 않고 자신이 한 일만을 말하고 있습니다(29, 30). 이와 같이 성도는 대인 관계와 교제에 있어서 진실성을 잃어서는 결코 안 될 것입니다.

야곱은 자신의 성실한 노력과 능력을 라반에게 강조하면서 그것의 결과로만 라반의 소유가 늘어난 것이 아니라 하나님께서 자기가 가는 곳마다 축복으로 따르게 하셨다고 고백했습니다. 즉 라반이 부자가 된 것을 여호와의 은혜로 돌린 것입니다. 이는 야곱의 신앙이 여호와를 복의 근원으로 믿는 신앙에서 비롯된 것이기 때문입니다.

하나님의 자녀인 성도의 삶은 모든 면에서 모범이 되어야 합니다. 그럴 때 하나님의 영광이 나타납니다.

기도(기도 제목)

주기도문

년 월 일 요일

사도신경 | **찬송** 197, 191장 | **말씀** 창 30:25~36

야곱이 라반과 품삯을 정하다

25 ●

26

27

28

29

30

31

32

33

34

35

36

야곱은 하나님의 주권적인 은혜로 어려운 가운데서도 많은 사랑을 입고 살게 되었습니다.

야곱은 오랫동안 아내를 위하여 봉사하고, 또한 많은 축복이 라반의 집에 임한 것을 라반 스스로 고백하게 합니다. 이것은 하나님의 역사요, 동시에 야곱에게 하나님이 약속하신 것을 상기시킵니다. 야곱은 자신이 갈 본향을 갈망합니다. 왜냐하면 하나님의 약속을 믿고 있었기 때문입니다.

야곱의 이러한 행동은 인간적인 도움을 얻으려는 마음이 아니라 전적인 하나님의 도우심을 바라보았기 때문이었습니다. 야곱의 이러한 계약은 어리석은 것이 아니라 믿음에서 나온 것이었습니다. 야곱의 제안은 완전히 믿음으로 하나님의 섭리에 의존하는 것이었습니다. 이것이 하나님의 백성다운 삶인 것입니다.

라반은 탐심이 많고 인색한 사람이었습니다. 그는 야곱의 제안이 자기 입장에서는 매우 유리하다고 생각했기 때문에 그대로 받아들였습니다. 야곱이 그런 제안을 한 것도 라반의 탐심을 알고 있었기 때문입니다. 라반이 양떼를 둘로 가른 것은 야곱을 불신하는 자세로서 야곱의 몫이 생길 기회를 줄이고자 함이었습니다.

성도의 본향은 하나님 나라입니다. 따라서 모든 삶을 믿음으로 살아야 할 것입니다.

기도(기도 제목)

창

|주기도문

년 월 일 요일

|사도신경 |찬송 355, 354, 359장 |말씀 창 30:37~43

37 ●

38

39

40

41

42

43

욕심이 많은 라반에 대한 야곱의 태도는 그 모든 일을 하나님께 전적으로 의뢰하는 것이었습니다.

라반은 흠없는 것들을 뽑아 딴 지방에 보내어 자기 아들들이 기르게 하고 나머지 아롱지고 점 있는 것들을 야곱에게 치게 하여 그 장소를 사흘 길이나 되도록 거리를 뜨게 하였습니다. 라반은 탐심에 이끌리어 인색했던 것입니다. 이것은 하나님의 통치를 받지 않고 자기 소견대로 행동한 것입니다.

야곱의 라반이 자기를 속인다는 사실을 알고 자신이 할 수 있는 최선의 방법을 취했습니다. 그것은 버드나무와 살구나무의 가지를 가져와 껍질을 벗겨 한무늬를 만들어 그것을 양떼가 와서 먹는 개천의 물 구유에 세워놓고 양으로 아롱진 새끼를 낳도록 했습니다. 이 행동은 이성으로 이해 할 수 없는 믿음의 행동이었습니다.

야곱은 궁극적으로 승리했습니다. 야곱이 많은 재산을 얻은 것은 그의 방법이 유효했기 때문이 아니라 후일에 그가 고백하듯이(31:7, 9, 42)오직 하나님의 은혜였습니다. 또한 벧엘에서 약속한 하나님의 언약의 성취였습니다. 어떤 사람이 하나님의 영광을 맛보는가? 그것은 하나님의 약속을 믿고 믿음대로 사는 사람입니다. 성도는 물질관을 성경의 원리에서 찾아 적용하며, 믿음으로 하나님의 약속을 바라보며 살아야 할 것입니다.

|기도(기도 제목)

|주기도문

년 월 일 요일

|사도신경 |찬송 220, 579, 559장 |말씀 창 31:1~16

야곱이 라반을 떠나다

31

2

3

4

5

14

6

7

15

16

8

9

10

11

12

13

하나님이 자기 뜻을 이루시는 과정에서 하나님의 권고하심을 깨닫고 그 백성의 인도하심을 살펴봅시다.

하나님은 야곱을 인도하시면서 환경적으로 권고하십니다. 라반의 아들들의 중상모략과 라반의 변심(1-2)그리고 야곱의 고백(9)에서 알 수 있습니다. 이와 같이 하나님은 자기 백성을 환경적으로 권고하셔서 인도하십니다. 그러므로 성도는 기쁜 일이 일어나든 슬픈 일이 일어나든 하나님의 가르치심을 잘 살펴야 합니다.

하나님은 야곱이 어떻게 행동해야 할 것을 직접 말씀하시는 데 약속에 근거하여 권고하십니다. 하나님은 진실하시다. 그러므로 하나님은 약속하신 것을 반드시 지키십니다. 하나님은 야곱에게 벧엘에서 약속하신 것을 상기시킵니다. 그렇게 하심으로써 다시 부르시고, 소명을 주셔서 하나님의 일을 실현해 나가는 것입니다.

이제 하나님은 가장 가까이 있는 사람들을 통해서 권고하십니다. 그의 아내 라헬과 레아가 올바른 판단을 하고, 하나님이 야곱에게 명령한 것을 준행하라고 함으로써 하나님의 권고하심을 알 수 있습니다. 따라서 하나님은 자기 자녀를 권고하실 때 환경적으로, 약속에 근거한 진리로, 그리고 사람을 통해서 권고하시며 인도하십니다.

성도가 하나님의 인도를 받을 때 살아있고 능력있는 하나님 나라의 일을 수행하는 것입니다.

기도(기도 제목)

주기도문

창

년 월 일 요일

|사도신경 |찬송 610, 479, 483장 |말씀 창 31:17~29

17 ●

18

19

20

21

22

23

24

25

26

27

28

29

야곱은 이제 하나님의 약속을 따라서 가나안을 향해서 떠납니다.

떠나기로 한 야곱의 결단은 믿음의 결과였습니다. 그는 하나님의 뜻에 전적으로 복종한 것입니다. 그의 아버지에 대한 사랑과 효성, 그리고 라반이 털 깎고 있을 때 떠날 수 있게 된 여건은 하나님의 크신 은혜였습니다. 하나님은 한순간도 자기 백성을 떠나지 않고 도우시며 인도하십니다. 이것을 깨닫는 자가 복이 있습니다.

야곱이 도망한 것을 삼일 후에 라반이 안 것은 하나님의 은혜입니다. 왜냐하면 그 안에 알았으면 도중에 잡혔을 것이기 때문입니다. 라반의 탐심은 결코 하나님의 일을 방해할 수 없었습니다. 또한 그는 전에는 여호와를 만사의 주관자로 인정하였지만(24:50, 51)지금은 '너희 아버지의 하나님'(29)이라고 부르고 있습니다.

야곱을 추적하는 라반에게 현몽하신 하나님은 라반의 야곱에 대한 의도를 꺾으셨습니다. 그것은 야곱을 무사히 가나안 땅으로 인도하시려는 하나님의 보호의 은총이었습니다. 이것은 가나안 땅까지 가려는 야곱의 계획이 하나님의 인도하심에 의해서만 성취될 수 있다는 것을 보여주는 것입니다(잠 16:1, 3).

하나님은 성도의 가는 길에 방해가 되는 것을 제거하시고 어떠한 환경에서도 보호하십니다.

|기도(기도 제목)

|주기도문

년 월 일 요일

|사도신경 |찬송 337장 |말씀 창 31:30~35

30

31

32

33

34

35

라헬이 드라빔을 훔쳐왔습니다(19). 이에 뒤쫓아 온 라반은 그 드라빔을 찾았고 라헬은 그것을 감추고 있습니다.

드라빔은 사람 형상을 하고 있는 가정 수호신(삼상 19:13)인데 라반은 이런 우상을 집에 두고 섬기고 있었습니다. 그런데 왜 라헬은 우상을 훔쳤을까? 하나님을 섬기는 사람이 우상을 숭배하는 것은 큰 죄악입니다. 후에 이 죄악의 대가는 끊임없이 이어져서 바벨론 포로시대까지 드라빔을 섬기게 됩니다.

라반은 드라빔을 찾으면서 '내 신'이라고 말하였습니다. 그는 여호와를 알고 있었음에도 불구하고 우상숭배를 했던 것입니다. 라반이 깨달은 하나님은 너무 미약했습니다. 야곱처럼 약속과 성취의 하나님을 체험하지 못하고 형통한 생활과 재산 축적의 신인 드라빔을 그의 신으로 섬겼던 것입니다.

야곱은 자기 아내가 우상을 훔친 줄도 모르고 담대하게 가진 자는 죽을 것이라고 하면서까지 화를 내며 라반을 책망했습니다(32, 36). 야곱은 하나님의 약속에 의해 가나안에 돌아감을 알기 때문에 당당했을 것입니다. 이와 반대로 라헬은 하나님이 가장 싫어하시는 우상을 숨기고 가져가고자 합니다.

그리스도인은 어떤 상황에서도 하나님만 신뢰하고 의지해야 합니다.

기도(기도 제목)

주기도문

년 월 일 요일

사도신경 **찬송** 340, 331장 **말씀** 창 31:36~42

36

37

38

39

40

41

42

야곱은 뒤쫓아 온 라반을 책망하면서 20년 동안 자신이 감당해온 충성과 헌신을 고백합니다.

라반이 그토록 잃어버린 드라빔을 찾으려고 초조해 했던 이유는 드라빔을 소유한다는 것은 그 가정의 가장이라는 상징적인 의미가 있었기 때문이었습니다. 즉 야곱이 드라빔을 소유한다는 것은 장차 자신의 재산을 모두 야곱이 상속받게 된다는 것을 암시하는 것이기도 했습니다. 그러나 야곱은 드라빔이 우상이므로 훔치지 않았습니다.

야곱은 20여년 동안의 자신의 청렴 결백한 충성과 최선의 노력을 다한 헌신에 대한 일을 모두 고합니다. 이러한 헌신은 바울과(고후 11:26), 다윗과(시 23:4-5), 아모스와(암 3:12), 그리고 우리 주님(요 10:11)에게서도 볼 수 있습니다. 그리스도인은 모든 일에서 충성되고 신실해야 됩니다.

야곱은 지금까지 자신이 라반의 집에서 살아온 과정을 추억하면서 하나님이 자기의 모든 생활을 감찰하시고 축복해주셨다는 것을 증거하고 있습니다. 따라서 자신이 결코 해를 입지 않았다는 사실을 고백합니다. 이와 같이 그리스도인은 모든 생활을 하나님께 맡기며 영광을 돌려야 합니다.

성도는 하나님의 도우심을 확신하며 어떤 일을 하든지 충성되며, 하나님께 영광을 돌려야 합니다.

기도(기도 제목)

주기도문

년 월 일 요일

사도신경 **찬송** 339, 341장 **말씀** 창 31:43~55

야곱과 라반의 언약

43 ●

44

45

46

47

48

49

50

51

52

53

54

55

야곱을 해하려고 추적했던 라반은 하나님의 역사로 어쩔 수 없이 야곱과 화해의 언약을 맺기 원합니다.

야곱과 라반이 계약을 맺으면서 돌기둥과 돌무더기를 증거물로 세웠는데 라반이 그 돌무더기를 미스바라고 한 것은 하나님이 야곱과 라반의 사이를 감찰하신다는 뜻으로 그들간의 계약이 하나님의 중재로 이루어졌음을 보여주는 것입니다. 하나님이 역사하시면 어떠한 일도 화목이 이루어지게 되는 것입니다.

이 언약은 제사를 드리고 떡을 먹고 하는 의식을 볼 때 화평을 상징합니다(26:28-30). 인간도 하나님의 행위 언약을 파기하므로 말미암아 진노의 자녀인데 예수 그리스도께서 십자가에 죽으심으로 그 피로 하나님과 화목을 이룬 것입니다. 그러므로 그리스도인은 화목을 입은 자로서 어디에서든지 화평을 심어야 합니다.

언약의 내용을 보면 야곱이 라반의 딸들의 좋은 남편이 될 것과 선한 이웃이 되어야 한다는 것입니다(52). 라반이 상호불가침 조약을 세운 것은 가정의 수호신인 드라빔을 찾지 못했기 때문입니다. 이것은 집안의 문서나 합법적인 상속의 증표이기도 합니다. 이 언약의 결과 모든 문제가 해결되고 평강과 기쁨이 넘치게 되었습니다. 모든 것이 하나님의 은혜로 이루어졌습니다. 성도는 어느 곳에서든지 화해를 이루는 자가 되어야 합니다.

기도(기도 제목)

주기도문

년 월 일 요일

사도신경 **찬송** 505, 320, 347장 **말씀** 창 32:1~2

야곱이 에서를 만날 준비를 하다

32

2

야곱은 라반과 화해의 언약을 맺고 가나안 땅을 향해 가는데 하나님의 사자가 나타났습니다.

야곱에게 하나님의 사자가 나타난 때는 야곱이 또다시 위기에 직면했을 때요, 두려움과 공포에 싸여 있을 때입니다. 이것은 하나님이 항상 함께하셨음을 상기시켜주기 위함이었으며 라반의 온갖 모략에서 보호하셨듯이 장차 에서의 손에서도 무사히 지켜 주실 것이라는 확신을 심어주기 위함이었습니다.

야곱은 하나님의 사자를 보고 '하나님의 군대'라고 하였습니다. 이것은 야곱의 감탄이었습니다. 그래서 그가 땅 이름을 '마하나임'이라고 하였는데 그 뜻은 '두 군대들'이란 뜻입니다. 이 군대들은 야곱의 양쪽에 있었거나 또는 앞의 에서와 뒤의 라반으로부터 보호하는 두 군대들이 있었던 것 같습니다.

이것은 하나님의 언약에 근거한 것입니다. 가나안의 실질 주인이 본토로 다시 돌아오는 것을 기쁨으로 영접하기 위해서 였습니다. 하나님의 사자들이 군대를 이루어 나타난 것은 야곱을 보호하시며 도와주신다는 하나님의 뜻을 보여주신 것입니다. 그러므로 성도는 어떤 환경 속에서도 두려워하거나 염려할 필요가 없습니다.
성도들에게 하나님께서든 보혜사 성령을 보내시고, 또한 눈동자처럼 지키시고 보호해 주십니다.

|기도(기도 제목)

|주기도문

년 월 일 요일

|사도신경 |찬송 309, 563, 295장 |말씀 창 32:3~12

3 ●

4

5

6

7

8

9

10

11

12

야곱과 같이 어려운 문제에 직면했을 때 우리는 어떻게 해결해야 할 것입니까? 교훈을 얻고자 합니다.
야곱은 형 에서를 속여 장자의 축복을 빼앗은 일로 인하여 멀리 하란으로 도망갔다가 이제 돌아오고 있습니다. 그래서 그는 에서가 지금도 자신을 향하여 분노하고 있는지의 여부를 알고자 먼저 사람을 보내게 되었습니다. 야곱의 표현에서 '내 주' '주의 종'이라고 에서에게 전하게 한 것을 보면 지극히 두려워 했던 것을 알 수 있습니다.
야곱은 에서가 자신이 돌아온다는 것을 알고 이미 400명을 거느리고 오고 있다는 소식을 전해 듣고 심히 두려워하고 있습니다. 그는 벌써 마하나임의 사건을 잊어버렸다는 것입니까? 하나님을 의지하지 못하는 야곱은 인간적인 방법을 버리지 못하고 가족들을 두 떼로 나누는 모습을 볼 수 있습니다.
불안에 떠는 야곱이지만 그는 하나님께 아브라함과 이삭에게 약속한 언약과 자신에게 약속한 언약을 근거로 자기와 함께하셨던 하나님을 상기하며 간절히 간구하였습니다. 하나님은 언약의 하나님이시고 신실하신 분이시기 때문에 야곱은 그 분께 기도함으로 두려움을 물리치고 문제를 해결했습니다.

그리스도인은 어떠한 고난이 닥쳐와도 기도로써 하나님께 맡기고, 문제를 해결해야 할 것입니다.

|기도(기도 제목)

|주기도문

년 월 일 요일

|사도신경 |찬송 569, 397, 430장 |말씀 창 32:13~25

야곱이 브니엘에서 씨름을 하다

13 ●

14

15

16

17

18

19

20

21

22

23

24

25

경건한 기도로써 하나님을 자기편으로 삼은 야곱은 선물로써 에서를 자기편으로 삼으려고 노력하고 있습니다.

야곱이 엄청나게 많은 가축 떼를 선물로 준비한 것은 그가 얼마나 물질적 축복을 받았는가 하는 것을 잘 보여줍니다. 그럼에도 불구하고 그가 많은 것을 선뜻 에서의 몫으로 준비할 수 있었던 것은 그의 마음속에 용서를 구하는 마음이 있었다는 것을 알 수 있습니다.

선물을 보내는 야곱은 에서를 '주'라 했고 자신을 '종'이라고 했습니다. 이것은 겸손한 자세로, 섬기는 자세로 선물을 드린 것입니다. 그리고 자신이 뒤에 있다고 함으로써 에서를 무서워하지 않는다는 것을 알려 공포의 대상이 되지 않게 되기를 기대했던 것입니다. 예수님이 십자가에서 죽으심은 인간을 위한 선물입니다.

야곱은 그가 가나안에 가는 것은 하나님의 약속에 근거한 믿음으로 가는 것입니다. 그는 믿음과 함께 어려운 문제가 있을 때 최선을 다해서 문제를 해결했습니다. 그래서 에서의 노여움을 풀기 위해서 최선의 노력을 한 것입니다(잠 18:16). "사람의 선물은 그의 길을 넓게 하며"라고 했습니다.

야곱은 하나님이 이루어주신 물질적 풍요를 이용해서 화평을 구하고자 자기가 할 수 있는 최선을 다했습니다.

창

|기도(기도 제목)

|주기도문

년 월 일 요일

|사도신경 |찬송 183, 363, 364장 |말씀 창 32:26~32

26

27

28

29

30

31

32

자신의 모든 소유와 가족들은 다 건너 보내고 야곱은 홀로 얍복 나루에 남았습니다.

야곱은 홀로 남아 하나님께 기도함으로써 자신의 걱정과 두려움을 다시금 더 자세히 털어놓기를 원했던 것입니다. 야곱이 허벅지 관절이 어긋나고 나서 복을 구한 것을 볼 때 홀로 남은 이유는 에서를 두려워한 나머지 도망가고 싶은 마음도 있었던 것같습니다. 그렇다면 이 복은 하나님의 크신 은혜라 할 수 있습니다.

야곱은 아직까지 벧엘의 하나님, 마하나임의 하나님을 신뢰하기보다는 자기의 인간적인 힘과 꾀를 더 믿고 있었습니다. 주의 사자가 허벅지 관절을 부러뜨림으로써 야곱을 꺾으신 것입니다. 자신의 모든 능력을 포기하고 오직 주의 사자만 붙들고 간구함으로써 하나님으로부터 복을 받고 문제를 해결한 것입니다.

이름을 부여하는 행위는 소유권 내지는 통치권을 뜻합니다. 여기서 '속여 빼앗는 자'란 뜻의 야곱이란 이름이 '하나님의 방백'이란 뜻의 이스라엘로 바뀐 것은 인간적 실패의 이름이 영적 승리의 이름으로 복받은 것을 뜻하며 벧엘 언약에 근거하여 야곱이 실질적 언약의 씨로 인정하는 복이었습니다.

성도는 어떠한 문제를 만나든지 기도로써 해결해야 할 것입니다. 기도가 믿음의 표현이기 때문입니다.

|기도(기도 제목)

|주기도문

년 월 일 요일

|사도신경 |찬송 494, 391장 |말씀 창 33:1~11

야곱이 에서를 만나다

33

2

3

4

5

6

7

8

9

10

11

에서의 분노를 피하여 20년 동안이나 떨어져 살았던 야곱은 하나님의 은혜로 에서와 화해를 이루었습니다.
브니엘에서 이스라엘의 복을 받은 야곱은 이른 아침에 담대하게 요단강을 건너 형을 만날 수 있었습니다. 형을 만난 야곱은 진심으로 형에게 용서를 구했습니다. 그의 이러한 겸손한 태도는(3)대단한 존경의 표시로서 왕에게나 하던 행위였습니다. 우리는 성도간의 화해와 화목을 위해 먼저 자신을 낮추고 있습니까?

지난날의 잘못으로 인해 정성스런 예물과 온갖 겸손한 태도로 용서를 구하는 동생 야곱의 모습을 바라본 에서는 무조건 용서를 하였습니다. 이제 에서는 야곱에게 더 이상 공포의 얼굴이 아니라 하나님의 얼굴이었습니다(10). 우리는 믿음의 형제 자매들에게서 하나님의 모습을 발견하는 믿음의 눈을 갖고 있습니까?

하나님과 회개한 죄인 사이에 이루어지는 '사랑과 구원의 만남'에 비교 될 수 있습니다. 진정한 화목을 이루기 위해서는 야곱이 형 에서에게 사과하고 용서를 구하는 것과 같은 회개가 필요합니다. 죄인은 야곱처럼 불안과 공포 속에 살지만 하나님과의 진정한 회개의 만남을 이루게 되면 기쁨과 소망 속에 새 삶을 살게 됩니다. 진정한 그리스도인은 겸손한 태도로서, 잘못을 시인하며 용서를 구할 때 하나님의 영광을 드러낸다.

기도(기도 제목)

주기도문

년 월 일 요일

사도신경 | **찬송** 400, 362, 368장 | **말씀** 창 33:12~20

12

13

14

15

16
17

18 ●

19

20

야곱이 세겜에 장막을 친 것은 그가 일찍이 하나님께 바쳤던 벧엘의 서원을 망각한 처사였습니다.

기적적으로 마음이 녹아진 에서가 함께 가기를 원했으나 야곱은 사양했습니다. 그는 천천히 세일로 가겠다고 했으나 온 얍복강을 다시 건너 북쪽에 있는 숙곳으로 향했습니다. 옛날의 자신의 죄에 대한 불안감과 두려움 때문이었을 것입니다. 그러나 무엇보다도 그가 하나님과의 벧엘의 서원을 지키지 않은 것은 큰 잘못이었습니다.

숙곳에 이르러 야곱이 제일 먼저 한 일은 여기까지 안전하게 인도해 주신 하나님께 감사의 제단을 쌓는 것이 아니라 자신을 위해서 집을 짓고 짐승들을 위해서 우리를 지은 것이었습니다. 우리는 먼저 하나님의 나라와 의를 구하기 전에 자신을 위해 먹을 것과 입을 것을 얻으려고 애쓰지는 않았는가 생각해 보아야 합니다.

치료를 위해 숙곳에 머물렀다면 어느 정도 이해가 됩니다. 그러나 야곱은 이제 세겜에 아주 정착하려 했습니다. 벧엘로 올라갈 생각은 전혀 못하고 있었습니다. 다음 장에 보면 그가 세겜 땅에 머물다가 당한 봉변과 환난을 기록하고 있습니다. 우리는 혹 하나님과의 서원을 망각하고 있지 않는가 자신을 살펴보아야 합니다. 하나님께 한 서원은 반드시 지켜져야 합니다. 다만 잘못 서원한 것은 속히 회개해야 합니다.

|기도(기도 제목)

|주기도문

년 월 일 요일

|사도신경 |찬송 486, 457, 458장 |말씀 창 34:1~4

디나가 부끄러운 일을 당하다

34

2

3

4

세겜에서 디나의 봉변 사건을 통해 야곱은 뼈저린 영적 교훈을 얻게 되었을 것입니다.

'디나가 그 땅의 딸들을 보러 나갔더니'라고 한 것은 디나의 목적이 그곳 사람들의 관습을 보기 위한 것이라는 뜻입니다. 디나 자신은 범죄 할 마음이 없이 외출을 했다 하더라도 조심성이 없었다는 것은 책망받을 만합니다. 그녀의 호기심이 범죄를 유발시키는 하나의 원인이 되었던 것입니다.

범죄 의사가 전혀 없었던 디나가 강간을 당한 것은 하몰의 아들 세겜, 아니 그 사회의 사악성을 대변해 주는 것입니다. 성(性)은 사람과 그가 속해 있는 사회의 도덕성을 유지하는 최후의 보루입니다. 이것이 무너지면 사람은 짐승보다 나을 것이 없게 되는 것입니다. 세겜은 그런 의미에서 사악한 성이었습니다.

가장의 책임은 실로 막중합니다. 야곱이 세겜의 사악성을 분별하여 자녀들에게 신앙교육을 잘 시켰어야 했습니다. 아니 무엇보다도 야곱이 그 땅에서 10여년이나 머물러 있었던 자체가 잘못입니다. 그가 벧엘에서 맺은 하나님과의 서원을 기억하여 벧엘로 올라갔으면 그런 비극은 막을 수 있었을 것입니다.

디나의 사건을 통해 야곱의 태만과 영적 무감각이 잘 드러납니다. 성도가 태만할 때 어려움이 옵니다.

창

|기도(기도 제목)

|주기도문

년 월 일 요일

|사도신경 |찬송 14, 337, 415장 |말씀 창 34:5~7

5

6

7

야곱의 아들들은 침착하게 최선의 방법을 취해야 했는데 분노로 일을 처리하여 화를 자초하고 말았습니다.

야곱의 아들들은 하나님의 백성이 되는 언약적 표시인 할례를 그들에게 요구할 수 있는 권리가 없었습니다. 할례는 하나님의 언약의 백성이 되는 거룩한 의식이었습니다. 이것은 하나님께서 세우신 것으로 사람이 임의로 할 수 없는 것입니다. 그러므로 그들의 제안은 그 시도 자체가 하나님의 뜻이 아닌 인간적으로 잘못된 것입니다.

그들은 강간 자체에 대해서는 별 말이 없이 그저 할례를 결혼의 조건으로 내세웠습니다. 강간행위에 대한 확실한 회개와 하나님께 대한 신앙 고백이 없이 그저 입으로 동의함으로써 할례를 받은 것은 아무런 의미가 없는 것입니다. 요즈음도 결혼하기 위해서 입으로만 그리스도인이 되겠다고 말하는 사람이 많습니다.

그들이 세겜 사람들에게 할례를 요구한 것은 그들을 하나님의 백성이 되도록 하려는 것이 아니라 할례의식 뒤에 따르는 고통의 기간을 이용하여 그들을 죽이려는 음모였습니다. 그것은 하나님이 제정하신 성스러운 의식을 범죄수단으로 사용하려는 악한 생각입니다. 오히려 그들은 세겜 사람들보다 더 악한 일을 도모했습니다.

자신의 목적을 위해서 하나님의 말씀과 교회를 수단으로 이용하는 것은 하나님을 모독하는 일입니다.

|기도(기도 제목)

|주기도문

년 월 일 요일

|사도신경 |찬송 375, 432, 400장 |말씀 창 34:8~31

8

9

10

11

12

13

14

15

16

17

18 ●

19

20

21

22

23

24

25

26

27

28

29

30

31

본문은 비신앙적인 감정의 결과가 어떤 비극을 초래하는지 보여주고 있습니다.
세겜 사람들은 잘못을 인정하고 사태를 수습하려고 하는 최선의 노력을 했습니다. 그것은 디나를 세겜의 아내로 맞아들이는 것이었습니다. 이에 대해 야곱의 아들들은 할례를 요구했고 그들은 그 제안을 좋게 여겨(18) 모든 세겜의 남자들이 할례를 받게 된 것입니다(24). 그러나 그것은 야곱의 아들들이 그들을 속인 것입니다.

디나를 낳은 레아의 아들 시므온과 레위가 주동이 되어 전혀 대항하지 못하는 세겜 사람들을 모조리 전멸시켰습니다. 그들의 격한 보복은 잔인하고 두렵기조차 한 것이었습니다. 그것은 전혀 하나님의 방법이 아니었습니다. 성도는 원수까지 사랑하고 선으로 악을 이겨야 합니다. 악한 방법은 어떠한 경우에도 하나님 앞에 정당화되지 못합니다.

야곱은 지나친 복수심과 증오심으로 엄청난 일을 자행한 아들들을 책망했습니다. 그러나 그것은 그들의 죄를 책망하기보다는 그 결과로 그에게 미칠 환난을 걱정하면서 책망한 것이었습니다. 그가 나중에 유언을 남길 때 시므온과 레위의 피흘린 죄에 대한 대가를 말한 것은 바로 그의 심적 고통을 나타내 주는 것입니다(49:4-7). 성도는 악을 합리화하고 그릇된 행위를 정당화시켜서는 안 되며 반드시 선한 방법으로 악을 이겨야 합니다.

|기도(기도 제목)

|주기도문

년 월 일 요일

|사도신경 |찬송 312, 374, 390장 **|말씀** 창 35:1~8

하나님이 야곱에게 복을 주시다

35

2

3

4

5

6

7

8

하나님께서는 세겜에 머물다가 큰 환난을 당하고 있는 야곱에게 벧엘로 올라가라고 하셨습니다.

하나님은 서원을 잊고 아직도 세겜에 머물고 있는 야곱에게 나타나셔서 그에게 상기시키셨습니다. 야곱은 하나님께 서원한 것을 잊었으나 하나님은 잊지않고 계셨습니다. 이것은 우리를 떠나지 않으시고 먼저 찾아주시고 먼저 사랑해 주시는 하나님의 구속의 성격을 분명히 보여주는 것입니다.

이제 야곱은 벧엘을 기억하게 되었고 하나님 앞에 나아가기로 결단하고 가정의 개혁을 단행합니다. 그들은 우상을 버리고, 회개하고 낡고 거짓된 습관의 옷을 벗어 버리고 새 옷으로 바꿔 입었습니다. 야곱이 자신과 가정의 개혁 운동을 단행했을 때 그가 그토록 두려워하고 염려했던 문제들이 완전히 해결이 되었습니다.

하나님은 벧엘로 올라가서 거기서 단을 쌓으라(1)고 야곱에게 말씀하셨습니다. 이것은 하나님이 야곱에게 믿음을 요구하신 것입니다. 야곱은 하나님의 지시대로 그곳에서 단을 쌓고 그 이름을 '엘벧엘'이라 했는데 그 뜻은 '벧엘의 하나님'입니다. 이는 하나님의 약속이 성취되어 자신이 벧엘로 올라오게 되었음을 감사하는 뜻입니다.

하나님께 나아가는 철저한 회개와 개혁이 있는 사람에게 하나님은 모든 문제가 해결될 수 있게 하십니다.

|기도(기도 제목)

|주기도문

년 월 일 요일

|사도신경 |찬송 200, 545, 546장 |말씀 창 35:9~21

9 ●

10

11

12

13

14

15

라헬이 산고로 죽다

16 ●

17

18

19

20

21

벧엘에 돌아온 야곱을 하나님은 복주셨고 이에 대해 야곱은 감사와 헌신의 제사를 드렸습니다.

야곱에게 '이스라엘'이라는 새로운 이름이 주어진 것은 이미 얍복강가에서 였지만(32:28)지금까지 실제로 그 이름이 사용되지는 않고 있었습니다. 그런데 '이스라엘'이라는 새 이름이 실제로 사용되게 된 것은 야곱의 인격과 신앙이 하나님이 주신 새 이름에 부합할 만한 상태에 이를 수 있게 되었다는 것을 의미합니다.

야곱은 가나안 땅을 후손이 차지하게 될 것이라는 복을 받았습니다. 구약시대의 '땅'은 매우 중요한 의미를 갖고 있습니다. 그것은 '기업'을 의미하는 것입니다. 기업은 삶의 터전이요 생존의 수단이기 때문에 땅의 복은 의미가 큽니다. 성도에게는 썩지 아니할 영원한 기업이 약속되어 있는 것을 믿습니까?(마 25:34, 벧전 1:4) 야곱의 이러한 제사의식은 하나님의 은혜와 축복을 경험하고 하나님께 대한 감사와 헌신을 다짐하는 표시였습니다. 자기 중심적으로 살았던 야곱이 드디어 벧엘에 돌아온 후 하나님께 확실한 헌신을 다짐하고 하나님의 영광을 위해 자신을 기꺼이 드리기로 결심한 것입니다. 하나님께 대한 진실한 관계회복을 의미합니다.

'그리스도인'이라는 우리는 이름에 합당한 신앙 인격과 그 이름에 부끄럽지 않은 삶을 살고 있습니까?

|**기도**(기도 제목)

|**주기도문**

년 월 일 요일

|**사도신경** |**찬송** 432, 400, 406장 |**말씀** 창 35:22~29

22

야곱의 아들들 (대상 2:1–2)

●

23

24

25

26

이삭이 죽다

27 ●

28

29

성경에 이 불륜 사건을 기록하고 있는 것은 그것을 통해 교훈을 주고자 함입니다.

그가 범한 죄는 근친상간의 죄입니다. 이 죄는 모세의 율법 아래서 죽음에 해당하는 죄였습니다(레 18:8). 빌하도 이 문제에 책임이 없는 것은 아니지만 르우벤이 더욱 가중한 죄를 지었다는 것은 확실합니다. 그래서 르우벤은 장자임에도 불구하고 상속권을 박탈당하고 저주를 받았습니다(49:4, 대상 5:1).

이 사건은 야곱의 가정의 윤리적 저급함을 드러낸 것임에 틀림없지만, 그 근본적인 원인은 야곱이 여러첩을 거느린 데서 찾아볼 수 있는 것입니다. 이것은 중혼이 가져온 최악의 비극인 것입니다. 하나님이 제정하신 가정의 순수한 결혼제도가 무너진 곳에서 도덕적 순결을 기대하기는 어려운 것입니다.

야곱은 이 사실을 들었다고만 했습니다. 야곱은 말로 다 할 수 없는 비탄과 수치를 느꼈을 것입니다. 그러나 그는 침묵으로 사태를 처리했습니다. 그것은 자신의 과거를 돌이켜 보며 신앙적 체념 상태에 처한 것이기도 했지만 모든 일을 하나님의 주권적 섭리에 맡기는 그의 신앙의 단면이기도 했습니다(비교 34:5). 신앙의 순결은 도덕적 순결과 동행합니다. 도덕적으로 순결하지 않은 자는 하나님께서 용납하지 않으십니다.

|**기도**(기도 제목)

|**주기도문**

년 월 일 요일

|**사도신경** |**찬송** 273, 275, 277장 |**말씀** 창 36:1~5

에서의 자손 (대상 1:34–37)

36 2

3

4

5

창

에서는 가나안의 여자 중에서 세 사람과 결혼하였습니다. 이러한 결혼은 몇 가지 점에서 경고가 됩니다.

하나님은 이스라엘 백성들에게 이방 여인을 취하거나 할례받지 아니한 이방 남자에게 딸을 허락지 말라고 하셨습니다. 그래서 아브라함도 이삭의 아내를 구할 때 가나안 족속 중에서 구하지 않고 종을 고향으로 보내어 택하게 했습니다(24:3, 4). 또한 이삭도 야곱을 떠나 보낼 때 밧단아람의 외삼촌의 딸 중에서 취하라고 했습니다.

에서는 아내를 셋이나 취했습니다. 이것은 그가 축첩을 했다는 것을 보여줍니다. 구약의 여러 사람이 축첩을 한 기록을 보게 됩니다. 그러나 이것은 그 당시의 사회적 관습에 불과한 것이지 진리인 양 정당화될 수는 없는 것입니다. 하나님께서는 한 남자와 한 여자가 서로 연합하게 하시는 창조의 원리를 일찍이 제정하셨습니다(2:24).

이러한 에서의 잘못된 결혼은 부모의 큰 근심거리가 되었습니다(26:34, 35). 그는 부모의 동의없이 자기 마음대로 아내를 취했던 것이 틀림없습니다. 그러나 이삭은 나이 40이 되어서도 신앙적인 아버지의 선택에 그일을 온전히 맡겼었습니다(24). 그것은 하나님께 자신의 결혼 문제를 맡긴 것을 뜻하는 것입니다.

하나님께서 택한 백성을 보존하시기 위해 이방 결혼을 금하셨습니다. 성도는 불신 결혼을 해서는 안 됩니다.

기도(기도 제목)

주기도문

년 월 일 요일

사도신경 **찬송** 569, 570, 397장 **말씀** 창 36:6~8

6

7

8

에서는 자신의 모든 소유를 이끌고 호리 족속이 살고 있는 세일산으로 거처를 옮겼습니다.

그가 야곱과 헤어져 세일산으로 이주하게 된 원인은 에서와 야곱의 양떼와 가축 등의 소유가 많아서 함께 거할 수가 없었기 때문입니다. 이 사실은 아브라함과 롯이 서로의 소유가 많아 벧엘에서 헤어진 것(13:1-13)과 유사합니다. 많은 재산이 그들을 헤어지게 만든 것입니다. 많은 재산은 분쟁의 씨앗이 되기도 합니다.

에서가 이주한 것은 자발적으로 되어진 일입니다. 즉 하나님의 뜻은 그 땅을 야곱에게 주는 것이었는데 그것을 에서가 차지하게 되는 것은 하나님의 섭리를 거역하는 것이 되기 때문에 에서는 그 땅을 떠나기로 작정한 것이었습니다. 그는 야곱과 그 땅의 소유권 문제를 놓고 다투고, 불편한 관계가 되는 것을 원치 않았습니다.

에서가 자진해서 그 약속의 땅에서 떠나게 된 원인은 하나님의 절대적인 섭리였습니다. 이것은 하나님의 약속을 역사 속에서 성취시키기 위한 하나님의 섭리의 결과였던 것입니다. 세일산으로 옮겨간 에서의 자손들은 그곳의 원주민인 호리 족속을 쫓아내거나 복속시켜 에돔 족속에 동화하게 했습니다.

에서의 이주는 야곱을 약속의 땅에서 살게 하려는 하나님의 섭리이고 이삭의 예언의 성취였습니다(27:39).

기도(기도 제목)

주기도문

년 월 일 요일

사도신경 **찬송** 509, 276, 525장 **말씀** 창 36:9~43

9 ●

10

11

12

13

14

15

16

17

18

19

세일의 자손 (대상 1:38–41)

20

21

22

23

24

25

26

27

28

29

30

에돔의 왕들 (대상 1:43–54)

31

32

33

34

35

36

37

38

39

40 ●

41

42

43

본문은 세일산으로 이주하여 결과적으로 약속의 땅에서 쫓겨난 에서의 자손들에 대해 기록하고 있습니다.

본문은 하나님이 선택하지 않은 에서의 자손을 기록하고 있습니다. 하나님이 리브가의 태중에 '두 민족'이 있다고 하셨는데(25:23), 그 중의 한 민족은 야곱을 통한 언약의 후손이며, 다른 한 민족은 에서를 통한 이방 민족임을 가리킵니다. 하나님의 구속 역사는 아브라함과 이삭을 거쳐 야곱과 그 후손으로 연결됩니다.

그들은 구속사에서 제외된 사람들이었지만 세상에서는 번성하고 풍요를 누렸습니다. 마치 가인의 후예들이 온갖 세속적인 문명의 조상이 된 것과 같습니다(4:16-24). 이 세상에서는 악인들에게도 분깃이 허락되었으며(욥 20:29, 렘 13:25), 악인도 번영할 수 있습니다(시 37:35, 73:3, 12, 렘 5:28, 12:1).

에서의 족보에는 그들 자손들의 업적이나 공로에 대한 기록이 전혀 없으며 신앙적인 흔적도 찾아볼 수 없습니다. 그저 외적 세상을 위해 열심히 살았을 뿐입니다. 우리는 무엇을 남기려고 합니까? 신앙적 계보를 만들어 가고 있는가 아니면 불신앙적 계보를 만들어 가고 있는가를 항상 경성하여 살펴야 합니다.

세상에는 세상을 지배하고 번영하고 누리며 사는 악한 사람에게 남겨지는 것은 아무것도 없습니다.

기도(기도 제목)

주기도문

년 월 일 요일

사도신경 | **찬송** 574, 328, 459장 | **말씀** 창 37:1~11

요셉과 형제들

37

2

3

4

5 ●

6

7

8

9

10

11

요셉은 꿈의 사람이었습니다. 성공한 그리스도인의 삶에는 하나님이 주시는 꿈과 비전이 있어야 합니다.

요셉의 꿈은 재미있고 신나는 내용이었습니다. 형들로부터 미움을 받고 구박을 당하던 그에게 형들이 절하는 내용이었기 때문입니다. 요셉은 이 꿈에 대해 형들에게 이야기했습니다. 그것 때문에 형들에게 더 많은 미움을 사게 될 것이라는 것을 요셉은 이미 알고 있으면서도 이야기했을 것입니다.

본문에서 우리는 꿈을 이야기하는 요셉의 낙관적인 모습을 보게 됩니다. 비관적인 사람은 불가능성을 바라보지만 낙관주의자는 불가능성 뒤에 있는 가능성을 바라봅니다. 요셉이 형들의 시기와 미움, 그리고 11년간의 종살이와 억울한 죄수 생활에서도 비관하지 않을 수 있었던 것은 바로 그가 꿈을 소유하고 있었기 때문입니다.

요셉은 형들과 아버지로부터 "네가 참으로 우리의 왕이 되겠느냐 참으로 우리를 다스리게 되겠느냐"(8)"나와 네 어머니와 네 형들이 참으로 가서 땅에 엎드려 네게 절하겠느냐"(10)라는 불가능성의 위협과 책망을 들었으나 그 꿈은 그대로 실현되었습니다(42-45장). 그 꿈은 우연히 된 것이 아니라 하나님의 섭리로 된 것입니다.

꿈을 가진 자는 그것을 불가능하게 하려는 강한 도전을 받습니다. 그러나 인내하면 반드시 이루어집니다.

기도(기도 제목)

주기도문

년 월 일 요일

사도신경 | **찬송** 519, 528, 531장 | **말씀** 창 37:12~17

요셉이 애굽으로 팔려가다

12 ●

13

14

15

16

17

형들의 안부를 알아 오라는 아버지의 분부에 순종하는 요셉의 풍성한 사랑을 발견하게 됩니다.

요셉은 어려서부터 참으로 많은 고난을 겪어야만 했습니다. 그 출발은 그가 형들의 미움을 받는 데서부터였습니다. 요셉이 형들의 미움의 대상이 된 이유는 아버지 야곱의 지나친 편애(3)와 요셉의 꿈(8)때문이었습니다. 그들의 증오는 점점 불같이 타올라 요셉을 죽이려고 하는 데까지 나아갑니다.

요셉은 형들을 사랑했습니다. 13절에 "네 형들이 세겜에서 양을 치지 아니하느냐 너를 그들에게 보내리라"고 했을 때 요셉은 "내가 그리하겠나이다"라고 했습니다. 그는 아버지의 분부가 떨어지자마자 지체하지 않고 순종했습니다. 형들이 자기를 미워하고 있는지를 알면서도 이런 그의 태도는 형들을 사랑하고 있다는 증거입니다.

요셉이 형들의 소식을 알고자 하여 세겜 광야로 갔으나 찾지 못하고 어떤 사람으로부터 도단으로 갔다는 말을 듣고 다시 그곳으로 찾으러 갔습니다. 세겜에서 도단까지는 약 30km의 먼 거리였습니다. 여기서 우리는 요셉이 맡은 바 임무에 대한 책임감과 성실성 그리고 사랑이 충만한 사람이었음을 알 수 있게 됩니다. 하나님께서는 요셉과 같은 합당한 사람을 찾아 하나님의 뜻을 이루시기 위해 사용하십니다.

기도(기도 제목)

주기도문

년 월 일 요일

사도신경 **찬송** 144, 531, 279장 **말씀** 창 37:18~28

18 ●

19

20

21

22

23

24

25 ●

26

27

28

요셉의 형제들은 아버지 야곱의 심부름을 온 요셉을 죽이고자 하는 악한 음모를 꾸몄습니다.

그들이 요셉을 죽이기로 계획한 것은 잔인하고 비신앙적인 음모였습니다. "그의 꿈이 어떻게 되는지를 우리가 볼 것이니라"(20)고 한 것은 요셉의 운명을 자기들 손으로 좌지우지할 수 있다고 여겼기 때문입니다. 그러나 그것은 요셉을 향한 하나님의 섭리를 무시한 인본주의적 교만과 불신앙에서 나온 음모였습니다.

르우벤의 만류로 그들의 음모가 다소 누그러져서 요셉을 구덩이에 던져두도록 하였습니다. 르우벤은 야곱의 맏아들로 일찍이 패륜을 범하였으나(35:22)여기서는 그래도 양심적으로 행했습니다. 그가 맏형으로서 단호하게 동생들을 제지하지 못했으나 그래도 무서운 범죄를 다소나마 줄이는 역할을 했습니다.

유다는 요셉을 팔자고 제안했습니다. 음모를 꾸미고 있을 때 마침 이스마엘 족속의 낙타가 애굽으로 가고 있었던 것입니다. 그러나 그 상인들은 요셉을 애굽의 궁중으로 데리고 가는 하나님의 병마였습니다. 그 형제들의 잔인한 음모의 실행은 요셉의 꿈이 실현되도록 만들었습니다. 하나님의 목적은 인간의 계획에 관계없이 수행됩니다.

악한 음모는 일시적으로 성공하는 것처럼 보입니다. 그러나 결국에는 반드시 실패하기 마련입니다.

기도(기도 제목)

주기도문

년 월 일 요일

사도신경 **찬송** 144, 531, 279장 **말씀** 창 37:29~36

29 ●

30

31

32

33

34

35

36

시기와 미움이 가져다 준 고통은 참으로 큰 것입니다. 그는 자신의 자녀들로 인해 그 고통을 당하게 됩니다.

요셉이 애굽으로 팔려 간 것을 뒤늦게 알게 된 르우벤은 자기의 옷을 찢으면서 괴로워하고 후회합니다. 그는 맏형으로서 양심의 가책을 크게 느낀 것입니다. 그러나 그는 진실로 회개하지 아니하고 도덕적으로 회개하였습니다. 왜냐하면 그 뒤의 일을 처리하는 과정에 있어서 아버지를 속이는 형제들을 제지했다는 기록이 없기 때문입니다.

여기서 우리는 늙은 아버지를 속이는 아들들의 참담한 모습들을 보게 됩니다. 그들도 양심의 가책이 없을 수 없겠으나 이미 내친 걸음이니 어찌하겠습니까? 이와 같이 거짓은 그것을 합리화하기 위한 더 큰 거짓을 낳는 법입니다. 죄는 그것을 은폐하기 위해 더 큰 죄를 낳기 마련입니다.

가장 사랑했던 아내 라헬이 낳은 가장 사랑하는 아들 요셉이 죽었다는 비보는 야곱을 스올에까지 내려가게 할 정도로 극심한 고통으로 몰아 넣었습니다. 그들의 시기와 미움이 이토록 사랑하는 아버지의 영혼을 죽음의 상태로 몰고 간 것입니다. 그러나 이것은 야곱이 심은 대로(27장)거둘 수밖에 없는 고통이기도 했습니다.

미움과 시기는 죄를 낳고 죄는 또 다른 죄를 낳았습니다. 사람은 심은 대로 거두기 마련입니다.

기도(기도 제목)

주기도문

년 월 일 요일

|사도신경 |찬송 254, 278, 278장 |말씀 창 38:1~11

유다와 다말

38

2

3

4

5

6

7

8

9

10

11

유다는 하나님의 뜻과 관계없이 살다가 개인의 삶의 기초가 되는 가정의 파탄을 맞았습니다.

유다는 자신의 결혼에 대해 결정을 할 때 두 가지 잘못을 범했습니다. 하나는 하나님의 뜻을 구하지 않았고 또 관심도 없었다는 점이고, 다른 하나는 하나님으로부터 권위를 받고 집안을 신앙으로 다스리는 아버지 야곱에게 이 문제에 대해 의논하지 않았고 또 그의 명령이나 지시에 따르지 않았다는 점입니다.

본문에는 유다가 뚜렷하게 자녀교육을 잘못했다는 직접적인 언급은 하고 있지 않지만 유다가 그의 장자 엘을 위하여 며느리를 구할 때 이방 며느리를 맞은 일이나, 둘째 아들 오난이 형의 후사가 될 아들을 얻게 하는 일을 고의적으로 피한 것 등을 볼 때, 유다는 자녀를 신앙적으로 교육하지 않았음을 알 수 있습니다.

유다는 자신의 가정에 생기는 문제가 어떤 일이 원인이 되어 왜 생기는가에 대한 바른 인식과 하나님 앞에서 회개가 없이, 인간적인 방법에 의해 하나님의 법을 어기면서 해결하려 하였습니다. 그는 마땅히 셋째 아들 셀라를 그 형수 다말에게 들여보냈어야 했으나 이를 어긴 것입니다.

악의적인 성도의 문제는 그 원인이 불신앙적인 데에 있고, 그 해결책도 하나님께 있습니다.

|기도(기도 제목)

|주기도문

년 월 일 요일

|사도신경 |찬송 150, 255, 276장 |말씀 창 38:12~20

12 ●

13

14

15

16

17

18

19

20

다말은 유다가 의무를 다 하지 않았기 때문에 시아버지인 유다와의 관계를 통해 대를 이었습니다.

다말은 자기가 해야 할 일에 대한 책임과 의무를 잘 알고 있었습니다. 그녀는 그것을 이루기 위해 항상 염려하고 있었던 것 같습니다. 그녀의 시동생 셀라가 장성한 것에도 관심을 보였고 그와의 관계가 이루어지지 않으므로 그녀의 시아버지인 유다를 속여 관계를 가져 대를 이음으로 그 책임과 의무를 다하였습니다.

다말의 행위는 정죄되고 지탄받을 일이었습니다. 어떤 경우라도 시아버지와 며느리의 근친상간은 허용될 수 없습니다. 그럼에도 다말의 행위는 유다에 의해 옳은 것으로 여김을 받았습니다. 유다는 그 일이 자신의 불명예인 것을 알았지만 다말의 행위가 자신의 불의로 말미암았음을 인정하고, 그 일이 정당한 것임을 인정했습니다.

다말의 행위는 비록 부도덕한 일이기는 했지만 그러나 자신이 취할 수 있는 정당한 일이었으므로 하나님께서는 그녀를 완전히 버리시지 아니하시고 그를 통하여 하나님의 놀라운 계획을 성취하셨습니다. 그녀는 생명의 위험까지도 무릅쓰고 자기 책임을 다 하였기 때문에 높이 평가 받은 것입니다.

다말의 행위는 잘못된 것이었지만 책임을 다하기 위한 것으로 하나님께 쓰임을 받았습니다.

기도(기도 제목)

주기도문

년 월 일 요일

사도신경 **찬송** 96, 292, 295장 **말씀** 창 38:21~30

21

22

23

24

창

25

26

27

28

29

30

유다가 행음한 사실은 아무도 모르게 숨겨지는 것처럼 보였습니다. 그러나 죄는 결코 숨겨지지 않았습니다.

유다는 다말이 행음하여 아이를 가졌다는 소식에 크게 진노하여 그를 가장 극악한 자에게 내리는 벌을 주려고 하였습니다. 사람은 누구나 자기의 죄는 잊고 남의 죄에 대해서는 크게 진노하기 마련입니다. 그러나 한 걸음 물러나 자신을 보면 자신 또한 같은 사람임을 쉽게 알 수 있습니다. 유다가 바로 좋은 본보기를 보여주고 있습니다.

유다는 다말을 처형하려 했지만 그 일로 인해 자신의 죄가 백일하에 드러나게 되었습니다. 자신이 행음하고 준 담보물이 다말에게서 나왔던 것입니다. 사람의 죄는 결코 은닉될 수 없습니다. 바다 속에 감추고 땅 밑에 숨길지라도 하나님께서는 반드시 드러내 보이십니다. 하나님께서는 사람의 죄를 그냥 지나치시지 않습니다.

유다는 자신의 부끄러운 일이 모든 사람에게 알려져 수치를 당하게 되었을 때 그것을 부인하거나 회피하지 않고 많은 사람들 앞에서 자신의 죄와 잘못을 인정하고 회개하였습니다. 비록 회복할 수 없는 인격적 손상을 입었을지라도 신앙 양심에 따른 참으로 아름답고 용기있는 모습을 보여 주었습니다.

사람이 죄를 범하는 면에서는 대부분 비슷합니다. 그러나 죄를 인정하고 회개하는 면에서 차이를 드러낸다.

기도(기도 제목)

주기도문

년 월 일 요일

사도신경 | **찬송** 88, 242, 442장 | **말씀** 창 39:1~6

요셉과 보디발의 아내

39

2

3

4

5

6

요셉은 형들에 의해 종으로 팔려가지만 노예생활 속에서도 하나님께서 함께하시는 삶을 살았습니다.

비록 그의 신분과 지위는 가장 낮은 노예였지만 그 생활 중에서도 요셉은 형통한 자가 되었습니다. 하나님께서는 사랑하시는 성도에게 고난과 역경을 허락하시지만 고난과 역경에 버려두지 않으시고 그 중에서 하나님과 함께하는 훈련을 받게 하시고 하나님과 함께하는 중에 그 삶을 형통케 하십니다.

요셉은 애굽인의 입장에서 볼 때 외국인이요 노예로서 가장 낮은 신분이었습니다. 따라서 그는 멸시 받고 천대 받아야 할 자였던 것입니다. 그럼에도 불구하고 그는 시위대장이라는 고관의 집을 위탁 관리하는 그 집의 최고의 자리에 올랐다. 바로 하나님께서 함께하시는 자의 전형적인 모습 즉 신뢰받는 자의 모습입니다.

요셉의 신분과 처지는 자기 한 몸도 간수하기 힘들었습니다. 어떻게 보면 자기 앞가림만 잘 해도 크게 성공했다고 평가 받을 수 있는 사람이었습니다. 남에게 도움을 받았다 해도 부끄럽지 않은 사람이었습니다. 그런데 그런 요셉 때문에 오히려 그 주인의 집이 복을 받게 되었습니다. 이것이 성도의 모습입니다.

하나님이 함께하는 사람은 자신의 처지와 신분을 뛰어 넘어 생활하며 다른 사람에게 영향력을 끼친다.

기도(기도 제목)

주기도문

년 월 일 요일

사도신경 **찬송** 337장 **말씀** 창 39:7~18

7 ●

8

9

10

11

12

13

14

15

16

17

18

22

23

사람은 어떤 상태에서든지 시험을 당하기 마련입니다. 요셉을 통해 시험을 이기는 방법을 배워봅시다.

요셉은 그 주인의 처의 유혹을 받았을 때 맨 먼저 주인과 자신의 관계, 주인이 자신에게 베푼 은혜, 자신에게 맡긴 직책을 생각하고 이를 내세워 그 유혹을 뿌리쳤다. 그는 인간적으로 그 주인을 배신하지 않고 윤리적 도덕적 의무를 다함으로 그가 빠진 시험에서 벗어날 수 있었습니다.

요셉은 하나님이 어떤 분인가를 알았습니다. 하나님은 결코 죄악을 용납하지 않으시며 자신이 범죄 할 경우 하나님께서 그 죄에 대해 쏟으실 진노가 어떤 것인지 알고 있었습니다. 우리가 시험에 빠질 때 하나님을 바로 알고 기억한다면 우리는 범죄하지 않을 것입니다. 왜냐하면 하나님께서 내리시는 진노가 너무 크고 두렵기 때문입니다.

죄의 유혹은 항상 그럴 듯 하고 달콤합니다. 조금만 부주의하거나 머뭇거리면 시험에 빠져들기 마련입니다. 죄의 유혹 앞에서는 아무도 장담하거나 자랑할 수 없습니다. 왜냐하면 어떤 사람도 죄의 유혹 앞에서 온전히 승리한 사람이 없기 때문입니다. 그렇기 때문에 요셉은 죄의 유혹을 단번에 과감하게 뿌리친 것입니다.

죄의 유혹은 언제나 있습니다. 평안함 중에도 요란함 속에도 있습니다. 요셉이 보여준 승리의 방법을 배우십시오.

기도(기도 제목)

주기도문

년 월 일 요일

사도신경 | **찬송** 83, 338, 314장 | **말씀** 창 39:19~23

19 ●

20

21

요셉은 무고하게 옥에 갇히는 몸이 되었습니다. 낮아질 대로 낮아져 더 낮아질 수 없는 죄수의 몸이 된 것입니다.

요셉의 고난은 골육인 형들로부터 비롯되었습니다. 형들이 노예로 팔았기 때문에 애굽에 와서 종이 되었고 억울하게 죄수가 된 것입니다. 그의 고난은 하나님께 범죄해서가 아니라 오히려 죄를 짓지 않으려는 노력 때문이었습니다. 이 땅에서는 의인에게 고난이 많고 경건하게 살고자 하는 이에게 박해가 많은 것입니다.

억울한 일을 당할 때 사람은 분통이 터지기 마련입니다. 끝까지 항변하고 싶고 누군가 붙잡고 하소연 하고 싶고 자기를 그렇게 만든 사람을 원망하기 마련입니다. 그럼에도 요셉은 억울한 누명을 쓰고 투옥당하면서도 변명이나 원망함 없이 끝까지 고요히 참았습니다. 그것은 하나님 앞에 아름다운 것입니다.

하나님은 의로운 요셉의 고난을 외면하지 않으셨습니다. 요셉은 죄목대로라면 사형을 받았어야 함에도 살아 왕의 죄수를 가두는 옥에 갇혔습니다. 또한 그곳에서도 전옥의 신임을 얻어 옥중 죄수와 모든 사무를 담당하는 자가 되도록 하나님께서 은혜를 베푸셨습니다. 그는 비록 죄수였지만 하나님께서 함께하시는 기쁨과 평안을 누렸습니다. 우리는 요셉의 모습을 통하여 의롭게 살려는 성도가 고난 당할 때 어떻게 승리할 수 있는지 깨닫게 됩니다.

기도(기도 제목)

주기도문

년 월 일 요일

사도신경 | **찬송** 79, 31, 260장 | **말씀** 창 40:1~8

요셉이 관원장의 꿈을 해석하다

40

2

3

4

5

6

7

8

믿음 없는 눈에는 우연으로 비춰지는 일까지도 하나님께서는 치밀하게 섭리하시고 간섭하십니다.

바로의 두 신하가 그 주인에게 범죄하고 바로가 노하여 시위대장의 집에 있는 옥에 가두고 시위대장은 그들을 요셉으로 하여금 섬기게 하는 일을 통해 우리는 우연이 아닌 하나님의 섭리와 역사를 주관하시는 하나님의 손길을 발견할 수 있습니다. 요셉이 왕의 두 신하를 만나는 일은 요셉의 인생에 큰 전환점을 가져왔습니다.

사람은 누구나 꿈을 꾼다. 또한 매일 꿈을 꾸기 마련입니다. 그런데 하나님께서 주시는 꿈은 그 사람으로 하여금 그냥 지나치지 못하게 견딜 수 없게 만드는 것입니다. 본문의 두 신하가 꿈을 꾸고 해석하지 못하여 근심하였던 것을 볼 수 있습니다. 하나님께서 꿈을 통하여 섭리하신 것입니다.

요셉은 꿈을 잘 꾸던 사람이었습니다. 어떤 면에서 꿈 때문에 고난이 시작되었다고도 할 수 있습니다. 그런 요셉에게 하나님께서는 꿈을 해석하는 은사를 주셨습니다. 요셉은 하나님이 주신 꿈을 해석하는 은사로 인해 바로의 두 신하와 특별한 관계를 가지게 되어 자신이 재기할 수 있는 발판을 마련한 것입니다.

우리 곁에는 하나님의 섭리가 끊이지 않는다는 사실을 깨닫는 자가 하나님 앞에서 성공할 수 있습니다.

기도(기도 제목)

주기도문

년 월 일 요일

사도신경 | **찬송** 251, 188, 283장 | **말씀** 창 40:9~23

9 ●

10

11

12

13

14

창

15

16 ●

17

18

19

20

21

22

23

사람의 마음은 간사하다고 표현합니다. 그러나 하나님은 변화가 없으신 한결같은 분이십니다.

바로의 술 맡은 관원장은 감옥에서 소망 없이 지내다가 요셉의 꿈 해석을 받고, 그대로 되어 전직에 복직하게 되었습니다. 그는 꿈을 해석하지 못해 근심하며 고통 당할 때 요셉의 해석으로 인해 기쁨과 평안을 누릴 수 있었습니다. 성도는 매일의 삶 속에서 하나님이 주시는 크고 놀라운 은혜로 인하여 늘 기쁨과 평안을 누리고 삽니다.

술 맡은 관원장은 요셉을 기억하지 않고 잊어버렸습니다. 이것이 바로 표리부동하고 자기 중심적인 인간의 참 모습입니다. 그는 마땅히 요셉을 기억하고 어떻게 해서든지 요셉을 돕기 위해 최선을 다했어야 했습니다. 어려울 때 그토록 자기를 정성스럽게 섬기는 요셉의 꿈 해몽을 통해 복직이 되었건만 그가 요셉을 잊었습니다.

요셉의 형편은 전혀 변화가 없었습니다. 술 맡은 관원장이 복직이 되었지만 소식이 없었습니다. 그러나 하나님께서는 요셉을 한결같이 기억하고 섭리하고 계셨습니다. 하나님께서는 요셉이 그 때 석방되어서는 바로를 만날 수도, 그의 꿈을 해석할 수도, 총리가 될 수도 없었기 때문에 때를 기다리신 것입니다.

사람은 때와 환경에 따라 변하지만 하나님께서는 한결같이 기억하시며 도와주십니다.

기도(기도 제목)

주기도문

년 월 일 요일

사도신경 **찬송** 552, 401, 454장 **말씀** 창 41:1~13

요셉이 바로의 꿈을 해석하다

41

2

3

4

5

6

7

8

9 ●

10

11

12

13

뜻을 이루시는 하나님의 섭리는 참으로 놀랍다. 참으로 놀라운 방법으로 사용하시는 것을 발견할 수 있습니다.
꿈에는 허황되거나 또한 잠재의식에서 나오는 꿈도 많습니다. 그러나 하나님께서는 꿈을 통하여 당신의 뜻을 전달하시곤 합니다. 바로가 꾼 꿈은 하나님께서 그 뜻을 성취하시려고 당신의 메시지를 전달하는 꿈이었습니다. 따라서 그 꿈을 해석할 수 있는 자가 애굽에는 없었으며 이로 말미암아 바로가 번민에 빠진 것입니다.
술 맡은 관원장은 지금까지 자신의 은인인 요셉에 대해 까맣게 잊고 있다가 바로가 꿈을 꾸자 그때에야 자신의 꿈을 해석해준 요셉을 기억하였습니다. 엄밀히 말해서 하나님께서 때를 맞추어 그의 기억 속에서 요셉을 살려내신 것입니다. 하나님께서는 당신의 뜻을 성취하시기 위해 개인의 기억력까지도 사용하시는 것입니다.
사람은 때로 알 수 없는 미래에 대해 불안해하며 어려운 현실에 대해 지겨워하기도 합니다. 요셉 또한 감옥에서 기대했던 술 맡은 관원장의 도움 없이 2년을 그렇게 보냈는지도 모르겠습니다. 하지만 하나님께서는 당신이 정하신 때와 당신이 세우신 뜻을 정밀하게 이루시는 것을 알아야 하겠습니다.
하나님께서는 세상을 치밀하게 다스리십니다. 모든 것이 합력하여 선을 이루게 하십니다.

기도(기도 제목)

주기도문

년 월 일 요일

사도신경 **찬송** 519, 528, 531장 **말씀** 창 41:14~24

14 ●

15

16

17

18

19

20

21

창

22

23

24

외국인 노예 죄수인 요셉이 바로 앞에 서서 그의 말에 자문을 한다는 것은 놀라운 일이었습니다.

요셉으로서는 바랄 수도, 상상할 수도 없는 놀라운 일을 당했습니다. 바로가 불러 자문을 구한 것입니다. 이런 일은 하나님의 섭리와 간섭이 아니면 불가능한 일이었습니다. 역사상 이같은 일은 두 번 반복되지 않았습니다. 하나님께서 요셉에게 기회를 주신 것입니다. 이 일을 통해 요셉을 향한 하나님의 놀라우신 뜻을 발견할 수 있습니다.

기적적으로 바로 앞에 선 요셉은 바로 앞에서 당당하게 하나님을 증거하였습니다. "내가 아니라 하나님께서 바로에게 평안한 대답을 하시리이다." 얼마나 놀라운 대답입니까! 일개 외국인 노예 죄수가 그 나라의 왕인 바로에게 하고 있는 말입니다. 복음 전하는 성도에게 한 표본을 보여 주고 있습니다.

신분상으로 본다면 요셉은 감히 바로를 쳐다보기조차 두려워해야 할 사람이요, 바로는 친히 요셉에게 말을 붙이기도 거북한 존귀한 신분이었습니다. 그런데도 요셉은 바로를 대하는 태도가 너무도 당당했고 반면에 바로는 요셉을 대하는 태도가 비굴하리만큼 약하게 나타났습니다. 왜냐하면 요셉은 하나님을 업고 있었기 때문입니다. 성도는 하나님께서 공급하시는 능력과 은혜를 따라서 세상을 이기며 살아가는 것입니다.

기도(기도 제목)

주기도문

년 월 일 요일

사도신경 **찬송** 524, 545, 359장 **말씀** 창 41:25~36

25 ●

26

27

28

29

30

31

32

33

34

35

36

40

41

42

43

44

45

요셉은 바로의 꿈을 해몽하면서 철저하게 하나님을 나타내었습니다.
바로가 꾼 꿈의 내용은 하나님께서 하실 일을 알게 하시기 위해 특별하게 주신 메시지였습니다. 따라서 요셉은 그것이 장차 일어날 사건에 대한 예언이라고 해석했습니다. 즉 칠년의 풍년과 뒤이어 칠 년의 흉년이 있을 것이라고 경고하였습니다. 이것은 하나님의 사람이 아니면 알 수 없는 일이었습니다.
바로는 내용은 다르지만 그 의미는 같은 꿈을 두 번 반복해서 꾸었습니다. 이것에 대해 요셉은 꿈의 내용이 매우 중요하며 그 일은 하나님께서 정하신 것이요 속히 시행하실 것이라고 경고했습니다. 하나님은 당신이 정하신 일은 반드시 그리고 정한 대로 이루시는 분이심을 잘 드러내는 해석입니다.
바로의 꿈 속에는 흉년에 대한 문제만 나타났을 뿐 그 해결책은 없었습니다. 그러나 요셉은 그 해결책을 제시하였습니다. 단지 문제와 경고뿐만 아니라 그 어려움을 피할 수 있는 방안까지 제시하였습니다. 하나님이 함께 하시며 지혜를 주시지 않고는 이룰 수 없는 일이었습니다. 요셉의 지혜로 온 애굽이 구원받게 되었습니다.
요셉은 자신을 들어 사용하시는 하나님의 영광을 크게 드러내었습니다. 이것이 우리가 본받아야 할 일입니다.

기도(기도 제목)

주기도문

년 월 일 요일

사도신경 | **찬송** 320, 580, 347장 | **말씀** 창 41:37~45

요셉이 애굽의 총리가 되다

37 ●

38

39

요셉은 고난과 연단의 과정을 거쳐서 애굽의 총리대신이 되는 영광을 얻게 되었습니다.
요셉은 소년 시절부터 많은 고난을 당했습니다. 형제들에게 미움받음, 이별, 팔림, 객지생활, 투옥 등 지금까지의 그의 삶은 비극적인 것이었습니다. 그러나 그는 그런 과정 속에서 하나님이 만사를 주관하시고 뜻대로 섭리하신다는 신앙을 가지고 하나님의 인도하심을 받았습니다. 성도는 그리스도를 위하여 훈련받는 것이 중요합니다.
요셉은 애굽의 총리가 되고자 하는 야망을 가지고 있지 않았습니다. 그가 가진 지혜와 명철은 하나님의 영에 감동된 결과였습니다. 그의 높아짐은 그가 스스로 구한 것이 아니라 그가 성령이 충만하여 성령께서 그의 입술을 주장하시고 바로의 마음을 감동시켰기 때문입니다. 우리는 모든 일에 성령의 충만을 먼저 간구해야 합니다.
요셉의 영광은 곧 하나님께 영광이 되었습니다. 요셉이 총리가 된 것은 자기 재능과 술수로써가 아니라 처

창

음부터 끝까지 하나님을 신뢰한 결과였기 때문입니다. 이방인들조차 그 사실을 인정하고 하나님께 영광을 돌렸습니다. 종교 개혁자 칼빈도 자기 집 문 앞에 "하나님의 영광"이라고 써 붙였습니다.

하나님께서 사랑하시는 성도는 어떤 어려움 속에서도 항상 성령의 인도하심으로 승리합니다.

|기도(기도 제목)

|주기도문

년 월 일 요일

|사도신경 |찬송 86, 92, 291장 |말씀 창 41:46~57

46 ●

47

48

49

50

51

52

53

54

55

56

57

이제 요셉의 고난과 비극적 상황은 종말을 고하고 풍요와 행복과 영광이 그의 삶에 충만하게 되었습니다.

소년 시절 이국 땅으로 팔려와 나이 30이 되도록 혼자였던 요셉은 고독하였을 것입니다. 그러한 그가 결혼하여 가정을 이루게 된 것은 큰 기쁨이요 축복이었음에 틀림없습니다. 우리 성도들도 때가 되면 결혼하여 가정을 형성해 나가는 것이 바람직합니다. 왜냐하면 인간은 연합하여 하나를 이루는 것이 이상적이기 때문입니다.

제국의 제2인자인 총리대신의 지위에 오른 요셉은 실로 막강한 권세를 소유하게 되었고 그의 정치적 활동도 큰 성공을 거두게 되었습니다. 실로 그의 암울했던 과거와는 전혀 비교조차 할 수 없는 부와 권세를 누리게 된 것입니다. 이것은 그가 삶의 초점을 오직 하나님께 맞춤으로 가능하였습니다.

요셉은 개인적인 성공과 정치 활동 중에도 하나님을 기억하며 그의 개인적인 경건성을 결코 상실하지 아니하였습니다. 그는 이교적 가정과 사회에서 종교적으로 큰 지도력을 행사했을 것이며, 그가 아들을 낳았을 때 자기를 인도해 주신 하나님의 섭리와 연관해서 이름을 지었습니다. 자기 자식의 출생도 하나님의 은혜로 간주한 것입니다. 사람들은 어려운 문제가 해결되면 하나님을 잊어버리기 쉽지만 요셉은 평안할 때도 하나님을 잊지 않았습니다.

창

|기도(기도 제목)

|주기도문

년 월 일 요일

|사도신경 |찬송 383, 567장 |말씀 창 42:1~5

요셉의 형들이 애굽으로 가다

42

2

3

4

5

야곱은 대가뭄으로 인해 계속되는 기근 속에서 먹을 양식이 없어 죽기에 이르렀으나 낙심하지 않았습니다.

야곱은 애굽에 곡식이 있음을 보았다고 했습니다. 그러나 그가 애굽에 직접 가서 보고 확인한 것은 아닙니다. 다만 들었을 뿐입니다. 그는 그 땅에 기근이 들었지만 애굽에 가면 곡식을 구할 수 있을 것이라는 가능성을 배제하지 않았습니다. '안 된다'고만 하는 것은 신앙인의 자세가 아닙니다.

야곱은 그 아들들에게 "너희는 어찌하여 서로 바라보고만 있느냐"고 책망했습니다. 이것은 그들의 자신 없고 단호하게 결심하지 못하는 우유부단한 행동에 대한 질책이었습니다. 아마 그들은 오랫동안 계속되는 대가뭄 앞에서 묘책을 강구할 만한 기력을 잃었던 것으로 보입니다. 그러나 열심을 다하고 최선을 다하면 길이 열린다.

야곱은 "너희는 가서 곡식을 사오라"고 했습니다. 그리하면 "우리가 살고 죽지 아니하리라"고 했습니다. 환경이 문제가 아니라 자세가 문제입니다. 성도는 "믿는 자에게는 능하지 못함이 없다"는 신앙과 "내게 능력 주시는 자 안에서 내가 모든 것을 할 수 있다"고 하는 자세로 끝까지 소망 중에 전진하여야만 합니다. 성도는 어떤 환난 가운데에서도 담대한 믿음의 적극성을 잃어서는 아니 됩니다.

|기도(기도 제목)

|주기도문

년 월 일 요일

|사도신경 |찬송 375, 379, 382장 |말씀 창 42:6~9

6

7

8

9

본문은 고향을 떠난 20년 만에 요셉이 형들과 재회하는 극적인 장면을 묘사하고 있습니다.

그 당시 많은 사람들은 오랜 가뭄과 흉년으로 인해 기근의 고통을 당하고 있었습니다. 그러나 애굽 땅은 예외적으로 곡식이 풍성하였습니다. 그것은 하나님이 요셉에게 계시하셔서 요셉이 선견지명을 가지고 풍년 때에 곡식을 잘 비축해 놓았기 때문입니다. 이 모든 것이 하나님의 섭리였습니다.

창

요셉은 형들을 만났을 때 일부러 모른 체 하고 엄한 모습을 취했습니다. 그것은 형들에 대한 보복 심리에서 나온 것이 아니라 형들에게 회개의 기회를 주기 위함이었습니다. 자기의 정체를 밝히면 그 신분 때문에 용서를 구할 수 있기 때문입니다. 우리 성도는 항상 공과 사를 가려서 처신해야 합니다. 인정이 공을 버리게 해서는 아니 됩니다.

그는 지나간 일들에 대한 회상보다는 하나님이 계시하신 꿈이 이루어지는 것을 먼저 기억해 냈습니다. 스스로 만든 꿈은 무너질 수 있으나 하나님이 주신 꿈은 반드시 실현되고야 마는 것입니다. 그러므로 성도는 무슨 일을 할 때나 하나님으로 말미암아서 해야 하는 것을 명심해야 합니다.

하나님께서 말씀으로 언약하신 것은 반드시 땅에 떨어지지 아니하고 성취됩니다.

|**기도**(기도 제목)

|**주기도문**

년 월 일 요일

|**사도신경** |**찬송** 520, 534장 |**말씀** 창 42:10~25

10

11

12

13

14

15

16

17

18 ●

19

20

21

22

23

24

25

요셉은 자신의 정체를 감추고 형들에게 엄하게 대하며 그 형들의 진실성을 시험합니다.

요셉이 자신의 정체를 감추고 형들을 위협한 것은 본의가 아니라 아직 때가 이르지 않은 줄 알고 자기의 감정을 억제할 수 있는 성숙한 인격을 보여준 것입니다. 그 시험의 목적은 형벌에 있는 것이 아니고 가족의 안부를 묻고 그들을 애굽으로 데려오기 위함이었으며, 형들을 진실로 회개하게 하는 데 있었습니다.

단순히 곡식을 사러 왔다가 예기치 않은 난관에 부딪친 그들은 사태가 점점 더 어려운 상태에 빠져들자 자신들의 죄를 깨닫기 시작했습니다. 그들은 베냐민을 데려오라는 요셉의 말에 자신들이 팔아 버린 동생 요셉을 기억하고 그 죄를 회개하였습니다. 이해할 수 없는 고난이 올 때 우리는 자신을 돌아보는가?

요셉은 형들이 그들의 죄를 참회하는 대화를 듣고 감정을 억제 할 수 없어 그들을 떠나 울었습니다. 요셉은 진정으로 이미 마음속에서 형들을 용서했던 것입니다. 기나긴 인고의 시간을 지나게 한 형제들이지만 그들에 대한 감정을 지니고 있지 않았습니다. 자신에 대한 각성과 겸손 없이는 진정한 용서와 화해는 이루어지기 어려운 것입니다.

요셉은 이미 자신을 통해 이루시려는 하나님의 뜻을 이해하고 모든 것을 용납할 수 있었습니다.

기도(기도 제목)

주기도문

년 월 일 요일

사도신경 **찬송** 523, 526, 538장 **말씀** 창 42:26~34

요셉의 형들이 가나안으로 돌아오다

26 ●

27

28

29

30

31

32

33

34

시므온을 볼모로 남겨 두고 요셉의 아홉 형제들은 옛날과는 많이 변화된 모습을 보였습니다.

요셉은 돌아가는 형제들에게 곡식을 주었고 그 자루에 돈을 도로 넣게 하였습니다. 이것은 단지 요셉이 형들에게 곡식 값을 받을 수 없었기 때문이었습니다. 그러나 돌아오는 도중에 자루 속에서 돈을 발견한 그들은 혼이 나갈 정도로 크게 떨었습니다. 그러나 그들은 지금 오히려 기분 좋을 수도 있는 상황에서 크게 떨고 있는 것입니다.

"하나님이 어찌하여 이런 일을 우리에게 행하셨는가" 라고 서로 돌아보며 이야기 한 것은 하나님의 죄값으로 자기들에게 벌을 주고 있다는 뜻입니다. 어려운 재난이 닥치면 마음이 완악해져서는 원망과 시비를 일삼는 사람도 있으나, 성도는 대개 그 기회를 자신을 돌아보고 회개하는 기회로 삼게 됩니다.

돌아온 그들은 아버지 야곱에게 모든 일을 정직하게 보고했습니다. 그들은 거짓말을 하거나 숨기지 아니했습니다. 그들은 요셉을 판 사건 때 아버지를 속인 것처럼 하지 않았습니다. 정직함은 어려움을 만난 사람에게 용기와 담대함을 줍니다. 이는 자기 행동에 대한 책임을 지겠다고 하는 의지가 그 안에 담겨있기 때문입니다. 어려운 시련과 시험이 닥칠 때 성도는 영적으로 많은 변화를 받게 됩니다.

기도(기도 제목)

주기도문

년 월 일 요일

사도신경 **찬송** 525, 532, 537장 **말씀** 창 42:35~38

35

36

37

38

애굽에서 돌아온 아들들의 정황 보고를 받은 야곱은 심한 두려움을 느끼며 심히 비관하였습니다.

야곱은 참으로 괴로웠습니다. 요셉이 없어진 것 같이 시므온도 없어 졌고 베냐민도 빼앗아 가려 한다고 한탄하면서 그 모든 책임이 아들들에게 있다고 이야기합니다. 그는 지금 과거처럼 자만심이 가득한 사람도 아니었습니다. 그는 매우 비관적인 상태에 빠져 있었던 것입니다. 이는 신앙 없는 태도입니다.

비관에 빠져있는 아버지를 맏아들인 르우벤이 위로하며 강한 형제애를 보였습니다. 그는 그 자신이 그 모든 책임을 지겠다고 한 것입니다. 르우벤의 행동은 야곱과 베냐민에 대해서는 관용스럽고 친절한 것이었지만 그 일에 실패 할 때에는 야곱에게 자기 아들 중에서 둘을 죽이라고 제안한 것은 무자비하고 경솔한 말입니다.

편애로 인해 요셉을 잃은 그였건만 아직도 그는 그것을 버리지 못하였습니다. 베냐민을 생명처럼 여겼다. 그가 하나님을 절대적으로 신뢰했다면 이런 상황에서 좀 더 신앙적인 판단과 행동을 했을 것입니다. 그는 비관과는 달리 하나님은 모든 것을 선하도록 인도하고 계신 것을 알지 못했던 것입니다(롬 8:28, 빌 1:6).

믿음이 있는 사람은 어려운 일이 생길수록 하나님께 더 가까이 가야 합니다. 절망하고 낙심해서는 안 됩니다.

기도(기도 제목)

|주기도문

년 월 일 요일

|사도신경 |찬송 93, 376, 377장 |말씀 창 43:1~10

형들이 베냐민을 데리고 애굽으로 가다

43

2

3

4

5

6

7

8

9

10

본문은 아버지를 설득하는 유다와 야곱과의 심각한 대화를 기록하고 있습니다.

지금 야곱이 처한 상황은 외적으로나 내적으로나 이렇게 할 수도 저렇게 할 수도 없는 곤란한 상황이었습니다. 1절과 6절을 보면 그의 갈등이 어떠하였는지를 깨닫게 됩니다. 그가 아들들에게 심한 불만을 토하는 것은 인생의 무력함과 거기에서 오는 불안과 공포를 해결할 수 없어서 고민하는 모습인 것입니다.

베냐민을 반드시 데려가야만 한다는 사실 때문에 생긴 야곱의 불안과 갈등에 대해 유다는 아버지에게 참으로 조리있게 대답하면서 설득했습니다. 아버지의 주권을 믿는 성도는 상대방의 틀린 의견 때문에 그를 비난하거나 그 사람 자체를 무시해서는 안 됩니다. 주님의 뜻을 기다리며 사랑하는 마음으로 서로 권면해야 합니다.

또한 유다는 자신이 베냐민을 위한 담보가 되겠다고 나섰습니다(9). 이는 희생적인 태도입니다. 우리에게도 우리를 위한 담보자가 계십니다. 그 분은 바로 이 유다 지파의 혈통에서 나신 그리스도이십니다. 주님은 친히 이 땅에 오셔서 우리의 담보자가 되셔서 우리를 위해서 십자가의 형벌을 받으시고 자신의 생명을 주셨습니다.

남을 위해 희생하는 것은 매우 귀한 일입니다. 그리스도께서 본을 보이신 것처럼 우리도 그리합시다.

창

|**기도**(기도 제목)

|**주기도문**

년 월 일 요일

|**사도신경** |**찬송** 381, 345, 404장 |**말씀** 창 43:11~15

11

12

13

14

15

어려운 상황에 처한 야곱은 가장 귀중한 아들 베냐민까지도 잃을 각오를 가지고 결단을 내리고 있습니다.

지금까지 야곱은 양식이 떨어져가는 상황에서도 베냐민을 잃을까봐 두려워서 곡식을 사러 자식들을 애굽으로 보내지 않았습니다. 그는 족장으로 집안에 대한 영적 육적 모든 책임과 권한을 가졌습니다. 따라서 그는 집안의 생활을 유지하기 위해 최선을 다 해야 했습니다. 이런 이유로 늦게나마 그는 곡식을 사러 자식들을 보내기로 했습니다.

야곱은 베냐민을 다른 형제들과 함께 보내면서 그들의 여정과 안전 그리고 목적 성취까지 모든 것을 하나님께 맡겼습니다. 그는 자신이 아무것도 할 수 없는 무기력한 존재임을 깨닫고 전능하신 하나님의 손에 맡긴 것입니다. 우리는 중요한 것에 대해서는 무기력한 존재들입니다. 이럴 때 우리들은 모든 것을 하나님께 맡겨야 합니다.

야곱은 하나님께 의뢰하기 전에 자신이 해야 할 일에 대해 최선을 다 했습니다. 가장 좋은 것들로 선물을 준비하고 착오로 가져온 돈의 두 배나 되는 돈을 준비하였습니다. 신앙인은 자신이 처한 상황에서 최선을 다 해야 하며 그 이후의 것들은 전적으로 하나님께 맡겨야 합니다. 야곱은 이런 신앙의 바른 자세를 보여주고 있습니다. 어려운 상황 속에서 최선의 결단을 내리고 하나님께 맡기는 야곱의 신앙은 신앙의 본질을 보여주고 있습니다.

|**기도**(기도 제목)

|**주기도문**

년 월 일 요일

|**사도신경** |**찬송** 86, 93, 292장 |**말씀** 창 43:16~24

16 ●

17

18

19

20

21

22

23

24

요셉은 형들과 베냐민을 보고 그들을 집으로 인도하고 축제를 준비하라고 청지기에게 지시합니다.

요셉은 형들과 베냐민을 보고 자기 집으로 초대해 고향집의 형편에 대하여 이야기하기를 원했습니다. 그러나 그 형제들은 그 때 심히 두려워했습니다. 그들에게는 그러한 특권이 아무런 기쁨이 되지 못했는데, 동생을 팔았다는 죄의식과 죄책감이 남아 있었기 때문이었습니다. 이처럼 죄는 기쁨을 고통과 두려움으로 변화시킵니다.

두려움 속에서 자신들의 결백을 증명하려는 요셉의 형제들에게 청지기는 위로와 평안을 주고 있습니다. 그 일을 하나님께서 하신 일이라고 일러 주었습니다. 그러나 그들은 그 말을 깨닫지 못했습니다. 하나님을 하나님인 줄 모르는 사람들은 하나님을 공포의 대상으로만 여기나 하나님은 사랑이시며 위로와 평안의 근원이십니다.

청지기의 언행은 주목할 만합니다. 그 자신이 하나님을 경외하지 않았다면 그런 말을 할 수가 없었을 것입니다. 그는 분명 요셉으로부터 하나님에 대한 신앙을 보고 배웠을 것입니다. 그리하여 요셉의 하나님이 살아 계시고 참되신 분이라는 것을 확신하게 되었을 것입니다. 그렇기 때문에 그는 요셉의 형제들에게 평안을 줄 수 있었습니다.

죄는 사람을 두려움에 빠뜨리지만 믿음은 다른 사람에게까지 위로와 평안을 줄 수 있게 합니다.

기도(기도 제목)

주기도문

년 월 일 요일

사도신경 **찬송** 449, 459장 **말씀** 창 43:25~34

25

26

27

28

29

30

창

31

32

33

34

본문에서 우리는 다정다감한 요셉, 그러면서도 그 감정을 조절하며 절제하는 모습을 보게 됩니다.

형제들은 아버지가 보낸 예물을 요셉에게 드리며 땅에 엎드려서 절 했습니다. 이것은 요셉의 어린 시절의 꿈이 성취됨을 보여줍니다(42:6, 9). 요셉은 만감이 교차되는 것을 느꼈을 것입니다. 하나님께서 그 어린 시절에 꿈으로 보여주신 일이 그대로 현실에서 이루어졌기 때문입니다. 하나님의 약속은 변함이 없으십니다.

요셉이 형들을 시험하는 것은 미움과 복수의 감정 때문이 아니었습니다. 그가 그의 아버지의 안부를 알고자 하는 애타는 마음(27), 베냐민을 대하는 태도(30), 형제들을 식사에 초대하여 정중하고 풍성하게 대접한 사실(33, 34)에서 그것을 알 수 있습니다. 그는 실로 정이 풍부한 따뜻한 감정을 가진 사람이었습니다.

요셉은 감정이 풍부했으나 정으로 인하여 일을 그르치는 우를 범하지 않는 절제의 사람이었습니다(30, 31). 그는 꿈에도 그리던 동생 베냐민을 만났습니다. 그 순간 그는 복받쳐 오르는 감정을 억제할 수가 없어서 그 자리를 벗어나 안방으로 들어가서 울었습니다. 지도자는 감정이 없어서도 안 되지만 감정에 얽매어서도 안 됩니다.

요셉은 지혜롭고 마음이 따뜻하고 감정을 조절 할 줄 아는 사람입니다. 그의 신앙을 본받아야 합니다.

|기도(기도 제목)

|주기도문

년 월 일 요일

|사도신경 |찬송 379, 388장 |말씀 창 44:1~10

은잔이 없어지다

44

2

3

4

5

6

7

8

9

10

본문은 요셉이 마지막으로 그 형들을 시험하고 있는 내용을 언급하고 있습니다.

요셉은 자신이 세운 전략대로 형제들의 진실성을 다시 시험해 봅니다. 그는 베냐민의 자루에 은잔을 넣게 했습니다(2). 베냐민은 요셉과 마찬가지로 한 어머니 라헬에게서 태어났고 요셉이 떠난 후에 야곱의 총애를 받아왔기에, 그렇게 함으로써 형들의 시기심, 우애, 책임감 등을 시험해 볼 수 있었기 때문입니다.

청지기는 요셉의 형제들에게 "어찌하여 선을 악으로 갚느냐"(4)고 문책하였습니다. 이에 그들은 "누구에게서 발견되든지 그는 죽을 것이요, 우리는 내 주의 종이 되리이다"(9)라고 하면서 그들의 결백을 증명하고자 했습니다. 자신의 생명이나 자유를 포기해 가면서까지 결백을 주장하는 것은 어리석은 일이 될 수 있습니다.

요셉의 형들은 애매하게 "선을 악으로 갚는다"는 오명을 쓰게 되었습니다. 하나님은 우리를 바른 길로 가게 하시려고 종종 시험을 주십니다. 그리하여 그 시험을 통해서 깨닫게 하시고 회개를 촉구하시기도 하십니다. 이처럼 하나님은 우리에게 시험 가운데서도 피할 길을 주시며 은밀한 중에 은혜를 채워주시는 것입니다(고전 10:13). 시험을 이기는 가장 큰 힘은 진실입니다. 잘못을 회개하고 하나님의 도우심을 구할 때 시험을 이길 수 있습니다.

기도(기도 제목)

주기도문

년	월	일	요일

사도신경 | **찬송** 355, 354, 356장 | **말씀** 창 44:11~17

11

12

13

유다가 베냐민을 위하여 인질을 청하다

14 ●

15

16

17

본문에서 요셉이 형제애를 가지고 있음을 발견하게 됩니다.

요셉의 형제들은 전혀 상상치도 못했던 상황에 직면하여 몹시 놀라며 슬퍼하였습니다. 옷을 찢는 것은 그 당시 근동 지방에서 자신의 극한 슬픔과 절망감을 표현하는 행위였습니다(37:34, 왕상 21:27). 그들이 이처럼 절망적인 비통함에 사로잡힌 것은 그들이 베냐민을 얼마나 사랑하고 있는지를 나타내 주는 증거가 되는 것입니다.

요셉의 형제들은 옷을 찢는 감정적인 비통함에만 그치지 않고 모두 다 돌아왔습니다. 그들은 요셉의 청지기의 제안에 따라 베냐민만 버리고 집으로 돌아갈 수도 있었습니다. 그러나 그들은 자신들이 살고자하는 꾀를 부리지 않았습니다. 그들은 돌아옴으로 자신들의 자유와 생명을 기꺼이 포기할 수 있는 사랑이 있음을 행동으로 증명했습니다.

유다는 재차 애굽을 방문할 때 형제들의 인솔자였기 때문에 모든 것을 대변하고 있습니다. 물론 시험을 위해 꾸며진 일이지만 베냐민을 제외한 다른 형제들에게는 죄가 없었습니다. 그러나 유다는 정직을 주장하면서도 과거에 그들이 요셉에게 행한 죄를 드러내면서 베냐민을 살리는 대신 모두 종이 되겠다고 하여 형제애를 입증하였습니다.

요셉의 형제들은 뜨거운 사랑으로 어려움을 함께 나누는 모습을 보여주었습니다.

|기도(기도 제목)

|주기도문

년 월 일 요일

|사도신경 |찬송 272, 273, 280장 |말씀 창 44:18~34

18

19

20

21

22

23

24

25

26

27

28

29

30

31

32

33

34

유다의 베냐민을 살리기 위한 탄원은 너무나 훌륭한 간청으로서 성경 역사상 그 의의가 빛나고 있습니다.
유다는 요셉을 '내 주여'라고 칭하면서 자신은 종의 위치에서 상전에게 말할 때처럼 겸허한 자세로 간청하였습니다. 우리는 그의 말보다도 더 예의 바르고 겸손한 말을 생각하기 어려울 것입니다. 그의 모든 말이 겸손하고 예의가 바르기에 요셉의 심금을 울릴 수 있었던 것입니다. 그는 듣는 사람이 전혀 화를 낼 수 없도록 만들었습니다.
유다의 탄원은 변명이나 꾸밈이 없는 솔직하고 진실한 것이었습니다. 그는 자신의 뜻을 이루기 위하여 궤변적인 방법이나 논쟁적인 설득을 하려 들지 않고 그저 있는 사실을 그대로 설명하였습니다. 거짓 없는 진실한 말은 어떤 논리적이고 수사적인 말보다도 더욱 힘이 있는 것입니다. 진실한 마음의 말은 역사하는 힘이 있습니다.
유다는 베냐민을 그 아버지가 그토록 사랑하는 이유를 이야기하였습니다. 베냐민의 어머니가 죽었고 그 형제가 죽었다는 사실을 말한 것입니다. 그렇기에 베냐민을 데리고 같이 가지 아니하면 그 아버지가 흰 머리로 슬퍼하며 스올로 내려가게 된다고 말하였던 것입니다. 유다의 애끓는 심정이 매우 감동적으로 나타나고 있습니다. 유다의 탄원은 아버지와 동생을 사랑하는 희생적인 것으로 죄인을 위한 그리스도의 희생의 모형입니다.

기도(기도 제목)

주기도문

년 월 일 요일

사도신경 **찬송** 39, 542, 544장 **말씀** 창 45:1~2

요셉이 형제들에게 자기를 밝히다

45

2

요셉은 사랑하는 형제 앞에서 넘쳐 흐르는 감정을 억제할 수 없어서 소리를 내어 울고 말았습니다.
요셉이 감정을 억제하지 못했던 것은 유다의 간절한 호소와 회개(44:18-34)에 의해 마음이 동요했기 때문입니다. 아무리 험하고 완고한 마음이라도 간절히 호소하며 회개하는 사람 앞에서는 한없이 부드러워집니다. 우리는 간절한 마음이나 회개함이 없이 하나님을 그저 엄격하고 두려운 존재로만 생각하고 있지는 않습니까?
요셉의 눈물은 단순히 정을 억제하지 못해서 흘린 눈물만은 아니었습니다. 형제들 간의 우애와 부모에 대한 효성을 지켜보던 요셉은 하나님의 크신 은혜와 사랑에 감격하여 울음을 터뜨린 것입니다. 이 울음은 다시 형제들에 대한 용서와 사랑으로 이어졌으며 동시에 하나님의 섭리를 깨닫고 감사하는 모습으로 드러났습니다.
이 세상에는 고통의 눈물, 슬픔의 눈물, 서러움의 눈물, 거짓된 눈물 등 많은 눈물이 있습니다. 그러나 회개하고 돌아오는 자의 눈물, 사랑하기 때문에 흘리는 눈물, 하나님의 은혜에 감사해서 흘리는 뜨거운 눈물은 가장 값진 눈물입니다. 울어야 할 때에는 우는 지혜가 필요합니다. 울어도 소용없는 때가 곧 올 것이기 때문입니다. 요셉이 사랑하는 형제들 앞에서 참을 수 없어서 터뜨린 사랑의 눈물을 우리의 이웃을 위해 흘려야 합니다.

|기도(기도 제목)

|주기도문

년 월 일 요일

|사도신경 |찬송 523, 509, 512장 |말씀 창 45:3~8

3

4

5

6

7

8

본문에서 우리는 요셉이 그 형들에게 베푼 용서를 통해 성도의 관용에 대해 깊은 교훈을 얻게 됩니다.

요셉의 형제들은 그들이 대면하고 있는 애굽의 권력자가 바로 요셉이라는 것을 알게 되자 두렵고 놀라서 아무 말도 못하고 있었습니다. 그들은 요셉에게 행한 전날의 죄를 기억했던 것입니다. 더욱이 전세가 완전히 뒤바뀐 상황에서 느끼게 되는 요셉의 형제들의 두려움과 놀라움은 가히 짐작하고도 남음이 있습니다.

그러나 자기들의 죄를 기억하며 어찌할 바를 모르는 형제들에게 요셉은 관용을 베풀었습니다. 요셉의 말은 과거사를 기억케 함이 아니고, 오히려 아직도 자기가 그들의 동생됨을 보여주면서 자신과 형들 사이에 생긴 간격을 좁히려 한 것입니다. 요셉은 하나님의 은혜로 역경을 이긴 자만이 가질 수 있는 넓은 자비심을 보여줍니다.

요셉이 형들에게 관용을 베풀 수 있었던 것은 그가 모든 일들이 하나님의 섭리였음을 인정하는 믿음에 기인합니다. 그는 자기가 애굽에 팔려온 이야기를 할 때에 '하나님'이라는 말을 네 번(5, 7, 8)이나 하였습니다. 이것은 그가 하나님의 주권적 섭리를 확신하고 있다는 증거입니다. 우리는 모든 일에 하나님의 섭리를 인정합니까? 우리는 하나님의 은혜와 섭리를 깨닫을 때 비로소 다른 사람에 대해 관용할 수 있게 됩니다.

|기도(기도 제목)

|주기도문

년 월 일 요일

|사도신경 |찬송 526, 539장 |말씀 창 45:9~24

9

10

11

12

13

14

15

16 ●

17

18

19

20

21 ●

22

23

24

요셉은 하나님이 하신 큰일을 아버지 야곱에게 전하기 원했고(9), 그들을 애굽으로 초청하기를 원했습니다.

만약 그때 야곱과 그의 가족이 가나안에 계속 남아있었다면, 그들은 살아 남지 못했을 것입니다. 그러므로 요셉이 가족을 봉양하기를 원해서 그들을 초청한 것은 혈육의 정에 의한 것이기도 했지만 하나님께서 자기에게 그런 지위를 주신 것은 이스라엘 후손들을 기근 중에 살려서 세상에 두시기 위함인 것을 깨달았기 때문입니다.

바로는 요셉의 형들이 왔다는 소식을 듣고 대단히 기뻐했습니다. 또한 바로는 요셉에게 그의 모든 가족을 이끌고 애굽으로 오게 하라고 말했습니다. 바로의 호의는 요셉에 대한 신임의 결과이기도 했지만 역시 하나님이 바로의 마음을 주장하셨기 때문입니다. 이와 같이 하나님을 기쁘시게 하는 자는 은혜와 사랑을 받게 됩니다.

요셉이 형제들을 초청한 것은 그들의 허물을 덮어 주었다는 것을 내포합니다. 그래서 그는 가는 도중에 서로 다투지 말라고 엄하게 당부하였습니다(비교 42:22, 23). 온전한 사랑은 모든 것을 덮어 주며 어떠한 경우에도 그것을 다시 들추어 내지 않습니다(잠 10:12, 17:9, 벧전 4:8). 하나님은 약속하신 대로 큰 민족을 이루게 하시기 위해 야곱의 가족을 초청하셨습니다.

기도(기도 제목)

주기도문

년 월 일 요일

사도신경 **찬송** 234, 376, 483장 **말씀** 창 45:25~28

25

26

27

28

본문에서 야곱은 요셉이 살아있다는 확신을 갖고 그를 만나러 가기로 결심했습니다.

야곱은 요셉의 소식을 듣고 충격을 받아 잠시 정신을 잃은 것 같습니다. 그러나 잠시 후 요셉이 자신을 위하여 보낸 수레를 보고서 기운이 소생하였습니다. 성도는 하나님께서 그의 말씀과 섭리 중에 성도들에게 주신 것들을 바라 볼 때에 모든 의심과 두려움을 극복할 수 있게 되는 것입니다.

야곱은 승리의 기쁨을 맛보듯이 '족하도다'라고 말하면서 요셉을 만나러 가겠다고 굳게 결심했습니다. 마찬가지로 진실한 신앙은 하나님의 은혜로운 초대에 감사하여 그것을 수락하고 의지의 결심과 생의 헌신으로 활동하는 것입니다. 성도는 하나님의 뜻은 선하고 신실하다는 사실을 믿고 생을 헌신해야만 할 것입니다.

요셉을 보는 것이 단순한 야곱의 예상이었습니다. 그러나 하나님은 그의 예상과는 비교할 수 없는 것으로 예비해 놓으셨습니다. 야곱은 풍부한 애굽에서 요셉을 만났습니다. 성도가 하나님의 음성을 따르며 진실된 순종의 삶을 살 때에 하나님은 우리가 기대할 수 있는 것보다 더욱 큰 상급을 준비하고 계시는 것입니다. 성도는 마지막 날에 주님을 뵈올 때에는 그 무엇과도 비교할 수 없는 기쁨과 만족을 누리게 될 것입니다.

|**기도**(기도 제목)

|**주기도문**

년 월 일 요일

|**사도신경** |**찬송** 14, 69, 242장 |**말씀** 창 46:1~7

야곱 가족이 애굽으로 내려가다

46

2

3

4

5

6

7

본문에서 우리는 하나님의 불변하심과 신실하심을 찾아 보게 됩니다.

야곱은 가나안을 그와 그의 후손들에게 주시겠다는 하

창

나님의 약속에 따라 기근이 있어도 가나안에 사는 것이 하나님의 뜻인 줄로 생각했습니다. 그래서 그는 가나안을 떠나는 것이 하나님의 뜻인지의 여부를 알기 위해 브엘세바에 이르러 하나님께 희생제사를 드렸습니다. 하나님의 뜻을 묻는 것은 성도의 가장 기본적인 자세입니다.

하나님의 뜻에 따라 움직이려는 야곱은 결국 하나님의 음성을 듣는다. 그 하나님의 음성을 통해 우리는 하나님의 약속과 현실이 결코 상반되는 것이 아니라는 사실을 깨달을 수 있습니다. 다만 문제는 우리가 보고 이해할 수 있는 시야가 너무 좁다는 것 뿐입니다. 하나님께서 그 약속을 이루어 가시는 방법은 우리의 생각과 다릅니다.

하나님의 음성을 들은 야곱은 애굽으로 내려가기로 결심했습니다. 왜냐하면 지금은 애굽으로 가서 살게 되지만 장차 때가 되면(15:13-16)반드시 다시 가나안으로 돌아오게 된다는 하나님의 언약의 음성을 듣고 믿었기 때문입니다. 우리가 미래에 대한 불안 가운데 있을 때 할 수 있는 일은 무엇입니까?

하나님은 우리의 길을 미리 준비하시고 인도하십니다. 우리는 하나님의 뜻에 합당한 길을 바로 판별하면 됩니다.

기도(기도 제목)

주기도문

년 월 일 요일

사도신경 **찬송** 14, 69, 242장 **말씀** 창 46:8~27

8 ●

9

10

11

12

13

14

15

16

17

18

19

20

21

22

23

24

창

25

26

27

본문은 애굽으로 내려간 야곱의 가족 명단으로 여기에는 하나님의 언약 아래 이루어지는 깊은 뜻이있습니다.
그들은 야곱의 허리에서 나온 자들입니다. 전체 명단에서 야곱과 직접 관련이 없는 후손은 한 사람도 없습니다. 이 계보는 매우 중요한 것입니다. 무엇 때문에 이 중요한 시점에 이것을 장황하게 나열하고 있는 것입니까? 이 세상에서 그리스도보다 중요한 것은 아무것도 없습니다. 이는 장차 오실 그리스도의 계보를 밝힌 것입니다.
야곱의 몸에서 난 자가 70명이었다고 그 숫자가 기록되고 있습니다(27). 후사 문제로 질문하는 아브라함에게 그 자손이 별과 같이, 모래와 같이 많을 것이라고 약속하셨던 하나님께서 그 약속을 서서히 이루어 가고 계신 것을 볼 수 있습니다. 하나님의 약속은 때로 서서히, 그리고 여러 세대에 걸쳐 실현되기도 합니다.
사실 그 대부분의 이름은 우리와 아무런 관계도 없고 관심조차 없습니다. 그러나 하나님께서는 그들 한 사람, 한 사람을 귀하게 여기시며 기뻐하셨습니다. 그리하여 그들 모두를 기록하시면서 지대한 관심을 가졌습니다. 그것은 그들이 모두 하나님께서 기뻐하시는 하나님의 자녀들이었기 때문입니다. 하나님께서는 무궁한 사랑으로 우리를 사랑하시되 장구한 역사 속에서 하나님의 뜻을 이루어 가십니다.

|기도(기도 제목)

|주기도문

년 월 일 요일

|사도신경 |찬송 86, 542, 543장 |말씀 창 46:28~34

야곱 일행이 애굽에 이르다

28 ●

29

30

31

32

33

34

하나님은 야곱의 가족을 고센 땅에 정착시키는 과정에서 하나님의 놀라운 섭리를 보여주고 있습니다.
요셉 당시 애굽에서는 직업에 따라 신분이 결정 되었습니다. 특히 가축을 치는 사람은 애굽의 일곱 신분 계급 중 가장 낮은 신분이었습니다. 이 신분은 신전에도 출입할 수 없고 다른 신분의 사람과는 결혼도 못하며 상종조차 금지 당하는 계급이었습니다. 지역적으로도 거주의 제한을 받아 애굽의 중심 지역에서는 가축을 칠 수 없었습니다.

야곱의 가족은 목축에 적합한 고센 땅에 거하도록 허락을 받았습니다. 이 고센 땅은 애굽의 국경지대로 이스라엘이 출애굽 하기에 적당한 곳이었습니다. 야곱의 가족이 고센 땅에 정착하게 된 것은 하나님의 섭리 가운데 이루어진 일로 그들의 생업의 편리함과 출애굽을 예정하신 하나님의 뜻이었습니다.

하나님께서는 나중에 출애굽을 위한 열 가지 재앙을 내리실 때 마지막 열 번째 재앙에서 유월절을 설립하시고 어린 양을 잡아 그 피를 문설주에 바르게 함으로써 장자의 죽음을 면하도록 하였습니다. 그 때에 야곱의 집안에서 기르던 양이 그들의 생명을 구해 주었습니다. 이는 구속주이신 그리스도까지 연결됩니다. 하나님의 성도에 대한 사랑과 관심은 지대합니다. 하나님은 모든 것을 예비하셨습니다.

기도(기도 제목)

주기도문

년 월 일 요일

사도신경 **찬송** 358, 359장 **말씀** 창 47:1~12

47

2

3

4

5

6

7

8

9

10

11

12

애굽에 도착한 야곱과 그의 가족들은 요셉의 소개로 바로 앞에 나오게 되었습니다.

바로를 만난 요셉의 형제들은 바로의 물음에 자신들의 직업이 목자인 것을 밝혔다. 애굽인은 목자라는 직업을 멸시했지만 그들은 그러한 사실에 굴복하지 않고 오히려 선조부터 대대로 목자였다고 정직하게 대답한 것입니다. 성도는 어떤 경우라도 자신의 유익을 위해 거짓말을 해서는 안 됩니다.

창

야곱은 요셉의 인도를 받아 바로에게 나오자 바로를 위해 축복을 했습니다. 야곱과 바로의 신분은 큰 차이가 있었지만 하나님의 사람 야곱은 바로에게 축복함으로 야곱과 그의 가족 배후에 계신 하나님을 바로 앞에 나타낸 것입니다. 신앙인은 어떤 자리나 형편에 처할지라도 하나님의 영광을 드러내기에 힘써야 합니다.

야곱은 바로가 나이를 묻는 물음에 단순히 나이만을 드러내지 않고 그 대답 속에 하나님의 역사하심과 인도하심을 담아 바로에게 하나님의 능력을 증거했습니다. 그리스도인은 언제 어디서나 기회를 얻든지 못 얻든지 하나님을 전하는 일에 앞장서야 합니다. 야곱이 그 짧은 대화 속에서도 증거한 것처럼 우리도 증거해야 합니다. 신앙인은 어디에 가나 떳떳하고 당당해야 합니다. 또한 하나님을 전하는 일에 최선을 다해야 합니다.

기도(기도 제목)

주기도문

년 월 일 요일

사도신경 **찬송** 328, 355, 358장 **말씀** 창 47:13~26

기근이 더욱 심해지다

13 ●

14

15

16

17

18

19

20 ●

21

22

23

24

25

26

애굽 땅과 그 주변 가나안에 기근이 극심하게 계속 될 때 요셉은 지혜로운 경제정책으로 선정을 베풀었습니다.
백성들은 처음에 돈으로 곡식을 샀으며 돈이 다 떨어지자 가축으로 대가를 지불했고 돈도 가축도 없게 되었을 때 백성들은 몸과 토지를 바치고 곡식을 얻었습니다. 이러한 요셉의 정책은 잔인하고 모리배적인 사기행각처럼 보이나 사실은 토지를 모두 사들인 후에 그것을 재분배하여 백성들을 기근으로부터 구하려는 정책이었습니다.
요셉의 정책은 권력자로서 자기 이득을 보고자 하는 정책이 아니라, 백성을 위한 정책이었습니다. 요셉은 히브리인임에도 불구하고 애굽인을 아끼고 사랑하는 정책을 행했습니다. 그 결과 국가와 민족이 살게 되었습니다(25). 그러므로 정치가는 요셉과 같이 하나님을 경외하며 백성을 자기 생명처럼 사랑하는 자가 되어야 합니다.
백성들은 자기들의 지도자 요셉을 신뢰하고, 정부의 하는 일이 곧 백성을 위한 일임을 믿었습니다. 그러므로 사회는 극한 기근의 위기 속에서도 반란이나 혼란 없이 오히려 평화로웠습니다. 백성을 감동시킬 만한 지도자와 정책이 있을 때 백성들은 정부를 신뢰하고, 그 결과 평화와 행복이 넘치는 나라가 될 수 있는 것입니다.
하나님의 백성이 하는 일에는 하나님의 사랑이 담겨 있을 때 하나님께서도 은혜와 지혜를 주십니다.

기도(기도 제목)

주기도문

년 월 일 요일

사도신경 **찬송** 70, 391, 81장 **말씀** 창 47:27~31

야곱의 마지막 청

27 ●

28

29

30

31

야곱은 요셉을 불러 유언하며 임종을 준비하고 있습니다. 야곱은 임종을 어떻게 준비해야 하는 가를 보여줍니다.
"죽을 날이 가까우매"(29)라고 한 것은 야곱뿐만 아니라 모든 인간이 경험하게 될 말입니다. 한번 죽는 것은 사람에게 정한 것입니다(히 9:27). 살아서 죽음을 보지 않을 자가 누구입니까?(시 89:48). 그럼에도 사람들은 영원히 살 수 있을 것 같은 착각 속에서 죽음에 대한 준비 없이 현실에 파묻혀 살고 있습니다.
야곱은 자신이 죽으면 애굽 땅에 장사하지 말고 반드시 가나안 땅, 선조들이 묻힌 곳에 묻어 달라고 부탁했습니다. 죽음을 앞둔 야곱의 관심은 오직 '아브라함과 그의 자손들'에게 약속한 가나안뿐이었습니다. 결국 야곱은 애굽의 비신앙적 요소에 물들지 않고 하나님의 약속을 붙들고 소망 중에 가나안을 바라보며 살았던 것입니다.

만년이 아름답지 못한 사람을 보는 일이란 그리 어려운 일이 아닙니다. 그러나 야곱은 파란 만장한 인생 여정 후에 참으로 아름다운 만년의 모습을 보여 주고 있습니다. "침상 머리에서"(비교, 히 11:21)그는 자신의 모든 인생 과정을 통해 하나님만을 경배할 수 밖에 없었다는 결론에 도달한 것은 아닙니까? 성도들은 영원히 하나님의 나라를 소망하며 하나님의 뜻이 이 땅에 실현되도록 힘쓰는 삶을 살아야 합니다.

|**기도**(기도 제목)

|**주기도문**

년 월 일 요일

|**사도신경** |**찬송** 135, 377장 |**말씀** 창 48:1~7

야곱이 에브라임과 므낫세에게 축복하다

48

2

3

4

5

6

7

믿음의 사람 야곱이 가장 중요하게 해야 할 일은 하나님께서 세우신 언약을 이어가게 하는 일입니다.

본문 1절에 보면 "이 일 후에"라는 말을 사용하여 야곱이 죽음의 준비를 마쳤다는 것을 말하고 있습니다. 세상에서 가장 복된 사람은 언제 죽음이 임한다 해도 기쁨으로 죽음을 맞이할 수 있는 사람입니다. 그러기 위해서는 평소 죽음의 준비 즉 성실한 삶의 자취를 남겨 놓아야 합니다. 야곱은 말년에 마지막 생을 잘 준비해 온 것입니다.

야곱은 마지막 병상에서 아들 요셉에게 과거에 하나님께서 자신에게 나타나셔서 언약하신 내용을 전해주고 있습니다. 그에게 하신 하나님의 언약은 생육하고 번성케 하며 가나안 땅을 기업으로 주시겠다는 것이었습니다. 야곱은 애굽의 부귀영화가 아닌 하나님께 약속하신 땅, 가나안 땅이 영원한 기업임을 요셉에게 전해준 것입니다.

야곱이 요셉에게 약속을 상기시키고 전할 때 요셉은 애굽의 최고의 자리에 있었습니다. 그는 세상의 명예나 권력, 물질적으로 부족함이나 부러움이 없는 사람이었습니다. 그러나 그에게 더욱 귀하고 중요한 것은 하나님께서 약속으로 허락하신 약속의 땅 곧 하나님 나라였습니다. 야곱은 약속의 땅과 하나님의 약속에 대한 확실한 소망을 자손에게 물려 주고 있습니다.

|**기도**(기도 제목)

|**주기도문**

년 월 일 요일

|사도신경 |찬송 300, 374, 406장 |말씀 창 48:8~22

8 ●

9

10

11

12

13

14

15

16

17

18

19

20

21

22

요셉은 장자 므낫세가 야곱의 오른손으로 축복 받기를 원했으나 그렇게 되지 않았습니다. 여기에 교훈이 있습니다.

요셉의 생각에는 순리적으로 헤아려 볼 때 야곱이 오른손으로 므낫세를, 왼손으로 에브라임을 축복해야 옳은 것 같았습니다. 그러나 야곱은 반대로 하려했습니다. 그래서 요셉은 아버지에게 반대로 하여 주기를 요청하였습니다. 그러나 야곱은 듣지 않았습니다. 우리는 우리의 생각보다는 하나님의 뜻을 다시 한번 헤아려 보는 것이 필요합니다.

야곱은 말년의 이삭처럼 눈이 어두워져 사물을 잘 분별하지 못했습니다. 그러나 육신의 두 눈이 어두운 것에 비교해서 영안은 밝았습니다. 그렇기 때문에 손을 바꾸려 하는 요셉의 요청을 거절하고 자신의 판단에 따라 에브라임과 므낫세를 축복한 것입니다. 우리는 하나님의 감동으로 이루어진 판단에 대해 민감해야 합니다.

하나님께서는 때로 사람의 생각을 뛰어 넘어 하나님의 뜻을 이루어 가십니다. 에서 대신에 야곱을 선택하셔서 신앙의 계보를 이어가게 하신 것과 므낫세를 두고 에브라임을 더 복 주신 것처럼, 우리는 겸손하게 하나님의 뜻을 잘 분별하여 하나님의 뜻을 거스리는 우를 범하지 않아야 할 것입니다. 우리는 사람의 요청과 상식적인 판단을 뛰어 넘어 바르게 행한 야곱을 본받아야 할 것입니다.

기도(기도 제목)

주기도문

년 월 일 요일

사도신경 **찬송** 363, 539, 366장 **말씀** 창 49:1~8

야곱의 유언과 죽음

49

2

3

4

5

6

7

8

야곱은 그들이 자기 아들임에도 불구하고 단호하고 냉정하게 그들의 앞길을 예언했습니다.

르우벤은 야곱의 장자로서 위엄과 권능을 가진 큰 인물이었습니다. 그러나 그는 일생에 가장 큰 잘못을 저질렀습니다. 그것은 그의 서모인 빌하와 통간한 것으로 결코 용납할 수 없는 범죄행위였습니다. 이는 그의 아버지를 모욕한 것입니다. 이로 인해 그는 장자가 받아야 할 유업을 모두 잃어버렸습니다.

시므온과 레위는 디나의 오라비로, 누이 디나가 강간당한 일로 인해 하나님이 세우신 거룩하신 예식인 할례를 원수 갚는 방편으로 삼아 세겜 족속을 전멸시키는 잔인한 죄를 범했습니다. 이는 생명을 귀히 여기시는 하나님을 거역한 악한 행위입니다. 이로 인해 이들은 나누이고 나중에 유다에 붙어 사는 처지에 놓이게 되었습니다.

하나님께서는 우리가 행한 대로 보응하십니다. 악한 일을 하는 자는 악하게, 선을 행한 자는 선하게 보응하시되 하나님의 사랑하는 자녀에게 은혜를 주셔서 새로워 질 수 있는 길을 열어 주십니다. 그렇기 때문에 죄값으로 죽었던 우리가 그리스도 안에서 새 생명을 얻었고 더 나아가 왕 같은 제사장의 자리에 이르게 되었습니다. 현재의 생활이 우리의 장래에 어떠한 영향을 미칠 것인가를 깨닫고 성도로서 정결한 삶을 살아야겠습니다.

기도(기도 제목)

주기도문

년 월 일 요일

사도신경 **찬송** 300, 415장 **말씀** 창 49:9~21

9

10

11

12

13

14

15

16

17

18

19

20

21

야곱은 사랑했던 아들 베냐민에게 유다가 행한 일들을 기억하며 유다를 뜨겁게 축복했던 것 같습니다.

유다는 형제들에 의해서 찬양과 경배를 받을 것이라고 했습니다. 형제에게 찬양과 경배를 받는다는 것은 존귀하게 된다는 뜻이요, 유다를 '사자'로 비유한 것은 산림의 왕인 사자처럼 유다 지파가 왕족이 될 것을 예언한 것입니다. 결국 이스라엘 대대로 유다 족속에서 왕이 나오게 되었습니다.

유다의 지도자적 위치를 예언하고 있는데(민 2:9, 10:14), '실로'에 대한 해석 중 '실로'를 '메시야'로 보는 견해가 가장 일반적입니다. 특히 '실로'란 안식과 평강이란 의미를 갖고 있는데 이것은 메시야를 통해 하나님 나라의 평강과 구원의 안식을 얻게 될 것을 가리키는 것입니다(사 2:2-4, 9:6, 미 4:1-4, 슥 9:10).

유대인에게 있어서 포도주와 포도즙은 잔치에서 음료로 사용되었습니다. 그러므로 옷과 복장을 빨 만큼 포도주와 포도즙이 풍성할 것이라는 예언은 장차 신약시대에 그리스도의 오심을 잔치로 비유하여, 그때에 은혜가 풍성하게 나타날 것을 의미하는 것입니다.

창

유다는 장자는 아니지만 장자가 누릴 축복을 받았으며 후에 이 축복은 그대로 다 이루어졌습니다.

기도(기도 제목)

주기도문

년 월 일 요일

사도신경 **찬송** 408, 412, 419장 **말씀** 창 49:22~26

22

23

24

25

26

여기에서 우리는 의인이 받게 되는 보상이 얼마만한 것인가를 깨닫게 됩니다.
'무성한 가지'란 자손의 번창을 말하는데, 그 가지가 담을 넘었다는 것은 요셉을 통한 두 지파 에브라임과 므낫세를 통해 그 자손이 퍼져나갈 것이라는 축복입니다. 에브라임과 므낫세 지파를 통해서 후에 여호수아, 드보라, 사무엘, 기드온, 입다 등 이스라엘 많은 지도자가 배출되었습니다.
요셉은 강한 자에게 고난도 받으나 하나님의 보호와 인도하심을 받게 되며 전능하신 하나님의 손을 힘입어 더욱 강대하게 되리라는 축복을 받았습니다. 우리에게는 환난이 없는 것보다는 닥치는 환난을 이기는 것이 더 필요합니다. 그런 의미에서 하나님이 친히 붙잡아 주시고 동행해 주시는 것보다 더 큰 축복이 어디 있겠습니까?
야곱은 복의 근원이 되신 하나님께서 하늘과 땅의 복과, 자손과 생산의 복을 주실 것을 빌었습니다. 더 이상 빌복이 없어서 축복하지 못할 만큼 복을 빌어 주었습니다. 요셉은 오랜 고난의 세월 속에서도 의를 잃지 않고 신앙의 바른 모습을 지켰습니다. 이러므로 그의 행위가 하나님 앞에 기억되어 그에 상응하는 복을 받은 것입니다. 요셉이 일생을 정결한 의인으로 살아서 받은 축복처럼 우리 성도의 삶도 마찬가지여야 하겠습니다.

기도(기도 제목)

주기도문

년 월 일 요일

사도신경 **찬송** 393, 447, 413장 **말씀** 창 49:27~33

27

28

29

30

31

32

33

야곱은 자신의 생애를 스스로 나그네 길이라고 표현했습니다. 야곱의 죽음이 주는 교훈을 살펴봅시다.

야곱은 욕심이 많은 사람이었습니다. 어려서부터 형의 장자권을 팥죽으로 빼앗았고 아버지를 속여 장자의 축복을 받기도 했으며 삼촌의 집에서 교묘한 방법으로 자신의 재산을 늘리기도 했습니다. 그렇게 해서 많은 것을 소유했던 야곱이 죽음을 눈앞에 두고 자녀에게 남겨주는 것은 물질이 아닌 신앙이었습니다.

아브라함과 이삭과 자기에게 거듭해서 약속하신 하나님의 언약은 가나안 땅이었습니다. 그는 비록 지금은 가나안을 떠나 애굽에서 눈을 감지만 하나님께서 반드시 그의 자손들에게 그 땅을 주실 것이라는 소망을 가지고 있었습니다. 그렇기 때문에 그는 자신의 시신을 가나안 마므레 앞 막벨라 굴에 장사해 줄 것을 부탁했습니다.

야곱이 가나안 땅 막벨라 굴에 장사지내 줄 것을 부탁한 것은 이 땅의 모든 생애가 끝날 때 영적 가나안 땅인 천국에서 부활 할 것을 믿는 믿음이 있었기 때문입니다. 그는 그리스도를 통한 부활에 대한 소망과 믿음을 가지고 있었음에 틀림없습니다. 믿음이 있는 사람만이 죽음 앞에서 담대함과 평안함을 누릴 수 있습니다. 하늘의 세계에 대한 소망도 가지고 사는 성도는 이 땅의 것만 아니고 저 세상의 것도 위하여 힘써야 합니다.

기도(기도 제목)

주기도문

년 월 일 요일

사도신경 **찬송** 83, 183, 280장 **말씀** 창 50:1~14

50

2

3

4 ●

5

6

7

8

9

10

11

12

13

14

본문은 야곱의 장례를 치르는 엄숙한 장면을 기록하고 있습니다.

애굽에도 좋은 매장지들이 많이 있었을 것이나 요셉은 아버지의 유언을 순종하기 위해서 그의 마음을 다 쏟았습니다. 그는 바로에게 아버지의 유언을 설명하면서 허락해 주기를 간곡히 부탁했습니다. 그것은 아버지의 명령에 대한 순종의 표시이며, 가나안이 영원한 기업이 되리라고 하신 하나님의 언약에 대한 신뢰의 증거였습니다.

장례 행렬은 야곱의 자손들과 애굽의 모든 신하, 원로들과 병거와 기병까지 합쳐 장엄하게 펼쳐졌습니다. 야곱의 죽음은 요셉의 슬픔인 동시에 요셉을 사랑하는 모든 사람들의 슬픔이었습니다. 요셉은 바로의 허락을 얻어 장례를 성대하게 치렀습니다. 이는 주의 백성이 영광을 얻고 영원한 약속의 땅에 들어가는 모습을 암시해 줍니다.

야곱은 자신의 유언대로(47:29, 30)가나안 땅 마므레 앞 막벨라 밭에 있는 굴에 장사되었습니다. 그것은 가나안에 대한 하나님의 약속을 그가 굳게 신뢰했기 때문입니다. 그는 아브라함과 이삭 그리고 자신에게 하셨던 하나님의 언약에 대한 확신이 있었습니다. 죽으면서도 언약의 성취를 바라보았던 야곱의 믿음은 감명적인 것입니다. 성도는 일생을 야곱과 같은 아름다운 장례를 준비하며 살아야 하겠습니다.

기도(기도 제목)

주기도문

년 월 일 요일

사도신경 **찬송** 542, 430, 488장 **말씀** 창 50:15~21

요셉이 형들을 위로하다

15 ●

16

17

18

19

20

21

야곱이 죽고 장례를 마친 후 요셉을 두려워하는 형제들에게 요셉은 용서하고 화해를 재확인하였습니다.

그들이 요셉을 두려워한 것은 지난날 그들이 요셉을 시기하여 죽이려고 했던 일 때문에 혹시 아버지가 죽은 후 요셉이 마음이 변하여 자기들을 악으로 대하지는 않을까 하는 염려 때문이었습니다. 범죄자들은 불안과 공포에 떠는 것이 그 특징입니다. 그러나 회개하는 자는 모든 죄의 두려움과 사망의 공포에서 벗어날 수 있습니다.

형들은 다른 사람을 시켜 야곱의 증언을 요셉에게 전했습니다. 또한 친히 와서 엎드려 용서를 애원할 때, 요셉은 오히려 그들을 위로하면서 하나님을 대신하여 당신들을 심판하지 않겠다고 하면서 용서해 주었습니다. 뿐만 아니라 형들과 형들의 모든 자녀들까지도 자신이 책임지고 잘 기르겠다고 했습니다.

남의 허물을 용서해 줄 뿐만 아니라 그 위에 더 큰 은혜와 위로를 베푸는 요셉의 마음은 십자가에서 희생 제물이 되신 주님의 성품과 일치합니다. 십자가에 주님을 못박게 만든 우리의 그 많은 죄를, 우리가 진실된 회개를 하기만 하면 이유를 묻지 않으시고 용서하실 뿐만 아니라 그 위에 구원의 축복과 은혜까지 더하십니다.

선악을 판단하시는 분은 하나님이십니다. 우리는 빚진 자로 모든 사람의 허물을 용서할 줄 알아야 합니다.

기도(기도 제목)

주기도문

년 월 일 요일

사도신경 | **찬송** 426, 275, 597장 | **말씀** 창 50:22~26

요셉이 죽다

22 ●

23

24

25

26

요셉은 훌륭한 믿음의 사람임을 그의 죽음의 순간 보여준 행동으로 인해 빛을 더하고 있습니다.

요셉은 최고의 지위에 올랐던 사람이었으나, 교만하거나 특권 의식을 갖지 않았습니다. 자신의 책무에 대해 충실한 삶을 보냈습니다. 그가 그 형제들과 함께 거하며 그들과 평안을 유지한 것은 그의 겸손한 신앙 인격을 나타내주는 것입니다. 요셉은 자신을 낮추는 것으로 형제들과 화평을 이룬 것입니다.

"나는 죽을 것이나"한 것은 피할 수 없는 인간의 죽음의 문제를 언급한 것입니다. 그러나 요셉은 죽음에 직면해 있으면서도 죽음을 원망하거나 체념하거나 피하려하지 않고 의연하게 죽음을 맞이하고 있습니다. 그것은 그가 "아브라함과 이삭과 야곱에게 맹세하신 땅에 이르게 하시리라"는 내세의 소망을 가지고 있었기 때문이었습니다.

요셉이 그 당시 애굽의 영웅이었기 때문에 그 가족들이 그의 시신을 애굽 밖으로 가지고 나가는 것이 허락되지 않았습니다. 그러나 요셉은 그 자손들에게 "너희가 가나안으로 돌아갈 때 여기에서 내 뼈들을 가지고 가라"고 유언했습니다. 요셉 역시 그들의 조상이 가졌던 가나안에 대한 소망과 신앙을 소유하고 있었던 것입니다.

요셉과 같은 우리는 하나님 나라에 대한 이런 철저한 믿음과 소망이 있습니까?

기도(기도 제목)

주기도문

출애굽기

년 월 일 요일

|사도신경 |찬송 378, 567, 570장 |말씀 출 1:1~14

이스라엘 자손이 학대를 받다

1

2

3

4

5

6

7

8 ●

9

10

11

12

13

14

출애굽기가 시작되는 첫 구절은 창세기 마지막 부분의 장들에 기록된 사건들을 회상케 하는데, 거기에 야곱과 그의 가족이 바로의 땅에 정착하는 것이 기록되어 있습니다.

그들은 물설고 낯설은 땅에 거주하게 되었지만 하나님께서 그들에게 복을 내려 주시사 자손이 번성하는 복을 받았습니다. 그들은 B.C. 1876년 경에 야곱과 함께 이주해 와 불과 430년만에 거대한 민족을 이룩하였습니다. 그래서 애굽인들은 이들을 경계하게 되었고 나중에는 이들을 완전히 노예화시켜 버렸습니다. 이들은 이스라엘 민족에 대해서 "우리보다 많고 강하도다"(9)라고 생각하였기 때문입니다.

본문 12절에 보면 "그러나 학대를 받을수록 더욱 번식하여 퍼져나가니 애굽 사람이 이스라엘 자손으로 말미암아 근심하여"라고 하였습니다. 이것은 고통과 괴로움을 받는 이스라엘에게 하나님께서 놀랍게 복을 주셨음을 의미합니다. 하나님은 적은 족속들에게 복을 주셔서 단시일에 큰 무리를 이루게 하셨습니다. 이것은 하나님께서 그 사랑하는 자들을 잊지 않으신다는 증거입니다. 그 하나님은 오늘도 고통 가운데 있는 자들에게 특별히 함께해 주십니다. 이에 감사하는 삶을 삽시다.

그들은 그러한 고통의 와중에서 하나님의 약속을 믿고 기도하게 되었습니다.

|기도(기도 제목)

|주기도문

년 월 일 요일

|사도신경 |찬송 384, 401장 |말씀 출 1:15~22

15 ●

16

17

18

19

20

21

22

갈수록 애굽의 대 이스라엘 정책은 학대의 강도를 높여 나갔습니다.
여기의 산파들은 이스라엘 자손이 아기를 낳을 때 도와준 자들을 가리킵니다. 이들은 애굽의 대 이스라엘 남아 살해 정책에도 불구하고 아들들을 죽이지 않았습니다. 이것은 그들이 평소에 하나님을 경외하였기 때문에 죽음을 각오하고 애굽의 정책에 따르지 않았던 것입니다. 그래서 하나님은 그들에게 은혜를 베푸셨다고 20절에서 언급되어 있습니다. 산파들에게 은혜를 베푸심으로 그들은 더욱 번성하여 갔고 강대한 민족으로 자라났습니다.
하나님의 백성은 세상 어떤 사람들보다도 특이한 점이 있습니다. 즉 이들은 고통을 받고 침략을 받아도 하나님이 이들과 함께해 주시기 때문에 더욱 번성하는 축복을 받습니다. 그래서 이들은 절망 가운데서도 좌절하지 않습니다. 실패 가운데서도 포기하지 않습니다. 그들은 이러한 때 그들의 하나님께 기도함으로써 은혜를 입는다. 하나님은 흑암의 밤 그 캄캄한 가운데서도 새벽의 태양빛을 예비해 놓고 계십니다. 그들은 고통 가운데 처해 있지만 하나님은 그들을 구원하시기 위해 먼저 큰 민족으로 자라나게 하셨습니다.
바로의 악랄한 이스라엘 노예화 정책에도 불구하고 하나님의 구원의 계획은 순조롭게 진행되어 갔습니다.

|기도(기도 제목)

|주기도문

년 월 일 요일

|사도신경 |찬송 214, 313, 549장 |말씀 출 2:1~10

모세가 태어나다

2

2

3

4

5

6

7

8

9

10

본문에는 하나님의 계획의 핵심 인물인 모세의 탄생과 성장에 관한 기록이 나와 있습니다.

모세가 태어났을 때는 바로가 이스라엘 종족을 말살시키기 위하여 이스라엘 남자 아이의 살해정책을 무섭게 시행하고 있을 무렵이었습니다. 출애굽 당시(B.C. 1446)모세의 나이가 80세(7:7)이었으므로 그의 출생 연도는 B.C. 1526년입니다. 이 때의 바로는 18왕조의 첫 왕 아모스의 손자인 투트모스 1세였습니다.

모세는 태어나자마자 이스라엘 남자였다는 이유로 죽임을 당할 수밖에 없었습니다. 그러나 그의 부모는 애굽의 정책에 그대로 따르지 않았습니다. 왜냐하면 그들은 하나님을 경외하였으며 하나님의 뜻에 맡기기 위함이었습니다. 그래서 그들은 모세를 갈대상자에 넣어 나일강에 띄워보냈습니다.

모세의 성장에 대한 한 가지 아이로니칼한 사실은 그가 이스라엘 민족에 대한 노예화 정책이 시행되고 남아살해 정책이 살벌하게 진행되던 그리고 그 중심부인 바로의 궁중에서 바로의 딸에 의해 자라났다는 것입니다. 이와 같이 하나님의 섭리는 인간이 이해할 수 없는 신비한 것입니다.

하나님께서는 이스라엘을 해방시키기 위하여 모세를 통해 해방시킬 준비를 하셨습니다.

기도(기도 제목)

주기도문

년 월 일 요일

사도신경 | **찬송** 215, 217, 461장 | **말씀** 출 2:11~22

모세가 미디안으로 피하다

11 ●

12

13

14

15

출

16 ●

17

18

19

20

21

22

모세는 자라나면서 어머니에게 강한 민족의식을 주입받았으며 이스라엘 민족을 구원하려는 야망을 품었습니다.

모세는 애굽의 학술을 다 배우고 자신의 힘으로 무엇이든지 할 수 있다고 생각했을 때 그는 이스라엘 민족을 구원시킬 생각을 품게 되었습니다. 그러나 그의 결정적인 실수는 하나님을 먼저 구하지 않았다는 것입니다. 그는 12절에서 표현된 것처럼 '좌우로 살펴 사람이 없음을 보고 그 애굽 사람을 쳐 죽여 모래 속에 감추니라"고 했습니다.

모세가 혈기 왕성하여 자신의 힘으로 무엇인가를 해보려 했지만 결국 숨을 곳을 찾는 일이었고 그것은 금방 탄로가 나게 되었으며 그는 자신의 목숨만을 부지하기 위하여 도망가지 않을 수 없었습니다. 그의 애굽인 살인사건은 단순히 개인적인 것이 아니라 민족대 민족에 대한 것이었기 때문입니다.

모세의 쓰라린 실패는 오늘날 우리들에게 크나큰 교훈을 남겨 줍니다. 모세는 일을 시도하면서 위가 아니라 '좌우를' 살펴보는 데서 그쳤다는 것입니다. 우리는 무슨 일을 경영함에 있어서 먼저 하나님을 바라볼 줄 알아야 합니다. 하나님은 지금도 불꽃같은 눈으로 우리를 지켜보고 계신다는 사실을 우리는 깊이 명심해야 합니다.

이스라엘을 구원하겠다는 모세의 열망은 뜻을 이루지 못하고 실패로 끝났음을 명심해야 합니다.

|**기도**(기도 제목)

|**주기도문**

년 월 일 요일

|**사도신경** |**찬송** 283, 285장 |**말씀** 출 2:23~25

23 ●

24

25

본문은 하나님의 현현과 모세의 소명사건을 언급하고 있습니다.

모세가 애굽을 탈출해 나온 지 40년쯤 되었을 때 이스라엘 백성들의 고통은 극에 달해 있었습니다. 그들이 당하는 고통은 모세 이전에도 상당한 것이었지만 모세가 애굽인을 죽인 사건 이후 민족적인 감정을 받은 애굽인들이 더욱 그들을 못 살게 대했을 것입니다. 그들은 극한적인 고통으로 날마다 하나님께 부르짖게 되었습니다.

23절에서 "고된 노동으로 말미암아 부르짖는 소리가 하나님께 상달된지라"라고 기록하고 있습니다.

이것은 역사를 주관하시는 하나님께서 이방 나라에서 고통을 받던 그의 백성들을 기억하시고 응답하셨다는 의미입니다. 그래서 시편 기자는 "환난 날에 나를 부르라 내가 너를 건지리니 네가 나를 영화롭게 하리로다."(시 50:15)라고 기록하고 있습니다.

하나님께서 이스라엘 민족을 애굽에서 구원시켜 가나안으로 인도하시겠다고 언약한 것은, 650년 전에 아브라함에게 최초로 계시되었고(창 15:13-16)그 후손 이삭과 야곱에게 다시 확인되었습니다. 24절에서 하나님은 "그의 언약을 기억하사"라고 기록되었습니다. 하나님은 구원의 언약을 주셨고 이것을 이행하시는 분이십니다.

전능하신 하나님은 언약을 지키시며 탄식의 기도에 응답하시는 분임을 알아야 하겠습니다.

기도(기도 제목)

주기도문

년 월 일 요일

사도신경 **찬송** 211, 323, 324장 **말씀** 출 3:1~12

여호와께서 모세를 부르시다

3

2

3

4

5

6

7

8

9

10

11

12

모세는 불붙은 가시덤불 속에서 여호와의 사자를 만나뵙게 되었으며 '거룩한 땅'에 서게 되었습니다.

과거에 모세는 애굽에서 부귀와 사치와 방탕의 삶을 살았습니다. 거기에서 윤리적으로 도덕적으로 방탕하고 패역한 삶을 살았었습니다. 그것은 바로 실패의 삶이었고 하나님을 떠난 삶이었습니다. 그러나 지금 그가 선 땅은 거룩한 땅이었습니다. 그는 그곳에서 하나님의 임재를 체험했으며 하나님의 사명을 받았습니다.

하나님께서 모세를 거룩한 땅으로 인도하신 후 비로소 그에게 이스라엘 백성들을 애굽에서 인도하여 내어 가나안으로 인도하는 사명을 주셨습니다. 나약한 인간의 힘으로는 상상도 할 수 없는 일이었지만 모세는 하나님의 임재를 깊이 깨닫고 또 능하신 하나님께서 자신과 함께 하신다고 확신을 갖고 그 땅에서 내려왔습니다.

오늘날 우리가 거하는 땅은 어떠한가? 죄악으로 물들여진 땅, 음란하고 패역한 땅이 아닙니까? 우리는 이곳에서 떠나 하나님과 교제하는 그 '거룩한 땅'에 설 줄 알아야 합니다. 거기에서 새로운 사명을 받아 수행하는 자들이 되어야 합니다. 이것을 위하여 하나님께서 우리를 부르시고 훈련시키시는 것입니다.

우리들도 모세와 같이 하나님을 만나기 위해 맡은 사명을 잘 감당해야 합니다.

기도(기도 제목)

주기도문

년 월 일 요일

사도신경 | **찬송** 14, 79장 | **말씀** 출 3:13~14

13 ●

14

하나님께서는 그에게 '스스로 있는 자'가 보내셨다 라고 말하면 된다고 하셨습니다. 그러면 이 스스로 계신 자는 무엇을 의미합니까?

하나님은 모세에게 "나는 스스로 있는 자니라"(14)고 말씀하셨습니다. 이는 영어로, "I am who I am"인데 곧 영원히 자존하시는 하나님이심을 의미합니다. 그는 피조된 존재가 아니라 능동적으로 영원 전부터 영원까지 스스로 계시는 분으로서(계 1:4, 8), 우주 안의 모든 인과 법칙을 초월한 그리고 모든 존재의 근거가 되시는 분이심을 의미합니다. 그는 어제나 오늘이나 영원토록 동일하신 분이시며 약속에 변함이 없으신 분이십니다.

하나님은 모세에게 이르시기를 이스라엘 백성들에게 가서 '스스로 있는 자'가 보내셨다 하라고 하셨습니다. 여기에는 하나님께서 위대하신 존재자이심을 의미하고 있습니다. 그는 고통받는 이스라엘 민족을 능히 애굽의 압제에서 구원하실 수 있는 분이십니다. 인간의 이성의 판단으로는 도저히 불가능한 일이지만 그에게 있어서는 능치 못함이 없으십니다. 그는 시작도 없고 끝도 없는 영원부터 영원까지 스스로 존재하는 분이시기에 그에게서 나오는 능력 역시 무한한 것입니다. 우리 인간은 그로 말미암아 피조되었기에 오직 그분만을 경배하고 섬겨야 합니다. 스스로 있는 자는 자존자요 불변자요 영원하시며 전지전능하신 분이십니다.

기도(기도 제목)

주기도문

년 월 일 요일

사도신경 | **찬송** 325, 447, 407장 | **말씀** 출 3:15~22

15 ●

16

17

18

19

20

21

22

이 부분에서 하나님께서는 모세에게 그 약속에 대한 구체적인 설명을 부언해 주셨습니다.

하나님은 모세에게 능력의 손으로 함께하시고 붙잡아 주심으로 말미암아 상식적으로는 상상도 할 수 없는 어마어마한 일을 감당하게 하셨습니다. 그는 "강한 손으로"(19)애굽을 치리라고 약속하셨습니다. 당시 애굽은 대제국을 형성하고 있었으므로 이들을 능가하는 힘을 갖기란, 더구나 노예생활을 하고 있던 이스라엘에게는 도저히 불가능한 일이었습니다. 그들이 힘드는 일에 노예로 부려먹던 이스라엘 장정 60만을 순순히 내어놓을 리 만무합니다. 그러므로 하나님의 강한 능력의 손이 함께 하지 않는다면 성사되지 않을 것입니다.

하나님은 이스라엘이 빈 손으로 도망쳐 나올 것이 아니라, 정복자들처럼 은금 패물로 장식한 채로 나올 것이라고 약속하셨습니다(21, 22). 이 은금 패물은 애굽인들이 이스라엘 백성들에게서 착취한 것들이었습니다. 그들은 당당하게 그 진귀한 것들을 가지고 나감으로써 장차 광야 생활을 할 때 쓸 수 있게 하셨습니다. 그들은 그것으로 성막을 만들며 하나님을 섬길 수 있도록 하셨습니다. 이것은 하나님의 은혜로운 섭리에 의해서만 가능합니다. 이와 같이 하나님은 모세에게 확신을 주셨고 약속을 주셨습니다.

하나님께서는 이스라엘 백성들이 고통당한 것을 보시고 모세를 통하여 해방시킬 것을 약속하셨습니다.

기도(기도 제목)

주기도문

년 월 일 요일

사도신경 | **찬송** 390, 391, 491장 | **말씀** 출 4:1~9

여호와께서 모세에게 능력을 주시다

4

2

출

3

4

5

6

7

8

9

하나님께서 모세에게 확신을 심어주기 위하여 세가지 표적을 보여 주셨습니다.

이 지팡이는 목자들이나 노인들이 잡고 다니는 구부러진 막대기를 가리킵니다. 하나님께서는 이것을 뱀으로 만드셨고 다시 이 뱀을 지팡이로 만드는 이적을 행하셨습니다. 이 지팡이는 앞으로 모세가 이스라엘을 인도하는 데 있어서 요긴하게 사용될 것이었습니다. 결국 뱀처럼 사악한 애굽도 하나님의 장중에 있음을 이 이적은 보여줍니다.

나병이 든 손의 표적은 이것 역시 모세에게 하나님의 능력에 대한 확신을 심어주기 위한 것이었습니다. 그것은 모세의 손이 즉각적으로 나병에 걸렸다가 어떠한 물리적인 치료도 없이 하나님의 능력에 의해 간단히 고침받은 이적이었습니다. 초자연적인 하나님의 역사임을 알 수 있는 이적이었습니다.

모세가 애굽에서 이적을 행하여도 믿지 않을 경우, 나일강 강물을 떠다가 육지에 부으면 그것이 피가 되게 하리라는 것입니다. 나일강은 애굽인들에게 생명의 원천이 된다고 여겨지는 것이었습니다. 그러나 하나님은 당신의 백성들을 그들이 해방시키지 않을 경우 이 생명의 원천마저 피로 변하게 함으로 멸망시키겠다는 것입니다.

하나님께서 자신의 뜻을 이루시기 위하여 필요시에 초자연적인 표적을 보이심을 우리는 알아야 합니다.

기도(기도 제목)

주기도문

년 월 일 요일

사도신경 | **찬송** 534, 280, 380장 | **말씀** 출 4:10~17

10 ●

11

12

13

14

15

16

17

모세는 계속해서 자신의 인간적인 약점을 들어 하나님의 소명에 불응을 표시하였습니다.

이는 문자적으로 '입과 혀가 무거운 자'라는 뜻입니다. 모세는 비록 능변은 아니었을지라도 말을 그렇게 못하는 자가 아니었습니다. 그러나 그는 이스라엘 민족을 구원하려면 적어도 바로 앞에서나 이스라엘 민족 앞에서 사자후같은 웅변술이 필요한 것으로 착각을 했습니다.

하나님의 사역자는 이와 같이 말과 혀로써만 그 일을 감당하는 것이 아닙니다. 그는 하나님의 말씀과 하나님의 영으로써 그 일을 능히 감당할 수가 있는 것입니다.

모세는 자기의 결점과 약점을 들어 계속적으로 하나님의 부르심에 거역하면서 다른 유능한 자를 파송해 달라고 하였습니다. 모세는 아직도 여호와의 사자로서 일하기를 원치 않았으며 다른 사람을 택하여 달라고 하나님께 간구하였습니다. 하나님은 모세의 이와 같은 불필요한 변명에도 불구하고 그를 버리지 않으시고 끝까지 인내하시고 그를 설복시키어 당신의 사역자로 삼으셨습니다. 이러한 사실을 통해 우리는 허물많은 인간을 사랑하시되 끝까지 사랑하시는 무한한 자비를 깨달을 수 있습니다. 우리는 끝까지 참으시고 용서하시는 하나님의 자비로 인해 구원함을 받았고 사명을 부여받았습니다.

하나님의 뜻을 이루는 일 앞에서는 사사로운 인간의 변명이 통하지 않는다는 것을 알아야 합니다.

기도(기도 제목)

주기도문

년 월 일 요일

사도신경 | **찬송** 330, 595, 450장 | **말씀** 출 4:18~26

모세가 애굽으로 돌아가다

18 ●

19

20

21

22

23

24

출

25

26

이 사건을 통해 하나님의 일을 맡은 사명자가 우선적으로 가져야 할 태도가 무엇인지 알아봅시다.

모세에게는 두 아들이 있었는데 차자는 그 때까지 할례를 받지 않았었습니다. 하나님께서는 이스라엘 백성 중에 할례를 행치 않는 자는 언약을 배반하는 자라고 하셨습니다(창 17:14). 그러므로 막중한 사명을 감당해야 할 모세가 자기의 자녀에게조차도 할례를 행하지 못했던 사실은 하나님의 언약에 대한 큰 불순종을 드러내는 것이었습니다. 우리는 봉사보다 중요한 것은 말씀에 대한 순종임을 깨달아야 합니다.

모세의 아내 십보라는 이방인 미디안 여인이었습니다. 그러므로 이스라엘 백성이 시행하는 할례를 꺼림직하게 여기고 있었을 것이며, 자식의 고통을 보지 않기 위해 할례를 시행치 않았을 것입니다. 그러나 남편인 모세가 죽임을 당할 상황에 처하게 되자 남편의 생명과 자식의 고통, 둘 중의 하나를 선택해야 했습니다. 결국 그녀는 재난의 원인이 할례를 행하지 않았음에 있음을 깨닫고 할례를 행하게 되었습니다. 사실 모세는 그 때까지 아내의 전폭적인 협력을 입지 못하고 있었음에 틀림없습니다. 그러나 이 사건을 통해 그의 가족은 전적으로 헌신하는 것을 배우게 됩니다.

사명자는 자기 혼자만의 헌신만으로는 부족합니다. 온 가족이 협력하여 헌신해야 하는 것입니다.

|**기도**(기도 제목)

|**주기도문**

년 월 일 요일

|**사도신경** |**찬송** 502, 505, 510장 |**말씀** 출 4:27~31

27 ●

28

29

30

31

하나님은 성도가 그의 일을 수행할 때 좋은 전조(**前兆**)를 보이시면서 믿음을 더해 주십니다.

호렙산에서 하나님의 부르심을 받았을 때 모세는 그 일의 중대함과 자신의 연약함을 깨닫고 애굽에 가기를 주저했습니다. 그러나 이제는 길에서 큰 어려움을 당했지만(출 4:24)하나님의 뜻에 순종하여 광야로 갔습니다. 또한 하나님은 모세에게 증거를 주시려고 아론으로 하여금 모세를 영접하게 하셨습니다.

아론은 광야에 가서 모세를 맞으라는 하나님의 명령에 순종한 결과, 이스라엘에게 향하신 하나님의 섭리를 제일 먼저 알 수 있었습니다. 그는 모세와 함께 하나님의 도구로 쓰여졌으며 하나님이 그를 통하여 이적을 베푸시는 영광을 누리게 되었습니다. 아론은 순종으로써, 하나님의 기쁜 메시지를 전했습니다.

모세와 아론은 이스라엘의 장로와 온 백성을 모아놓고 하나님의 뜻을 전했습니다. 백성들은 아브라함에게 하신 하나님의 약속이 이루어지게 된 것을 크게 기뻐하였고 또 온 백성으로 하여금 머리 숙여 하나님께 경배하게 하였습니다. 모세 한 사람이 하나님의 뜻에 경배한 열매로 온 백성이 하나님께 경배하게 되었습니다.

이 시대의 운명을 책임질 성도가 하나님께 바로 경배할 이유가 바로 이것입니다.

|**기도**(기도 제목)

|주기도문

년 월 일 요일

|사도신경 |찬송 341, 336, 585장 |말씀 출 5:1~14

모세와 아론이 바로 앞에 서다

5

2

3

4

5

6

7

8

9

10 ●

11

12

13

14

모세와 아론의 정당한 요구를 거절하고 더욱 혹독한 노역을 시키는 바로왕의 완악한 마음을 볼 수 있습니다.
바로는 주를 경외하지 않는 사람이었습니다. 압제를 정치적 수단으로 사용하는 사람들은 모두가 주를 경외함이 없는 사람들입니다. 사람이 사람답게 살고자 하면 무엇보다도 먼저 하나님 경외하기를 배워야 합니다. 주를 두려워할 줄 알아야 힘을 올바르게 사용하고, 교만에 빠지지 않게 됩니다.

바로는 모세의 말을 듣고도 주의 뜻이 무엇인지 이해하지 못했으므로 도리어 이스라엘을 압제하기에 이르렀다. 주의 뜻을 알지 못하면 인생 경영에 실패하게 됩니다. 아무리 많이 수고하고 애쓸지라도 결국은 헛수고, 헛된 노력이 되고 마는 것입니다. 우리 성도들은 주의 뜻을 올바르게 이해하여 인생을 낭비함이 없도록 합시다.

바로가 이스라엘 자손들을 괴롭힌 것은 그 자신은 세상에 속했고, 이스라엘은 하나님께 속했기 때문입니다. 성도들이 세상에서 박해를 받고 고난을 겪는 까닭은 이와 동일합니다. 때문에 우리는 고난을 피하기 위해 타협을 시도하거나 세상을 따르는 일이 있어서는 안 되겠습니다. 주를 위한 고난은 영광의 서곡입니다. 즉 바로가 이스라엘을 압제한 것은 주를 경외하지 않고 주의 뜻을 알지 못한 교만 때문입니다.

|기도(기도 제목)

|주기도문

년 월 일 요일

|사도신경 |찬송 330, 328, 314장 |말씀 출 5:15~23

15 ●

16

17

18

19

20

21

모세가 여호와께 아뢰다

22 ●

23

바로의 과중한 노동과 채찍으로 인해 모세와 아론은 백성들로부터 원망을 듣게 되었습니다.

모세와 아론은 하나님의 명령에 순종하여 이스라엘 백성을 구원하려고 희생적으로 일하였습니다. 그러나 그 결과는 가혹한 노동으로 인한 백성들의 상한 마음과 원성만 듣게 되었습니다. 실로 마음 답답한 일이었습니다. 행 5:40-42에 보면 사도들이 주님의 명령에 순종해서 복음을 전했을 때 영광과 환대보다는 오히려 매를 맞고 감옥에 갈 때가 많았습니다. 그러나 제자들은 오직 주님을 위해 받은 능욕을 영광으로 알고 기뻐하며 더욱 열심히 복음을 전했던 것입니다.

신앙의 사람과 신앙이 없는 사람의 차이는 여기에 있습니다. 신앙이 없는 사람은 고난이 오면 하나님을 의심하고 원망하고 낙심하나, 신앙의 사람은 기도합니다. 기도하는 사람은 반드시 은혜를 받게 되고, 은혜를 받으면 죄와 허물을 깨닫고 회개하게 됩니다. 또한 하나님의 사랑을 깨닫고 감사하게 되며 하나님의 선하신 뜻이 어디에 있는가를 깨닫고 자신의 할 일이 무엇임을 알고 충성하게 됩니다. 그리하여 문제가 해결되고 체험적인 신앙이 생겨서 모든 것이 전화위복이 되는 것입니다.
우리가 하나님의 일을 하다 세상의 원망을 살 때에 실망하지 말 것은 우리 선진들이 다 이같이 고난 가운데 기도하며 문제를 해결했기 때문입니다.

|기도(기도 제목)

|주기도문

년 월 일 요일

|사도신경 |찬송 540, 433, 439장 |말씀 출 6:1~9

6

하나님이 모세를 부르시다

2 ●

3

4

5

6

7

8

9

본문은 모세가 바로를 찾아갔다가 백성의 고통을 가중시키는 결과를 초래하자 하나님과 대화하는 내용입니다.

모세는 바로를 찾아갔다가 오히려 이스라엘 백성들의 고통만 가중시켜 주게 됩니다. 이에 그는 하나님 앞에 "어찌하여 나를 보내셨나이까?"하며 부르짖자 하나님께서는 "이제 내가 바로에게 하는 일을 네가 보리라. 강한 손으로 말미암아 바로가 그들을 그의 땅에서 쫓아내리라."고 응답해 주셨습니다.

우리는 자칫하면 하나님의 백성들을 우리가 구원하는 줄로 착각하기 쉽습니다. 교회의 부흥도 교역자에 의해서 되어지는 줄로 착각하면 안 됩니다. 하나님의 백성을 구원하는 일은 하나님이 친히 하십니다. 하나님께서 강하게 역사하시면 큰 능력이 나타나고 그렇지 않으면 우리가 아무리 애를 써도 별 효과가 없게 되는 것입니다.

본문에 보면 하나님께서는 모세에게 '나는 여호와'라고 말씀하셨습니다. 그리고 아브라함과 이삭과 야곱에게 약속한 그대로 반드시 가나안 땅을 주시겠다고 말씀하셨습니다. 하나님은 반드시 언약을 지키시는 신실하신 분입니다. 하나님의 말씀은 정확 무오합니다. 그러므로 앞으로 반드시 그 말씀대로 될 줄로 믿고 사는 자는 복 있는 자입니다.

하나님은 자신의 백성과 언약을 결코 잊지 않으십니다. 하나님께서 친히 구원을 이루십니다.

|기도(기도 제목)

|주기도문

년 월 일 요일

|사도신경 |찬송 347, 435, 491장 |말씀 출 6:10~13

10 ●

11

12

13 ●

하나님께서 모세에게 다시 바로에게 가라고 말씀하실 때 그는 실패할 수밖에 없는 이유를 들어 거절했습니다.

모세는 하나님께 이스라엘 자손도 나를 듣지 아니했는데 바로가 어찌 듣겠느냐고 말합니다. 무슨 일이든지 해보기도 전에 먼저 실패를 생각하는 것은 잘못입니다. 이런 부정적인 생각은 백해 무익한 것입니다. 오히려 하나님이 기뻐하시는 일이라면 실패한다 해도 유익이 있는 줄 알고 시도해 보는 태도를 가져야 합니다. 실패를 우려하여 시도해 보지도 않는 자에게는 성공할 기회가 주어지지 않습니다. 그러나 일단 시도해 보는 자에게는 성공의 기회가 주어집니다.

자신의 입이 둔하기 때문에 바로를 설득시킬 가능성이 없는 것이었습니다. 실패를 통해서도 얻어지는 교훈과 경험 때문에 한번도 경험이 없는 자보다는 성공할 가능성이 많아집니다. 그러므로 실패할 것을 걱정하기보다는 적극적으로 시도해 보는 것이 낫다. 더구나 모세의 경우는 하나님이 함께 하시니 더욱 그러합니다. 우리에게는 100% 불가능해도 하나님께는 100% 가능합니다. 이것이 하나님과 인간의 차이점입니다. 믿음이란 무엇입니까? 그것은 하나님의 전능하심과 신실하심을 믿는 것입니다.

요한복음 11장 27절에 보면 예수께서 마르다에게 "네가 믿느냐"라고 말씀하실 때 마르다는 "주여 그러하외다"라고 대답했습니다. 우리도 긍정적인 믿음을 갖어야 합니다.

|기도(기도 제목)

|주기도문

년 월 일 요일

|사도신경 |찬송 254, 544, 463장 |말씀 출 6:14~30

모세와 아론의 조상

14 ●

15

16

17

18

19

20

21

22

23

24

25

26

27

여호와께서 모세와 아론에게 명령하시다

28 ●

29

30

성경은 아우를 형보다 먼저 기록하거나 아우를 장자로 기록할 때가 있는데 그것은 다음과 같은 경우입니다.

모세와 아론은 야곱의 열두 아들 중 세 번째 아들인 레위의 자손입니다. 레위는 게르손과 고핫과 므라리를 낳았는데(16)고핫은 아므람을 낳았고 아므람은 요게벳을 아내로 삼아 아론과 모세를 낳았습니다(20). 아론은 모세보다 세 살이나 위였습니다(출 7:7). 그러나 차례대로 기록하지 않고 모세를 아론보다 먼저 기록하고 있습니다.

다윗은 이새의 여덟 번째 아들이었으나 마 1:6에 보면 7명의 형들을 제치고 다윗을 장자처럼 기록하고 있습니다. 이것은 야곱의 경우에도 마찬가지입니다. 그에게 형 에서가 있었으나 성경은 이삭의 아들을 야곱으로 기록하고 있습니다. 그러므로 하나님 앞에서는 믿음이 커야 큰 자가 됩니다(마 5:19).

모세는 비록 아론보다 세 살이 어린 아우였으나 하나님께서는 모세를 아론에게 신(神)과 같은 존재가 되게 하셨습니다(출 4:16). 부부의 경우에도 대개는 남편의 이름을 먼저 기록하였으나 브리스길라와 아굴라 부부는 아내의 이름을 먼저 기록했습니다(롬 16:3). 이는 아내의 믿음이 남편보다 위에 있었기 때문입니다.

성도는 하나님 앞에서 믿음으로 먼저되는 자가 되는 복을 받아야 하겠습니다.

기도(기도 제목)

주기도문

년 월 일 요일

사도신경 **찬송** 515, 323, 331장 **말씀** 출 7:1~7

7

2

3

4

출

5

6

7

모세에게 하나님께서는 "너를 바로에게 신이 되게 하였다"고 말씀하셨습니다. 이는 신과 같은 능력을 가지고 행하게 되리라는 말씀입니다.

모세에게는 하나님이 주시는 높은 권위가 있었습니다. 하나님은 당신의 종들에게 친히 권위를 부여하셔서 하나님의 일에 충성하고 성도들에게 본을 보이도록 하십니다. 하나님께서 여호수아에게 "내가 오늘부터 시작하여 너를 온 이스라엘 목전에서 크게 하여 내가 모세와 함께 있었던 것 같이 너와 함께 있는 것을 그들이 알게 하리라"(수 3:7)고 하셨습니다. 오늘날 교역자들에게도 권위가 있어야 합니다. 하나님이 기뻐하시고 함께해 주시는 위대한 권위 있는 하나님의 종이어야 합니다.

본문 3-4절에 보면, 하나님께서는 모세가 바로를 찾아가도 바로가 허락하지 않을 것이라고 말씀하셨습니다. 그러나 큰 재앙을 당한 후에는 바로가 굴복하고 이스라엘 백성을 애굽에서 나가게 하리라고 말씀하셨습니다. 그 말씀대로 바로는 그 마음이 완악하여 10가지의 재앙을 당한 후에야 굴복했으니 참으로 어리석은 인간입니다. 매 맞고 나서 순종하는 것보다는 매 맞기 전에 순종하는 것이 더 낫지 아니한가?

교회의 지도자들은 분명한 이상과 예언자적인 식견을 가지고 하나님의 종으로 권위 있게 양들을 인도하여야 하겠습니다.

기도(기도 제목)

주기도문

년 월 일 요일

사도신경 **찬송** 149, 421, 537장 **말씀** 출 7:8~13

뱀이 된 아론의 지팡이

8 ●

9

10

11

12

13

본문은 모세가 바로에게 신과 같이 보이게 하기 위해서 하나님께서 모세에게 행하는 권세를 주신 내용입니다.

정말 여호와 하나님이 보낸 사자라면 그 증거가 있어야 합니다. 그러므로 바로가 이적을 보이라고 할 때 모세는 아론에게 명령하여 지팡이를 던짐으로써 뱀이 되게 하였습니다. 오늘날 많은 사람들이 이적을 체험하고 예수님께 돌아오고 있습니다. 예수님도 어디를 가시든지 먼저 병자들을 고치시고 귀신들린 자는 귀신을 내쫓아 주셨습니다.

애굽의 요술사들도 요술로 이적을 행합니다. 여기서 우리는 사탄의 대단한 능력을 보게 됩니다. 그러므로 우리는 표적과 기사와 이적만 보고 무조건 하나님이 보내신 사자로 여기면 안 되겠습니다. 표적과 기사와 이적은 거짓선지자들의 가장 중요한 무기입니다(마 24:24). 그러므로 우리는 표적이 아니라, 믿고 진리를 따라가야 합니다.

아론의 지팡이가 변해서 된 뱀이 애굽 요술사의 뱀을 삼켰으나 바로의 마음은 여전히 완악했습니다. 그러므로 우리는 이적은 믿음을 갖는 데 도움은 되나, 결정적인 계기가 되는 것이 아님을 알 수 있습니다. 믿음은 오직 하나님의 은혜로써만 주어지는 것입니다. 전적인 하나님의 은혜 없이는 이적은 믿음과 결부될 수 없는 것입니다. 우리가 하나님의 맡겨주신 사명을 잘 감당할 때에 하나님의 놀라운 이적을 체험할 것입니다.

기도(기도 제목)

주기도문

년 월 일 요일

사도신경 **찬송** 304, 299, 373장 **말씀** 출 7:14~19

첫째 재앙 : 물이 피가 되다

14 ●

15

16

17

18

19

출애굽기 7장에서 11장까지 보면 열 가지 재앙을 볼 수 있습니다.

하나님께서는 애굽 사람에게 재앙을 내리시기 전에 먼저 바로에게 회개할 기회를 주기 위해서 모든 하수가 피가 되게 하실 것을 경고하라고 말씀하셨습니다. 하나님은 아무리 악독한 죄인에게라도 그냥 멸하지 아니하고서 회개할 기회를 주십니다. 왜냐하면 악인이라도 죽는 것을 조금도 기뻐하지 않으시기 때문입니다(겔 18:23).

마음이 완악한 바로는 굴복하지 아니함으로 열 가지 재앙을 받게 되는데, 하나님께서 재앙을 내리시는 목적은 하나님의 뜻을 성취하기 위해서입니다. 하나님께서 한번 작정하신 일은 반드시 성취하십니다. 하나님의 뜻을 거스리는 자는 매를 때려서라도 굴복케 하십니다. 결국 열 가지 재앙을 당한 바로는 하나님의 뜻에 굴복합니다.

이스라엘 백성을 괴롭힌 죄는 심판 받아 마땅합니다. 공의의 하나님은 반드시 심은 대로 거두게 하십니다. 또한 이스라엘 백성들에게 하나님이 살아 계심과 전지 전능하심을 보여주기 위해서입니다. 이스라엘 백성들은 400년 동안 애굽에서 종살이 하면서 하나님을 잊어버렸습니다. 이들에게 하나님이 누구인지를 보여줘야 했던 것입니다.

하나님은 놀라운 기사와 이적으로 그의 택한 자를 구원하십니다. 이것이 하나님의 능력이십니다.

기도(기도 제목)

주기도문

년 월 일 요일

사도신경 **찬송** 527, 531, 538장 **말씀** 출 7:20~25

20 ●

21

22

23

24

25

애굽 사람들은 물을 만드신 하나님을 섬기지 않고 물을 섬겼기 때문에 강물이 피로 변하는 재앙을 당했습니다.

강물이 피가 되고 고기가 죽는 재앙은 비참한 재앙이었습니다. 이것은 전에 히브리인의 남자 아이를 나일강에 버리게 한 것에 대한 심판이었습니다. 즉 나일강을 우상으로 섬기고 우상에게 히브리인의 아이를 바치는 그릇된 행위에 대한 하나님의 심판이었습니다. 이것은 교회의 대적들에 대한 멸망의 예언으로 간주됩니다(계 16:3-4).

애굽의 요술사들은 피가 된 물을 깨끗하게 할 능력이 없었습니다. 백성들은 마실 물이 없어 하숫가를 두루 파서 마실 물을 구하였는데, 술객들이 남은 물까지 피가 되게 했으니 술객이란 백성을 괴롭히는 존재였던 것입니다. 요일 4:1에는 "사랑하는 자들아 영을 다 믿지 말고 오직 영들이 하나님께 속하였나 분별하라"고 했습니다.

악령들도 기적을 베푸는 능력이 있습니다. 그러나 그것은 하나님의 심판의 도구화 되어집니다. 강물이 피가 되게 한 이적은 그들의 죄에 대한 하나님의 심판입니다. 섬겨서는 안 되는 우상을 섬기는 자에 대한 하나님의 심판은 피할 수 없습니다. 어떤 형태로든지 반드시 그들에게 하나님의 심판이 있게 되는 것입니다. 물을 포도주로 변화시킨 예수님의 능력을 기억하며 하나님의 능력에 붙들림을 받아야 겠습니다.

기도(기도 제목)

주기도문

년 월 일 요일

사도신경 **찬송** 175, 176, 180장 **말씀** 출 8:1~15

둘째 재앙 : 개구리가 올라오다

8

2

3

4

5

6

7

8

9

10

11

12

13

14

15

애굽은 개구리를 신으로 섬기고 있었습니다. 그러나 개구리는 결코 숭배의 대상이 될 수 없음이 드러났습니다.

하늘의 부름을 받은 애굽 사람들이 신으로 섬기던 개구리 떼가 육지로 올라와 온 땅을 덮어 버렸습니다. 하나님께서는 하실 뜻만 가지고 계시면 안일하게 사는 인간들을 얼마든지 불안하게 할 수 있는 여러 가지 방법을 가지고 계심을 알 수 있습니다. 이와 같은 때에 하나님의 징계는 결코 피할 수 없는 것입니다.

개구리 떼들로 인해서 고통을 받은 바로는 모세와 아론을 불러서 개구리를 떠나게 하면 이스라엘 백성을 보내겠다고 하였습니다. 그들의 신인 개구리가 믿을 대상이 못 되는 것처럼 그들의 말도 믿을 수 없는 것입니다. 결국 그들은 받은 징계에 대하여 회개의 태도를 보인 것이 아니라 그때만 피하고자 하는 태도를 보였을 뿐입니다.

개구리 떼가 물러가자 바로는 또 다시 완악한 마음이 되어서 이스라엘 백성을 놓아 보내겠다는 약속을 어겼다. 즉 개구리를 없애신 하나님의 은혜를 또 배반했던 것입니다. 회개치 않는 자는 언제나 이렇게 은혜를 악용합니다(롬 2:4-5). 그러나 하나님께서 미리 예고하신 것은 모세로 하여금 믿게 하기 위함이었음도 기억합시다.

애굽의 개구리가 신이 될 수 없는 것처럼 오늘의 돈, 권력, 명예가 신이 될 수 없습니다.

기도(기도 제목)

주기도문

년 월 일 요일

사도신경 **찬송** 528, 530장 **말씀** 출 8:16~19

셋째 재앙 : 티끌이 이가 되다

16

17

18

19

21

22

23

24

25 ●

26

27

주께서 애굽에 내리신 여러 가지 재앙들은 하나님의 주권과 능력을 보여주는 놀라운 사건이었습니다.

우리는 이 재앙을 통해서 두 가지 사실을 발견하게 됩니다. 하나는 능히 하지 못하심이 없으신 하나님의 위대하심이요, 다른 하나는 아무도 그 재앙에 대항할 수가 없다는 것입니다. 하나님은 무슨 일이든지 그 마음의 원대로 역사하실 수 있는 전능자이시며, 우주 어느 한 곳도 주의 손이 닿지 않는 곳이라고는 찾아볼 수가 없습니다.

애굽의 요술사들도 모세와 아론을 통해서 나타내는 하나님의 표적들 중에 몇 가지는 모방을 했지만 이 재앙 앞에서는 속수무책이었으며 바로 앞에 나가서 하나님의 권능에 대해 증거할 수밖에 없었습니다. 마귀도 어느 정도 기사와 이적을 행합니다. 때문에 그리스도인들은 정신을 차리고 참과 거짓을 올바르게 분별하도록 해야 겠습니다.

마음이 닫히고 눈과 귀가 둔하여진 사람들은 주의 능력과 권능을 보고도 깨달을 줄 모릅니다. 바로가 하나님의 분명한 능력의 역사를 체험하고도 끝까지 대적하는 모습에서 그갈은 인간의 모습을 쉽게 발견할 수 있습니다. 우리의 신앙과 경건은 주의 은혜가 기초 되었음을 알고 감사합시다. 하나님은 영원히 경배와 찬양 받으실 분이십니다. 우리는 그의 뜻에 순종할 뿐입니다.

기도(기도 제목)

주기도문

년 월 일 요일

사도신경 | **찬송** 426, 273, 387장 | **말씀** 출 8:20~32

넷째 재앙 : 파리가 가득하다

20 ●

28

29

30

31

32

본문은 이 재앙과 파리 재앙을 통하여 베푸시는 하나님의 권능과 교훈입니다.

애굽 사람들은 나일 강가의 비옥한 땅을 믿고 살았습니다. 나일 강가의 티끌이 하나님의 권능에 의하여 이가 되어 그들을 괴롭혔다. 하나님께서는 악인을 벌하시기 위하여 어떠한 피조물이라도 매로 쓸 수 있음을 깨닫는다. 이전의 두 재앙을 흉내 냈던 애굽의 요술사들은 이번에는 흉내 내지 못하였습니다.

바로가 이스라엘 백성에게 광야로 갈 것 없이 애굽에서 하나님께 재물을 드리라고 한 것은 이스라엘 백성을 여전히 노예로 묶어 두려는 의도입니다. 하나님의 목적은 이스라엘 백성을 애굽에서 해방하여 가나안에 들어가게 하는 것입니다. 그러나 바로에게 이렇게 조금 요구하게 한 것은 바로의 마음을 열게 하기 위함이었습니다.

바로는 파리 떼의 재앙에 견디지 못해 이스라엘 백성에게 사흘길을 가서 제사드릴 것을 허락했습니다. 대신에 자신을 위하여 기도해 달라고까지 했습니다. 그러나 모세의 기도로 파리 떼가 물러가자 다시 마음이 변하여 이스라엘 백성을 묶어 두었습니다. 바로의 교만은 노동력을 포기하지 못하게 했습니다.

사람을 철저히 속박하고 배신자로 만드는 권력욕과 같은 죄가 우리를 속박하는 것을 피해야 합니다.

기도(기도 제목)

주기도문

년 월 일 요일

사도신경 **찬송** 549, 406, 419장 **말씀** 출 9:1~7

다섯째 재앙 : 가축의 죽음

9

2

3

4

5

6

출

7

하나님의 능력은 내일이라는 기한을 정하십니다. 이를 깨우치는 교훈을 얻으십시오.

애굽 사람들은 가축을 종교적으로 숭배했는데 그것들이 여호와로 말미암아 돌림병이 걸린다면 그 신은 섬김을 받을 자격이 없는 신이라는 것이 입증되는 것입니다. 오늘도 이 땅 위에는 산 짐승을 신으로 섬기는 사람들이 있습니다. 우리나라의 사업장마다 개업을 할 때 죽은 돼지 머리를 앞에 놓고서 고사지내는 일은 한심한 일입니다.

애굽인들은 가축을 그들의 신으로 받들었으나 이스라엘 민족의 가축은 신으로 여김받지 않았으니 심판의 재앙을 받을 필요가 없었습니다. 이것은 하나님의 심판은 보지 않은 자에게는 저주의 표시지만 믿는 자에게는 구원의 상징이며 사랑의 표시인 것입니다.

천하 모든 것에는 그 때가 있습니다. 그러나 하나님께서 사랑하는 백성에게는 특별히 중요한 때가 언제인지를 가르쳐 주십니다. 하나님께서는 요셉에게 칠년 풍년과 칠년 흉년의 때를 가르쳐 주셨으며 요셉의 말을 경청한 바로는 큰 재난을 슬기롭게 극복할 수 있었습니다. 노아의 홍수 때도 정한 기한을 하나님께서 친히 알려 주셨습니다.

물욕 때문에 때를 구별하지 못하는 어리석은 성도가 되지 말아야 하겠습니다.

기도(기도 제목)

주기도문

년 월 일 요일

사도신경 **찬송** 143, 525, 537장 **말씀** 출 9:8~21

여섯째 재앙 : 악성 종기가 생기다

8 ●

9

10

11

12

일곱째 재앙 : 우박이 내리다

13 ●

14

15

16

17

18

19

20

21

본문에서는 말을 듣지 않는 바로에게 하나님께서는 몸에 악성 종기의 재앙과 우박의 재앙을 발하게 하였습니다.

애굽인들은 화덕의 가마로써 이스라엘 백성을 압박했었습니다. 그러나 지금은 화덕의 재들이 전에 애굽의 감독들이 이스라엘 인들에게 가한 것만큼 커다란 공포를 안겨 주었습니다. 그것은 '애굽의 종기'(신 28:27)라고 하는 들어보지도 못한 새로운 질병이었습니다. 이것은 인간이 겪는 가장 고통스러운 심판임을 알고 두려워해야 합니다.

하나님의 섭리로 바로의 완고함을 꺾으십니다. 이 사건 속의 모든 일은 하나님의 권능이 그의 대적의 교만을 꺾으시고 낮추셨다는 사실에 대한 가장 뚜렷하고 기억될 만한 실증입니다. 또한 이 사건은 하나님의 이름을 거역하는 권력이 받는 재앙이 세상이 존재하는 한 천하 모든 만민에게 경고로써 전파되어지기 위한 것입니다.

하나님의 말씀을 두려워하고 그 말씀을 따를 때에는 모든 재앙에서 보호받을 수 있습니다. 여호와의 말씀을 두려워하는 자들은 그 종들과 가축들을 집으로 피하여 들여서 구원을 받게 되었습니다(20). 그러나 불순종한 자들은 재앙을 피할 길이 없었습니다. 예수 그리스도를 믿지 않는 자에게는 심판이 있고 믿는 자에게는 영생이 있습니다.

하나님의 심판과 재앙을 항상 잊지 않고 주 뜻대로 사는 성도들이 되어야 하겠습니다.

기도(기도 제목)

주기도문

년 월 일 요일

사도신경 **찬송** 393장 **말씀** 출 9:22~26

22 ●

23

24

25

26

본문은 큰 우박 재앙을 통하여 대적을 심판하시고 자기 백성을 보호하시는 하나님을 나타냅니다.

구름은 하나님이 자기 백성에게 때를 따라 비를 내리게 하는 보물 창고일 뿐만 아니라, 원하실 때는 대적을 쳐부술 수 있도록 무서운 포차도 끌어 내실 수 있는 병기고입니다. 하나님께서는 환난 때와 전쟁과 격투의 날을 위하여 예비해 두신 우박 창고에 대해서 말씀하신 바 있습니다(욥 38:22-23).

이 우박은 애굽의 온 땅을 비참케 할 만큼 황폐케 하였습니다. 우박이 애굽 온 땅의 사람들과 짐승은 무론하고 밭에 있는 채소와 들에 있는 모든 나무를 꺾음으로 애굽을 황폐하게 했습니다(25). 더구나 이 재앙에서 우박은 물론 벼락이 애굽의 양떼를 전멸시켰던 사실도 알 수 있습니다(시 78:47, 48).

이스라엘 백성의 가축은 신으로 섬김을 받지 않았기 때문에 재앙을 당할 필요가 없었고 또한 하나님께 드릴 재물이었기 때문에 하나님께서 보호하신 것입니다. 하나님을 대적하는 자는 심판을 당하되 철저히 당할 것입니다. 악인이 아무리 숨으려 한들 하나님께서는 다 찾아 내십니다.

선한 목자되신 주님께서 우리가 사망의 음침한 골짜기에 있을 그 순간까지라도 동행해 주시기 때문입니다.

기도(기도 제목)

주기도문

년 월 일 요일

사도신경 **찬송** 382, 370, 406장 **말씀** 출 9:27~35

27 ●

28

29

30

31

32

33

34

35

본문은 하나님께서 우박 재앙을 통해서 바로 자신의 완악함을 고백시키는 내용입니다.

우박으로 인한 재앙은 바로에게 큰 재산의 손실을 안겨 주었습니다. 바로는 그의 재산의 손실이 너무나 크다는 걸 알자, 모세와 아론을 불러 자기의 잘못을 고하면서 여호와는 의로우시고 그와 그의 백성은 악한 것을 말했습니다. 실로 우렛소리는 정신적으로 큰 두려움을 주었고 우박은 보리 이삭과 삼을 모두 상하게 하였던 것입니다.

우주의 주인이신 여호와께서 우렛소리를 발하시니 바로가 두려워하지 않을 수 없었습니다. 그러나 우박을 내려 보리와 삼이 피해를 입어 바로가 모세와 아론을 불러서 사과한 것은 진심이 아니었고 그 때만 모면하려고 했던 간사한 행동이었습니다. 악인이 하는 짓이란 늘 이러함을 기억하여야 합니다.

"왕과 왕의 신하들이 여호와 하나님을 아직도 두려워하지 아니할 줄을 내가 아나이다"(30)라고 말한 모세의 태도는 지도자로서의 관용을 보여줍니다. 사실 모세는 바로의 거짓 회개를 알고서도 여호와께 기도하여 우렛소리와 우박을 그치게 했습니다. 이 얼마나 훌륭한 마음입니까? 진실은 악인의 위장까지도 사랑의 포용력으로 받아들인다. 배후에 계신 하나님께서 우리를 보내시고 승리하게 하신다는 것을 기억합시다.

|기도(기도 제목)

|주기도문

년 월 일 요일

|사도신경 |찬송 526, 531, 512장 |말씀 출 10:1~6

여덟째 재앙 : 메뚜기가 땅을 덮다

10

2

3

4

5

6

본문은 하나님을 두려워할 줄 몰라 교만해진 애굽의 왕 바로에게 내리시는 경고의 말씀입니다.

마음이 완악하여 교만한 바로입니다. 지체가 굳으면 병신이 되고 간이 굳으면 육체의 생명이 죽게 되고 심령이 굳으면 영이 죽게 됩니다. 자신의 능력을 과신하여 겸비(anah; 자기를 낮추다, 겸손하다, 복종시키다)하지 못해 교활한 바로입니다(3, 6). 하나님 두려운 줄을 몰라 교만한 바로입니다(3)

재앙으로 치시겠다고 경고하심(1, 2) 백성과 신하들에게 불신임을 받게 하심(7) 피지배자 이스라엘에게 긴급히 항복케 하심(12:32, 33) 욕과(잠 11:2)다툼과(잠 13:10)낮아짐과(시 18:27)패망과(잠 16:8)멸망을(잠 18:12)당하게 하신다고 경고 하십니다.

교만을 버리고 겸손하도록(1, 3) 택한 백성 이스라엘을 출애굽 시키도록(4) 임박한 무서운 재앙을 면하도록(5, 7) 사망의 심판을 면하도록 경고하십니다(출 11:5). 인애와 자비가 풍성하신 하나님은 멸망 받을 죄인들까지도 돌이켜 회개하고 구원받을 기회를 부여하시기 위하여 환난과 재앙을 사용하시기도 합니다. 인간은 하나님과 필연적인 관계를 망각하고 높아지려 할 때 교만하여 멸망당하는 불행을 초래하게 됩니다.

|기도(기도 제목)

|주기도문

년 월 일 요일

|사도신경 |찬송 255, 527, 282장 |말씀 출 10:7~11

7

8

9

10

11

이스라엘 백성의 출애굽을 그토록 반대하던 바로가 돌연 출애굽을 허락한 것은 타의에 의한 것이었습니다.

신하들에 의한 원성적 여론과 대신들에 의해 다그치는 충동적 촉구 때문에 그들을 보내게 되었습니다. 사람은 원성적 여론 듣는 것을 원치 않습니다. 그리고 반항적이고 충동적인 행위에 대하여는 두려워 할 줄 압니다. 이후에 나타날 수 있는 일이란 오직 물리적인 힘에 의한 무력적 충돌 밖에 없다는 것을 알고 있기 때문입니다.

하나님께서 이미 신하들과 백성들의 마음을 돌려 놓으셨기 때문이며, 하나님께서 메뚜기 재앙을 통하여 양식과 물질의 재앙을 예고하셨기 때문이며, 죽음의 사자를 통하여 생명 멸할 것을 예언하셨기 때문입니다. 이와 같은 하나님의 철저하신 간섭과 재앙에 승복하지 않을 사람은 없는 것입니다.

상대의 청원은 악으로 규명하고 자기의 주장은 선으로 합리화 시키며(10), 입으로는 허락하고(3), 얼굴과 행동은 불응으로 나타내었습니다(11, 28, 29). 상기된 일련의 내용으로 볼 때 바로의 이스라엘 민족의 출애굽 허락은 타의에 의한 억지 승복이지 진심에 의한 허락이 아님을 알 수 있습니다.

성도는 오직 그의 뜻만을 위하여 살게 될 때 은혜로 승리도 맛보게 됩니다.

기도(기도 제목)

주기도문

년 월 일 요일

사도신경 **찬송** 174, 179, 484장 **말씀** 출 10:12~20

12 ●

13

14

15

16

17

18

19

20

메뚜기의 재앙은 하나님께서 미리 예고하신 대로 무서운 재앙입니다.

메뚜기는 동물 중에 약한 곤충이요, 바로는 고등 동물인 인간 가운데 최강국의 왕이었으나 메뚜기 재앙으로 교만자 바로를 승복케 하셨습니다(16, 17). 메뚜기 재앙은 생명 유지의 수단인 식량기근을 초래케 하였습니다(12). 메뚜기 재앙은 나무와 짐승등 생태계와 자연계를 파괴하는 무서운 재앙이었습니다.

선지자 모세의 손을 사용하셨습니다(13). 하나님께서는 때로 선지자의 손을 통하여 승리, 축복, 기적, 능력, 재앙 등을 내리게 하는 수단으로 활용하십니다. 자연의 바람을 이용하여 재앙을 일으키십니다(14). 미물인 메뚜기를 재앙의 도구로 활용하십니다(15). 어둠과 혼란을 동반한 재앙이었습니다(15).

메뚜기 재앙은 바로를 급히 회개시켰는데(16), 죄인도 다급할 때면 '이번만 용서해 주세요' '이 죽음만을 떠나게 해 주세요'라는 기도를 합니다(17). 그러나 죄인은 발등의 불만 꺼지면 자신의 기도와 서원을 망각하고(20)완악해집니다. 회개의 진실된 열매는 순종임을 기억합시다(마 3:8).

진정한 신앙이란 하나님의 뜻에 순종하고 어린양의 대속의 피를 믿는 신앙에서 비롯됩니다.

기도(기도 제목)

주기도문

년 월 일 요일

사도신경 **찬송** 176, 177, 235장 **말씀** 출 10:21~29

아홉째 재앙 : 흑암이 땅에 있다

21 ●

22

23

24

25

26

27

28

29

흑암의 재앙은 아홉 번째의 재앙으로 회개의 기회가 부여된 재앙으로 마지막 재앙이었습니다.

이 흑암은 더듬을 만한 흑암입니다(21). 더듬을 만한 흑암은 인식하고 활동하기에는 불편한 상태의 어둠이지만 손을 내밀어 더듬기만 한다면 찾을 수 있는 소망이 있는 상태입니다. 사람은 하나님을 더듬어 찾고 발견할 수 있는 정도의 거리와 암흑의 상태에 살고 있습니다. 하나님을 찾는 자가 복이 있습니다.

창조의 시작부터 하나님께서는 "어둠과 빛을 나누셨다"(창 1:4). 빛은 세상의 질서를 가져다 주며 생명의 원천이 됩니다(창 1:5). 이 생명의 원천이 되는 참 빛은 예수 그리스도입니다(요 1:1-9). 참 빛되시는 예수 그리스도를 따르는 자들은 어둠에 다니지 아니하고 생명의 빛 가운데 거하게 됩니다(요 8:12).

어둠은 죄와 불안과 고통과 사망을 의미하며, 빛은 은혜와 복과 생명을 의미합니다. 그러므로 인간은 살기 위하여 어둠의 죄악 길을 버리고 광명한 생명의 빛 되시는 예수 그리스도를 따라야 합니다. 재앙은 고통스러운 어둠의 징계이지만 때로는 하나님의 은총을 더듬어 찾게 하는 은총의 기회가 된다는 사실을 기억합시다.

성도의 삶 가운데 흑암의 재앙이 임하지 않도록 항상 선한 사업에 힘써야 겠습니다.

|기도(기도 제목)

|주기도문

년 월 일 요일

|사도신경 |찬송 430, 401, 301장 |말씀 출 11:1~10

처음 난 것의 죽음을 경고하다

11

2

3

4 ●

5

6

7

8

9 ●

10

본문은 애굽에 대하여 회개의 기회가 주어지지 않는 마지막 심판의 재앙에 대한 경고의 말씀입니다.

출애굽에 임하는 백성들이 가지는 자세는 이번 재앙 후에 확실한 출애굽 약속(1), 보내는 방법은 환송이 아니라 쫓아냄(1), 나갈 때는 필요한 은금 패물을 구하라(2), 청원은 거절될 것이나, 성취될 것을 확실히 약속한 것입니다(9). 이는 성경 예언의 성취이기도 합니다.

밤 중(무방비 상태)에 애굽에 들어 가겠습니다(4). 초태생은 바로의 장자에서부터 종의 장자까지 죽을 것(5). 가축(양식과 재물)도 초태생은 죽을 것(5). 애굽 전국에 전무후무한 큰 부르짖음이 있게 될 것(6). 구속과 사망이 이스라엘과 애굽 사이에 구별 될 줄을 알라는 것입니다(7).

바로의 신하와 백성에게 위대하게 보이고(3, 7:1), 하나님의 명령에 절대 순종했던 모세는(7:10), 믿음의 담력을 가지고 예언하였고(5), 하나님 능력의 기사가 함께하였습니다(9). 하나님께서는 택한 백성에게도 고난과 시련의 연단을 면제시키지 아니하고 공평한 훈련장에서 교육을 시키십니다.

하나님과 함께하는 삶을 통하여 고난과 시련을 극복하는 삶을 삽시다.

기도(기도 제목)

주기도문

년 월 일 요일

사도신경 **찬송** 232, 227, 198장 **말씀** 출 12:1~14

유월절

12

2

3

4

5

6

7

8

9

10

11

12

13

14

애굽은 하나님의 장자를 멸하시는 심판 속에서 깊은 공포를 체험하지만, 이스라엘은 평안과 친교를 누렸습니다.

이스라엘은 유월절 밤을 통하여 다시 태어났습니다. 하나님께서는 그 달을 일년 중 첫 달로 삼으라고 명하셨습니다. 아빕월(3월-4월)이 거룩한 해의 첫 달이 되었습니다. 이 시간 이스라엘은 노예로부터의 해방, 죽음의 심판 가운데에서의 보호받음을 경험하며, 하나님께 대한 믿음을 가지고 출발하는 복된 시작을 하였습니다.

이스라엘을 향한 하나님의 구원(속죄)계획은 어린양의 피를 요구했습니다. 그 양은 첫 해의 것이어야 하며 얼룩점이나 흠이 없어야 했습니다. 깨끗한(죄없는)어린양이 죽임을 당하여 흘린 그 피를 집의 인방과 문 좌우 설주에 발라야 했습니다. 죽음의 사자는 그 집 사람들의 형편을 보지 않고 보이게 발린 피를 주시하였습니다.

사망과 심판의 노도가 애굽의 전역을 휩쓸고 지나는 동안 이스라엘은 피바른 문 안에서 깨어 이 광경을 목격하였고 미래를 향한 준비를 했습니다. 그들은 어린양의 고기와 쓴 나물을 먹으며 양의 죽음에 동참했으며 언제든지 하나님이 명하시면 떠날 수 있도록 허리에 띠를 두르고 신발을 신고 지팡이를 쥐고 유월절을 보냈습니다.

유월절을 기념하며 대대로 지켜야 하는 것처럼 구원받은 성도는 천성을 향한 소망이 있어야 합니다.

기도(기도 제목)

주기도문

년 월 일 요일

사도신경 **찬송** 150, 254, 494장 **말씀** 출 12:15~28

무교절

15 ●

16

17

18

19

20

첫 유월절

21 ●

22

23

24

25

26

27

28

유월절과 무교절은 의미와 기간이 엄격히 구별된 두 개의 절기입니다.
유월절은 어린 양을 잡아 제사를 드리는 첫째날(14일 저녁)하루요(16). 무교절은 고생을 기념하며 무교병을 먹는 기간(15일부터 1주간)입니다(15, 19). 유월절은 어린 양의 희생의 제사가 있는 해방과 구속의 날이요, 무교절은 그 은혜와 감사를 기리기 위하여 제정된 기념의 절기입니다(17).
첫날부터 7일간 유교병을 혼합치 않은 무교병만 먹을 것(15)이요, 첫날에도 성회요 마지막날에도 성회가 되나니, 말씀과 예배로 시작해서 말씀과 예배로 마쳐야 합니다(16). 성회 날은 아무 일도 하지 말아야 합니다(16). 유교물을 먹는 자는 본국이든 타국이든 이스라엘 회중에서 끊어질 것입니다(19).
유월절은 하나님 자신이 희생의 대속물이 되신 은혜와 복의 규례이므로(5, 6)지켜야 하고 무교절은 애굽의 고통스러운 지난 날을 기억하며 해방과 구속을 감사하며 기념하면서 성도가 지켜야 할 영원한 의무의 규례로 하나님께서 제정하셨습니다(17). 따라서 이 두 절기는 대대로 지킬 영원한 규례입니다.
유월절과 무교절은 두 개의 절기이지만 유기체로 상호 연관된 하나의 절기로 지킨다.

기도(기도 제목)

주기도문

년 월 일 요일

사도신경 **찬송** 324, 331, 459장 **말씀** 출 12:29~36

열째 재앙 : 처음 난 것들의 죽음

29 ●

30

31

32

33

34

35

출

36

39

40

41

42

아브라함과 약속하신 후 430년이 되는(40)이 날 하나님께서는 택한 백성 이스라엘을 높여 주셨습니다.

약하고 천한 신분에서 크게 존경받는 신분으로(31), 종의 신분에서 자유자의 신분으로(31), 지배 받던 신분에서 승리자의 신분으로(33), 청원하던 신분에서 청탁을 받는 신분으로(32, 33)높여 주셨습니다. 이는 죄 가운데 있던 우리를 예수 그리스도를 통해 사망에서 생명으로, 멸망과 심판에서 영생으로 높여 주심과 같습니다.

거룩한 식량(무교병)으로 채워 주셨고(39), 원한 대로 풍성한 우양(동산)을 얻게 하셨고(32), 의식에 필요한 (은, 금, 패물, 의복)모든 것을 구하는 대로 얻게 하셨고(36), 수행원으로 수많은 잡족도 함께 주셨으며(38), 종되었던 이스라엘 백성들에게 모든 재복과 명예와 신분의 온전한 보상을 받게 하셨습니다(31-33).

말씀을 믿고 순종하는 자(아브라함, 모세)와 겸손과 성실을 인정 받는 자(다윗, 요셉)와 끝까지 참고 견디는 자(다니엘, 욥)는 높임을 받습니다. 열매는 우연의 산물이 아니라 경작의 산물이며, 성공과 축복은 믿음과 순종에 대한 하나님의 은총의 산물입니다. 하나님은 약속을 믿고 행하는 자에게 약속대로 은혜를 베푸십니다. 모세처럼 그의 말씀과 계획을 믿고 순종하는 자는 때가 되면 영육 간에 높임의 영광을 받게 될 것입니다.

기도(기도 제목)

주기도문

년 월 일 요일

사도신경 **찬송** 165, 214, 81장 **말씀** 출 12:37~42

이스라엘이 애굽 땅에서 나오다

37 ●

38

하나님을 본 자가 없으나 하나님은 말씀과 사건과 인물을 통하여 자신을 드러내십니다.

이스라엘이 애굽에서 구원받아 나왔을 때 하나님은 수많은 잡족과 심히 많은 가축을 그들과 함께 인도하시면서 자신이 온 세상의 하나님인 것을 알리셨습니다. 세상은 만들어 질 때부터 하나님과 관계를 맺고 살아왔습니다. 비록 하나님께서 이스라엘을 택하셔서 자신의 뜻을 이루셨지만 이스라엘만의 민족신은 아니시다.

하나님께서는 아브라함과의 약속에서(창 15:13)그의 후손들이 이방에서 400년간 객이 되겠지만 하나님의 크신 능력으로 구원될 것을 약속 하셨습니다. 약속의 당사자 아브라함도 죽고 약속을 받은 이스라엘은 하나님의 구원의 역사를 이룰 힘도 없이 애굽의 압제 밑에 있었습니다. 그러나 하나님은 정해진 때에 약속을 지키셨습니다.

이스라엘이 출애굽할 때 그들은 노예 생활에서 갓 벗어난 오합지졸들이었습니다. 그들은 하나님의 이름을 위하여 아무 일도 못 할 뿐만 아니라 성결하지도 않았습니다. 그러나 하나님께서는 그들을 그대로 인정하시고 받으셔서 하나님의 군대(출 12:41)라고 부르시며 후에 그들이 받을 영광을 보여 주셨습니다.

하나님은 온 세상에 대하여, 자신이 부르신 자들에 대하여 마지막까지 신실하게 책임지는 분이십니다.

기도(기도 제목)

|주기도문

년 월 일 요일

|사도신경 |찬송 260, 267, 240장 |말씀 출 12:43~51

유월절 규례

43 ●

44

45

46

47

48

49

50

51

본문에는 유월절 참여자의 자격과 그 기준과 이에 대한 추가의 규례들이 기록되어 있습니다.

이 날은 하나님께서 자기의 백성을 위해 구속을(마 1:21)베푸신 날로 이방 사람과 거류인과 품꾼(45)은 참여할 수 없습니다. 참여할 수 있는 자는 할례를 받은 모든 자(44)입니다. 할례(세례)를 받은 모든 자는 유대인이나 이방인이나 종이나 자유자를 막론하고 구속의 유월절 은혜의 잔치에 참여할 수 있는 자격이 부여됩니다.

①한 집에서 먹어야 합니다. 어린 양의 살과 피는 모든 인종, 국적, 지방, 신분의 장벽을 초월하여 한 가족이 되게 합니다. ②고기는 조금도 집 밖으로 내지 말아야 합니다. 성찬은 유출 될 수 없는 거룩한 것입니다(고전 11:27-34). ③뼈를 꺾지 말아야 합니다. 이는 거룩성과 연합성과 신성을 분리 말라는 뜻입니다.

유월절은 해방과 대속의 위대성이 있으며(42, 51), 법적 평등성이 보장 되어 있습니다(44, 49). 종이나 자유자나 이방인이나 유대인이나 할례를 인하여 평등한 법적 대우를 보장받게 됩니다. 유월절은 하나님의 사랑의 개입입니다. 오늘날에는 예수 그리스도의 피를 믿고 그를 영접하는 모든 사람에게 동등한 구원의 은총을 주십니다. 유월절은 하나님의 구속의 사랑이 드러난 놀라운 절기입니다. 주의 은혜에 감사하는 마음을 가져야 하겠습니다.

|기도(기도 제목)

|주기도문

년 월 일 요일

|사도신경 |찬송 95, 292, 314장 |말씀 출 13:1~10

무교절

13

2

3

4

5

6

7

8

9

10

본문의 내용은 이스라엘 백성들이 출애굽 후에 지켜야 할 하나님의 중요한 명령들에 관한 기록입니다.

처음 난 것을 바쳐야 하는 이유는 죽음에서 대속된 생명이므로 하나님의 것이고(15), 은혜에 대한 감사의 행위가 됩니다. 처음 난 것은 시간적으로 "제일 먼저"의 것이요, 가치적으로 "가장 중요한 것"을 의미합니다. 구별하여 바쳐야 할 종류는 생명이 있는 모든 사람의 장자(2)와 짐승이나 우양의 모든 처음 난 것(2)입니다.

종살이 했던 때의 고난을 기억하면서(3)놀라우신 대속의 은혜를 기억하면서 젖과 꿀이 흐르는 땅에 이르러서(5)종 되었던 집에 나온 날을 기념하라 하십니다. 그 날은 구원의 날이요 승리의 날이며 참 자유가 실현되는 날이요 젖과 꿀이 흐르는 가나안 복지에 대한 소망이 시작되는 날입니다.

이는 하나님께서 우리를 위하여 시키는 교육으로(8)이 예식으로 네 손의 기호와 미간의 표를 삼으며(9)율법이 네 입에 항상 있게 하고(9)유교병을 먹지 말고 무교병만 먹고(7)자녀들에게 확실하게 교육 시키라(8)고 말씀하십니다. 이것은 자녀에게 물려 줄 수 있는 가장 큰 유산입니다. 유월절에 대한 하나님의 명령은 은혜와 사랑을 바탕에 두고 있습니다. 그것을 지키는 자가 그 복을 누린다.

기도(기도 제목)

주기도문

년 월 일 요일

사도신경 | **찬송** 250, 252, 254장 | **말씀** 출 13:11~16

태에서 처음 난 것

11 ●

12

13

14

15

16

장자의 대속 규정은 구원받은 자는 누구나 다 하나님의 소유라는 것을 강조하는 것입니다.

사람의 장자와 짐승의 처음 난 것을 하나님께 바치라는 것은 구속의 원리를 강조하는 것입니다. 애굽에 마지막 재앙이 임하던 밤에 문설주에 피가 없는 집에서는 장자와 짐승의 처음 난 것이 다 죽었으나, 이스라엘의 처음 난 것은 여호와의 보호하심을 받아 재앙이 넘어갔습니다. 죽을 것이 하나님의 은혜로 살았으니 이것은 하나님의 것입니다.

이스라엘의 모든 처음 난 것들이 죽음의 재앙에서 구원 받은 것은 하나님의 특별하신 섭리에 의해 된 것이기 때문입니다. 이는 하나님의 것으로 구별하여야 합니다. 하나님의 것으로 구별 된다는 것은 "거룩히 구별하여"라는 2절의 말씀처럼 세상의 모든 것으로부터 하나님의 것으로 구별하여야 한다는 뜻입니다.

유월절 의식에서 장자에 대한 대속물은 어린 양으로 규정되어 있지만 후에는 은 다섯 세겔로 변경되었습니다(민 18:19). 사망에서 구원의 은혜를 받은 우리는 하나님께 모든 것을 바치는 하나님의 요구에 합당한 삶을 살기를 원해야 합니다. "너희 몸을 하나님이 기뻐하시는 거룩한 산 제물로 드리라"(롬 12:1). 타락한 세상의 죄악에서 성별되게 행하는 것이 바로 성도의 구별하는 생활입니다.

기도(기도 제목)

주기도문

년 월 일 요일

사도신경 **찬송** 384, 390, 401장 **말씀** 출 13:17~22

구름 기둥과 불 기둥

17 ●

18

19

20

21

22

이스라엘이 걸어간 광야의 길이 어떠한 길이었는지를 알아봅시다.

가나안에 이르는 지름길은 블레셋 땅을 통과해야 하는데, 블레셋 사람은 준비된 군대가 있었고 호전적인 백성이므로 이스라엘이 블레셋 사람을 만나면 무서워서 애굽으로 돌아갈 가능성이 있었습니다. 그리하여 하나님께서는 그들을 광야로 인도하셨던 것입니다. 하나님의 인도하시는 길은 언제나 앞을 향해 가는 길입니다.

요셉은 세상을 떠날 때에 하나님의 언약 대로 이스라엘 백성이 가나안으로 돌아갈 것을 알고 출애굽할 때는 자기 해골을 메고 올라가라고 부탁했습니다(창 50:24-

26). 이것은 가나안을 사모하는 요셉의 신앙이요, 요셉의 신앙을 계승하는 모세의 신앙입니다. 가나안으로 들어가게 하시는 하나님의 언약을 믿고 가는 길입니다.

"구름기둥과 불기둥"은 하나님의 직접적인 현현을 가리키는 것으로 그 내용은 인도하심와 보호입니다. 길 없는 광야를 행진하는 이스라엘의 길을 하나님이 인도하셨고 모든 위험에서 보호하셨던 것입니다. 앞으로 우리의 가는 길도 하나님의 뜻과 섭리에 맡김으로 그분의 보호하심을 받아야만 할 것입니다. 천국의 언약을 바라보면서 광야같은 세상에서도 소망을 가지고 전진하는 것이 오늘의 천국 시민의 삶입니다.

기도(기도 제목)

주기도문

년 월 일 요일

사도신경 **찬송** 79, 35, 9장 **말씀** 출 14:1~9

홍해를 건너다

14

2

3

4

5

6

7

8

9

하나님께서는 이스라엘에게 홍해 쪽으로 전진하라는 이상한 명령을 내리십니다.

바로는 이스라엘이 홍해 쪽으로 전진한다는 소식을 들었습니다. 바로는 이때에 이스라엘에게 준 은 금 패물의 회복은 물론 많은 노예를 잃어 버리는 손해를 막을 수 있다고 생각했습니다. 그는 추격하여 다시 이스라엘을 자신의 노예로 만들려고 했습니다. 그는 유월절 사건을 통하여 이스라엘을 건지신 하나님의 능력을 잊고 있었습니다.

바로가 많은 병사와 병거를 몰고 추격한다는 소식이 들려오자 이스라엘은 하나님께 부르짖고 모세에게 불평하였습니다. 위험을 느끼자 하나님에 대한 믿음이 없어지고 공포 속으로 빠져들게 되었던 것입니다. 백성들은 하나님께서 자신이 누구이신가를 그들과 바로에게 알리시기 위해 그들을 홍해 쪽으로 인도하신 사실을 몰랐던 것입니다.

위급한 처지에 있는 모세에게 하나님의 믿음을 주셨습니다. "너희는 두려워하지 말고 가만히 서서 여호와께서 행하시는 구원을 보라. 여호와께서 싸우시리라." 모세는 백성들의 요동함에 휩쓸리지 않고 오히려 하나님이 그들을 구원하실 것과 추격자들을 멸망시킬 것에 대해 확신을 가지고 그들을 위로하였습니다.

하나님께서는 인간이 보기에 어리석은 듯한 명령을 통하여 이스라엘로 하나님을 더욱 신뢰하도록 하였습니다.

|기도(기도 제목)

|주기도문

년 월 일 요일

|사도신경 |찬송 79, 35, 9장 |말씀 출 14:10~20

10 ●

11

12

13

14

15 ●

16

17

18

19

20

앞에는 홍해, 뒤에는 추격해오는 애굽 군대의 극한 상황에서 모세는 가만히 있으라고 명합니다.

애굽 군대는 무장한 군인이요 이스라엘 백성은 그들을 상전으로 섬기던 사람이라, 노예 근성에서 완전히 벗어나지 못했기 때문에 앞뒤가 막힌 상황에서 두려워서 떨고 있을 때 가만히 서서 하나님의 능력을 바라보라는 것입니다. 하나님의 능력을 의지함으로 세상에서 담대하게 살아갈 수 있는 것입니다.

역사와 사건 사건 속에 나타난 하나님의 구원하시는 섭리를 모르면 어떤 일이든지 수용하기 어려우며 불평과 원망의 원인이 됩니다. 애굽 군대의 추격은 이스라엘의 죽음이 아니라 애굽의 완전한 멸망과 이스라엘의 구원을 확신하는 일이 됩니다. 조용히 하나님의 섭리를 보는 신앙의 침묵이 있어야 합니다.

이스라엘에게는 무장한 애굽 군인과 싸울 힘은 없습니다. 그리고 홍해를 건너 도망갈 방법도 전무합니다. 인간의 힘으로 대책이 없는 한계선에서 한 가지 방법은 택한 백성을 버리지 아니하시는 하나님은 살아 계시고 이스라엘을 구원하실 것을 믿는 일입니다. 인간의 불가능한 일이 하나님에게는 가능합니다.

사건의 외부적인 형상에만 매달래 떠드는 원망보다 하나님의 섭리를 의뢰하는 성도가 되어야 합니다.

|기도(기도 제목)

|주기도문

년 월 일 요일

|사도신경 |찬송 375, 382, 395장 |말씀 출 14:21~25

21 ●

22

23

24

25

진퇴양난에 처한 이스라엘 백성들 앞에 놀라운 두 가지 현상이 나타났습니다.

히 11:29에서 "믿음으로 그들은 홍해를 육지 같이 건넜으나"라고 했습니다. 홍해는 이스라엘에게 구원을 돕는 기적의 바다였습니다. 하나님께서 동풍으로 홍해의 바닷물을 물러가게 하심으로 바닷물이 좌우로 갈라져 벽을 이루었습니다(15:8)는 것은 단순한 하나의 자연현상이 아니라 하나님이 베푸신 기적이었습니다. 하나님은 언제 어느 곳에서든지 원하시기만 하면 기적을 행하실 수 있으시다. 선지자들과 시편 기자는 하나님께서 행하신 이 사건을 이스라엘 백성들에게 회고시켰습니다.

"애굽 군대를 어지럽게 하시며"(24). "그 병거 바퀴를 벗겨서 달리기가 어렵게 하시니… 여호와가 그들을 위하여 싸워 애굽 사람들을 치는도다"(25). 이스라엘 백성에게는 이 바다가 생명과 구원의 바다가 되었지만, 애굽 사람에게는 죽음의 바다가 된 것입니다. 우리가 살고 있는 이 세상은 마치 풍랑이 몰아치는 바다와도 같습니다. 이 바다를 무사히 통과하려면 믿음이 필요합니다. 이 믿음은 하나님을 절대적으로 의지하는 절대의존 감정이라고도 할 수 있습니다. 이 믿음이 있을 때 기적이 나타나고 승리의 개가를 올릴 수 있습니다.

이 사건은 성경의 예언을 성취하기 위한 하나님의 섭리 속에서 이루어진 구원 사역입니다.

|기도(기도 제목)

|주기도문

년 월 일 요일

|사도신경 |찬송 430, 401장 |말씀 출 14:26~31

26 ●

27

28

29

30

31

이스라엘은 두려움 속에서 구원하시는 하나님의 증거를 확실히 본 후에 그분을 믿었습니다(31).

진퇴양난의 극한 상황 속에서도 하나님의 구원 역사를 체험할 수가 있었습니다. 그들은 홍해가 갈라져 이스라엘의 길을 열어주는 구원의 체험을 하였으며, 길은 열렸으나 물결이 다시금 넘침으로 인하여 애굽 사람들이 더 이상 따라오지 못하도록 막으시는 하나님의 권능을 친히 목도한 것입니다. 우리는 믿음이 약할 때 하나님께서는 종종 자신의 구원 계획을 자연계를 통하여 듣고, 보고, 체험하게 하심으로 우리로 더욱 확신 가운데 거하게 하십니다.

그렇게도 무서운 존재로 군림했던 애굽 사람들이 하나님의 행하시는 능력적인 대행사 앞에 맥없이 순식간에 시체로 변해 버리고 만 것입니다. 이것을 지켜본 이스라엘 백성들의 가슴은 얼마나 뜨겁게 뛰고 있었을 것입니까? 이스라엘 백성들의 원수는 이제 모두 멸망을 당하고 만 것입니다. 이것이 불신의 최후요 하나님의 구원을 거역한 결과가 무엇임을 보여주는 참 모습입니다. 이것은 하나님의 진노가 얼마나 무섭고 하나님의 구원하시는 은총과 보호하시는 사랑이 얼마나 위대한 지를 보여주시는 확실한 증거입니다.

오늘 우리도 이스라엘 백성들이 홍해에서 구원받은 것과 같은 체험과 구원의 감격이 있어야 합니다.

기도(기도 제목)

주기도문

년 월 일 요일

사도신경 **찬송** 36, 31, 482장 **말씀** 출 15:1~18

모세의 노래

15

2

3

4

5

6

7

8

9

출

10

11

12

13

14

15

16

17

18

본문은 슬픔의 애굽 생활과는 대조적으로 자유와 기쁨의 감격에서 부르는 승리의 노래입니다.

"그는 높고 영화로우심이요"(1). 이는 모든 악의 세력을 멸하실 수 있는 권능의 소유자이신 하나님을 뜻합니다. "여호와는 나의 힘이요"(2). 이는 하나님의 구원을 체험한 자가 고백하는 하나님의 능력을 의미합니다. "여호와는 그의 이름이시로다"(3). '여호와'란 그 이름 그대로 영원히 '스스로 계시는 분'이십니다.

"주의 오른손이 권능으로 영광을 나타내시니이다"(6). 애굽인을 멸한 것은 하나님의 강한 권능으로 된 것입니다. "주를 거스르는 자는 엎으시니이다"(7). 순종하는 자에게 축복을, 거스르는 자에게 진노하시는 것은 하나님께서 살아 계심을 증거하는 것입니다(8-10). 하나님은 교만한 애굽인을 납처럼 물에 잠기게 하셨습니다(10).

"주의 거룩한 처소에 들어가게 하시나이다"(13). 이는 언약의 땅 가나안을 소망으로 바라보는 신앙입니다. 이스라엘 백성들은 원수들에게서 구원을 받게 되자 하나님께서 약속하셨고 하나님께서 예비하신 가나안을 믿음으로 바라보며 또한 그 땅으로 인도해 주실 것을 믿고 찬송했습니다.

우리 성도들의 삶 가운데도 자유와 기쁨의 감격에서 부르는 승리의 노래가 있어야 하겠습니다.

기도(기도 제목)

주기도문

년 월 일 요일

사도신경 | **찬송** 447, 413, 414장 | **말씀** 출 15:19~27

미리암의 노래

19 ●

20

21

단 물로 변한 마라의 쓴 물

22 ●

23

24

25

26

27 ●

메마르고 황량한 광야에서 하나님은 이스라엘 백성들을 위하여 구원의 능력을 베푸셨습니다.

이스라엘의 백성들은 하나님의 구원 역사로 광야에서 기쁨과 감격의 원천으로 춤추고 찬양했지만 수르 광야에서 쓴 물을 만났을 때는 하나님과 모세를 원망했습니다. 이스라엘 백성들의 이같은 행위는 마치 달면 마시고 쓰면 뱉는다는 격입니다. 믿음의 성도들은 상황이 어떠하든지 변함없는 신앙생활을 할 수 있어야 합니다.

그들은 홍해를 건너서 사흘 길을 간 후 마라에 도착했습니다. 그들은 목이 말라 갈증이 심할 때 물을 발견했으나 그것은 먹을 수 없는 쓴 물이었습니다. 그들의 절망은 극에 달하였고 그 절망의 돌출구로 그들은 모세를 원망하였습니다. 그러자 하나님은 모세에게 한 나무를 물에 던져 보라고 지시하였습니다.

샘물 열둘과 종려 70주가 있는 곳은 하나님께서 피곤한 이스라엘을 위하여 준비해 놓으신 것입니다. 천성으로 향하여 가는 성도들의 삶 속에서도 하나님께서는 성령을 보내어주심으로 그들에게 안식을 주십니다. 뿐만 아니라 그들에게 능력을 덧입혀 주심으로 승리의 삶을 살 수 있도록 역사하십니다.

성도들도 인생길 앞에 마라의 쓴 물 같은 환경을 만날 때에 원망하지 않고 감사할 수 있어야 하겠습니다.

기도(기도 제목)

주기도문

년 월 일 요일

사도신경 | **찬송** 345, 400, 406장 | **말씀** 출 16:1~12

만나와 메추라기

16

2

3

4 ●

5

6

7

8

9

10

11

12

본문은 이스라엘 백성이 먹을 양식이 없으므로 하나님을 원망하는 내용을 언급하고 있습니다.

군중들의 원망과 소요는 물질 때문이었습니다. "애굽 땅에서…"(3). 그들은 애굽을 사모하며 거기서 나온 것을 후회하였습니다. 그들은 "고기 가마 곁에 앉아 있던 때와 떡을 배불리 먹던 때"(3)만을 기억하고 있었습니다. 그들은 어떤 인간이 되어도 좋으니 배만 부르면 좋다는 물질주의에 사로잡혀있는 인간들이었습니다.

①"비같이 내리리니"; 장정 60만(전체 300만 이상)이 먹을 수 있는 풍성한 양식에 대한 약속의 말씀입니다. ②"일용할 것을 날마다 거둘 것이라"(4); 행군을 계속하는 사람들에게 여러 날 먹을 양식은 짐이 되니 매일의 양식은 은혜로운 방법입니다. ③"그들이 광야를 바라보니 여호와의 영광이 구름 속에 나타나더라"(10)여호와의 영광이 나타난 것은 13:21과 24:15-18에서도 발견됩니다. 하나님께서는 이스라엘 백성들을 위로하시고 또한 그들에게 새로운 구원 사역을 시작하셨습니다. 그들이 불평했음에도 불구하고 하나님의 구원을 받았던 것과 같이 우리도 허물이 많았음에도 불구하고 오직 하나님의 은혜로 구원 받음을 감사해야 합니다. 우리 삶이 때때로 어렵다 하여 주께 원망하지 말고 오히려 감사하는 성도가 되어야 하겠습니다.

기도(기도 제목)

주기도문

년 월 일 요일

|사도신경 |찬송 212, 447, 461장 |말씀 출 16:13~20

13 ●

14

15

16

17

18

19

20

하나님께서는 우리가 즐겁게 봉사 할 수 있도록 생활에 필요하고 기쁨이 되는 유용한 선물들을 주십니다.

하나님께서는 하늘에서 만나를 내리셔서 이스라엘이 아무것도 거둘 수 없는 광야에서 생명을 이어갈 힘을 얻게 하셨습니다. 그들은 날마다 만나를 거두면서 날마다 하나님을 의지하며 사는 법을 배워야 했습니다. 또 육신을 위해 매일 음식이 필요하듯 그들의 영혼을 위해서 영적 양식이 필요하다는 것을 깨달아야 했습니다.

하나님께서는 이스라엘에게 만나를 주시면서 그들의 각양 각색의 식성을 충족시켜 주셨습니다. 그것은 그들을 질병으로부터 보호하고 소화에도 알맞은 건강 음식이었습니다. 또한 많이 거둔 사람이나 적게 거둔 사람이나 모두가 필요한 양만큼 먹었습니다. 하나님께서 우리에게 주신 몫은 감사해야 할 복이며 일용할 몫입니다.

누구든지 만나를 다음날 아침까지 남겨두지 말라는 명령은 내일도 하나님을 의지해야 한다는 것을 교훈하시기 위함이었습니다. 그러나 그들 중 다수는 첫 시험에서 합격하지 못했습니다. 모세의 말을 청종하지 아니하고 탐욕과 불신으로 만나를 저축하였던 사람들은 만나가 모두 썩어 벌레가 생긴 것을 목격합니다. 복에 대한 인간의 준비, 수고, 노력은 하나님이 허락하신 범위 안에서 제한되어 있습니다.

|기도(기도 제목)

|주기도문

년 월 일 요일

|사도신경 |찬송 91, 543, 213장 |말씀 출 16:21~36

21 ●

22

23

24

25

26

27

28

29

30

31 ●

32

33

34

35

36

메마른 광야에서 양식이 떨어진 이 위기의 절박한 상황에서 하나님께서 '만나'를 통하여 보여주신 뜻이 있습니다.

아침에 광야에 나가보니 작고 둥글며 서리같이 가는 것이 있었습니다. 이전에는 보지도 듣지도 못한 것이었습니다. 이것이 하나님께서 하늘에서 내려주신 만나입니다. 자연의 생산물이 아니고 초자연적인 것이기 때문에 그들이 무엇인지를 몰라서 "이것이 무엇이냐" 한 것이 그만 그 이름이 된 것입니다.

이스라엘이 광야에 들어갔을 때 '만나'라는 양식을 통하여 살도록 하나님이 준비하셨습니다. 한 사람의 하루 양식으로 넉넉한 것이었습니다. 날마다 거두어 와야 하는 양식이며 광야 생활이 끝날 때까지 주신 양식입니다. 광야와 같은 세상에 살고 있는 오늘의 성도의 생활에서도 '만나'와 같은 의미의 축복이 얼마든지 있는 것입니다.

"많이 거둔 자도 남음이 없고 적게 거둔 자도 부족함이 없이 각 사람은 먹을 만큼만 거두었더라"(18). "아침까지 두었더니 벌레가 생기고 냄새가 난지라"(20). 만나는 내일 일을 염려하는 사람들에게 매일매일 먹이시고 보호하시는 하나님의 사랑과 능력을 믿고 하나님을 절대 의존하라는 명령입니다.

광야의 만나는 하나님의 은혜요 또한 신약의 말씀에 예표이기도 함을 알아야 합니다.

기도(기도 제목)

주기도문

년 월 일 요일

|사도신경 |찬송 83, 86, 135장 |말씀 출 17:1~16

반석에서 물이 나오다 (민 20:1–13)

17

2

3

4

5

6

7

아말렉과 싸우다

8 ●

9

10

11

12

13

14

15

16

하나님은 이스라엘이 모세와 다투고 내적 분쟁과 불만을 가진 것에 대한 처벌로 아말렉을 사용하십니다.

아말렉 사람들은 이스라엘을 쳐들어 왔습니다. 그들은 아무 훈련도 받지 못하고 무기도 빈약한 이스라엘을 볼 때에 스스로 교만해졌습니다. 그들은 최근에 애굽을 멸망시킨 하나님의 권능에 도전하게 되었습니다. 그러나 하나님의 백성 이스라엘을 대적하려고 만든 무기들은 얼마 쓰지 못하고 부러진다는 것을 경험하게 되었습니다.

여호수아는 이스라엘 중에서 사람을 택하여 아말렉을 치라는 명령을 받았습니다. 바로가 이스라엘을 추격했을 때에는 가만히 서서 하나님의 행하시는 것을 보아야 했던 그가 이제는 자신이 칼을 들고 전쟁을 치러야 했습니다. 그는 하나님께서 때때로 사람을 하나님의 역사를 이루는 매개체로 사용하시는 섭리를 경험했습니다.

여호수아는 싸웠고 모세는 기도했습니다. 여호수아는 지치지 않았으나 기도하는 모세는 피곤해서 팔이 무거워졌습니다. 영적인 일일수록 더욱 피곤합니다. 기도하는 모세의 팔이 내려오면 이스라엘이 불리해지고, 올라가면 유리해지는 것을 통해 도움은 하늘에서 오는 것을 경험합니다. 이스라엘의 도움은 기도를 통해서 역사하십니다. 하나님의 대적들은 멸망합니다. 하나님은 사람을 매개체로 역사하시며 기도를 통하여 능력을 나타내십니다.

기도(기도 제목)

주기도문

년 월 일 요일

사도신경 | **찬송** 575, 453, 455장 | **말씀** 출 18:1~12

이드로가 모세를 방문하다

18

2

3

4

5

6

7

8

9

10

11

12

모세의 두 아들 중 게르솜은 '나그네'라는 뜻이고, 엘리에셀은 '하나님의 도우심'이라는 뜻을 가지고 있습니다.

'물에서 건져낸다'는 뜻입니다. 모세는 바로의 공주에 의해 물에서 건져냄을 받은 후 그녀가 그에게 붙여준 이름입니다. 그는 이름대로 이스라엘 동족을 바로의 속박에서 건져내었습니다. 이러한 의미에서 모세는 예수님의 모형이기도 합니다. 예수님도 영원히 멸망할 우리들을 죄에서 건져내셨기 때문입니다.

'나그네'라는 뜻입니다. 베드로는 우리의 인생을 나그네라고 표현하였습니다. 우리 인생은 키에르케고르의 말대로 불안이라는 열차를 타고 절망이라는 터널을 지나서 죽음이라는 종착역에 이르는 나그네 같은 존재들입니다. 대합실에 살림을 차리는 어리석은 사람이 없는 것처럼 우리도 인생의 대합실에 뜻을 두지 말고 영원한 본향을 바라봅시다.

'하나님의 도우심'이라는 뜻입니다. 나그네와 같은 인생을 살아가는 우리는 하나님의 도우심이 절대로 필요합니다. 왜냐하면 하나님은 천지를 지으신 분이시요, 우주의 주인이시기 때문입니다. 그리고 우리는 그의 만드신 바 피조물로서 하나님의 도우심이 없이는 한 순간도 살아갈 수 없기 때문입니다. 이름은 그 사람의 성격과 사역을 지표합니다. 우리 이름에 맞게 살아야 합니다.

기도(기도 제목)

주기도문

년 월 일 요일

사도신경 **찬송** 323, 595, 461장 **말씀** 출 18:13~27

우두머리를 세워 재판하게 하다 (신 1:9–18)

13 ●

14

15

16

17

18

19

20

21

22

23

24

25

26

27

모세가 이스라엘의 국부로서 모든 분야를 다 맡아서 관장할 때 그 장인 이드로는 일의 분담을 충고하였습니다.
이 말씀은 모세가 백성의 대변인이 되어 그들이 제시하는 소송을 하나님 앞에 내어 놓으라는 말입니다. 즉 과중한 일들을 분담시키라는 뜻입니다. 목사는 교회의 업무를 집사들에게 분담시켜야 합니다. 초대교회의 사도들도 자기들은 말씀을 전하는 일과 기도하는 일에만 전념을 하고 구제와 봉사는 집사들에게 맡겼습니다.
목사는 만능의 사람이 아닙니다. 그러므로 장로 및 집사를 세워 목사는 설교와 심방에 주력해야 합니다. 장로는 목사와 협력하여 교우를 돌보고 교회의 신령상의 관계를 보살피며, 교인이 교리를 오해하거나 도덕적으로 부패하지 않도록 권면하며, 집사는 교회에 봉사하고 헌금을 수납하고 구제에 관한 일을 하게 됩니다.
일의 분담을 맡은 장로나 집사가 해결할 수 없는 문제는 당회장인 목사에게 보고하여 상호 협조를 얻고, 모든 일을 계획하고 처리하는 과정에서는 반드시 보고하도록 해야 합니다. 모세는 장인 이드로의 충고를 받아들임으로 좋은 효과를 얻은 것처럼, 목사도 항상 남의 충고를 받아들일 수 있는 마음의 여유를 가져야 합니다.
교회 운영의 원리는 하나님의 통치원리에 어긋나지 않는 한 세련된 상식을 적용할 수 있습니다.

|기도(기도 제목)

|주기도문

년 월 일 요일

|사도신경 |찬송 143, 305, 295장 |말씀 출 19:1~6

이스라엘 자손이 시내 산에 이르다

19

2

3

4

5

6

언약에의 축복은 이스라엘이 하나님의 소유가 되고 제사장 나라가 되고, 거룩한 백성이 되는 것입니다.
이 말씀은 '너는 나의 귀중한 보배가 되리라'는 뜻입니다. 인간이 보물을 가짐으로 부유해지는 것과 같이 하나님이 이스라엘을 보배삼아 가지심으로 부유해진다는 것은 결코 아닙니다. 그것은 인간이 보물을 귀하게 여기듯 하나님께서도 그들을 그렇게 귀하게 평가해 주시겠다는 뜻입니다.

이스라엘 백성들은 다른 민족과 비교할 때 하나님에 대하여 제사장들이요, 그에게 직접 예배하고, 직접 교제할 수 있을 만큼 가까운 백성입니다(시 148:14). 그들이 먼저 자유한 백성이 되었다면 그것은 그들의 하나님께 제사장으로서 제사를 드리기 위함인 것입니다. 오늘 우리도 주님께서 왕같은 제사장들로 삼아 주셨습니다.

'거룩하다'는 말은 히브리어로 '카도쉬' 즉 '구별되다'는 뜻입니다. 하나님께서 이스라엘 백성을 거룩하게 하신 것은 그들이 이방 민족과 구별된 백성이 되어 하나님만 섬기며 세계인류를 구원하게 하기 위함이셨습니다. 오늘 우리도 구별된 백성으로 점차 세속화 되어가는 세상을 변화시키는 역할을 감당해야 하겠습니다.

언약을 준수하여 하나님이 주시는 축복을 받아 누리는 성도가 되어야 하겠습니다.

기도(기도 제목)

주기도문

년 월 일 요일

사도신경 **찬송** 502, 504, 505장 **말씀** 출 19:7~15

7 ●

8

9

10

11

12

13

14

15

본문 말씀은 우리에게 예배를 위한 준비 자세를 가르쳐 주시는 말씀입니다.

이 말씀은 그들로 하여금 세상적인 일을 끊어 버리고 오로지 신앙적 일에만 전념하여 경건과 헌신의 심정으로 하나님의 계명을 받게 하려는 것입니다. 무릇 하나님께 나오는 자는 죄를 참회하며 눈물을 흘리던 세리의 심정으로 예배에 임하여야만 할 것입니다. 하나님 앞에 설 때에는 깨끗해야 합니다.

셋째 날 아침은 하나님께서 모세에게 십계명을 주시는 날이며 예수님께서 죽은 지 삼일 만에 부활하신 날입니다. 연료를 잔뜩 넣고 달리던 자동차가 기름이 떨어지면 다시 주유소에 와서 연료를 채워야 하듯, 일주일 동안 세상살이에 지친 영혼들이 셋째 날인 주일 아침에 교회에 나가 하나님의 말씀으로 영적 음식물을 채워야 합니다.

나팔을 부는 것은 많은 사람들에게 그들의 뜻하는 바를 멀리까지 한꺼번에 알리는 효과가 있습니다. 오늘 우리 그리스도인들은 이 복음의 말씀을 많은 사람들에게 알리고 전하여 셋째 날, 하나님 앞에 나와 주님을 경배하게 해야 합니다. 이것이 바로 하나님께서 우리를 구원해 내신 목적이 아닙니까?

예배는 성결과 기다림과 신호를 통해 엄격히 드려야 하는 주의 백성된 자의 임무입니다.

|기도(기도 제목)

|주기도문

년 월 일 요일

|사도신경 |찬송 200, 545, 546장 **|말씀** 출 19:16~25

16 ●

17

18

19

20

21

22

23

24

25

본문의 말씀은 하나님의 강림하심의 모습을 가장 실제적으로 보여줍니다.

이것은 백성들에게 경외하심을 불러 일으키고 그들의 주위를 환기시키기 위함이었습니다. 그들이 잠을 자고 있었는가? 그렇다면 우레가 그들을 깨웠을 것입니다. 그들이 시선을 다른 곳으로 돌리고 있었는가? 그랬다면 번개가 그들의 얼굴을 말씀하시는 분에게로 향하게 했을 것입니다.

우리들은 천사들이 나팔을 분다는 기사를 볼 수 있습니다(계 8:6). 모든 백성을 떨게 한 것은 '나팔 소리'였습니다. 즉 그것은 그들 자신의 죄를 알고 이 나팔 소리가 그들에게는 '선전포고'가 될 수 있음을 예감할 수 있었기 때문입니다. 오늘 우리도 주님의 나팔 소리가 들리기 전에 모든 죄를 정리하여야 하겠습니다.

여호와께서는 시내산 즉 산 꼭대기 불 가운데서 강림하였습니다. 불은 뜨거움을 상징하고, 뜨거움은 열심을 나타냅니다. 불 가운데 역사하신 하나님은 우리들에게 불과 같은 성령으로 임재하셔서 우리를 뜨겁게 하고 열심 있는 신자가 되게 하십니다. 우리도 성령의 뜨거운 체험을 통하여 열심있는 성도가 되어야 하겠습니다.
불 가운데 나팔 소리를 대동하여 우레와 번개로 주님이 강림하셨습니다.

|기도(기도 제목)

|주기도문

년 월 일 요일

|사도신경 |찬송 199, 546, 359장 |말씀 출 20:1~6

십계명 (신 5:1–21)

20

2

3 ●

4 ●

5

6

하나님께서는 이스라엘을 구원하신 후에 이미 이전에 인간에게 주셨던 계명을 다시 주십니다.
하나님께서는 십계명을 주시기 전에 자신이 이스라엘을 애굽 땅 종 되었던 집에서 인도하여 내신 분이신 것을 먼저 말씀하십니다. 하나님의 계명은 사람에게 의무와 책임을 요구합니다. 그리고 하나님은 이스라엘에게 구원의 하나님을 보이셔서 이스라엘이 감사하는 마음으로 계명들을 따르도록 하였습니다.

1~4계명은 하나님께 대한 이스라엘의 의무를 말씀합니다. 하나님은 자신과 관계된 계명들을 통해서 이스라엘의 의무는 하나님을 경배하는 일이라고 밝히십니다. 내적으로는 그의 이름에 합당한 영광을 돌릴 마음과 그것이 외적 생활에 나타나야 했습니다. 특히 하나님 외에는 이스라엘 앞에 아무것도 두어서는 안 됨이 강조되었습니다.
하나님께서는 계명들을 주시면서 하나님을 미워하는 자는 삼사 대까지 죄를 갚으시겠으며, 하나님을 사랑하고 계명을 지키는 자에게는 천 대까지 은혜를 베푸시겠다고 하셨습니다. 하나님께서는 이 말씀 속에서 죄를 지은 자에게 주실 벌보다 영원한 복을 약속하여 계명을 지킬 용기를 주십니다.
하나님의 계명은 하나님을 위할 뿐만 아니라 우리가 그의 복을 받도록 하시는 하나님의 사랑의 약속들입니다.

|기도(기도 제목)

|주기도문

년 월 일 요일

|사도신경 |찬송 220, 219, 221장 |말씀 출 20:7~16

7 ●

8 ●

9

10

11

12 ●

13 ●

14 ●

15 ●

16 ●

계명을 이해하려면 계명의 진정한 성격과 대상을 먼저 이해해야 합니다.

계명은 언제나 단수의 대상에게 전해지고 있습니다. 하나님께서는 모세를 통하여 온 이스라엘에게 말씀하셨지만 너희들이라고 하시지 않고 '너'라는 단수를 사용하셨습니다. 또 내가 맡은 직분이 가르치는 일이라 할지라도 계명은 남을 가르치라고 주신 것이 아니라 먼저 나에게 주신 것으로 받아야 합니다.

5~10계명은 이웃에 대한 의무를 말합니다. 이웃과의 사이에서도 먼저 하나님을 경배하라는 기초가 되어야 합니다. 하나님께서는 하나님에 대한 계명뿐만 아니라 이웃에게 대한 계명도 늘 내 앞에서 행하라고 말씀하셨습니다. 우리는 늘 하나님 앞에 서 있다는 것을 기억하면서 이웃과 생활해야 합니다.

모든 계명은 목적을 가지고서 주어졌습니다. 뿐만 아니라 계명을 지키는 방법도 제시되었습니다. 예수께서는 계명을 두 마디로 요약하셨습니다. 하나님을 사랑하고 이웃을 사랑하라는 말씀이 계명의 완성이었습니다. 하나님을 사랑한다면 우상숭배를 하지 않을 것이며 이웃을 사랑한다면 그들에게 악한 짓을 하지 않을 것입니다.

계명으로 구원받을 수는 없습니다. 그러나 하나님을 영화롭게 하는 영적 표준으로 지켜야 합니다.

|**기도**(기도 제목)

|**주기도문**

년 월 일 요일

|**사도신경** |**찬송** 293, 381장 |**말씀** 출 20:17~26

17 ●

백성이 두려워 떨다 (신 5:22–33)

18 ●

19

20

21

제단에 관한 법

22 ●

23

24

25

26

하나님을 기쁘게 하려면 보이는 것을 섬기던 과거의 습관을 버려야 합니다.

하나님의 계명 중에 제10계명은 네 이웃의 것을 탐하지 말라입니다. 탐심은 악한 생각에 대한 말씀입니다. 인간이 죄를 실행하기까지는 죄에 대한 악한 생각이 먼저 활동합니다. 그 악한 생각은 잘못된 욕심(탐심)을 동반하게 됩니다. 하나님의 공급하심에 대한 만족이 없을 때 보이는 것이 충동을 받아 탐심의 노예가 됩니다.

하나님께서 백성들에게 자신의 영광과 거룩하심과 그리고 커다란 위엄을 보이시자 이스라엘 백성은 황홀감에 빠지기 보다 "죽을까 봐" 걱정을 합니다. 하나님께서 그들에게 자신의 위엄을 보이신 이유는 그들이 하나님을 경외하여 범죄하지 않게 하심입니다. 죄를 이기는 것은 하나님께 대한 경외감입니다.

하나님께서는 이스라엘에게 자신의 형상이나, 신상을 만들지 못하게 하십니다. 우상은 하나님께서 가장 싫어하시는 것입니다. 고대에는 신의 형상을 금으로 만들 경우, 그 금은 신으로 이해되었기 때문에 하나님은 하늘의 영광을 땅에 보이는 것과 바꾸지 못하게 하셨습니다. 사람들은 믿음이 약해질 때 보이는 것에 의존하기 쉽습니다. 생활의 모든 문제를 해결하는 열쇠는 하나님을 믿음으로 볼 수 있는 훈련된 마음입니다.

기도(기도 제목)

주기도문

년 월 일 요일

사도신경 **찬송** 220, 219, 221장 **말씀** 출 21:1~14

종에 관한 법 (신 15:12–18)

21

2 ●

3

4

5

6

7 ●

8

9

10

11

폭행에 관한 법

12 ●

13

14

15 ●

16 ●

17 ●

18 ●

19

20 ●

21

하나님의 백성은 이방인의 삶에서 보여주는 '종의 숙명론'을 배제합니다.

히브리인은 여호와 안에서 자유인으로 태어났기 때문에 영원히 묶어둘 수 없습니다. 즉 그리스도인으로 선택받은 자는 비록 어떤 경위에 의해 종으로 전락되어도 영원한 종이 될 수 없고 하나님의 자비는 계속 살아있는 것입니다. 엿새 동안인 세상날이 지나면 자유하고, 예수 그리스도의 속권으로 참되며 영원한 자유인이 되는 것입니다.

율법은 가정 행복이 우선되는 법입니다. 여인의 인권에 있어서 이방 세계에서는 한낮 희롱거리에 지나지 못했으나, 하나님의 법은 철저히 여인의 전 인생을 책임지게 했습니다. 그리스도인은 종들을 신뢰해 줌으로써 그들이 소망을 갖고 그리스도 안에서 참된 해방이 있음을 알려주십시오.

사람들을 죽이고 살 수 있는 길은 없습니다. 사람이 죽는 일에는 몇 가지가 있습니다. 이웃의 음해로 죽는 일, 죄 값으로 인해 하나님의 허락으로 죽는 일, 삶의 현장에서 실수로 죽는 일, 고의적인 음해로 죽는 일 등입니다. 아무튼 살인한 자는 반드시 죽는다. 그러기에 도피성 제도를 세우셨고 죄인이 살 수 있는 구원의 길을 열어놓으셨습니다.

우리가 주님께 회개하고 달려갈 때 그의 품속에 용납하고 살려 주시는 하나님의 구속의 역사를 나타내줍니다.

계명은 사랑을 바탕으로 합니다. 첫째는 하나님에 대한 사랑이며 둘째는 이웃에 대한 사랑입니다.

불효에 대해서는 두 가지를 말할 수 있습니다. 하나는 물리적인 행동으로 부모에게 폭행을 가하는 자와, 다른 하나는 정신적으로 폭행을 가하는 자입니다. 부모는 하나님으로 말미암은 생명의 통로입니다. 그러기에 하나님께서는 계명에서 첫째로 보호 되도록 강조하고 계십니다. 그리고 이를 범하는 자에게는 중벌을 명하셨습니다.

생명은 하나님만이 자유롭게 하실 수 있습니다. 그런데 누가 이웃을 유괴해서 팔거나 부리거나 할 수 있으랴. 이는 괴악한 일입니다. 그러므로 사도 바울은 딤전 1:9-10에서 그리스도인은 결코 그런 일을 해서는 안되며 이러한 사람은 범법자로 다스려져야 한다고 말하고 있습니다. 우리는 이웃을 내 몸처럼 보호해야 합니다.

유대인의 법은 범법한 자에게 40에서 하나를 감한 매를 치도록 하고 있습니다. 이와 같은 유대인의 형벌은 생명을 지키려는 하나님의 명령에 의한 것이었습니다. 그리고 이러한 법은 금전으로 취급되는 노예에게까지 적용된 것으로, 나로 인하여 이웃이 상해를 입었을 때 치료해 주어야 할 의무가 있었습니다.

생명은 하나님께로 온 것으로 우리는 이웃의 생명을

|기도(기도 제목)

|주기도문

년 월 일 요일

|사도신경 |찬송 304, 385, 71장 |말씀 출 21:15~21

보호해야 할 책임이 있습니다.

|기도(기도 제목)

|주기도문

년 월 일 요일

|사도신경 |찬송 204, 221장 |말씀 출 21:22~36

22 ●

23

24

25

26 ●

27

임자의 책임

28 ●

29

30

31

32

33 ●

34

35 ●

36

율법은 자신의 무능을 깨닫고 은혜 아래 사는 그리스도인으로 이끌어 가는 초등교사의 역할을 합니다.
미국 부시 대통령이 유럽순방에서 동서 이념의 장벽이었던 녹슨 철조망 한 조각을 선물로 받았습니다. 율법에 "눈은 눈으로 이는 이로"는 철조망 조각일 수밖에 없습니다. 그러나 예수 그리스도의 십자가의 은혜라는 자비의 손으로 율법의 조각들을 쥘 때 녹슨 사망의 철조망을 산산히 끊어 버릴 수 있는 것입니다.

하나님은 아담과 약속하시면서 피차 책임을 지기로 하셨습니다. 이것이 사람에게 주신 특권이요, 인격인데 사탄은 이 아담의 특권인 인격의 정각을 비틀어 놓은 것입니다. 율법은 책임지는 인격으로 타인의 죄를 자신의 책임으로 승화시켜 십자가에서 죽기까지 하신 예수 그리스도를 본받게 하려는 것입니다.

책임의식이 없고 고의적으로 이웃의 생명과 재산에 손해를 끼치는 자는 '닭 잡아먹고 오리발 내미는' 얌체입니다. 그리스도인은 그렇게 비열한 자가 되어서는 안 됩니다. 나발을 죽인 것은 다윗의 칼이 아니요 아내의 애정 어린 충고로 말미암아 그 속에 번득인 자신의 양심의 칼에 의해서였습니다.

율법에 대한 인간의 책임은 은혜 아래서 하나님의 뜻을 이루는 삶이라 하겠습니다.

기도(기도 제목)

주기도문

년 월 일 요일

사도신경 **찬송** 146, 486, 458장 **말씀** 출 22:1~6

배상에 관한 법

22

2

3

4

5 ●

6 ●

본문에서는 철저한 보상을 말하고 있는데, 보상하지 못하면 몸을 팔아 노예로 전락됩니다.

도적은 어두움을 틈타서 남의 물건을 훔친다. 도적이 사망의 장소에서 죽는 것은 자업자득의 결과로 치부하나, 낮에 정체가 빛 가운데 드러났을 때는 도둑의 생명이라도 보호를 받아야 한다고 율법은 규정하고 있습니다. 그러나 도적은 훔친 소 한 마리에 소 다섯, 양 한 마리에 양 넷을 갚아야만 했습니다.

도둑질 한 것이 살아있는 짐승이면 배상하고 타인의 포도원이나 곡식에 손해를 입힌 것이면 제일 좋은 것으로 갚으라고 했습니다. 그리고 철저한 도둑으로 발견되면 훔친 것의 5배 내지는 4배로 갚도록 했습니다. 도둑이 과연 갚을 수 있을까? 지금 우리는 어떠한가? 도둑질한 하나님의 영광, 십일조와 헌물을 갚을 수 있을까?

은혜는 값없이 주시는 것을 말합니다. 우리의 죄를 대신 져주신 주님의 십자가의 속죄의 역사가 바로 은혜입니다. 오네시모의 도둑질한 값을 바울이 대신 갚아줌으로써 그가 자유롭게 살게 된 배경을 아는가. 우리의 삶이 예수 그리스도의 피에 의해 의로워졌으므로 주의 자녀다운 삶을 살아야 합니다.

예수 그리스도만이 수고하고 무거운 짐진 자들이 편히 쉬게 되는 안식처가 됩니다.

기도(기도 제목)

주기도문

년 월 일 요일

사도신경 **찬송** 407, 455, 463장 **말씀** 출 22:7~13

7 ●

8

9

10 ●

11

12

13

하나님의 말씀과 율법 앞에서 진솔하게 정직하며 거짓을 버리는 것이 그리스도인이 지녀야 할 보화입니다.
예레미야는 만물보다 거짓되고 심히 부패한 것은 사람의 마음이라고 말하고 있습니다. 그러기에 남은 물건을 봉적(도둑을 만남)당하면 제사장 앞에 나아가고, 본 사람이 없으면 여호와 앞에 나아가라고 명하고 있습니다. 사람의 마음을 믿을 수 없기에 우리들은 오직 예수만 바라보고 나아가야 합니다.
사회의 공의가 무너지면 그 사회는 별 볼일 없는 세상일 것입니다. 사람은 무고에 의해서 얼마든지 손해를 보고 또 손해를 보일 수도 있습니다. 특히 잃은 물건이 발견되었다 하더라도 재판장의 판단에 따르고 무고히 인격에나 재산에 손해를 입지 않도록 제도적인 장치를 해 두었습니다.
그리스도인은 목자와 청지기의 사명을 다 하여야 합니다. 그리스도인은 소유권의 분복을 인정하여야 합니다. 이것은 외적인 어떠한 방법으로도 손괴 될 수 없습니다. 그러므로 중생한 그리스도인들은 내주하시는 주님의 심장으로 재산과 인격을 관리하고 타인의 재산과 인격도 철저하게 보호해 주어야 할 의무가 있습니다.
우리가 하나님을 믿는 백성일진대 우리의 삶 속에 있는 거짓된 행위들을 철저히 배격해야 합니다.

기도(기도 제목)

주기도문

년 월 일 요일

사도신경 | **찬송** 337, 361, 362장 | **말씀** 출 22:14~24

14 ●

15

도덕에 관한 법

16 ●

17

18 ●

19 ●

20 ●

21

출

22

23

24

26

27

28 ●

29

30

31

"내가 거룩하니 너희들도 거룩하라." 하나님의 명령입니다. 하나님은 철저한 성결을 우리에게 요구하십니다.

더러운 그릇에 음식을 담을 수 없습니다. 이처럼 여인의 성(性)이 남자들의 희롱거리가 될 수 없습니다. 특히 이스라엘의 여인들은 하나님이 택한 구속의 그릇입니다. 이는 거룩한 자녀의 생산을 의미합니다. 그렇기 때문에 남자가 처녀를 더럽히고 버리는 것은 그를 지으신 하나님을 모독하는 윤리적 패역 행위입니다.

무당은 사탄과 행음하여 사탄과 한 몸이므로 사악하고 더러운 것입니다. 이들은 남을 속이고 사악의 길로 이끌어 가며 계속 마귀의 자식을 세상에 번식시킵니다. 어찌 그러한 자를 하나님의 동산에서 거닐게 하겠는가. 짐승과 교접하고 상관하는 자도 하나님을 떠나 행음하는 악하고 더러운 그릇입니다.

과부와 고아와 나그네는 어느 누구도 돌볼 사람이 없습니다. 그러기에 하나님께서는 이들을 책임지시며 거룩한 윤리적인 책임을 갖도록 이스라엘에게 명하십니다. 이들을 돌보지 않거나 긍휼히 여기지 않으면 그들의 남편이시며 아버지시며 주인되신 하나님을 업신여기는 일이니, 그리스도인은 그들을 돌봐야 할 책임이 있습니다.

하나님 백성의 윤리는 성윤리에 있어서 순결하고 우상숭배를 금하며 약자를 돌보아 주어야 합니다.

|**기도**(기도 제목) ______

|**주기도문**

년 월 일 요일

|**사도신경** |**찬송** 64, 65, 9장 |**말씀** 출 22:25~31

25 ●

하나님께서는 이스라엘을 구원하시고 그들의 일상 생활의 세밀한 것까지도 유의하시는 모습을 보여주십니다.

하나님께서는 이스라엘에게 그들 중 가난한 자에게 돈을 꾸어 주었을 때는 이자를 받지 말며, 이웃의 옷을 전당 잡았을 때는 해가 지기 전에 그것을 돌려주라고 하셨습니다. 하나님의 자비는 가난한 자의 부르짖음을 들으시기 때문입니다. 또한 이스라엘이 가난한 자들을 돌보면 하나님께서는 이스라엘에게 축복하실 것입니다.

재판장과 지도자는 하나님의 뜻을 이루기 위하여 세워졌기에 그들을 욕하지 말라고 하셨습니다. 그 양심껏 하나님의 뜻을 이루어야 했고, 이스라엘은 어떠한 고난이 오더라도 그들에 대한 임무를 다해야 했습니다. 역사의 변화가 필요할 때 하나님께 부르짖으면 역사의 주관자이신 하나님께서 일하십니다.

하나님께서는 그에게 바치기를 더디게 말라고 하셨습니다. 우리가 마땅히 해야 할 일을 미루고 있을 때, 그 사이에 시험이 틈 타 영영 그 일을 하지 못할 경우가 있기 때문입니다. 이스라엘은 추수한 것과 짐승의 첫 열매 그리고 처음 난 아들을 바치면서 모든 것은 하나님께로부터 왔음을 고백하고 계속 그 복을 받을 수 있었습니다.

하나님은 자비하신 분이십니다. 또한 역사의 주관자이시며 우리가 섬길 대상이십니다.

|기도(기도 제목)

|주기도문

년 월 일 요일

|사도신경 |찬송 275, 276, 363장 |말씀 출 23:1~13

공평에 관한 법

23

2

3

4 ●

5

6 ●

7

8

9

안식년과 안식일에 관한 법

10 ●

11

12

13

하나님은 그의 백성에게 공의를 세워 사회 평안을 도모하게 하셨습니다.

하나님은 의로운 재판장이십니다. 하박국은 "주께서는 눈이 정결하시므로 악을 차마 보지… 못하시거늘 어찌하여 거짓된 자를 방관하시며 악인이 자기보다 의로운 사람을 삼키는데도 잠잠하시나이까"라고 사회 정의가 땅에 떨어진 것을 통탄하며 하나님께 호소하였습니다. 하나님은 악을 행하는 것을 미워하십니다.

하나님은 그의 백성에게 명하기를 악과 절연하라고 하십니다. "거짓말장이가 되지 말고, 악한 일을 돕지 말고, 다수를 무턱대고 취하지 말며, 정직한 판단에 힘쓰며 모든 사람에게 공정하고 무죄한 자를 헤치거나 악한 자를 무죄한 자로 만드는 데 참여하지 말며 뇌물을 무서워하고 공명정대하라"고 또한 당부하십니다.

하나님은 만물의 소유주가 되십니다. 안식년에는 땅의 소유권을 행사하기 원하십니다. 그래서 가난한 자와 들짐승이 먹게 하며 종과 가축을 쉬게 하셨습니다. 그 이유는 이 균형이 깨어지면 생태계의 균형이 무너지기 때문입니다. 하나님은 그 주권으로 가난한 자와 들짐승과 가축과 노예에게까지 자비를 베풀어 균등하게 하십니다. 그리스도인이 주께서 속량하신 은혜의 세계를 받갈며 보존하는 것은 당연한 의무입니다.

|기도(기도 제목)

|주기도문

년 월 일 요일

|사도신경 |찬송 197, 434, 441장 |말씀 출 23:14~19

세 가지 절기에 관한 법

(출 34:18–26; 신 16:1–17)

14 ●

15

16

17

18 ●

19

하나님께서는 이스라엘에게 종교적인 절기를 주셨고 그것을 반복해서 지키게 하셨습니다.

누룩이 섞이지 않은 무교병을 먹는 무교절은 하나님의 구원을 기념하는 절기입니다. 즉 이스라엘이 출애굽 때 급히 나오느라고 아직 부풀지 못한 떡반죽을 메고 나온 것을 기념하는 날입니다. 순수한 떡이 비록 맛은 없을지 몰라도 구원의 진리가 '오직 그리스도로서'라는 순수성을 생각케 합니다.

첫 수확이 시작되는 때에 처음 익은 열매를 드리는 것이 오순절입니다. 이때 이스라엘은 나머지 밭에 있는 곡식도 지금 손 안에서 하나님께 드려지는 곡식처럼 추수할 때가 되었다는 것을 알았습니다. 바울도 이 원리를 그리스도의 부활에 적용시켜 그가 첫 열매가 되심은 그의 백성의 부활이 보장되었다고 말했습니다(고전 15:23).

수장절은 모든 것의 추수가 끝나고 지키는 절기였습니다. 그동안 은혜를 베풀어 주신 하나님께 대한 감사와 자신들의 수고에 대한 만족이 함께 어우러지는 큰 축제로 지켜졌습니다. 이 절기는 장차 예수 그리스도께서 다시 오셨을 때 성도가 참여할 천국잔치를 예표합니다. 그때 성도는 구원의 은총에 크게 기뻐할 것입니다.

모든 절기가 봄에서 가을까지만 있습니다. 겨울에 이스라엘을 여행하는 것이 불편했기 때문입니다.

|기도(기도 제목)

|주기도문

년 월 일 요일

|사도신경 |찬송 216, 218, 597장 |말씀 출 23:20~33

명령과 약속

20 ●

21

22

23

24

25

26

27

28

29

30

31

32

33

하나님은 율법의 명령을 마감하면서 앞서 보내어질 여호와의 사자를 순종하라고 말씀하십니다.

미지의 세계에 대한 동경과 두려움이 뒤범벅이 된 그들에게 하나님은 두려운 존재로 율법만을 강조하시지는 않으셨습니다. 그리고 여호와의 사자를 앞세우겠다고 하셨는데 이 분은 바로 예수 그리스도이시며 여호와 자신이십니다. 고전 10:1-4에서 광야생활의 만나와 생수는 이들과 동행하신 그리스도라고 하셨습니다. 그분이 앞서 가나안 일곱 족을 물리치고 그들의 삶에 함께 하시되 ①경제적인 복, ②건강의 복, ③생산의 복, ④장수의 복, ⑤땅을 정복하는 형통한 복을 보장하셨습니다. 얼마나 놀라운 언약인가.

하나님은 이스라엘에게 주실 넓은 땅을 정해 놓으셨습니다. 홍해에서 블레셋 바다까지와 광야에서 하수까지를 그들의 몫으로 주신 것입니다. 사랑하는 아버지는 아들을 양육할 때 사랑과 매를 준비하고 좋은 선물을 줄 때는 그것에 안전 장치를 합니다. 이와 같이 하나님은 가나안 땅에 히위 족속과 가나안 족속과 헷 족속을 조금 남겨 두어서 이스라엘이 미혹됨과 타락에 대한 징계의 모퉁이를 삼으시고 또 한편으로는 황폐한 곳의 들짐승의 위험으로부터 보호하신다고 하셨습니다.

우리의 삶은 믿고 섬기기만 하면 영생이 보장되는 삶인 것입니다.

기도(기도 제목)

주기도문

년 월 일 요일

|사도신경 |찬송 536, 279, 321장 |말씀 출 24:1~8

시내 산에서 언약을 세우다

24

2

3

4

5

6

7

8

본문 8절에서 모세가 피를 취하여 선포한 말씀에 주의를 기울여야 겠습니다.

①여호와께로 나아갈 사람은 모세와 아론과 나답, 아비후 그리고 이스라엘의 70장로였습니다. ②여호와를 만날 사람은 오직 모세뿐이었습니다. 아론, 나답, 아비후와 70장로는 거리를 두고 있으라고 하셨습니다. 또한 백성은 여호와께 올라오지 말아야 했습니다. ③모세에게 전달된 말씀이 선포되자, 모든 백성이 한 목소리로 "우리가 준행하리이다"라고 응답하였습니다. 그들은 산 아래 단을 쌓고 이스라엘 12지파의 열두 기둥을 세웠으며 이스라엘 청년들은 하나님께 화목제를 드렸습니다. 우리들도 하나님께 산 제사를 드려야 합니다.

모세가 화목제의 피를 취하여 제단에 뿌리고 양푼에 담은 피의 절반을 백성에게 뿌린 후 "이는 여호와께서 이 모든 말씀에 대하여 너희와 세우신 언약의 피"라고 말씀했습니다. 이 피는 하나님과 우리 사이에 막힌 담을 허시고 십자가로 말미암아 화목을 이루신 그리스도의 피를 의미합니다. 이 피는 대속의 피이며 구원의 피요 하나님과 만남을 맺어주는 화목의 피입니다. 피 없이 죄사함이 없고 그리스도의 피 없이 어찌 하나님께로 나아가랴. 구속의 피로 우리는 자유함을 얻었습니다.

하나님과 우리와의 관계는 예수 그리스도의 피로 말미암아 맺어진 관계입니다.

|기도(기도 제목)

|주기도문

년 월 일 요일

|사도신경 |찬송 323, 324, 461장 |말씀 출 24:9~18

9 ●

10

11

시내 산에서 사십 일을 있다

12 ●

13

14

15
16

17

18

그리스도의 대속의 은혜를 입은 자에게 주는 영적 축복이 밝히 선포되고 있는 것입니다.

누구나 주를 만나는 것이 아닙니다. 반드시 하나님께 부름받은 선별자이어야 합니다. 아브라함, 이삭, 야곱, 요셉과 같은 자입니다. 또한 모세를 통하여 거룩한 성단에서 흘린 피로써, 뿌림을 입은 사람이 주님을 만난다. 그러므로 그리스도의 속죄의 피가 얼마나 소중한지를 우리는 이 말씀을 통하여 경험하게 됩니다.

하나님을 섬길 제사장 아론, 나답, 아비후까지 거리를 두셨던 하나님께서는 피 뿌림이 있은 후에 그들과 함께 만나시고 먹고 마셨습니다. 우리는 여기에서 성만찬의 축복과 예배의 진수를 맛봅니다. 예배는 바로 하나님을 만나는 일이요 함께 먹고 마시는 진복인 것입니다. 지금 우리가 주말마다 드리는 예배는 과연 어떠한가?

하나님과의 만남의 예배는 죄인들에게 주는 축복의 영원한 기념비입니다. 그러기에 두고두고 이스라엘 백성에게 가르칠 증거의 돌판이 필요했고 여호와께서는 친히 쓰신 증거판을 주셨습니다. 하나님께서는 하나님을 만나는 예배가 중요하기에 모세의 부하이며 눈의 아들인 여호수아를 모세의 후계자로 거룩한 산에 부르셨습니다.

하나님께 부름 받은 사람들은 축복받은 백성이므로, 부름받음에 합당한 생활을 하여야 합니다.

기도(기도 제목)

주기도문

년 월 일 요일

사도신경 **찬송** 323, 204, 447장 **말씀** 출 25:1~9

성소를 지을 예물

25

2

3

4

5

6

7
8

9

본문은 하나님께서 이스라엘 백성 중에 거하실 성소를 짓기 위해 명하신 예물들에 관해 언급하고 있습니다.

하나님께서 가장 기뻐하시는 것이 당신의 목소리를 순종하는 것임을 명심합시다. 그 분은 이스라엘 백성이 드릴 예물의 종류를 자세하게 말씀하셨으므로 그들은 그 분이 말씀하신 예물만 드려야 했습니다. 누구든지 하나님을 참으로 기쁘시게 하려면 하나님의 뜻을 알고 청종하도록 해야 합니다.

똑같이 예물을 드렸는데도 어떤 사람의 예물은 열납이 되고 어떤 사람의 예물은 열납되지 않습니다. 아무리 많은 것을 드렸다 해도 열납되지 않은 예물은 가치가 없습니다. 아벨의 예물같이 되게 하려면 믿음으로 드리고, 즐거이 드려야 합니다.

예물들 중에는 금, 은처럼 비싼 것도 있고 가는 베실이나 염소 털처럼 싼 것도 있었습니다. 자신의 형편에 따라 얼마든지 알맞는 예물을 하나님께 바칠 수 있지만 하나님께서 원하시는 것은 결코 예물의 양이나 질이 아니라 바치는 자의 마음입니다. 억지로 드리는 것, 마지 못해 드리는 것은 그분이 받지 아니하십니다. 성소에 드리는 예물은 주가 명하신 대로 마음 중심에서 즐거운 마음으로 드릴 때 하나님이 기뻐하십니다.

|**기도**(기도 제목)

|**주기도문**

년 월 일 요일

|**사도신경** |**찬송** 382, 406, 419장 |**말씀** 출 25:10~22

증거궤 (출 37:1–9)

10 ●

11

12

13

14

15

16

17

18

19

20

21

22

하나님께서 만들라고 명령하신 법궤는 지성소의 비품이요, 하나님의 임재를 나타내는 특별한 증거물이었습니다.

이 궤는 법궤, 또는 언약궤라고도 합니다. 이는 하나님께서 언약의 백성을 구원해 주시기 위하여 일하신다는 것을 증거하는 것이기 때문입니다. 그 속에 들어있는 증거품으로서는 주로 세 가지를 들 수 있으니 만나를 담은 금항아리와 아론의 싹 난 지팡이와 언약의 비석들입니다(히 9:4).

이는 하나님의 자비하신 성품을 대표합니다. 그것이 율법을 덮고 있는 것처럼 하나님께서는 그의 백성들의 죄와 허물을 덮으십니다(시 31:1, 85:2, 롬 4:7)는 것을 의미합니다. 그것은 대제사장의 뿌린 속죄의 피를 받아 드리도록 준비되어 있었고, 그 피는 그리스도의 합당한 희생을 상징하고 있습니다.

이것은 지키는 정신과 예배드리는 정신을 동시에 표현합니다. 거룩한 사자는 언제나 보이지 않는 중에 궤를 지키고 있음을 의미합니다. 금으로 만든 두 개의 그룹은 이스라엘 사람들에게 이 거룩한 돌봄이 있음을 상징해 주고 그 장소가 지극히 거룩한 곳임을 말해주고 있는 것입니다.

언약궤는 하나님의 은혜의 보좌로 사죄의 은총이 임재하는 곳입니다.

기도(기도 제목)

주기도문

년 월 일 요일

사도신경 | **찬송** 210, 550, 491장 | **말씀** 출 25:23~40

진설병을 두는 상 (출 37:10–16)

23 ●

24

25

26

27

28

29

30

등잔대와 기구들 (출 37:17–24)

31 ●

32

33

34

35

36

37

38

39

40

등잔대는 성막에 있는 것으로 떡상 맞은 편에 있고 지성소의 휘장에 접근해 있습니다. 이것은 교회를 상징합니다.

그 등잔대에 붙어 있는 여섯 개의 가지와 줄기에 등잔들이 석류 열매 모양으로 여러 개 달려있습니다. 이것은 틀림없는 살구나무 형상이었습니다. 바로 이것은 빛의 열매를 맺는 나무라고 할 수 있습니다(엡 5:9-10). 이 말씀은 빛의 열매가 무엇인지 밝히어 지적합니다. 그것들은 착함과 의로움과 진실함입니다.

성막에 있던 등잔대의 등불은 성령을 비유하는 말씀들로 나타나있습니다(계 4:5). 선지자 스가랴는 이 사실을 직접 지적하였습니다(슥 4:6). 그러므로 교회가 아무리 빛을 비추려고 해도 성령의 은혜가 없이는 될 수 없습니다. 성령의 은혜는 누가 받는가? 그것은 간절히 구하는 자가 받는다고 예수님이 말씀하셨습니다(눅 11:13).

등잔대란 말은 히브리 원어로 '메노라'입니다. 여기 등잔 일곱에 켜는 등불은 성령의 역사를 상징합니다. 성령의 역사가 계속되어야 신자들의 영적 생명이 존속되기 때문에 그것을 상징하는 등잔대에는 영구히 불을 켜도록 되어있었습니다(레 24:1-4). 불로 연단한 금은 변함이 없습니다. 등잔대는 순금을 가지고 망치질하여 만든 작품입니다.

우리도 세상을 밝히는 등잔대가 되어 빛의 열매를 맺고 세상에 생명을 제공토록 하여야 합니다.

기도(기도 제목)

주기도문

년 월 일 요일

사도신경 **찬송** 600, 210, 208장 **말씀** 출 26:1~14

성막 (출 36:8–38)

26

2

3

4

5

6

7

8

9

10

11

12

13

14

모세는 하나님으로부터 성막에 이중 덮개를 하라는 명령을 받았습니다. 이것은 손상되지 않도록 하기 위해서입니다.

이 덮개는 내면의 막보다 사방을 약간 더 크게 만들어야 했는데 그것은 내면의 막을 둘러막고 또 거기서 좀 떨어져서 쳐질 것이기 때문입니다. 그리고 이 덮개들은 놋쇠고리로 서로 연결되어 있어야 했습니다. 덮개의 재료는 조금 싼 것이었으나, 그 갈고리는 황금 갈고리로 효과적이었을 것입니다.

하나는 붉은 물 들인 숫양 가죽으로 된 것으로 아마 양털로 장식하였을 것 같고 다른 하나는 해달의 가죽으로 된 것이었습니다. 그 재료를 우리는 이렇게 부르지만 그것은 아마 질긴 종류의 가죽이었음이 틀림없습니다. 왜냐하면 그 가죽으로 만들어진 신발이 최상급품이라는 기록이 있기 때문입니다(겔 16:10).

그러므로 하나님께서 거하시는 곳은 외부보다 내부가 더욱 아름답게 고안되었던 것이 분명합니다. 위선자는 가장 좋은 면만을 밖으로 드러내지만 회칠한 무덤과 같은 것입니다. 세상 사람의 눈에는 게달의 장막같이 검게 보일지라도 하나님의 눈에는 솔로몬의 휘장같이 아름답다(아 1:5).

우리는 하나님이 소중히 여기시는 우리의 마음을 단장하여야 겠습니다(벧전 3:4).

기도(기도 제목)

주기도문

년 월 일 요일

사도신경 **찬송** 207, 598, 210장 **말씀** 출 26:15~30

15 ●

16

17

18

19

20

21

22

23

24

25

26

27

28

29

30

본문은 성막의 널판에 대하여 아주 자세한 지시가 주어져 있습니다.

하나님은 그의 성막 안에 있는 모든 것을 아름답게 함은 물론 튼튼하게 하길 배려하였습니다. 널판이 없다면 성막은 바람이 불 때마다 흔들릴 것입니다. 널판은 꼭대기와 밑바닥이 모두 금 고리로 연결되어 있었고 각 널판에 있는 금 꺽쇄를 관통하는 빗살이 있어 견고하게 되어있었습니다.

이것은 유아기의 교회상과 마찬가지로 성막 안에 있던 모든 것을 금으로 장식하였다는 말입니다. 그 때는 그러한 성구들이 매우 알맞아 하나님을 예배하는 자들을 기쁘게 하고 하나님의 영광에 대한 경외감에 사로잡히게 되며 "내가 여기에 거하리라"고 말한 그 위대함에 감동되기 마련입니다.

성막의 바닥에 대하여는 아무런 명령이 내려지지 아니 하였습니다. 그러나 아마도 성막의 바닥에도 널판을 깔았으리라 생각됩니다. 왜냐하면 이런 장막 안의 모든 것들이 아름다운 막으로 둘러쳐진 그 속에서 사람들이 차갑고 축축한 땅바닥을 딛고 있었으리라고는 생각할 수 없기 때문입니다.

단단한 성막은 든든한 널판으로 인해 견고해지고 완벽해졌습니다. 우리의 몸도 이런 전으로 지어야 합니다.

기도(기도 제목)

주기도문

년 월 일 요일

사도신경 **찬송** 208, 209, 550장 **말씀** 출 26:31~37

31 ●

32

33

34

35

36

37

성막을 두 방으로 만들기 위해서 휘장을 만들되 벽의 내부 덮개와 똑같은 재료와 모양으로 짜야 합니다.

지성소는 아무나 출입할 수 없을 뿐만 아니라 보는 것조차도 금하였기 때문입니다. 바울 사도는 이 휘장의 의미가 무엇인가를 말해줍니다(히 8:8-9). 즉 그것은 의식적 율법이 그리로 나아오는 자를 온전한 자로 만들 수 없으며 그 율법을 지키는 것도 사람을 천국에 이르게 하지는 못할 것이라는 것을 뜻한다고 했습니다.

지성소로 나아갈 수 있는 방법은 생명과 영생이 복음에 의하여 밝히 드러나기까지는 숨겨져 있었던 것입니다. 그러므로 지성소에 들어가는 길은 그리스도께서 죽으실 때 그 휘장이 찢어짐으로써 나타나게 된 것입니다(마 27:51). 우리는 이제 그리스도의 피에 의하여 담대히 지성소로 나갈 수 있습니다.

"그 휘장이 너희를 위하여 성소와 지성소를 구분하리라." 안쪽에 있는 방은 그 위에 은총의 보좌에 있는 언약궤로 말미암아 가장 거룩한 곳이 되었습니다. 그곳은 하나님께서 임재해 계시는 곳으로서 거룩히 구별된 곳입니다. 휘장 밖에는 즉 성소에는 다른 두 개의 성물 즉 등잔대와 상이 마주 대하고 있었습니다.

휘장은 구별을 의미합니다. 그리스도만이 이 구별의 담을 허셨습니다.

기도(기도 제목)

주기도문

년 월 일 요일

사도신경 **찬송** 86, 88, 92장 **말씀** 출 27:1~8

제단 (출 38:1-7)

27

2

3

4

5

6

7

8

성막의 모든 시설들은 비유의 뜻을 가지고 있습니다. 이 비유는 진리 표현에 있어서 보통 글보다 실감을 더 해줍니다.

제단의 모퉁이에는 뿔들이 있습니다. 그것들은 하나님의 사랑과 보호의 권세를 비유합니다. 제단 뿔은 소뿔과 같이 생겼는데 소는 뿔을 가지고 자신을 보호할 뿐이고 그것으로 무엇을 잡아 먹지는 않습니다. 소들은 산에 놓아 두면 밤에는 모여서 원을 지어서 머리를 밖으로 향하고 있다고 합니다. 그것은 맹수를 막기 위한 방법인 것입니다. 그러므로 뿔은 하나님의 보호와 사랑의 권세를 비유합니다. 구약에 보면 죽을 죄인도 도망하여 제단 뿔을 잡으면 살려주는 법이 있었습니다.

제단은 네모가 반듯했습니다. 이는 하나님의 공의를 비유하고 제단을 놋으로 싼 것은 하나님의 심판을 의미합니다. 우리는 우리 자신들과 또 이 세상을 볼 때에 하나님의 심판을 볼 줄 알아야 합니다(막 13:1-2). 제자들은 성전의 웅장함과 화려함을 보았으나 예수님은 거기에 내릴 하나님의 심판을 보셨습니다. 우리도 이 세상의 화려함과 놀라운 발전에 도취되지 말고 거기에 임할 하나님의 심판을 볼 줄 알아야 합니다. 그리하여 나는 먼저 죽을 죄인인 줄 알고 예수님만 의지해야 합니다.

제단 뿔은 예수님의 이름의 권세를 뜻하고, 또 그 권세는 하나님으로부터 유래되었습니다.

기도(기도 제목)

주기도문

년 월 일 요일

사도신경 **찬송** 207, 208장 **말씀** 출 27:9~21

성막의 뜰 (출 38:9-20)

9 ●

10

11

12

13

14

15

16

출

17

18

19

등불 관리 (레 24:1-4)

20 ●

21

구약의 성막 제도는 신약의 교회를 의미합니다. 우리는 이 비유에서 진리를 실감합니다.

뜰은 하나님의 백성들이 모여 기도하는 장소였습니다(눅 1:9-10). 이 장소는 이렇게 성도들의 교제하는 곳이 되었고 또 그들의 기도하는 장소였습니다. 성도들의 참된 교제는 즐거운 것입니다(시 16:3). 성막 뜰은 무슨 다른 사무를 보는 곳이 아니고 기도만 하는 곳입니다(마 21:13, 사 56:7, 왕상 8:27-53). 하나님도 우리의 기도하는 모습을 보시기를 원하십니다. 하나님은 우리의 기도를 향과 같이 기쁘게 여기십니다. 우리도 기도하는 자리에 있는 성도들을 기뻐합니다.

이것은 거룩한 것과 속된 것을 구별하는 것입니다(겔 42:20). 거룩한 교회는 속화를 금물로 합니다. 속화는 무엇입니까? 그것은 편리주의로 행함입니다. 계명을 지키되 편리한 범위 안에서만 지키고 불편하거나 육신의 손해가 있을 경우에는 계명을 지키지 않는 것입니다. 쾌락 사랑하기를 하나님 사랑함보다 더 하는 것은 속화의 죄악입니다. 쾌락이란 것은 이렇게 위태로운 것입니다. 신령한 은혜 생활보다 세상의 활동을 더 유력하게 생각하여 기울어짐도 속화의 죄악입니다.

뜰은 기도가 있는 곳이며 세속과 구별된 축복의 장소입니다. 우리는 교회의 생활이 기도하는 것보다 사람을 만나는 일로 기울어져서는 안 됩니다.

기도(기도 제목)

주기도문

년 월 일 요일

사도신경 | **찬송** 421, 424, 425장 | **말씀** 출 28:1~5

제사장의 옷 (출 39:1-7)

28

2

3

4

5

제사장들의 의복은 영화로움과 아름다움을 위해 지정

되었습니다.

거기에는 물론 값비싼 재료가 제공되어질 것이고 그들의 솜씨는 하나님께서 이 목적을 위해 특별히 주신 재능이며, 여기에서 최고도로 솜씨를 발휘해야 했습니다. 비록 평범한 기술이라도 그것은 하나님의 은사이며 또한 하나님께로부터 온 것이므로 기회가 오면 재능은 하나님을 위해 사용되어져야 합니다. 농부에게 분별력을 가르치는 그분이 역시 상인도 가르치십니다. 그러므로 양자는 다 그들의 수고로 하나님께 영광을 돌려 드려야 합니다. 주를 위해 사용되는 재능은 최고와 최상의 것이 됩니다.

이는 제사장들 자신이 그 직분의 위엄을 상기하여 정당한 때에 범절을 갖추어 처신하도록 하기 위해서입니다. 또 하나님의 사역자들이 그렇게 장엄하게 보임으로써 그 백성들이 하나님께 대하여 거룩한 경외감에 사로잡히게 하기 위해서입니다. 또 다른 하나는 제사장들이 그리스도의 상징이 되게 하기 위해서입니다. 그리스도는 하나님께 자신을 흠 없이 드려야 했습니다. 이는 또한 모든 그리스도인들의 모범이 되게 하기 위해서입니다. 모든 그리스도인들은 하나님께 성별되었으므로 성결의 미를 갖추고 있는 것입니다. 우리의 단장은 금이나 진주나 값비싼 옷으로 할 것이 아니라 구원의 옷과 의로움의 겉옷으로 해야 합니다.

기도(기도 제목)

주기도문

년 월 일 요일

사도신경 **찬송** 212, 213, 320장 **말씀** 출 28:6~14

6 ●

7

8

9

10

11

12

13

14

제사장의 공식 복장 가운데서 제일 먼저 언급이 된 부분은 에봇입니다.

그러나 대제사장이 입는 옷만은 황금 에봇이라 불리웠으니 이는 옷감을 짤 때 대량의 금을 넣어서 짰기 때문입니다. 그것은 소매가 없는 짧은 겉옷이었고 단추로 채웠으며 같은 재료로 된 진귀한 띠가 부착돼 있었습니다. 그 어깨받이는 금으로 싼 두 개의 보석으로 붙여 있었고 그 위에는 이스라엘 아들들의 이름이 새겨져 있었습니다.

사도 요한에게 나타나신 주님의 모습은 에봇의 진귀한 띠같은 금띠를 두르시고 나타나셨던 것입니다. 하나님의 의가 그 허리의 띠이십니다(사 11:5). 우리도 의의 띠를 띠어야 합니다(엡 6:14). 그는 우리의 구원 역사를 위하여 권능의 띠를 띠고 준비하고 계십니다. 응답하는 자가 얻게 됩니다.

그는 자신과 하나님 앞에 영광스러운 교회를 세우셨습니다(엡 5:27). 그는 능력으로 그들을 부양하시고 관심 갖고 권면하고 계십니다. 교회가 존귀와 은총을 입어 기억되는 것은 그리스도를 말미암아서입니다. 아론은 이스라엘의 대표자로서 여호와 앞에 나선다는 뜻으로 어깨 위의 보석에다 이스라엘 아들들의 이름을 새겼었습니다.

제사장의 에봇은 그 직책 수행을 위해 거룩하고 아름다웠습니다.

기도(기도 제목)

주기도문

년 월 일 요일

|사도신경 |찬송 255, 258, 276장 |말씀 출 28:15~30

판결 흉패 (출 39:8–21)

15 ●

16

17

18

19

20

21

22

23

24

25

26

27

28

29

30

판결 흉패는 제사장이 성소에 들어갈 때 가슴에 붙여서 여호와 앞에서 영원한 기념을 삼는 흉패였습니다.

흉패를 짜는 방법은 에봇 짜는 방법으로 금 실과 청색, 자색, 홍색 실과 가늘게 꼰 베 실로 정교하게 짜서 만들고 사방 한 뼘씩 두겹으로 하여 정사각형으로 만들어야 합니다. 이것은 어린 양의 아내 곧 하늘에서 내려오는 거룩한 성 예루살렘을 가리킨다(계 21:9–16). 예수님께서 "하나님의 나라는 너희 안에 있느니라"(눅 17:21)라고 말씀을 하신 것을 보면, 우리 마음 안에 먼저 하나님의 나라와 그 통치가 이루어져야 할 것입니다. 그리고 흉패에, 보석을 금테에 물려 이스라엘 열두 아들들의 이름을 나태내는 표시로 인을 새긴다.

이 보석은 어린 양의 신부 곧 하늘에서 내려오는 새 예루살렘 열두 문의 기초석이 되는 것으로서 인같이 새겨 보석을 물려야 하는 것입니다. 흉패를 에봇에 붙이기 위해 금고리를 만들고 청색 끈으로 에봇 위에 붙여 떨어지지 않게 함은 성도가 주님과 떨어지지 말아야 하는 것을 나타냅니다. 또한 우림과 둠밈을 판결 흉패 안에 넣어 여호와 앞에서 떠나지 않게 함은 판결의 빛과 완전함이 떠나서는 안 된다는 것을 나타냅니다. 이는 여호와의 뜻임을 알아야 합니다.

우리 성도들은 구약의 개념들을 잘 이해하여서 우리의 삶에 유익 되도록 힘써야 합니다.

|기도(기도 제목)

|주기도문

년 월 일 요일

|사도신경 |찬송 426, 425, 540장 |말씀 출 28:31~39

제사장의 또 다른 옷 (출 39:22–31)

31 ●

32

33

34

35

36 ●

37

38

39

이것은 제사장이 입는 예복으로서 옷 가장 자리에 금방울을 달아 그 소리로 인하여 죽음을 면하는 데 있습니다.

이것은 움직일 때마다 소리나게 한 것으로 제사장이 입고 여호와를 섬기려 성소에 들어가고 나올 때에 소리로 인하여 죽지 않고 보호 받는 것입니다. "그의 아버지 하나님을 위하여 우리를 나라와 제사장으로 삼으신"(계 1:6)이란 말씀을 보면, 오늘 우리 자신을 가리키는 것으로 볼 수 있습니다. 또한 청색 자색 겉옷은 예수님의 은혜로 보호의 옷을 입고 살아 움직이는 생명력 있는 신앙생활을 의미하며, 금방울 소리는 우리 자신의 믿음의 소리를 가지고 여호와 앞에 나가야만 살 수가 있다는 것을 가리킵니다.

성패는 판 전면에 붙여서 제사장 이마에 있게 하여 드리는 성물의 죄건을 담당하게 하는 것입니다. 성패는 정금으로 만들어 인을 새기는 법으로 "여호와께 성결"이라 새겨서 청색 끈으로 관 전면에 고정 시킵니다. 그러므로 우리가 그리는 예물도 이와같이 정결케 됩니다. 그것은 예물이 정결해서나 우리 자신이 성결해서가 결코 아니라, 하나님께서 거룩하시기 때문에 예물로 우리 자신도 거룩하게 되는 것입니다. 이것은 예수 그리스도의 십자가 보혈로 단번에 우리를 씻어주신 것을 의미합니다.

구약시대의 제사에 대한 개념들을 새롭게 깨달아서 신앙생활에 새 활력소가 되어야 하겠습니다.

|기도(기도 제목)

|주기도문

년 월 일 요일

|사도신경 |찬송 325, 447, 406장 |말씀 출 28:40~43

40 ●

41

42

43

본문은 이스라엘 백성과 하나님 사이에서 중요한 역할을 담당하는 제사장 직분을 설명하고 있습니다.

제사장 직분은 영화롭고 아름다운 직분이었습니다(40). 그들을 위해서 만든 의복이나 관은 제사장 직분의 영화롭고 아름다움을 나타내기 위한 것이었습니다. 우리는 성도의 직분이 이와 같이 영화롭고 아름다운 것임을 잊어서는 안 됩니다. 성도의 직분은 이 세계의 어떤 것과도 비교될 수 없으며, 다른 무엇과도 바꿀 수 없을 만큼 귀합니다.

제사장 직분은 사람에게서 난 것이 아니라 그 기원을 하나님께 두고 있으며, 하나님께서 위임하신 직분입니다. 거룩한 직분인 것입니다. 따라서 성도의 직분에 대한 위임장에는 이 세계의 어떤 유명한 사람들이 아니라 하나님의 직임이 찍혀 있습니다. 그 나라에서 임명한 사람임을 보증하는 거룩한 표인 것입니다.

제사장들이 그 직무를 수행할 때에는 언제든지 구별된 옷을 입어야만 했습니다. 우리 성도들도 마찬가지다. 주일 하루뿐 아니라 날마다 구별된 옷을 입고 하나님께 산 제물을 드려야 합니다(롬 12:1-2). 이것이 우리의 행실로 나타나게 되고 이것을 보고 믿지 않는 영혼들이 돌아오도록 해야 합니다.

성도는 구약 시대의 제사장 직분을 통해 자기 자신의 위치와 역할을 확인하고 점검해야 하겠습니다.

기도(기도 제목)

주기도문

년 월 일 요일

사도신경 | **찬송** 293, 191, 428장 | **말씀** 출 29:1~18

제사장 직분 위임 (레 8:1-36)

29

2

3

4

5

6

7

8

9

10 ●

11

12

13

14

15 ●

16

17

18

아론과 그의 아들들의 제사장 직분에 대한 위임식 절차와 그 드리는 제사가 뜻하는 의미를 살펴봅시다.
먼저 어린 수소 하나와 흠없는 숫양 두 마리와 무교병과 기름 섞은 무교 과자와 기름 바른 전병을 고운 밀가루로 만들어 광주리에 담아 준비한 후 제사장을 회막문에서 물로 씻긴 후 예복(속옷, 에봇 받침 겉옷, 에봇, 흉패, 띠, 관)을 입히고, 머리에 기름을 부어 바르고 제사장 직을 위임하여 거룩히 하였습니다.
속죄제는 수송아지를 회막문 앞에서 안수하여 잡고 피를 네 손가락으로 제단 뿔에 바르고, 내장에 덮인 모든 기름과 간 위에 있는 꺼풀과 두 콩팥과 그 위에 기름을 제단 위에 불사르고, 고기와 가죽과 똥은 진밖에서 불사른다. 속죄제는 하나님께 대해 제사장일지라도 인간이므로 죄인임을 알아 죄를 속해야 한다는 것을 보여줍니다.
숫양 한 마리로 제사장이 안수하고 피는 제단 위 주위에 뿌리고, 각을 떠서 장부와 다리를 씻어 각 뜬 고기와 머리는 두고 나머지는 제단 위에 불살라 번제로 삼는 향기로운 냄새로 여호와께 드리는 화제입니다. 번제는 하나님께 바쳐지는 완전한 헌신을 의미합니다. 어느 하나도 남김없이 불살라지기 때문입니다.
본문을 통해 주의 사역자들이 주의 앞에서 엄숙하고 거룩하며 성결해야 함을 보여줍니다.

|기도(기도 제목)

|주기도문

년 월 일 요일

|사도신경 |찬송 293, 191, 428장 |말씀 출 29:19~28

19 ●

20

21

22

23

24

25

출

26 ●

27

28

본문은 제사장을 거룩하게 하는 의식인 위임식의 화목제에 관해 언급하고 있습니다.

고대 사회에서 안수는 전가의 의미를 가지고 있었습니다. 하나님 앞에 드려지는 모든 제물은 반드시 하나님께서 구별하신 제사장들을 통해서만 드렸으며, 아무도 임의로 이 일을 할 수가 없었습니다. 오늘도 우리는 하나의 길을 통해서만 그분께로 나아갈 수 있습니다. 즉 예수 그리스도가 그 길입니다(요 14:6).

아론의 아들들도 하나님 앞에 나아가기 위해서는 피로써 자신들을 성결케 해야 했습니다. 구약의 제사 제도가 완전한 것이 될 수 없음을 보여 줍니다. 우리의 대제사장이신 그리스도는 죄가 없으시므로 짐승의 피를 필요로 하지 않으셨으며, 우리는 그분의 피로 씻음을 받아서 하나님 앞에 당당히 나아가 섬길 수 있게 되었습니다.

여호와께 드려진 가장 귀한 제물 곧 요제물과 거제물은 제사장의 분깃으로 분정하셨습니다. 이것은 두 가지의 교훈을 우리에게 알려줍니다. 즉 주님을 위한 우리의 봉사는 가장 귀한 것을 드리는 봉사여야 한다는 것과 하나님은 우리 성도들에게 가장 귀한 것으로 공급하여 주신다는 것입니다. 그분이 우리를 구별하셨습니다.

우리가 구원을 받을 수 있는 유일한 길은 바로 우리 주 예수 그리스도뿐입니다.

|기도(기도 제목)

|주기도문

년 월 일 요일

|사도신경 |찬송 144, 149, 216장 |말씀 출 29:29~37

29 ●

30

31 ●

32

33

34

35 ●

36

37

본문은 위임식 때의 행사에 대하여 자세히 언급하고 있습니다.

위임식은 7일 동안 하는데, 성의를 제사장 아들들에게 입히고 7일 동안 삶은 고기와 광주리 안에 있는 떡을 먹고, 매일 수송아지 한 마리를 속죄제로 드려 제단을 위하여 거룩하게 함으로 제단에 접촉하는 모든 것이 거룩하리라고 하신 것입니다. 먼저 아론이 입던 성의는 그 아들들에게 입혀 기름 부음으로 위임하여 제사장이 됩니다.

기름부음을 받음은 제사장직 계승의 의미로, 성의를 입지 않고서는 회막에 들어갈 수가 없습니다. 성의를 입지 않고는 죄를 지어서 죽는다(28:43). 성의는 아담이 범죄했을 때에 하나님이 가죽 옷을 입혀 주셨고(창 3:21) 십자가에 죽으시고 부활하신 예수님을 통해서 완성하셨습니다(히 7:26-27).

그 기간 동안에는 숫양의 고기를 삶아 광주리 안에 있는 떡과 같이 먹는데 즉 위임식에 쓰이는 속죄제물을 먹으며, 먹다남은 것은 아침까지 두지 말고 불살라 버려야 합니다. 위임식은 7일 동안 행하는데 매일 수송아지 하나씩을 속죄제로 드리고 제단을 위하여 속죄하여 깨끗하게 하고 기름을 부어 거룩하게 해야 합니다.

오늘날 우리는 예수님의 은혜의 옷을 입고서 하나님 앞으로 나갈 수 있습니다.

기도(기도 제목)

주기도문

년 월 일 요일

사도신경 **찬송** 10, 35, 187장 **말씀** 출 29:38~46

매일 드릴 번제 (민 28:1–8)

38 ●

39

40

41

42

43

44

45

46

본문은 제사장이 매일 드리는 제물에 관한 언급으로 하나님께서는 아론과 그 자손들의 번제물을 통해 만나 주시겠다고 약속하셨습니다.

번제는 매일 일년 된 어린 양 두 마리로 한 마리는 아침에, 또 한 마리는 저녁 때에 드리는데, 어린 양을 드릴 때, 밀가루 에바 1/10(약 2.3ℓ)과 찧은 기름 힌 1/4(약 0.9ℓ)을 더하고 또 소제와 전제로 드려 향기로운 냄새가 되게 하여 여호와께 화제로 삼아 대대로 여호와 앞에 회막 문에서 늘 드리는 것입니다. 그리하여 하나님은 거기서 이스라엘 백성과 만나시고 말씀하심으로 그들이 살게 됩니다.

하나님께서는 회막과 제단을 거룩하게 하시고 제사장들도 거룩하게 하셔서 제사장 직분을 여호와께 행하게 하며, 하나님은 백성 중에 거하시게 됨으로 친히 하나님이 되십니다. 이때에 비로소 백성은 하나님께서 애굽 땅에서 인도하여 내신 것을 깨닫고 여호와를 하나님으로 섬기게 됩니다. 그러므로 우리들은 하나님의 말씀대로 번제만 드리면 하나님은 받으시고 우리는 모든 죄를 속하시고 거룩하게 하셔서, 우리 가운데 오셔서 만나시고 말씀하시며 친히 우리의 하나님이 되시는 것입니다.

예수님이 번제물이 되어 주셨기 때문에 성도는 아침과 저녁으로 예수님 이름으로 기도만 하면 하나님이 받으시고 우리와 함께 하시는 것입니다.

|기도(기도 제목)

|주기도문

년 월 일 요일

|사도신경 |찬송 210, 208장 |말씀 출 30:1~10

분향할 제단 (출 37:25-28)

30

2

3

4

5

6

7

8

9

10

본문에서는 분향단을 만드는 방법과, 두는 장소, 향단의 용도를 설명하고 있습니다.

향단은 조각목으로 장, 광이, 각 일 규빗(45㎝)씩 하여 네모 반듯하게 만들고 높이는 이 규빗(90㎝)으로 만들고 단 상면과 전후 좌우면에는 뿔들을 만들어 정금으로 싸고 모서리에는 금테를 둘러서 만들어야 하고, 또 향단을 운반할 수 있게 금테두리 양편에 금고리를 만들어 채를 꿸 수 있게 양편에 만들고, 채는 조각목으로 만들고 금으로 입혀서 만들게 하였습니다.

그 장소는 속죄소 맞은 편 증거궤 앞 성소에 두는데, 증거궤는 법궤란 뜻이고, 속죄소는 시은좌란 뜻으로 항상 성막이나 성전의 지성소에 있는 거룩한 기물의 황금 덮개를 가리킵니다. 법궤 앞에서 분향할 때 하나님이 죄를 사하시고 시은좌 위에서 만나십니다(민 7:89).

분향단은 향기로운 향을 사르는 곳인데 아침마다 등불을 정리할 때 사르며 저녁 때에 등불을 켤 때 향을 사른다. 이는 대대로 여호와 앞에서 끊지 않고 다른 향을 사르지 못하며 번제나 소제도 드릴 수 없고 술을 붓지도 못하고 정해진 향기로운 향만 사른다. 또 일년에 한 번씩 향단 뿔을 위하여 속죄제의 피로 속죄해야 합니다.

분향단의 향이 꺼지지 않고 사른 것처럼 우리 성도의 기도도 끊임없이 해야 합니다.

|기도(기도 제목)

|주기도문

년 월 일 요일

|사도신경 |찬송 311, 255, 258장 |말씀 출 30:11~21

회막 봉사에 쓰는 속전

11 ●

12

13

14

15

16

놋 물두멍

17 ●

18

19

20

21

본문은 성막에 대한 부분적 보충 설명으로 속전을 규례하고 있으며, 성막의 거룩성을 강조하였습니다.

이것은 이스라엘 자손의 수효를 따라 계수 중에 드는 20세 이상 된 자로서 생명을 속하기 위하여 드리며, 빈부의 차이없이 반 세겔(5.712g)로 일정하게 드려야 하고, 생명의 속전으로 모아진 돈은 회막의 봉사에 사용됩니다. 이것은 이스라엘 자손의 기념이 되어 생명을 보전하게 됩니다. 속전을 가져온 모든 사람들은 구속의 참여자가 될 것입니다. 여기에 부한 자와 가난한 자가 함께 만나며 주께서 홀로 모든 사람의 구세주가 되십니다. 또한 생명의 속전인 성전세도 하나님의 자녀들에게는 면케 해 줍니다.

물두멍은 물통과 받침을 놋으로 만들어 통에 물을 채워 수족을 씻는 데 사용합니다. 제사장들이 회막에 들어갈 때와 제단에 가까이 가서 직분을 행하여 화제를 여호와 앞에 사를 때에도 손발을 씻는다. 이 규례는 수족을 씻으므로 죽음을 면하고 보호받는 것으로 그 자손이 대대로 영원히 지킬 약속된 규례입니다. 이는 성도가 여호와 앞에 들어갈 때 손발이 더러우면 들어갈 수 없다는 말씀입니다. 죄를 안고서는 천국에 들어갈 수 없다는 의미입니다.

구속함을 입은 사람은 속전과 같이 봉사가 있어야 하며 물두멍과 같은 성결과 거룩함이 요구됩니다.

|기도(기도 제목)

|주기도문

년 월 일 요일

|사도신경 |찬송 252, 266, 421장 |말씀 출 30:22~38

거룩한 향기름

22 ●

23

24

25

37

26
27

38

28

29

30

31

32

33

거룩한 향

34 ●

35

36

본문은 성막의 의식에 사용되었던 거룩한 관유와 향의 합법성에 관한 것으로 구별하기 위해 쓰여졌습니다.
향 만드는 법대로 상등 향품으로 액체 몰약과 계피 오백 세겔과 향기로운 육계와 향기로운 창포 이백오십 세겔과 감람기름 한 힌을 섞어서 만드는데, 이것이 거룩히 사용하는 관유입니다. 사용하는 곳은 회막과 증거궤 상과 모든 기구와 등잔대와 그 기구와 분향단과 번제단과 그 모든 기구와 물두멍과 받침에 발라 지성물로 구별하고, 제사장에게도 발라 거룩히 하여 제사장 직분을 행하게 하셨습니다. 특히 관유를 사람 몸에 붓지도 말고 이 방법대로 만들지도 말라고 하셨습니다.
향은 소합향, 나감향, 풍자향의 향품을 같은 분량으로 섞어 만들어 소금을 쳐 성결케 합니다. 소금은 형체를 잃어도 맛은 변함이 없습니다. 성도도 소금같이 희생되더라도 맛을 잃지 말고 썩는 것을 막는 주님의 사람이 되어야 합니다(마 5:13). 향을 얼마를 찧어 하나님이 만나시는 회막안 증거궤 앞에 두어 여호와를 위하여 거룩한 향으로 냄새가 끊어지지 않도록 해야 합니다. 향은 성도의 기도인데(계 5:8, 8:3-4), 하나님 앞에 지극히 거룩한 것입니다.
우리 성도는 성령의 기름으로 거룩하여진 구별된 삶과 매일매일 기도의 향으로 하나님과 동행하는 모습이어야 겠습니다.

기도(기도 제목)

주기도문

년 월 일 요일

사도신경 **찬송** 144, 213, 379장 **말씀** 출 31:1~11

회막 기구를 만들게 하라 (출 35:30-36:1)

31

2

3

4

5

6

7

8

9

10

11

성막의 건립과 예배에 필요한 모든 것을 지시하신 하나님께서는 이제 그 일을 수행할 자들을 부르시되 그 목적을 위하여 브살렐과 오홀리압을 세우셨습니다.

하나님은 회막과 회막 안에 두는 증거궤, 속죄소, 떡상, 순금등잔대, 분향단, 번제단, 물두멍과 제사장이 입는 성의를 브살렐과 오홀리압을 지명하여 만들게 하셨습니다. 브살렐과 오홀리압은 하나님께로부터 특별히 부름을 받아 회막 치는데 사역자로 쓰임받은 감독자들입니다. 브살렐은 유다 지파 훌의 손자, 우리의 아들이며, 오홀리압은 단 지파 아히사막의 아들로서 특별히 선택받은 자들입니다.

하나님은 먼저 부름을 받은 브살렐과 오홀리압을 하나님의 영으로 충만하게 하셔서 지혜와 총명과 지식과 여러 가지 재주를 주시고 지혜로운 마음을 더하셔서 성물과 제사장이 입을 성의와 관유와 향을 만들게 하셨습니다. 회막과 회막 안의 모든 성물과 제사장이 입을 성의와 관유와 향은 하나님의 보호 안에서 그 아버지 되시는 하나님의 집을 위하여 만들어야 합니다. 이것은 하나님이 거룩하시고 따라서 성물과 성의도 거룩하기 때문입니다. 성물은 하나님이 명하신 법대로 만든다. 우리 모두에게는 각각에 맞는 재능을 주셨습니다. 하나님께서 부르시면 언제 어디서나 주신 재능을 잘 발휘하여 하나님의 일을 수행하는 성도가 되어야 합니다.

기도(기도 제목)

주기도문

년　　월　　일　　요일

사도신경 **찬송** 205, 304장 **말씀** 출 31:12~18

안식일

12 ●

13

14

15

16

17

증거판

18 ●

본문은 안식일 준수를 재강조하여 언약화한 부분과 약속한 대로 하나님께서 직접 십계명 돌판을 써서 모세에게 주시는 부분입니다.

안식일은 하나님께서 특별히 주신 영원한 표징으로, 이스라엘 자손이 대대로 영원한 언약으로 삼고 지키라고 명령하신 복의 날입니다(13). 여호와께서 말씀하시기를, 이 안식일을 지킴으로 우리를 거룩하게 하신 이가 여호와인 줄 알리라 하셨습니다(13). 하나님은 여호와의 날, 안식일을 더럽히면 죽이라고 하셨고, 일하는 자는 백성 중에서 끊어지리라고 하셨습니다(창 2:2, 3, 출 31:17). 그러므로 이 안식일은 예수님이 오신 후 하루만이 아니라 계속하여 평안을 누리고 하나님을 찬양하는 날로 누려야 합니다.

돌판은 하나님이 친히 써서 주신 계명입니다. 그러나 첫 번째 주신 증거판은 깨어졌고(32:19), 다시 모세가 깎아 만든 두 돌판에 새겨 주셨습니다(34:1-28). 하나님의 계명은 명백히 새겨 달려 가면서도 읽을 수 있도록 하라 하셨습니다. 또 정한 때에 속히 이루시겠다고 하셨습니다(합 2:2, 3). 또 이 계명은 오직 살아 계신 하나님의 영으로 쓴 것이며 또 돌판에 쓴 것이 아니라 오직 육의 마음판에 쓴 것이라고 하였습니다(고후 3:3).

성도들은 친히 하나님께서 제정해 주신 안식일을 온전하게 지키며 주신 계명을 행해야 합니다.

|기도(기도 제목)

|주기도문

년 월 일 요일

|사도신경 |찬송 220, 219, 496장 |말씀 출 32:1~24

금 송아지 (신 9:6-29)

32

2

3

4

5

6

7 ●

8

9

10

11

12

13

14

15

16

17

18

19

20

21

22

23

24

출

모세가 시내산에서 내려올 때는 하나님께서 이스라엘 백성에게 주신 십계명이 그의 손에 있었습니다.

십계명의 내용은 모든 인간의 사, 언, 행의 기본이 되며 생활의 표준이 됩니다. 이 계명을 하나님이 친히 기록하신 것은 말씀의 영원 불변과 진리성에 대한 증거입니다. 또한 말씀을 활자화하여 지울 수 없는 돌판에 새긴 것은 이 계명을 가감하거나 폐지시킬 수 없다는 절대성을 계시하신 것입니다.

이것은 하나님의 백성이 범죄할 때는 하나님께서 엄히 진노하신다는 것을 표현한 것입니다. 사람들이 계명을 범하는 악한 죄는 복된 언약을 깨버리는 저주받을 일입니다. 금송아지를 가루 만들어 물에 타서 마시게 한 행위는 우상은 아무것도 아니라는 실물 교훈입니다. 또 자기 죄는 자신이 져야함을 보여줍니다.

아론은 이스라엘 백성을 지도하는 사람이었습니다. 그러나 그는 백성들을 바르게 선도하지 못했습니다. 오히려 그는 우상을 만드는 방법을 연구하여 지시하였었습니다. 그럼에도 불구하고 아론은 자기의 실수한 죄를 변명하고 회피했습니다. 죄는 회피하는 것이 해결책이 아니라 회개하는 것이 해결책임을 깨달으십시오.

두 돌판은 안타깝게도 깨어지고 말았으나 죄의 흉악성을 일깨워 주었습니다.

기도(기도 제목)

주기도문

년 월 일 요일

사도신경 **찬송** 83, 278, 280장 **말씀** 출 32:25~29

25 ●

26

27

28

29

금송아지 우상을 섬기고 회개치 않았던 3,000명 가량이 죽임을 당했습니다.

이스라엘 주위에는 아말렉이란 강적이 있었습니다. 하나님을 섬기던 이스라엘이 우상을 숭배함으로 아말렉 사람들의 조롱거리가 되는 것입니다. 하나님의 백성들이 죄를 지으면 불신자에게 조롱거리가 될 수밖에 없습니다. 그러나 하나님의 백성들이 선한 일을 행할 때는 하나님께 영광이 돌아갑니다.

"여호와 편에 있는 자"는 금송아지 사건에 참가하지 아니한 사람과, 타의에 의하여 끌려 갔으나 원통히 여기고 회개한 자를 가리킵니다. 하나님은 의인과 악인을 함께 멸하시지는 아니 하십니다. 모세의 요청에 레위인들이 나서서는, 형제를 죽여가면서까지라도 죄를 처리했습니다.

죄인을 칠 때 "각 사람이 그 형제를, 각 사람이 자기의 친구를, 각 사람이 자기의 이웃을 ..." 쳤다. 죄를 제거하는 길은 육체적으로는 무척 아픈 일인 것입니다(마 5:29, 30). 그러나 이것이 하나님께 대한 헌신의 표시였습니다(29). 하나님께 헌신할 때는 자신의 살을 도려내는 각오로 해야 함을 보여줍니다.

하나님이 기뻐하시는 일을 한 헌신자에게 하나님께서는 복을 주셨습니다. 회개운동은 복받는 비결입니다.

기도(기도 제목)

주기도문

년 월 일 요일

사도신경 **찬송** 425, 539, 433장 **말씀** 출 32:30~35

30 ●

31

32

33

34

35

모세는 이스라엘을 인도하며 보호하는 일을 맡았습니다. 이스라엘을 위한 그의 모습은 섬김이었습니다.

모세는 금송아지를 만들어 하나님 대신으로 섬긴 이스라엘에게 심판으로(20, 27)모든 일을 처리합니다. 이때 그는 처음 사명을 받고 애굽으로 향할 때 길에서 하나님의 사자가 자기를 죽이려 했던 일을 기억하였을 것입니다. 하나님께서는 사명을 받은 자라도 성결치 않았을 경우 멸하시는 분이심을 알았기 때문입니다.

모세는 백성들에게 의분을 내었으나 하나님 앞에 가서는 그들을 위하여 헌신적인 기도를 드립니다. 모세는 백성들의 속죄를 위하여 간구했습니다. 만일 그들을 용서하지 않으시면 주께서 기록하신 책에서 자기 이름을 지워 달라고까지 간구합니다. 모세는 이스라엘을 사랑하는 마음으로 자기를 희생할 각오를 했던 것입니다.

모세로 인하여 하나님께서는 그들을 용서하셨습니다. 그러나 모세는 구세주가 아닙니다. 누구든지 죄를 범하면 하나님께서 그들의 이름을 지우실 것과 죄를 보응하신다는 사실을 통해서 개인의 죄는 각자에게 책임이 있음을 알리십니다. 이 죄는 예수 그리스도를 통해서 해결됩니다. 다만 예수 그리스도를 믿는 믿음을 통해서입니다. 모세의 희생이 그리스도의 보혈을 드러냈던 것처럼 이 땅에서 그리스도인의 봉사와 희생이 필요합니다.

출

기도(기도 제목)

주기도문

년 월 일 요일

사도신경 **찬송** 70, 390, 401장 **말씀** 출 33:1~11

시내 산을 떠나라고 명하시다

33

2

3

4

5

6

회막

7 ●

8

9

10

11

하나님께서는 백성들의 죄와 고집으로 인하여 자신을 그들 중에 나타내심을 더 강화시키셨습니다.
하나님께서는 약속의 땅을 그들에게 주실 때 그들만 보내신 것이 아니라 하나님의 사자도 함께 보내셨습니다. 하나님의 사자가 앞서 가며 가나안 땅에 살고 있는 주민들을 쫓아내고 그들이 정착하도록 준비하신 것이었습니다. 이스라엘은 도우시는 하나님과 미래를 위해 준비하시고 역사하시는 하나님을 체험하게 될 것입니다.
하나님은 그들을 인도하시지만 그들과는 간격을 두고 계실 것입니다. 그들이 목이 곧은 백성이기 때문입니다. 그리하여 이스라엘은 자신들의 잘못을 회개하며 단장품을 떼어 내어 버렸습니다. 이는 우상숭배에 빠질 소지가 있는 것을 제거하는 회개의 태도이며 하나님께 대한 정절과 순종의 표시로서의 행동이었습니다.
하나님께서는 회막에서 모세와 대면하여 말씀하셨습니다. 이 회막은 백성들과는 거리를 두고 있었지만 누구든지 하나님을 섬기기 원하는 사람은 들어올 수 있도록 하셨습니다. 구름 기둥, 불 기둥 등 자연적인 것을 통해 가르치시던 하나님은 이제 친구에게 이야기하는 것처럼 인격적인 충만함으로 가르치십니다. 하나님께서는 백성들과 모세에게 자신을 깊이 드러내십니다. 그리고 여호수아를 준비시키십니다.

기도(기도 제목)

주기도문

년 월 일 요일

사도신경 **찬송** 375, 430, 301장 **말씀** 출 33:12~23

여호와께서 친히 가리라 하시다

12 ●

13

14

15

16

17 ●

18

19

20

21

22

23

하나님은 구원하신 그의 백성에게 임재하셔서 그들을 만민 중에 구별시키십니다.
모세는 자신과 이스라엘이 가나안 여행을 위하여 하나님의 은총을 입은 증거를 요구하였습니다. 하나님께서는 자신이 주신 은총의 약속들을 확인하셨고, 그 증거로 그들과 함께 행하시겠다고 약속하셨습니다. 모세는 하나님의 약속에 힘입어 하나님께서 함께 가지 않으시면 차라리 광야에서 죽음을 택하겠다고 결심합니다.
하나님께서 함께 가시겠다는 약속을 받은 모세는 하나님의 영광을 보여 달라고 간구합니다. 하나님은 모세가 구하는 것 대신 자신의 선한 모든 것을 보이시겠다며 은혜와 긍휼을 밝히셨습니다. 하나님은 아무에게도 빚진 분이 아니시다. 그가 주시는 모든 것은 인간의 공로로 인한 것이 아니라 그의 은혜입니다.
하나님의 얼굴을 보는 자는 죽는다. 그것은 영원한 축복이 되도록 유보된 영예이기 때문입니다. 하나님은 모세가 감당할 수 있으면서도 만족할 수 있도록 하기 위하여 모세에게 그의 등을 보이셨습니다. 모세를 반석 틈에 두시고 그의 손으로 덮어 보호하시며 축복하셨습니다. 하나님의 사랑을 위한 지극한 아낌과 보호의 모습입니다.
모세가 간구하여 하나님의 임재를 충만히 누린 것처럼 성도는 약속을 믿고 충만한 임재를 구합시다.

기도(기도 제목)

주기도문

년 월 일 요일

사도신경 **찬송** 200, 546장 **말씀** 출 34:1~9

두 번째 돌판 (신 10:1–5)

34

2

3

4

5

6

7

8
9

하나님은 은혜로우시며 노하기를 더디 하시는 하나님이십니다. 다시 두 번째 돌판에 십계명을 써 주셨습니다.
하나님께서 모세를 다시 시내산으로 올라오게 하신 것은 제2의 기회를 주신 것입니다. 율법의 계명을 어긴 사람들에게 다시 기회를 주시는 것은 하나님의 은혜입니다. 베드로(마 26:75), 그리고 음행 중에 잡힌 여자처럼(요 8:11), 엄한 율법의 무서운 형벌 속에서도 제2의 기회를 주시는 은혜가 있습니다.
사람이 지켜 행해야 할 율법을 주시는 하나님은 그 이름에 성품이 나타나 있습니다. 하나님은 자비롭고 은혜롭고 노하기를 더디하시고 인자와 진실이 많으신 하나님이십니다. 또 한번 체결하신 약속은 자손 수천 대까지라도 변치 않으시고 지키십니다. 그래서 신실하신 하나님, 자비로우신 하나님이신 것입니다.
모세는 시내산 꼭대기에서 율법을 주시기 위하여 구름 속에 나타나신 하나님의 음성을 듣고 땅에 엎드려 경배하고 이스라엘 백성이 범한 죄를 사해달라고 중보의 기도를 드렸습니다. 하나님의 공의를 완전히 만족시키시며 율법을 다 이루신 예수께서도 죄인들을 위하여 중보의 기도를 하셨습니다(요 17:1-26). 두 번째 돌판은 회목과 은혜와 용서와 참으시는 하나님을 보여줍니다.

|기도(기도 제목)

|주기도문

년 월 일 요일

|사도신경 |찬송 383, 391, 393장 |말씀 출 34:10~20

다시 언약을 세우시다

(출 23:14-19; 신 7:1-5; 16:1-17)

10 ●

11

12

13

14

15

16

17

18 ●

19

20

하나님은 이스라엘을 위하여 모세와 다시 언약을 세우시며 이스라엘 백성이 지켜야 할 일들을 말씀하셨습니다.

"내가 아직 온 땅 아무 국민에게도 행하지 아니한 이적을 너희 전체 백성 앞에 행할 것이라"(10). 이 말씀은 이스라엘 백성이 가나안으로 향하여 가는 동안 어떤 국민도 체험하지 못한 이적을 행하시겠다는 말씀입니다. 이것은 하나님의 특별하신 보호와 인도가 있을 것이라는 언약입니다. 즉 특별한 이적과 기사를 체험하게 하십니다.

하나님은 택한 백성의 가는 길에는 유혹과 시험이 있을 것이니 특별히 하나님의 언약의 말씀을 지켜야 합니다. 그 내용은 ①가나안 주민과 언약을 하지 말 것. ②그들의 우상을 깨뜨릴 것. ③그들의 신에게 절하지 말 것. ④그들과 혼인하지 말 것. ⑤그들을 본받아 우상을 만들지 말 것. 이것은 1, 2 계명을 지키라는 것입니다.

무교절은 출애굽의 은혜를 기억하기 위함입니다. 즉 구원의 확신이 있는 신앙생활을 하라는 것입니다. 처음 난 것을 대속하는 것은 하나님의 은혜로 구속받은 사실을 기억하게 하는 것입니다. 하나님의 은혜가 아니면 인간의 구속은 불가능한 것이니 언제나 감격과 감사가 있는 생활을 해야 합니다.

하나님의 언약은 기적 속을 통과하며 그 언약을 지키는 자에게 복을 주십니다.

기도(기도 제목)

주기도문

년 월 일 요일

사도신경 | **찬송** 8, 42장 | **말씀** 출 35:21~35

21 ●

22

23

24

25 ●

26

27 ●

28

모세가 시내 산에서 내려오다

29 ●

30

31

32

33

34

35

하나님께서 함께 계신다는 기쁨이 이스라엘로 성막 짓는 데 비용과 수고를 즐겁게 감당하게 하였습니다.

하나님께서는 이스라엘에게 오셔서 함께 계시기를 원하셨습니다. 그의 임재는 성막을 통하여 증거될 것이고, 그의 영광이 거할 성막에 대한 설계도와 재료를 친히 모세에게 지시하셨습니다. 하나님을 합당하게 섬김은 사람의 생각이나 연구로부터 나온 방법이 아닌 하나님으로부터 나온 방법에 순종하는 삶입니다.

성막 건축에 종사하는 하나님의 일꾼 중 어떤 이는 하나님이 그 마음을 감동하신 자가 있고 또 어떤 이는 그가 스스로 마음에 원한 자도 있습니다. 하나님께서는 이들을 똑같이 귀하게 여기시고 똑같은 상급을 주십니다. 때로는 감동을 기다리며 머뭇거리지 말고 자원(서원)하는 지혜도 필요합니다.

성막 건축에 필요한 재료를 남녀 귀천의 구별없이 모두가 가진 것을 드렸습니다. 보석이 없다는 핑계로 드리기를 거절하거나 부끄러워하는 사람이 없었습니다. 나무든, 양이든, 보석이든, 향품이든 각 개인의 소유를 주님께 드렸습니다. 하나님은 억지로 내게 하시는 분이 아니시다. 하나님께서는 즐겨내는 자를 기뻐하십니다. 주님은 자원하는 마음을 사랑하십니다. 하나님께 즉각 순종하는 이스라엘 백성의 태도는 본받아야 합니다.

기도(기도 제목)

주기도문

년 월 일 요일

사도신경 **찬송** 199, 200, 202장 **말씀** 출 35:1~19

안식일 규례

35

2

3

여호와께 드릴 것들 (출 25:1–9)

4 ●

5

6

7

8

9

10 ●

11

12

13

14

15

16

17

18

19

신앙인이든 자연인이든 하나님이 부여하신 최우선의 일들이 있습니다.

하나님의 명령 가운데 첫째는 안식일(주일)을 지키는 것입니다. 이 날에는 아무 일도 해서는 안 되며 휴식하는 날입니다. 세상 일에 대해서는 휴식이나, 하나님께 대해서는 경배입니다. 오늘날 어떤 이들은 주일날 온 종일토록 봉사하므로 평일보다 더 피곤하다고 불평하나 참 안식을 오해한 것입니다.

신앙인의 안식은 오히려 하나님께 대한 충성이요 이를 위해 자기 십자가를 지는 것이며, 그리스도의 멍에를 메는 것입니다. 주님께서는 이 멍에가 세상의 짐보다 가볍고 이 멍에를 메면 마음이 쉼을 얻으리라고 말씀하셨습니다(마 11:29–30). 신앙인의 안식은 육체가 아닌 마음에 있음을 깨달아야 할 것입니다. 주일을 성수합시다.

오늘날 많은 성도들이 성전 건축을 위해 헌금을 작정하고 시험에 드는 경우가 있습니다. 자유롭게 원하는 마음으로 드리지 않았기 때문이며, 이 점에 있어서 오늘날의 교회들은 그 책임을 져야 합니다. 하나님은 순종을 좋아하시며(삼상 15:22), 순종은 마음에 부담없이 기쁘게 복종하는 것입니다.

성도들의 최우선적인 일들은 주일 성수와 마음의 안식과 성전 건축입니다.

기도(기도 제목)

|주기도문

년 월 일 요일

|사도신경 |찬송 50, 213, 321장 |말씀 출 35:20~29

여호와께 자원하여 드린 예물

20 ●

21

22

23

24

25

26

27

28

29

성도의 삶은 일상생활 전체가 하나님께 드려지는 영적 예배가 되어야 합니다(롬 12:1). 하나님은 우리에게 무엇을 원하시는가?

사람 관계에 있어서도 가까이 있는 사람은 점점 더 정이 가고 떨어져 있으면 정이 식는 법입니다. 그런데 이스라엘 백성들은 자신들의 몸에 지니고 있어서 가장 귀하게 여기는 장신구를 하나님의 회막 건축을 위해 드렸습니다. 이 장신구는 그것을 지닌 자의 자랑거리였습니다. 그러나 하나님께서는 물질이든, 재능이든, 명예든, 우리가 가장 아끼고 사랑하는 그것을 하나님의 사업을 위해 바치기를 기대하고 계십니다. 우리에게 있는 가장 귀한 것이 무엇인가를 가려서 그것으로 하나님의 영광을 드러내야 합니다.

우리가 하나님 앞에 갈 때 다른 사람의 선과 의를 가지고 하나님께 갈 수는 없습니다. 우리 자신이 말씀에 충성함으로써 맺어진 열매, 즉 성령의 열매만을 가지고 갈 수 있습니다(갈 5:22-23). 주님께서 우리를 택한 이유가 바로 이 열매를 위한 것이기 때문입니다(요 15:16). 주님께서는 열매 없는 무화과나무를 저주하셨습니다(마 21:19). 우리도 우리가 맺은 열매를 살펴봅시다. 하나님의 말씀대로 충성하여 맺은 열매가 있어야만 믿음이 있는 증거가 되는 것입니다.

하나님께 드릴 만한 예물은 우리가 가장 아끼는 것, 또 충성의 열매입니다.

|기도(기도 제목)

|주기도문

년 월 일 요일

|사도신경 |찬송 212, 320, 360장 |말씀 출 35:30~35

성막 일꾼 (출 31:1-11)

30 ●

31

32

33

34

35

성막 짓는 일에 브살렐을 장으로, 오홀리압을 그 보조자로서 위임된 것을 모세는 백성에게 알려 주었습니다.

하나님은 자기 일꾼으로 택한 자에게 지혜를 주셨습니다. 이렇게 하심은 지혜를 받은 자라야 하나님의 뜻을 알 수 있고 그 의도하신 뜻에서 어그러지지 아니하기 때문입니다. 우리들은 신령한 지혜를 얻어야 하나님을 알고(마 11:25-27), 그를 믿고(고전 12:3, 엡 2:8), 말씀을 깨닫게 됩니다(고전 2:10-13).

하나님의 성막에서 쓸 여러 가지 재료를 주조하는 데는 총명이 있어야 하겠기에 신령한 총명을 주신 것입니다. 하나님의 성전을 건축한 솔로몬도 이 총명을 받았습니다(대하 2:12). 주의 일을 하는 일꾼들은 하나님께 총명을 받아야 합니다. 이 총명은 세상적인 약삭빠름이나 식견을 뜻하지 않는 신령한 지혜를 말합니다.

브살렐과 오홀리압은 하나님께서 주신 일에 대한 폭넓은 지식을 가지고 성막을 짓는 일에 최선을 다하였습니다. "하나님의 영을 그에게 충만하게 하여"(31)서 성막짓는 일은 완성되는 것입니다. 오늘날 우리들도 성령의 은혜를 받아야 할 것이니, "각 사람에게 성령을 나타내심은 유익하게 하려 하심이라"(고전 12:7).

주의 일꾼들은 하나님의 지혜와 총명과 성령의 돕는 지식이 있어야 합니다.

기도(기도 제목)

주기도문

년 월 일 요일

사도신경 **찬송** 458, 459, 461장 **말씀** 출 36:1~7

36

예물로 드린 재료가 넉넉하다

2 ●

3

4

5

6

7

본문은 성막 제조의 쓰임 받은 브살렐과 오홀리압 및 다른 사람들에 관해 언급하고 있습니다.

주의 일꾼들은 스스로 되는 것이 아니라 주께서 택하여 세우십니다. 따라서 우리 성도들은 주께서 나를 택하여 세우셨다는 철저한 소명의식을 가지고 최선을 다하는 사역자들이 되도록 힘써야 하겠습니다. 소명 의식이 없는 사람들은 주의 뜻을 온전히 따를 수가 없음은 물론 죽도록 충성하게 되는 것도 불가능합니다.

주의 부르심을 받은 사람들에게는 직분을 감당할 만한 충분한 지혜를 주셔서 허락하십니다. 주의 제자들 중에는 사회적으로 부동의 위치에 있던 저명 인사라든가 학벌이나 문벌을 내세울 만한 사람들이 하나도 없었지만 주의 도우심으로 그들은 세계 역사를 바꿔 놓는 위대한 일을 할 수 있었습니다.

주님은 당신의 일을 하는 사람들에게 필요한 모든 것을 공급하시되 쓰고도 남도록 공급하십니다. 목회자들의 박사병이나 성도들이 갖는 콤플렉스는 속히 극복해야 할 인본주의적 사고임을 알아야 하겠습니다. 주께서 공급하시는 재료들을 사용 할 때만 우리의 사역은 온전하게 될 수 있으며, 주께서 기뻐하십니다.

하나님의 일은 사람들을 통해 역사하십니다. 부름 받은 성도는 두려워하지 말고 최선을 다합시다.

기도(기도 제목)

주기도문

년 월 일 요일

사도신경 | **찬송** 242, 445, 492장 | **말씀** 출 36:8~19

성막을 만들다 (출 26:1-37)

8 ●

9

10

11

12

13

14 ●

15

16

17

18

19

이 성막은 참 성막의 모형으로(히 8:2)거기에는 신령한 뜻이 내포되어 있습니다.

'휘장'(8)이란 말은 덮는 막을 말합니다(14). 이것은 하나님의 보호의 완전하심을 비유합니다(시 27:5). 특히 휘장에 '그룹'모양으로 무늬놓은 것은 교회를 보호하는 천사들을 생각하게 합니다. 성막은 인간의 임의적인 이성에 의하여 건축된 것이 아니라 완전한 하나님의 지혜에 의하여 지어진 것임을 알아야 합니다.

'휘장'의 폭들을 서로 연결시킵니다. 이것은 교회 단합의 필요성을 보여줍니다. 사도 바울은 교회를 말할 때 몸으로 비유하여서 교회는 하나라는 것을 말합니다(고전 12:12-27, 엡 2:21, 22, 4:16). 성도들은 교회의 한 지체들로서 완전한 성전으로 지어져 가는 지체들이라고 엡 2:22에 기록하고 있습니다.
휘장으로 덮인 성막(14:19)의 외부는 아름답지 못하나, 그 내부는 아름답다. 이것은 교회의 참 아름다움은 표면에 있지 아니하고 그 내면에 있음을 보여줍니다. 성도들은 성령의 아홉 가지 열매로 말미암아 속 사람이 아름다워져 가야 할 것입니다. 성도들은 바울이 말한 바 겉사람은 후패하나 속은 날로 새롭게 되는 것입니다. 오늘날 성도들은 하나님께 영과 진리로 예배해야 합니다.

기도(기도 제목)

주기도문

년 월 일 요일

사도신경 **찬송** 74, 204, 359장 **말씀** 출 36:20~38

20 ●

21

22

23

24

25

26

27 ●

28

29

30

31 ●

32

33

34

35 ●

36

37

38

본문을 통해서 하나님은 나를 어떠한 존재로 쓰시기 원하시며 나의 실존이 어떠한가를 살펴봅시다.
조각목이란 시내산 주위에 흔한 나무(싯딤나무)입니

다. 이 조각목 널판들은 성도들을 의미합니다. 아무리 보아도 재목감으로는 사용할 수 없는 나무이기에 화목으로 사용할 수밖에 없는 조각목 같은 우리들이었습니다. 영원한 불 속에 들어갈 수밖에 없는 우리를 하나님은 부르시고 자녀삼아 주신 것입니다.

성막을 짓는 일꾼들은 쓸모없는 조각목을 다듬어 하나하나 연결하여 성막을 짓는 데 요긴하게 사용하였습니다. 주님께서는 세상으로부터 버림받고 소외당하고, 무시당하고, 고통 당하는 자를 부르시고 가까이하셨습니다. 우리가 누구였던가를 알아야 합니다. 감사를 잊어버리는 자가 되지 말며 결코 교만한 자가 되어서는 안됩니다.

조각목으로 널판을 만들었을 뿐만 아니라 금으로 입혀서 사용했습니다. 은혜를 알고 할 일을 찾아가십시오. 부름받고 택함을 입었으므로 하나님을 영화롭게 할 이유가 있습니다. 나의 소질, 나의 재능, 나의 건강, 나의 시간, 나의 물질을 통하여 하나님을 경외하고 찬양할 수 있어야 합니다. 나는 예수님을 닮기 원하고 닮아야 합니다. 하나님은 겸손한 자를 높이십니다. 널판에 금을 입히듯이 겸손한 자는 하나님께서 영화롭게 사용하십니다.

기도(기도 제목)

주기도문

년 월 일 요일

사도신경 | **찬송** 210, 309장 | **말씀** 출 37:1~9

언약궤를 만들다 (출 25:10-22)

37

2

3

4

5

6

7

8

9

하나님은 인간과의 만남을 위하여 모세로 하여금 성소를 만들도록 지시하셨습니다(25:9). 그러므로 성소는 하나님의 거하시는 처소요 인간과의 만남의 장소입니다.

하나님의 말씀에 인간의 생각이 첨가되어서는 안됩니다(계 22:18-19). 본문의 말씀이 25:10-22의 말씀의 반복인 것은 모세가 성막의 기구들을 제작함에 있어서 하나님의 지시를 그대로 지켜 일에 착수하려는 의도를 보인 것입니다. 오늘날 교회는 얼마나 많은 인간의 이상이나 생각에 오염되어 있습니까? 성소가 교회의 모형이라 할 때 교회는 단호하게 인간의 생각을 배격하고 하나님의 말씀대로 세워져 가야 합니다.

언약궤(25:10-16)는 신구약의 말씀의 모형으로서(히 9:14)성도의 마음 성전 안에(고전 3:16, 6:19)언제나 말씀을 새겨야 할 것을 의미합니다. 속죄소(25:17-22)는 하나님과 인간의 영적 교제가 이루어 지는 곳입니다. 속죄소의 히브리어는 카포레드(capporeth)로서 덮개라는 뜻인데 단순히 언약궤를 덮는 덮개가 아니라 인간의 죄를 덮기 위한 것입니다. 그러므로 속죄소는 속죄의 장소이기도 하며 그리스도의 십자가의 예표라 할 수 있습니다.

하나님은 죄인과 화해하기 위하여 지성소를 만드셨고 모든 인간은 십자가 밑에 나아갈 때 속죄와 자유와 평화를 얻을 수 있습니다(엡 2:16).

기도(기도 제목)

주기도문

년 월 일 요일

|사도신경 |찬송 208, 249장 |말씀 출 37:10~29

상을 만들다 (출 25:23-30)

10 ●

11

12

13

14

15

16

등잔대를 만들다 (출 25:31-40)

17 ●

18

19

20

21

22

23

24

분향할 제단을 만들다 (출 30:1-5; 30:22-38)

25 ●

26

27

28

29

지성소가 하나님이 거하시는 곳이라면 성소는 제사장들의 성전으로서 오늘의 교회의 모형이라 할 수 있습니다.

떡상 위에는 이스라엘의 12지파를 상징하는 열두개의 진설병이 놓여있는데, 이것은 모든 피조물을 위해 식탁을 준비하시는 하나님의 은총을 보여줍니다. 하나님은 이 식탁을 통하여 생명의 떡을 공급하시는데 떡상과 그 기구들은 생명의 떡이신 예수 그리스도를 의미합니다(요 6:35).

이 등잔은 분향단과 진설병을 항상 비침으로써 하나님은 곧 빛이심을 증거합니다. 이 빛은 하나님 자신을 계시하는 역할을 하며 교회의 상징이기도 합니다. 교회의 기능은 하나님께로부터 받은 빛을 온 세상에 비추는 것입니다(마 5:14-16). 그러므로 교회 안에는 언제나 성령의 빛이 충만해야 합니다.

이 분향단은 성도의 기도와 그리스도의 중재를 상징합니다. 분향할 제단은 가로 45cm, 세로 45cm, 높이가 90cm 크기로 성소의 중앙 지성소의 맞은 편에 놓여졌습니다. 이 제단은 성격에 따라 향단과 금단으로 불려졌습니다. 분향되는 향은 거룩한 관유와 향품으로 만들어졌는데(30:22-38)향은 성도의 기도와 성령을 상징합니다.

교회는 말씀이 중심으로, 빛을 발하여야 하며 성도의 기도와 성령의 역사가 언제나 충만해야 합니다.

기도(기도 제목)

주기도문

년 월 일 요일

사도신경 | **찬송** 207, 210, 209장 | **말씀** 출 38:1~8

번제단을 만들다 (출 27:1-8)

38

2

3

4

5

6

7

놋 물두멍을 만들다 (출 30:18)

8 ●

본문은 성막뜰에 위치한 번제단(27:1-8)과 물두멍(30:17-21)의 제작과정을 기술하고 있습니다.

이 번제단은 하나님과 인간관계에서 매우 중요한 부분을 차지합니다. 성소에 들어가 봉사하는 사람은 누구든지 먼저 번제단에 제사를 지내야 하기 때문입니다. 제단에 있는 네 개의 뿔을 그리스도의 십자가 모형으로서 죄인은 믿음으로 속죄함을 받고, 주의 종들이 일생동안 매여서(시 118:27)하나님께 봉사해야 함을 의미합니다. 그러므로 이 번제단은 하나님과 인간의 중보적 역할을 하는 곳으로서 하나님과 인간의 화해의 장소요 성도가 성결케 되는 곳입니다.

이 물두멍은 하나님의 말씀의 모형으로서(엡 5:26)마음과 행위를 깨끗이 씻어 주님과 동행해야 함을 의미합니다. 물두멍의 재료는 회막문에서 수종드는 여인들(출 38:8)의 거울로 만들어 졌는데 거울이 여인들의 필수품이요 값비싼 것임을 생각할 때 저들의 회개와 자기부정이 비쳐짐을 볼 수 있습니다. 물두멍에 담긴 물로써 손발을 씻어 주어야 했듯이 오늘날에 있어서도 누구든지 물과 성령으로 거듭나지 않고서는 하나님의 일을 할 수 없음(고전 12:4-11)을 의미합니다.

제단에서 죄사함을 받고 성도의 말씀의 물두멍에서 몸과 마음을 씻어 하나님께 봉사하는 삶으로 하나님께 바쳐지는 생을 살아야 합니다.

기도(기도 제목)

주기도문

년 월 일 요일

|사도신경 |찬송 600, 598, 550장 |말씀 출 38:9~20

성막 울타리를 만들다 (출 27:9-19)

9 ●

10

11

12

13

14

15

16

17

18

19

20

제단이 먼저, 물두멍이 나중에 만들어졌습니다. 희생을 드릴 단이 있은 다음, 제물이 놓여졌으니 그리스도는 예배의 대상이며 근원이요 능력이 되심을 알아야 겠습니다.

성막 안에 물두멍은 큰 그릇인데 성막에 들어갈 때에 제사장들이 손을 씻는 그릇입니다. 이는 곧 현대 성도들이 그리스도의 보혈과 성령의 능력으로 죄의 씻음을 받는 것, 즉 중생을 예표하는 것입니다(딛 3:5). 모든 부정이 씻겨진 다음에야 하나님의 전에 들어갈 수가 있는 것입니다. 예수께서는 "마음이 청결한 자는 복이 있나니 그들이 하나님을 볼 것임이요"(마 5:8)이라고 하셨습니다.

성막 안에 뜰을 만드는 것도 하나님의 명령이었습니다. 뜰은 주위에 말뚝을 사용한 포장에 불과했으나 영구적인 정착이 아니라, 임시적인 것임을 알 수 있습니다. 그러므로 우리들의 시민권은 하늘에 있습니다(빌 3:20). 곧 땅 위에서도 잠시 떠도는 나그네임을 잊지 말고 우리들의 소망을 오직 하늘에만 두어야 하는 것입니다. 그러나 성도가 하늘나라 시민권을 가졌다고 해서 세상일을 태만히 하는 것이 아니라, 하늘나라 백성으로서 모든 일에 최선을 다하는 것입니다.

성막을 위하여 모든 기구가 그 쓰임이 다르듯이 우리 모든 성도들도 우리 각자에게 맡겨진 사명을 위하여 최선을 다해 하나님의 은혜에 보답하는 것이 하나님의 뜻을 이루는 지름길이 되는 것입니다.

|기도(기도 제목)

|주기도문

년 월 일 요일

|사도신경 |찬송 450, 204, 333장 |말씀 출 38:21~31

성막 재료의 물자 목록

21 ●

22

23

24 ●

25

26

27

28

29

30

31

본문은 하나님의 백성들이 성전건축을 위하여 마음과 뜻과 정성을 다하여 자기들의 소유를 바친 내용입니다.
성막 건축을 위하여 드려진 재료를 통하여 우리는 생활과 신앙의 부를 합리적으로 추측해 볼 수 있습니다. 그들은 보석, 향, 목재, 가죽재료 등 상당한 물량을 바쳐서 성막을 아름답게 꾸몄습니다. 그들이 바친 엄청난 물량은 그들의 귀하고 아름답고 귀한 헌신적인 신앙을 잘 드러내는 것입니다.

성막의 규모는 오늘날의 일반 교회보다는 약간 작은 것으로 볼 수 있습니다. 그러나 사용된 재료가 엄청나다는 것은 틀림없습니다. 그럼에도 불구하고 그들이 장엄하고 풍성한 효과를 얻을 수 있었던 것은 물자 취급에 있어서 참으로 정직하고 신실하였음을 알 수 있습니다. 우리는 신령한 일을 할 때 물질 취급을 정확하게 해야 합니다.

백성들은 헌물을 드리고, 이다말은 계획을 세우고, 브살렐은 만들고, 오홀리압은 조각하였습니다. 비록 성막의 규모는 작았지만 귀한 재물을 사용함으로써 아름답게 꾸몄습니다. 우리들도 자원하는 마음을 갖고서 선한 일에 참여 함으로 하나님이 주신 물질과 건강, 지혜를 드려야 할 것입니다. 그리스도의 몸을 세우시기 위해 성도들에게 주신 귀한 은사들은 서로 협력하므로써 온전해 질 수 있습니다.

기도(기도 제목)

주기도문

년 월 일 요일

사도신경 **찬송** 143, 305, 295장 **말씀** 출 39:1~21

제사장의 옷을 만들다 (출 28:1–14)

39

2 ●

3

4

5

6 ●

7

흉패를 짜다 (출 28:15–30)

8 ●

9

10

11

12

13

14

15

16

17

18

19

20

21

섬기는 자를 위한 정교한 옷과 아론을 위한 거룩한 옷을 만들라는 명령 대로 옷을 만들었습니다. 그 목적은 서로 섬기면서 하나님께 예배드리기 위한 것이었습니다.

에봇은 제사장의 옷보다 아름답고 귀하게 한 것으로 교회의 연합을 상징합니다. 에봇의 두 어깨받이는 두 끝에 달아서 서로 연하게 하고, 매는 띠는 같은 모양으로 하라고 하심은 연합의 상징입니다. 은사와 은혜를 상징합니다(5). 금 실과 색 실과 베 실로 짜였음은 제사장은 은사와 은혜를 겸한 자가 되어야 한다는 것을 나타냅니다. 완전한 아름다움을 상징합니다(6–7). 열두 지파의 이름을 호마노에 새겼으니 이 호마노는 성장과 성결을 나타내는 것입니다.

흉패는 다양한 면모와 판결의 열쇠와 같은 역할을 해주고 있습니다. 영혼의 귀중성: 제사장의 흉패는 보석으로 성도의 영혼을 귀중하게 여기시는 주님의 직접적인 채택물입니다. 은사의 가치성 : 은사는 은혜로 주어지는 것입니다. 여기에 사용된 지혜와 지식은 인류의 보배로운 은사이니, 영생을 위해 사용해야 겠습니다. 판결의 온당성: 신령한 판단은 위로부터 임합니다. 죄의 짐들을 주께 맡기면 온전하고 신령한 생명으로 인도하여 주십니다.

인간은 많으나 똑같을 수가 없습니다. 각자가 다른 개성과 성품을 가지고 하나님의 영광을 위한 조화와 일치의 역사가 필요합니다.

|**기도**(기도 제목)

|**주기도문**

년 월 일 요일

|**사도신경** |**찬송** 50, 269, 216장 |**말씀** 출 39:22~31

제사장의 또 다른 옷을 만들다 (출 28:31–43)

22 ●

23

24

25

26

27 ●

28

29

거룩한 옷은 영화롭고 아름답게 하기 위한 것이므로

30 ●

31

이는 곧 그리스도의 완전한 인간성을 보여주고, 하나님 앞에 영원한 기념이 되게 하는 예복입니다.

겉옷은 순결과 고요를 상징합니다. 겉옷은 단색이었습니다. 단일성은 광채가 없으므로 보는 자로 하여금 평온한 안도감을 주게 됩니다. 그 단색은 청색이었습니다. 청색은 곧 하늘의 색깔입니다. 하늘색은 정결함을 상징하고 있습니다. 변치 않는 깊고 부드러운 푸른 하늘보다 더욱 정결하고 평온하며 안식이 있는 곳이 이 세상 어디에 있었을까. 대제사장의 옷은 그 의미를 온전히 반영하고 있고, 하나님 앞에 청색으로 만들어진 겉옷을 입고 나갔습니다.

속옷은 가는 베 실로 만들어졌고 티없는 흰색이었습니다. 제사장은 머리부터 발끝까지 정결하게 입었습니다. 이 정결함은 숨겨져 있을 수도 있겠습니다. 사람들의 눈에 보이지 않는 곳도 하나님은 보시고 계십니다. 모든 것이 흰색인 까닭은 순수해야 함을 드러낸다. 하나님은 인간을 외모로 보시지 않고 그 중심을 보십니다. 그러므로 우리의 마음을 하나님이 받으시기에 합당하도록 진실과 성실을 순전하게 해야 합니다.

우리들의 외모도 중요하지만 하나님은 중심을 보시고 계십니다. 특히 제단에 나갈 때는 몸과 마음을 깨끗이 단장함으로 하나님에게 기쁨을 드리십시오.

|**기도**(기도 제목)

|**주기도문**

년 월 일 요일

|**사도신경** |**찬송** 204, 333장 |**말씀** 출 39:32~43

성막의 모든 역사를 마치다 (출 35:10–19)

32 ●

33

34

35

36

37

38

39

40

41

42

43

본문은 모세의 모범된 사역에 관해 언급하면서 칭찬과 상급을 받는 사역자를 요구합니다.

주께서 기뻐하시는 사람들은 업적에 대해 세상으로부터 훌륭하다는 평가를 받은 사람이 아니라, 주의 말씀에 온전히 순종하는 사람입니다. 비록 갈채받을 만한 업적이 있을지라도 주를 불순종한 사람들은 "불법을 행한 자"로 평가되는 반면에, 이름이 없이 살았다 해도 주를 온전히 순종한 사람들은 귀하게 여김을 받습니다.

모세는 주께서 명령하신 기구를 하나도 빠짐이 없이 모두 만들었습니다. 주의 일에 부르심을 받은 성도들은 임의성을 배제하고 그 분이 명령하신 모든 기구들을 만들어야 합니다. 그 분은 불필요한 일을 명령하시는 법이 없습니다. 참된 경건은 그 분이 정하신 법도를 따르는 것이라 하겠습니다.

일을 맡은 사람들은 그 일을 하되 명령하신 대로 마치도록 해야 합니다. 시작만 하고 마치지 못한 경우들이 많이 있는데, 이런 사람들은 칭찬을 들을 수가 없습니다. 비록 일을 하는데 어려움이 따를지라도 참고 인내하면 주님의 칭찬과 상급이 따르게 됩니다. 열심히 최선을 다하지 않으면 아무라도 맡은 일을 다 하지 못합니다. 우리 성도들은 모세와 같은 말씀 대로 순종하는 모범된 사역자를 본받아 칭찬과 약속의 상급을 기다리십시오.

기도(기도 제목)

주기도문

년 월 일 요일

사도신경 **찬송** 88, 242, 442장 **말씀** 출 40:1~16

성막 봉헌

40

2

3

4

5

6

7

8

9

10

11

12

13

14

15

16

성막의 기구들의 배치를 위하여 모세는 다시금 명령을 받고 모든 성구에 기름을 발라서 거룩하게 하는 모습입니다.

첫째 달 초하루는 하나님의 명령으로 정해진 날입니다. 또한 안식일이 아니면 어느 날이라도 성막을 세우는 작업은 적합하리라 볼 수 있습니다. 그러나 첫째 달 초하루를 선택함에는 특별한 타당성, 즉 신년이나 새로움을 나타내려 하신 것입니다. 하나님의 일에 때가 있는 법입니다. 성도는 특별히 황금의 젊은 때를 주께 바쳐야 하겠습니다.

세워진 회막 안에 증거궤가 놓였고, 휘장, 상, 등잔대, 금 향단, 기둥, 순가락, 잔, 불집게, 불그릇, 받침대 등 모든 것을 준비하고 그것을 취하여 관유를 발라서 거룩하게 하였습니다. 이것으로 성막이 세워졌습니다. 이제 이스라엘이 출애굽한 목적이 달성된 셈입니다. 하나님의 일에는 항상 질서와 조화가 있어야 합니다.

특별한 건물, 옷, 그릇, 그와 같은 물건들은 거룩한 목적을 위하여 만들어졌고, 사용되어 졌고, 기름을 발라서 성결케 하였던 것입니다. 기름은 성령을 상징하고 성결케 되는 것은 성령의 역사로만 가능합니다. 성막은 하나님께 예배 드리기 위해 세워졌으며, 대소를 막론하고 그 성구들은 거룩한 일에 사용됨을 알아야 합니다.

하나님을 만나 교제하며 인도 받는 성전의 준비보다 중요하거나 시급한 일은 없는 것입니다.

기도(기도 제목)

주기도문

년 월 일 요일

사도신경 **찬송** 207, 210, 208장 **말씀** 출 40:17~38

17 ●

18

19

20

21

22

23

24

25

26

27

28
29

30

31

32

33

여호와의 영광이 성막에 충만하다 (민 9:15-23)

34 ●

35

36

37

38

본문은 성막 건립에 대해 모세가 하나님의 지시에 따라 봉헌식을 위한 제반 준비를 갖춰 나가는 부분입니다.

모세는 성막을 세울 때 주께서 명하신 기구들을 완벽하게 갖추었습니다. 교회란 여러 지체들로 구성된 그리스도의 몸입니다. 모든 지체가 하나로 연결되어 있을 때 비로소 제 구실을 할 수 있으므로 편당이나 분쟁이 없도록 조심함은 물론, 모든 지체가 나보다 남을 낫게 여기고 봉사하는 자세를 견지하도록 힘써야 하겠습니다.

성막의 기구들은 용도가 각기 다르기 때문에 용도에 따라서 배치되었습니다. 성도들의 교회 안에서 위치도 역시 마찬가지다. 각자에게 부여된 믿음의 분량, 곧 달란트가 있게 마련이며, 우리 모두가 이 분량에 충실하도록 힘써야 합니다. 분량 밖의 자랑은 질서와 조화를 깨뜨리며, 교회의 힘을 약화시키는 마귀의 전략입니다.

모세는 성막을 세움에 있어서 철두철미하게 주의 명령하심을 따랐다. 아무리 일을 잘하고 많은 열매를 맺었다 해도 주를 불순종한 사람들이나 교회는 칭찬을 받지 못합니다. 하나님이 기뻐하시는 사람은 '순종의 사람'임을 알고 무슨 일이든지 그 분의 명령하심을 따르도록 힘써야 하겠습니다.

교회는 주와 만나는 장소이며 신성한 영역입니다. 성도는 교회를 위해 지체로서 맡은 일을 잘 감당해야 합니다.

기도(기도 제목)

주기도문

레위기

년 월 일 요일

|사도신경 |찬송 250, 311, 257장 |말씀 레 1:1-9

번제

1

2

3 ●

4

5

6

7

8

9

구약시대 당시 이스라엘 민족이 하나님께 나아갈 수 있는 유일한 길은 제사를 통해서였습니다.

많은 동물 중에서 소나 양을 택한 이유는 이 동물이 거룩하기 때문입니다. 하나님은 거룩하시기 때문에 거룩한 제사를 원합니다. 그러나 인간은 타락하여 하나님 앞에 나갈 수 없습니다. 양은 예수님을 예표하고 있습니다. 예수님께서 십자가에서 구속사역을 완성하셨기 때문에 더 이상 재물이 필요 없습니다.

하나님은 완전하신 분입니다. 인간의 성의 없는 제사는 원치 않으십니다. 하나님께 나아가는 사람은 영과 진리로 나아가야 합니다. 이것은 예배자와 하나님의 영적 교제입니다. 제물이 움질일 수 없는 것처럼 예배자의 마음은 온전히 하나님께 바쳐져야 합니다. 예배자의 부분적인 희생이 아닌 전적인 헌신과 봉사를 원하십니다.

불의 속성은 태워 없애는 것입니다. 죄로 더러워진 마음과 완악한 성정을 불살라 없애야 합니다. 인간은 두 가지 종류가 있습니다. 하나님께 속한 사람과 세상에 속한 사람입니다. 세상에 속한 마음을 불사를 때 하나님께 속할 수 있습니다. 하나님께 속하는 유일한 길은 그리스도 안에 거하는 삶입니다.

하나님이 원하시는 제사는 그리스도와 더불어 자신을 완전하게 드리는 삶입니다.

|기도(기도 제목)

|주기도문

년 월 일 요일

|사도신경 |찬송 331, 204, 348장 |말씀 레 1:10-17

10 ●

11

12

13

14

15

16

17

제사장은 아론의 후손이 계승합니다. 제사장의 임무는 하나님과 인간의 중개 역할로서 중요하였습니다.
이 말의 현대적 의미를 살펴봅시다. 동물을 잡는다는 의미는 이방선교의 명령입니다. 선교 명령을 거부하는 베드로에게 하나님은 "잡아 먹어라"고 명령했습니다(행 10:13). 지금은 모든 사람이 다 제사장입니다. 따라서 만인에게 선교 사명의 의무가 부여된 것입니다. 미신과 죄악으로 얼룩진 비그리스도인에게 복음을 증거해야 합니다.
피의 의미는 생명입니다. 세상에서 가장 소중한 일은 생명을 살리는 일입니다. 이 시대는 노아 시대처럼 죄악이 가득 차 있습니다. 그런데 죄는 그리스도의 피가 있어야만 속죄가 가능합니다. 죄악의 처리를 위해 예수님은 이 땅에 오셨고 속죄의 피를 흘려주셨습니다. 그러므로 그를 믿어야 구원받을 수 있습니다.
동물의 내장을 물로 씻는 이유는 내장이 불결하기 때문입니다. 이 말의 의미는 우리의 속 사람이 변화되어야 함을 나타냅니다. 예수님께서 세례를 받으신 것처럼 우리도 세례를 받아야 합니다. 할례가 구약시대 성도의 절대적인 의무라면, 세례란 신약시대 성도들이 예수님과 연합됨을 나타내는 표입니다. 내 마음을 물로 씻으십시오.
예수님께서 구속사역을 성취하심으로 우리는 만인 제사장이 되었습니다.

기도(기도 제목)

주기도문

년 월 일 요일

사도신경 **찬송** 26, 27, 36장 **말씀** 레 2:1-10

소제의 예물

2

2

3

4

5

6

7

8

9

10

제물의 선택은 헌납자의 능력에 달려 있습니다. 가장 적은 비용으로 드리는 소제에 대해 살펴보기로 합시다.
고운 가루는 곡식이 가루가 되는 희생의 결정체로서 그리스도의 희생을 상징합니다. 예수님은 하나님이신 자신을 낮추어서 고운 가루가 되셨습니다. 사람의 몸을 입으신 예수님은 권세 있는 사람이 아니었습니다. 오히려 죄인의 친구다. 예수님은 의인을 위해서가 아니라 죄인을 부르시려고 이 땅에 오셨습니다.
유향의 특징은 향기로운 냄새입니다. 고운 가루에 유향이 스며들 때 그 진가가 발휘됩니다. 성도의 삶은 죄악 세상에서 이루어집니다. 유향의 현대적인 의미는 '화목'입니다. 화평케 하는 자는 하나님의 아들이라 했습니다. 하나님은 형식적인 제사를 원치 않으십니다. 예수님을 통한 평화를 원하십니다.
제사 후의 제물은 제사장의 몫입니다. 이것은 오늘날의 십일조입니다. 십일조는 하나님의 몫이기 때문에 성별되어야 합니다. 엘리의 아들들이 죽은 이유는 제물을 성별하지 않았기 때문입니다. 본문의 또 다른 의미는 하나님의 종들이 받는 보상의 원리입니다. 하나님 일을 하면 반드시 채워 주신다는 뜻입니다.
고운 가루가 되어 인류의 구속주가 되신 예수님처럼 우리도 그리스도인의 향기를 발하여야 합니다.

|기도(기도 제목)

|주기도문

년 월 일 요일

|사도신경 |찬송 304, 428, 429장 |말씀 레 2:11-16

11 ●

12

13

14 ●

15

16

본문은 소제물을 드릴 경우 해야 할 일과 하지 말아야 할 일을 언급하고 있습니다.
누룩은 소제물에서 제외되었습니다. 왜냐하면 누룩의 특징은 음식을 부풀게 하기 때문입니다. 즉 누룩이 부풀게 하는 것처럼 적은 악이 급속히 여러 사람의 마음속으로 퍼지는 것을 조심하라는 말입니다. 주님은 바리새인의 누룩을 조심하라 하셨습니다. 출애굽 당시 이스라엘 민족이 누룩 없는 빵을 취한 것은 애굽의 죄악에서 떠나라는 의미입니다.

소금은 소제물에 사용하는 음식의 간을 맞추고 부패를 막아줍니다. 소금이 녹아서 음식의 간을 맞추고 부패를 막아주는 것처럼 우리 성도들도 주님의 영광을 위해 희생하는 제물이 되라는 것입니다. 또 꿀을 소제에 넣지 말라고 했는데 이는 부패를 촉진시키기 때문입니다. 즉 말과 행동이 다른 이중 인격자가 되지 말라는 뜻입니다.

첫 이삭은 하나님께 속한 것입니다. 첫 이삭이라는 것에는 감사의 뜻이 포함되어 있습니다. 첫 이삭은 가장 충실한 이삭입니다. 왜 첫 이삭을 하나님은 원하시는가? 그것은 하나님 중심의 삶을 살라는 뜻입니다. 첫 이삭이 성별되어 하나님께 드려지는 것처럼 우리 삶은 성별되는 삶이 되어야 합니다.

하나님 앞에서 우리는 누룩을 멀리하며, 소금을 치는 화목된 삶이 되어야 합니다.

|**기도**(기도 제목)

|**주기도문**

년 월 일 요일

|**사도신경** |**찬송** 327, 370, 401장 |**말씀** 레 3:1-11

화목제의 예물

3

2

3

4

5

6 ●

7

8

9

10

11

아담의 원죄 때문에 모든 인간은 하나님을 볼 수 없게 되었습니다.

소나 양의 희생을 통해 구약의 성도들은 화목할 수 있었습니다. 그러나 예수님은 십자가에서 단 한번의 희생을 통해 제물이 되어 주셨습니다. 한 사람 아담을 통해 인간과 하나님이 불화 되었으나, 제2의 아담 예수님을 통해 우리는 하나님과 화목을 누리게 되었습니다. 하나님과의 화해가 화목되었기 때문에 성도간에 불화하면 안 됩니다.

제사장들은 화목제물에서 내장과 콩팥에 있는 기름을 제거했습니다. 이것은 하나님 앞에 드리는 예물은 정성이 담긴 예물이 되어야 함을 나타냅니다. 인간과 하나님을 화해시키기 위해 하나님이신 예수님은 인간의 모습을 취하시고 33년 동안 사셨습니다. 이러한 모습은 겸손하신 예수님을 나타냅니다.

화목제는 불살라서 하나님께 드려야 합니다. 제물을

불살라 드리는 것은 하나님께 향기를 드리고자 함입니다. 아무리 좋은 제물도 열납되지 않으면 안 됩니다. 하나님은 독생자 예수님을 온 인류의 화목 제물로 열납하셨습니다. 아벨의 제물은 열납하시고 가인의 제사를 배격하심은 믿음 여부 때문입니다.

예수님의 십자가 사건은 하나님과 인간과의 그리고 인간과 인간과의 화해 표시입니다.

|기도(기도 제목)

|주기도문

년 월 일 요일

|사도신경 |찬송 432, 411장 |말씀 레 3:12-17

12 ●

13

14

15

16

17

우리는 화목을 보통 화합, 평온이라는 말로 이해하나 번영, 기쁨, 행복의 넓은 의미로도 사용되고 있습니다.

이 화목 제물은 속죄 후에 하나님과 단절되었던 사이의 친교를 위해서 드리는 것입니다. 이것은 예수님께서 우리의 죄를 짊어지고 제물이 되어주신 것을 예표하고 있습니다. 제물의 머리에 안수는 이스라엘 회중이 지은 죄를 가축들에게 전가시키는 행위였습니다. 이것은 상징적인 의미로서 이 의식을 통해 죄의 회개와 용서가 있게 됩니다.

이것은 이 제물이 인간의 속죄와 관계되기 때문입니다. "거의 모든 물건이 피로써 정결하게 되나니 피 흘림이 없은즉 사함이 없느니라"(히 9:22). 피는 곧 생명을 의미하며 하나님은 우리 인간의 죄로 죽을 수밖에 없을 때 그 죄를 용서해 주시기 위해서 짐승의 피를 인간을 대신해 제단 사방에 뿌리게 하신 것입니다.

기름은 동물의 신체 중 최고의 것으로 간주되어 하나님 앞에 드려졌습니다. 간과 내장에 덮인 기름과 콩팥 위의 기름은 가축에게 있어 생명이나 영혼으로 간주되었습니다. 그리고 피는 생명과 같은 의미를 갖기 때문에 먹어서는 안 됩니다. 즉 기름과 피는 하나님의 것입니다. 하나님의 것이 제물이든 시간이든 온전히 하나님께 바쳐야 합니다.

화목제의 방법을 정확히 알 때 하나님과 인간과의 화목이 가능합니다.

|기도(기도 제목)

|주기도문

년 월 일 요일

|사도신경 |찬송 303, 305, 310장 |말씀 레 4:1-12

속죄제를 드리는 규례

4

2

3

4

5

6

7

8

9

10

11

12

하나님이 모세에게 지도자와 백성들에게 말씀을 전하라고 명령하셨습니다.

제사장은 백성들의 죄를 대신하여 하나님께 제사드리는 직책을 가졌는데 그 제사장이 죄를 지으면 백성들에게 재앙이 임하였습니다. 지도자들의 잘못은 다른 사람들에게도 고난을 가져다 줍니다. 아담 한 사람이 죄를 지음으로 모든 사람이 죄인이 되었고, 죽음에 이르게 되었습니다. 그러므로 지도자들은 항상 깨어 경성하여야 합니다.

제물은 흠 없는 수송아지를 취하며 그 제물을 회막문 여호와 앞으로 끌어다가 그 머리에 안수하고 잡아야 합니다. 흠 없는 수송아지는 예수님을 의미하며 그 머리에 안수함은 제사장이 죄를 그 제물에 전가함을 의미합니다. 이와 같이 우리들의 죄를 예수님께서 담당하시고 십자가에 달려 죽으심으로 하나님의 공의에 만족을 주었습니다.

회막에 끌고 가는 것도, 제물을 잡는 것도, 피를 뿌리는 것도, 제물을 불사르는 것도 모두 제사장에 의해 이루어집니다. 이와 같이 대제사장이신 예수께서 친히 제물이 되셨고, 그 피를 흘리시고 그 몸을 온전히 하나님께 드리므로 우리는 죄의 사함을 받게 되었습니다. 우리의 의나 행위에 의한 것이 절대로 아닙니다.

지도자의 위치는 중요합니다. 예수님은 전 인류의 지도자로서 희생제물이 되셨고 모두의 본이 되셨습니다.

기도(기도 제목)

주기도문

년 월 일 요일

사도신경 **찬송** 217, 546장 **말씀** 레 4:13-26

13 ●

14

15

16

17

18

19

20

21

22 ●

23

24

25

26

아담의 원죄 이후 보통 생육법의 출생자 모두는 죄 가운데 거하게 되었습니다.
자기 죄의 깨달음이 없이는 사죄의 길이 있음도 알 수 없습니다. 하나님께서는 죄에 대하여 통회하며 자복하는 심령을 외면치 않으시고 죄를 사하여 주십니다. 자신이 환자임을 알 때 의사를 찾음과 같이 자기의 죄를 깨달아 죄를 자복하고 회개함으로써 죄 사함을 받게 되며 주님께 돌아오면 영생을 얻게 됩니다.
하나님 앞에 나갈 때 빈 손으로 오지 않아야 합니다. 제물의 현대적인 의미는 정성 즉 헌물입니다. 하나님은 반드시 제물을 통해서 자신의 뜻을 나타내십니다. 하나님께 드리는 헌물은 양이 적고 많음을 떠나서 봉헌자의 정성과 뜻이 담겨 있어야 합니다. 가장 바람직한 제물은 "나 자신을" 온전히 하나님께 드리는 일입니다.
왜 피의 희생이 필요한가? 피는 생명을 의미하기 때문입니다. 범죄자는 마땅히 죽어야 합니다. 그러나 하나님은 독생자 예수님을 죽게 하셨고, 십자가 사건을 통해 하나님의 사랑을 구체적으로 보여주셨습니다. 죄인이 사죄받는 유일한 방법은 그리스도의 피를 믿는 것입니다. 그리스도의 보혈만이 죄인을 살릴 수 있습니다.
인간이 범죄했기 때문에 죄인이 아니라 죄인이기 때문에 범죄합니다. 우리는 구세주 예수님만 바라봅시다.

기도(기도 제목)

주기도문

년 월 일 요일

사도신경 **찬송** 252, 254, 258장 **말씀** 레 4:27-35

27 ●

28

29

30

31

32 ●

33

34

35

선한 것은 키우고 장려하되, 악한 것은 자라기 전에 없애야 합니다.

하나님은 모세를 통해 하나님 왕국의 백성의 삶의 원리로서 십계명을 주셨습니다. 십계명은 "하라"와 "하지 말라"로 구성되어 있습니다. 적은 누룩이 전체를 부패시키는 것처럼 계명 중 하나를 범할 때 우리는 죄에 오염됩니다. 하나님 말씀은 철저히 지켜야 합니다. 만약 말씀에 순종치 못했다면 철저히 회개해야 합니다.

성도의 삶은 항상 깨어 있어야 합니다. 왜냐하면 죄란 세상에 가득 차 있기 때문입니다. 우리는 죄를 피할 수 없습니다. 그러나 죄의 노예가 되어서는 안 됩니다. 깨어서 기도할 때 우리는 죄를 정복할 수 있습니다. 성도의 삶은 마치 죄악 세상에 떠다니는 배와 같습니다. 그리스도인은 나실인의 삶 즉 구별된 삶이 되어야 합니다.

욕심이 잉태할 때 죄가 사망으로 이어집니다. 욕심에는 두 가지가 있습니다. 선한 욕심과 악한 욕심입니다. 선을 행하되 낙심하지 말라고 함은 그리스도인으로서 의무와 역할을 강조하고 있습니다. 겸손하던 사울 왕에게 욕심이 생기자 그의 눈은 가리워졌고 하나님의 계명을 망각하게 되었습니다. 항상 선한 삶을 삽시다.

죄는 무서운 번식력을 갖고 있습니다. 예수님께서 죄를 정복하신 것처럼 우리도 죄를 정복해야 합니다.

|기도(기도 제목)

|주기도문

년 월 일 요일

|사도신경 |찬송 519, 521, 529장 |말씀 레 5:1-6

5

2

3

4

5

6

맹세는 하늘로도 말고 땅으로도 말라 했습니다. 왜냐

하면 맹세란 인간이 지킬 수 없기 때문입니다.

증인은 진실해야 합니다. 왜냐하면 피고의 생명은 증인의 맹세에 달려있기 때문입니다. 맹세란 법적인 용어로서 재판장 앞에서 확약하는 행위입니다. 증인은 먼저 하나님 앞에서 진실해야 합니다. 사실의 정확한 진술이 필요합니다. 그 사실에 다른 것을 가감하거나 본질을 변질시켜서는 안 됩니다. 그 결과가 증인에게 그대로 미친다.

증인은 본인의 맹세에 대해 책임감을 가져야 합니다. 책임감이라는 말 속에는 신중함과 의무의 뜻이 내포되어 있습니다. 본인의 잘못된 맹세 때문에 피고에게 불이익이 왔을 경우 증인에게 보상의 책임이 있습니다. 그럼 부지중에 한 맹세는 어떻게 되는가? 그 맹세의 내용이 선하든지 악하든지 증인은 양자 중 한 가지의 책임이 있습니다.

재판장 앞에서 증인은 담대해야 합니다. 담대함이 없을 경우 증인은 거짓 증언을 하기 때문입니다. 경솔한 헤롯 왕의 맹세 때문에 세례 요한은 죽임을 당했습니다. 사실을 정확히 진술 할 때 그 재판은 공정한 재판이 됩니다. 하나님은 용기 있는 증인을 원하십니다. 그리스도인의 양심에 입각해서 증언이 이루어져야 합니다.

맹세의 기준은 말씀입니다. 진실한 태도로 증인을 말씀이 가는 곳까지 가고, 말씀이 멈출 때 멈추어야 합니다.

기도(기도 제목)

주기도문

년 월 일 요일

사도신경 **찬송** 234, 240, 610장 **말씀** 레 5:7-19

7 ●

8

9

10

11 ●

12

13

속건제를 드리는 규례

14 ●

15

16

17 ●

18

19

본문은 성전 안의 여러 가지 성물을 귀하게 다루어야 함을 명령하고 있습니다.
성물은 하나님께 제사드릴 때 사용하는 물건입니다. 하나님께서 친히 성전 제도를 만드셨기 때문에 성전 안의 모든 물건은 하나님께 속합니다. 인간이 만들어서 봉헌했지만 일단 하나님께 바쳐지면 이것은 하나님의 소유입니다. 성전 제도는 폐지되었으나 그 의미는 교회의 형태로 남아 있습니다.
성물은 하나님의 소유이기 때문에 소중히 여겨야 합니다. 성물의 취급 정도를 보면 그 사람의 신앙 정도를 알 수 있습니다. 성물을 경솔히 여긴 벨사살 왕은 하나님의 징계로 죽고 말았습니다. 성물이 본래의 목적대로 사용되지 않을 때 이것은 하나님께 대한 불신의 태도입니다. 오늘날 교회 안에서 사용 되는 물건도 귀중히 여겨야 합니다.
"가이사의 것은 가이사에게 하나님의 것은 하나님께" 드려져야 합니다. 하나님의 것을 인간이 취해서는 안 됩니다. 십일조가 하나님의 소유인 것처럼 성물은 하나님께 드려져야 합니다. 더 넓은 의미에서 "내 자신" 또한 하나님의 성물입니다. 우리는 "자신"을 하나님 앞에 거룩한 산 제물로 드려야 합니다. 이것을 하나님은 기뻐하십니다.
오늘날 교회 물건을 가볍게 취급하는 경향이 있습니다. 성물은 하나님의 소유라는 "개념"이 있어야 합니다.

|**기도**(기도 제목) ____________________

____

|**주기도문**

년 월 일 요일

|**사도신경** |**찬송** 245, 608장 |**말씀** 레 6:1-7

6

2

3

4

5

6

7

죄에는 두 가지가 있습니다. 하나님과 인간의 관계, 인간과 인간의 관계에서의 죄들입니다.
남의 물건을 위탁 받고서도 그 사실을 부인하는 것이 이웃에 대한 죄요, 친구의 물건을 횡령한 것이 죄요, 남의 물건을 습득하고서 돌려주지 않은 것이 죄요, 거래를 속이는 것이 죄요, 폭력을 사용하여 얻고서도 그 잘못을 부인하는 것이 죄다. 이러한 죄는 율법을 위배한 것이요, 이것은 곧 하나님께 대한 죄다.

그 죄가 드러나는 날에는 그 임자에게 줄 것이요, 보상은 탈취한 것의 5분의 1을 더하여 보상하도록 규정하고 있습니다. "예물을 제단 앞에 두고 먼저 가서 형제와 화목하고 그 후에 와서 예물을 드리라"고 했습니다. 이처럼 이웃에 대한 범죄는 이웃에게 갚아야 하며, 하나님께 용서를 받아야 합니다.

이웃에게 배상을 해주고 화해한 사람은 하나님께 속건제를 드려야 합니다. 제물은 흠 없는 숫양인데 그 숫양은 어린 양 예수님을 예증하는 것입니다. 예수께서 죄를 담당하시고 구속사역을 성취하심으로 우리의 죄가 용서 받게 된 것입니다. 죄는 하나님께, 예수 그리스도께 갖고 가야 해결 됩니다.

우리가 이웃을 사랑하며 진실하게 사는 것이 하나님을 사랑한다는 구체적인 증거의 표시입니다.

기도(기도 제목)

주기도문

년 월 일 요일

사도신경 **찬송** 331, 204, 354장 **말씀** 레 6:8-18

번제를 드리는 규례

8 ●

9

10

11

12

13

소제를 드리는 규례

14 ●

15

16

17

18

하나님은 거룩하시기 때문에 거룩한 제사를 원하십니다. 어떤 방식으로 드려지는 제사가 거룩한 제사입니까?

이스라엘이 드리는 무슨 제사든지 하나님께서 명하신 규례에 따라서 드려야 했습니다. 그래야만 거룩한 제사가 되고 하나님이 받으셨습니다. 우리가 주를 위해 봉사하거나 직임을 행할 때 주의 정하신 규례대로 해야 거룩한 제사가 되며 하나님이 받으십니다. 우리 소견에 좋은 대로 해서는 안 됩니다.

상번제를 위해 사용되는 이 불은 하늘에서 내려온 여호와의 불로서 이것이 항상 꺼지지 않도록 해야 했습니다. 이 불의 의미는 주를 위한 성도들의 열심, 헌신 및 사랑을 의미합니다. 신앙이 꺼지지 않는 제단 위의 불처럼 지속적으로 타올라 주를 영화롭게 하는 것이 마땅합니다. 쉽게 타오르고 쉽게 꺼져버리는 신앙은 무가치합니다.

향기로운 냄새가 되기 위해서는 거룩하고 순종하는 생활이 되어야 합니다. 백합꽃은 가시에 상할수록 더욱 향기를 발합니다. 성도의 생활은 백합꽃 같은 삶이 되어야 합니다. 고난이 오면 올수록 그리스도의 향기를 발해야 합니다. 고난을 통해 하나님께 가까이 갈 수 있으며 세상의 소금과 빛이 될 때 주께 영광을 돌릴 수 있습니다. 성도의 삶은 삶 그 자체를 통해 하나님께 거룩한 산 제사를 드려야 합니다.

기도(기도 제목)

주기도문

년 월 일 요일

사도신경 | **찬송** 26, 27, 36장 | **말씀** 레 6:19-23

19 ●

20

21

22

23

향기로운 예배는 어떤 예배인지 본문에서 살펴보기로 합시다.

하나님은 모세에게 제사 방법을 세부적으로 지시하셨습니다. 그리고 모세는 이 사실을 제사장들에게 알려서 그대로 지키도록 했습니다. 오늘날 우리가 하나님께 드릴 예배는 어떠해야 합니까? 말씀에 기록 된 대로 드려야만 하나님께서 받으시는 향기로운 예배가 됩니다. 하나님은 영이시기 때문에 영과 진리로 예배를 드려야 합니다.

"기름 부음을 받는 날"은 제사장 위임식 날을 의미합니다. 이 위임식은 칠일 동안 계속되는데 이 날에 드리는 예배는 향기로운 냄새가 나게 하였습니다. 이 냄새를 여호와께서는 흠향하시고 기뻐 받으시는 것입니다. 오늘날 우리가 드리는 예배는 우리 자신을 온전히 바쳐 복종시킴으로 드리는 예배가 되어야 합니다.

본문의 온전히 불사른다는 것은 제사장이 먹을 수 없도록 하기 위함입니다. 여호와께 바치는 예배는 자신의 어떤 영리 목적이나 이기적인 발로에서 나온 것이 되어서는 안 됩니다. 하나님은 인간의 위선적인 예배나 억지로 드리는 예배는 원치 않으십니다. 성도들이 회개하며 감사하는 예배를 하나님은 기뻐하십니다.

하나님의 인간 창조 목적은 하나님의 영광을 받기 위함입니다. 우리는 예배를 통해 하나님을 찬양해야 합니다.

기도(기도 제목)

주기도문

년 월 일 요일

사도신경 | **찬송** 8, 42장 | **말씀** 레 6:24-30

속죄제를 드리는 규례

24 ●

25

26

27

28

29

30

본문에서는 이스라엘 백성들이 하나님께 속죄 제사를 드리는 규정이 나와 있습니다.

속죄제 희생 제물은 대속 제물로서 하나님께 구별되게 바쳐졌다는 의미에서 거룩함을 뜻합니다. 이 희생물은 아무 것이나 될 수 없고 가장 귀중한 것, 즉 초태생의 것을 하나님께 바쳐야 합니다. 이것은 인간의 가장 아끼고 사랑하는 것, 가장 귀한 것, 마음과 뜻과 정성을 다해 바치는 것을 하나님이 받으신다는 것을 뜻합니다.

죄인을 위해 속죄제를 드린 제사장은 피와 기름은 하나님께 드린 후에 회막 뜰에서 제물의 고기를 먹어야 했습니다. 왜냐하면 여호와께 바쳐진 것은 거룩한 것이기 때문입니다. 이것을 다른 것과 혼동하여 다룰 때 하나님은 진노하시며 벌을 내리십니다. 이것은 오늘날 성도들이 세상과 야합하여 사는 것을 금하심을 뜻합니다.

이것은 하나님의 거룩한 피가 거룩하지 못한 옷에 묻었기 때문에 그것을 거룩한 곳에서 빨아야 함을 의미합니다. 왜냐하면 제사장이 그 옷을 입고 밖에 나오면 하나님의 거룩에 손상이 가기 때문입니다. 이와 같이 하나님 앞에 바로 서기 위해 마음과 뜻은 물론 그 행위까지 하나님 앞에 구분해서 드려야 합니다.

현대 신앙은 성속의 구별이 없는 혼합의 시대입니다. 나실인으로서 하나님 앞에 나를 구별해 드리십시오.

기도(기도 제목)

주기도문

년 월 일 요일

사도신경 **찬송** 273, 216, 450장 **말씀** 레 7:1-10

속건제를 드리는 규례

7

2

3

4

5

6

7

8

9

10

속죄제와 속건제의 의미는 비슷합니다. 속건제 규정

에 관해 살펴보기로 합시다.

속건제는 거룩한 것이며 남의 소유권에 대해서 하나님의 율법을 모르고 범한 허물을 용서받기 위하여 드리는 제사를 의미합니다. 하나님께 사죄를 구하는 제사는 무엇보다 거룩하고 중요합니다. 왜냐하면 하나님은 죄인 된 인생이 통회하고 자복함으로 하나님께 돌아오기를 간절히 원하시기 때문입니다.

하나님은 인간이 지은 죄에 대한 값을 철저히 요구하십니다. 하나님이 찾으시는 죄에 대한 값은 돈이나 인간의 노력을 뜻하는 것이 아닙니다. 죄는 곧 죽음을 요구하는 것입니다. 인간은 인간의 죄에 대해 마땅히 자신의 피를 바쳐야 했으나 하나님은 짐승의 피로써 대신하게 하셨습니다. 이 피는 장차 오실 예수의 피를 상징합니다.

모든 기름 부분과 콩팥을 화제로 불살라 드리는 것은 속건제뿐만 아니라 속죄제 및 화목제의 경우도 같았습니다. 죄를 철저하게 청산하고 하나님과 화목하는 것은 죄를 뒤집어 쓴 짐승을 철저히 불살라 하나님께 바쳐 드리는 길 밖에 없습니다. 이로써 하나님과 인간은 화목을 누리게 되는 것입니다.

원죄 때문에 인간은 하나님과 원수가 되었습니다. 막힌담이 예수님의 희생을 통해 완전히 제거되었습니다.

|기도(기도 제목) ____________________

|주기도문

년 월 일 요일

|사도신경 |찬송 191, 430, 434장 |말씀 레 7:11-21

화목제물을 드리는 규례

11 ●

12

13

14

15 ●

16

17

18

19 ●

20

21

하나님은 화목을 원하십니다. "화평하게 하는 자는 하나님의 아들이라 일컬음을 받으리라" 하신 말씀은 화평의 중요성을 말합니다.

감사는 신앙인의 마땅한 자세입니다. 신앙인과 비신

앙인의 차이는 감사의 조건에 있습니다. 감사할 조건이 없어도 감사하는 것이 신앙인의 자세입니다. 감사는 긍정적인 신앙의 결과입니다. 신앙의 눈으로 세상을 바라볼 때 항상 기뻐할 수 있습니다. 감사를 매개체로 형제와 화목합시다.

화목제 희생의 고기는 아침까지 남겨 두어서는 안됩니다. 이 말씀은 죄란 빨리 청산해야 함을 의미하고 있습니다. 죄는 번식력이 강합니다. 누룩이 전체를 부풀게 하는 것처럼 죄는 우리 마음을 부패시키고 눈을 어둡게 하고 마음을 완고하게 만들어 하나님과 단절시킵니다. 만약 죄를 범했다면 철저히 회개해야 합니다.

자원하는 마음을 기뻐하십니다. 하나님 앞에 드리는 예물은 억지로 드리는 예물이 되어서는 안 됩니다. 하나님 앞에서 가장 중요한 것은 마음 중심입니다. 몸과 마음이 온전히 하나님께 드려져야 합니다. 수많은 제사보다 중요한 것은 순종입니다.

화목제를 통해 얻을 수 있는 교훈은 하나님과의 화목이 있어야 이웃과의 화목도 가능함을 알게 합니다.

기도(기도 제목)

주기도문

년 월 일 요일

사도신경 **찬송** 323, 401, 408장 **말씀** 레 7:22-34

피와 기름은 먹지 말라

22 ●

23

24

25

26

27

화목제물 중에서 제사장이 받을 소득

28 ●

29

30

31

32

33

34

본문에서는 여호와께 바쳐진 물건에 대해 거룩히 그리고 엄격히 구별할 것을 언급하고 있습니다.

피흘림이 없으면 죄사함이 없습니다(히 9:22). 본문에서 이 피를 먹지 말라고 한 것은 이 피가 예수 그리스도의 십자가의 보혈을 의미하기 때문입니다. 이 피는 지극히 거룩한 여호와의 성물이기 때문입니다. 이것은 인간이 함부로 다룰 성질의 것이 아닙니다. 여호와께 속한 것은 여호와께로만 돌려 드리는 것이 그의 백성들의 의무입니다.

하나님은 인간의 자원하는 예물을 받으시지 억지로나 인색함으로 드리는 예배를 원치 않으십니다. 사람이 가난하여 도저히 좋은 것으로 예물을 드리지 못한 경우에는 보다 값이 싼 것으로 드릴 수 있게 하셨습니다. 사실 하나님은 제물보다 자원하는 심령과 애통하고 회개하는 심령을 원하십니다.

하나님께서는 기름을 완전히 불살라 드리기를 원하십니다. 예수께서는 우리 죄를 위하여 자신을 완전히 불태워서 바치셨습니다. 그는 그 피를 거룩히 구별하여 하나님께 바치신 것입니다. 이렇게 함으로써 거룩하신 하나님과 죄인이 된 인간 사이에서 화목을 이루셨습니다. 그러므로 우리는 담대히 하나님 앞에 나아갈 수 있게 된 것입니다.

하나님께 속한 것은 거룩하니 성도들은 항상 부정한 위치를 배격하고 거룩함으로 무장합시다.

기도(기도 제목)

주기도문

년 월 일 요일

사도신경 **찬송** 215, 216, 461장 **말씀** 레 7:35-38

맺는 말(1)

35 ●

36

맺는 말(2)

37 ●

38

하나님 앞에 드리는 제사의 종류는 다섯 가지인데 이 모든 제사는 각기 공통점을 갖고 있습니다.

이것은 하나님께서 시내산에서 모세에게 지시하신 그대로 드렸습니다. 우리의 신앙 생활도 하나님이 지시하신 말씀대로 행해야 합니다. 많은 숫양의 기름을 드리는 것보다 하나님의 목소리에 순종하는 것을 하나님은 기뻐하십니다. 순종이 제사보다 낫고 듣는 것이 숫양의 기름보다 낫다고 했습니다(삼상 15:22).

소나 양이나 비둘기 등이 제물로 드려졌습니다. 제물이 있는 곳에 불의 응답이 있었습니다. 노아는 정결한 짐승을 제물로 드렸습니다(창 8:20). 엘리야도 갈멜산상에 제단을 쌓고 제물을 드렸을 때 불의 응답을 받았습니다(왕상 18:38). 하나님께서는 우리의 몸과 마음과 시간과 재물과 재능과 정성과 생명까지도 드릴 때 기뻐하십니다.

구약에는 인간들이 죄를 범했을 때 양을 희생의 제물로 바쳤다. 이스라엘이 애굽에서 해방을 받을 때 양을 잡아 그 피를 문설주에 발랐을 때 이스라엘이 구원을 받았습니다. 예수 그리스도는 세상 죄를 지고 가는 하나님의 어린양이셨습니다(요 1:29). 그 어린양 예수의 피 희생 없이는 기독교가 성립되지 않았을 것입니다.

제사는 그리스도의 희생의 십자가를 예표합니다. 이것이 희생과 생명을 마주잡고 있습니다.

기도(기도 제목)

주기도문

년 월 일 요일

사도신경 **찬송** 328, 586장 **말씀** 레 8:1-17

아론과 그의 아들들의 제사장 위임식

8

2

3

4

5

6

7

8

9

10 ●

11

12

13

14 ●

15

16

17

아론과 아론의 자손만이 제사장이 될 수 있었습니다. 하나님의 일꾼은 그의 부르심을 받은 자만이 될 수 있습니다.

모세는 아론의 아들들을 데려다가 물로 그들을 씻기고 거룩한 옷을 입혔다. 하나님은 거룩하신 분이십니다. 거룩하게 되어야 함은 하나님의 명령이기 때문입니다(벧전 1:15-16). 이것은 또한 예수님의 기도 제목이기도 합니다(요 17:17). 거룩해야만 귀히 쓰임을 받는 일꾼이 될 수 있습니다(딤후 2:21).

구약 시대에는 왕이나 선지자나 제사장에게 기름 부어 사역을 맡겼습니다. 기름은 영적으로 하나님이 함께 하심과 성령의 역사를 상징합니다(행 4:27). 성령의 기름부음을 받아야 하나님의 종으로서 사명을 잘 감당할 수 있습니다. 성령이 임해야 하늘의 능력이 함께하게 되는 것입니다(행 1:8).

모세는 이스라엘 백성과 하나님 앞에서 중보적인 사역을 잘 감당했습니다. 중보자는 택한 백성을 위하여 항상 깨어 기도해야 합니다. 중보자는 또 한쪽으로 치우치면 안 됩니다. 우리의 대제사장이 되신 예수님은 하나님과 사람 사이의 완전한 중보자이시므로 완전한 사람, 완전한 하나님이 되신 것입니다.

제사장은 구별되어 기름부음을 받고 중보자의 역할을 완전히 수행하는 자입니다.

기도(기도 제목)

주기도문

년 월 일 요일

사도신경 **찬송** 255, 264, 268장 **말씀** 레 8:18-29

18 ●

19

20

21

22 ●

23

24

25

26

27

28

29

번제는 제물을 완전히 불살라 드리는 제사였습니다. 이것은 온전한 헌신을 의미합니다.

양은 군집성이 강합니다. 길을 가도 모여서 가고 풀을 먹어도 모여서 먹고 잠을 자도 모여서 잔다. 히 10:25에서 "모이기를 힘쓰라"고 하였습니다. 또 양은 순종을 잘 합니다(삼상 15:22). 순종이 제사보다 낫다고 했습니다. 또한 양은 양을 낳는다. 그리스도인은 새로운 그리스도인을 낳기 위해 힘써야 합니다.

양은 백성들이 지은 죄를 다 맡아 가지고 죽임을 당하게 되었습니다. 하나님의 어린 양 되신 예수 그리스도께서 우리의 죄를 다 맡아 지시고 십자가에서 희생의 제물이 되셨습니다. 제사장이 안수함으로 백성의 죄를 그 양에게 양도시켰습니다. 하나님께서도 우리의 죄를 그리스도에게 전가시키셨습니다.

예수 그리스도의 흘리신 피는 우리를 구속하신 피(벧전 1:9), 하나님과 가깝게 한 피(엡 2:13), 죄에서 해방하신 피(계 1:5), 화목케 한 피(골 1:10), 의롭게 하신 피(롬 5:9), 깨끗게 한 피(요일 1:7), 우리를 승리케 한 피(계 12:11)가 되셨습니다. 피를 뿌린 의미는 생명을 담보로 하여 계약을 확정 짓는 표시였습니다.

번제를 드리는 것은 완전한 드림, 온전한 헌심을 의미합니다. 이는 하나님께서 기뻐하신 제사 방법입니다.

기도(기도 제목)

주기도문

년 월 일 요일

사도신경 | **찬송** 8, 23장 | **말씀** 레 8:30-36

30 ●

31

32

33

34

35

36

제사장은 거룩한 옷을 입어야 하는데 그것은 하나님의 속성 때문입니다.
성결은 하나님의 명령입니다(벧전 1:16). 성결은 예수님의 기도제목입니다(요 17:17). 성결은 예수님이 십자가를 지신 목적입니다(히 13:12). 성결해야 귀히 쓰임받는 그릇이며(딤후 2:21)능력있는 삶을 살게 됩니다(민 6:1-6). 성결해야 재림의 주를 맞게 되고(히 12:4) 천국에 들어갈 수 있습니다(계 7:14).
옷은 성도들의 인격을 말합니다. 빛의 갑옷을 입으라고 했습니다(롬 13:12). 흰 옷을 입으라고 했습니다(계 3:4). 예수 그리스도를 옷 입듯 하라고 했습니다(롬 13:14). 이 옷을 입으라는 말씀은 거룩하신 예수님, 사랑 많으신 예수님, 온유하고 겸손하신 예수님, 십자가를 지신 예수님, 희생하신 예수님의 인격을 본받으라는 뜻입니다.
기독교는 성결하게 되는 종교입니다. 예수님의 보혈을 믿음으로 성결하게 되며(요일 1:7-9), 하나님 말씀으로 거룩하여 집니다(딤전 4:5). 하나님의 말씀을 묵상하고 말씀을 믿고 순종해야 성결하게 됩니다. 늘 깨어 기도하는 중에 심령이 거룩하여 집니다. 성령으로 거룩하여 집니다(롬 15:16).
신약 성도는 신약의 제사장이므로 거룩을 위해 성결된 삶을 살도록 힘써야 합니다.

|기도(기도 제목)

|주기도문

년 월 일 요일

|사도신경 |찬송 83, 86, 135장 **|말씀** 레 9:1-7

아론이 첫 제사를 드리다

9

2

3

4

5

레

6

7

제사장의 위임식이 끝난 후 첫 제사에 하나님은 속죄제와 번제를 요청하셨습니다.

하나님이 요구하시는 것은 충성입니다. 소는 주인을 위하여 묵묵히 일하는 충성된 동물입니다. 소는 꾀를 부리지 않습니다. 무거운 짐을 지고 묵묵히, 쓰러질지라도 말 없이 일하는 동물입니다. 우리들도 주를 위하여 묵묵히 십자가를 지고 충성되게 걸어가야 하겠습니다. 참으로 충성하려면 신뢰 위에서 충성하여야 합니다.

소는 주인에게 반항하는 법이 없습니다. 아브라함은 순종함으로 복을 받았습니다. 순종할 때 홍해가 갈라졌고 여리고 성이 무너졌습니다. 순종할 때 물이 변하여 포도주가 되는 기적이 나타났으며 고기를 많이 잡는 기적을 체험했습니다. 순종이 제사보다 낫다는 말은 제사 속에 순종이 없으면 참 제사가 아니라는 말입니다.

예수님은 우리를 위하여 희생의 제물이 되셨습니다. 한 알의 밀알이 썩을 때 많은 열매가 맺어집니다. 소금이 녹아질 때 맛이 나타납니다. 우리가 희생의 제물이 될 때 주님이 영광을 받으십니다. 소는 주인을 위하여 모든 것을 희생합니다. 우리도 소와 같이 희생하는 성도들이 되도록 힘써야 하겠습니다.

소처럼 충성스럽고 순종하며 희생으로 우리의 헌신된 삶을 주께 드릴 때 산 제물 드림이 됩니다(롬 12:1).

기도(기도 제목)

주기도문

년 월 일 요일

사도신경 **찬송** 328, 455, 454장 **말씀** 레 9:8-24

8 ●

9

10

11

12 ●

13

14

15 ●

16

17

18

19

20

21

22 ●

23

24

본문은 제사장인 아론 자신이 먼저 사죄의 은혜를 받고 정결하게 되어야 함을 보여준 말씀입니다.

믿음 생활에 본이 되어야 합니다. 믿음이 좋아야만 합니다. 믿음이 좋아지려면 무엇보다도 예배 출석을 잘 해야 합니다. 예배시간에 빠지지 말고 낮 예배, 저녁 예배, 새벽 기도회에 열심히 잘 참여하면 믿음이 좋아지기 마련입니다. 또 말과 행실과 사랑과 믿음과 정절에 대해 타인의 모범이 되어야 합니다.

하나님의 말씀을 묵상하는 생활이 복 있는 자의 생활입니다. 말씀을 주야로 묵상함은 우리를 거듭나게 하며(벧전 1:23), 성결하게 하며(딤전 4:5), 믿음을 성장하게 하며(벧전 2:2), 성령을 받게 합니다(행 10:24). 특히 말씀으로 봉사하는 자들은 그 체험과 능력 없이는 가르침에도 본 보임에도 실패하고 말 것입니다.

기도해야 십자가의 사명을 잘 감당할 수가 있기 때문입니다. 기도해야만 하나님의 뜻을 잘 분별하고 신령한 생활에서 승리를 맛 볼 수 있으며 기쁨과 능력있는 삶을 살 수가 있습니다. 오늘날 모든 주님의 종들은 남들보다 믿음 생활, 순종 생활, 기도 생활에 모범을 잘 나타내 보여야 할 필요가 있습니다.

내가 그리스도를 본받는 자 된 것 같이 너희는 나를 본받으라고 할 수 있는 지도자가 됩시다(고전 11:1).

기도(기도 제목)

주기도문

년 월 일 요일

사도신경 **찬송** 311, 527, 204장 **말씀** 레 10:1-7

나답과 아비후가 벌을 받아 죽다

10

2

3

4

5

6

7

레

본문에서 범죄자에게 내리시는 하나님의 심판의 역사를 배울 수 있습니다.
웃시야 왕이 교만하다가 하나님의 심판을 받아 나병 환자가 되어 평생을 불행하게 살다가 죽었습니다. 나답과 아비후는 제사장 아론의 아들로서 교만하여 하나님 앞에 불경한 제사를 드렸다가 죽었습니다. 하나님은 겸손한 자에게 은혜와 복을 주십니다. 겸손하지 않고 교만하던 헤롯은 주의 사자의 저주를 받아 죽임을 당했습니다.
요나는 하나님의 명령을 불순종함으로 풍랑을 만나 물고기 뱃속으로 들어가는 고통을 당했습니다. 우리는 순종하여 복을 받을지언정 불순종함으로 심판을 받는 자가 되지 말아야 합니다. 나답과 아비후는 여호와의 명령하시지 않은 다른 불을 가지고 제사를 드렸다고 했습니다. 이것은 하나님의 명령을 어긴 죄입니다.
아합과 이세벨은 우상을 섬기다가 벌을 받았습니다. 우리는 하나님 외에 다른 것을 섬겨서는 안 됩니다. 오직 하나님만 경외하고 영화롭게 해드리는 삶을 살아야 합니다. 우상숭배의 죄는 당대에만 그치지 않고 자손 삼사 대까지 미쳐 하나님의 저주와 심판을 받습니다. 또 영원한 형벌을 당하는 것은 두말 할 필요도 없습니다.
하나님의 심판은 교만, 불순종, 우상숭배 위에 급히 그리고 반드시 임합니다.

기도(기도 제목)

주기도문

년 월 일 요일

사도신경 **찬송** 502, 510, 552장 **말씀** 레 10:8-15

제사장이 회막에 들어갈 때의 규례

8 ●

9

10

11

제사장이 거룩한 곳에서 먹을 제물

12 ●

13

14

15

술은 우리의 심령을 더럽히고 우리의 인격을 파괴하고 생활의 축복을 빼앗아 갑니다.
노아는 술 취함으로 범죄했습니다(창 9:21-22). 술은 사람을 거만하게 만든다(잠 20:1). 술 취함으로 가난하여 집니다(잠 23:21). 술 취함으로 공의를 굽게 합니다(사 5:22-23). 술 취함으로 방탕해 집니다(롬 13:13). 술 취함으로 불순종하게 됩니다(마 24:48-51). 술취함으로 깨어 근신하지 못하게 됩니다(살전 5:6-7).
벤하닷은 술 취함으로 패배했습니다(왕상 20:16-21). 아하수에로 왕이 술 취해서 왕후를 폐위시켰습니다(에 1:10-12). 벨사살이 성전 그릇으로 술을 마시다가 망했습니다(단 5:1-4). 이스라엘 여자들은 술을 마시며 연락했습니다(암 4:1). 고린도 교회 신자 중에 성찬식 때 술 취하여 책망을 받았습니다(고전 11:21-23).

방탕하고 술 취한 자들은 돌로 쳐 죽였습니다(신 21:20-21). 술 취한 자들과는 교제를 끊으라고 했습니다(고전 5:11). 술 취한 자들은 하나님 나라에 못 들어간다고 했습니다(고전 6:9-10). 영적 무지에 빠지게 됩니다(사 29:9-11). 결국 술 취해 육신적 사회적 영적으로 죽임을 당하게 되는 형벌이 그 위에 있습니다. 술 취하지 말라는 계명은 성도의 삶을 보람되고 윤택하게 하시려는 보호막과 같은 것입니다.

|기도(기도 제목)

|주기도문

년 월 일 요일

|사도신경 |찬송 579, 275, 503장 |말씀 레 10:16-20

16 ●

17

18

19

20

본문은 하나님 앞에 불순종한 엘르아살과 이다말에게 책망하신 자녀교육의 중요성에 대한 말씀입니다.

부모들은 자녀들에게 신앙생활의 본을 보여주어야 합니다. 로이스의 신앙이 유니게에게, 유니게의 신앙이 디모데에게 전달된 것같이 자녀들에게 신앙의 유산을 물려주는 부모들이 되어야 합니다. 이 신앙 유산 상속보다 더 큰 재산 상속은 없습니다. 그 안에는 축복의 근원되신 하나님과의 거래가 소상히 실려 있기 때문입니다.

자녀들에게 하나님의 말씀을 가르쳐야 합니다. 하나님의 말씀은 자녀들을 빛 가운데로 인도하는 등불과(시 119:106), 영적 생명을 부요하게 하는 양식이 될 것입니다(마 4:4). 그리고 자녀들로 하여금 경건한 신앙 인격을 갖게 할 것입니다(딤후 3:16). 하나님의 말씀 교육은 참 지식, 참 지혜, 참 인격 교육입니다.

먼저 자녀들을 위하여 기도하는 모습을 보여주어야 하겠습니다. 기도는 하나님의 능력을 받는 비결이 되는 것입니다. 자녀들 가운데서 불경건한 자가 나오지 않도록 기도해야 합니다. 특히 만년에 가서 자식에게 또 자손에게 공헌하거나 기여할 수 있는 유일한 일이 기도로 복을 주께 간구하는 것입니다. 자녀는 나의 소유가 아니라 주께서 주신 선물입니다. 소중하게 양육시켜야 합니다.

|기도(기도 제목)

|주기도문

년 월 일 요일

|사도신경 |찬송 8, 21장 |말씀 레 11:1-12

정한 짐승과 부정한 짐승

11

2

3

4

5

6

7

8

9 ●

10

11

12

정결한 것과 부정한 것이 있으며 먹을 수 있는 것과 먹을 수 없는 것이 있다고 말씀하셨습니다.

굽이 갈라지고 새김질하는 짐승(3)은 정결하니 먹을 수 있다고 했습니다. 즉 영적으로 우리는 세상과 구별되게 살아야 함을 보여주는 말씀입니다. "너희는 이 세대를 본받지 말라"고 했습니다(롬 12:2). 새김질한다는 것은 말씀을 묵상하는 생활을 뜻합니다. 하나님의 말씀을 늘 묵상하며 살아야 합니다.

지느러미가 있는 것(9)과 비늘이 있는 것(12)은 먹을 수 있다고 했습니다. 지느러미는 영적 활동을 의미합니다. 영적인 사람은 영적인 활동 즉 교회 출석, 말씀 묵상, 기도하는 것, 전도하는 것, 봉사하는 활동이 있어야 합니다. 비늘은 영적 무장을 뜻합니다. 하나님의 전신갑주를 입어야 영적 싸움에서 승리할 수 있습니다(엡 6:10-20).

흉악한 맹조류, 고독하고 슬픈 것들, 더럽고 불결한 조류는 먹어서 안 된다고 하셨습니다. 부정한 조류들은 썩어 부패된 것과 불결한 것을 먹기 때문에 또 사악하기 때문에 금하셨습니다. 이와 같이 우리의 신앙생활도 정조를 지키고 단정하게 하여 정결과 순결을 지켜야 합니다. 또 이웃이나 타인에게 덕을 끼쳐야 합니다.

정결한 음식은 순수한 신앙과 순전한 성품을 길러주므로 그것만으로 양식 삼아야 합니다.

기도(기도 제목)

주기도문

년 월 일 요일

사도신경 **찬송** 420, 539, 433장 **말씀** 레 11:13-28

13 ●

14

15

16

17

18

19

20 ●

21

22

23

24 ●

25

26

27

28

본문은 하나님께 나가는 사람은 깨끗해야 한다는 사실과 불결한 식물과 깨끗한 식물에 대해 말씀합니다.
맹조류는 조건없이 가증합니다. 그 이유는 생물을 잡아 먹기 때문입니다. 이것은 성질이 포악, 육식을 하는 사나운 것들이며 어둡고 한적한 곳에서 불결한 것을 먹고 삽니다. 성도의 교회 생활도 거칠고 충돌이 잦고 고립된 생활은 금물입니다. 가증한 것을 먹지 말라 하심은 하나님 백성의 합당한 자격인 거룩을 요하심입니다.
날개가 있고 네 발로 기는 곤충(20)은 무엇이든 닥치는 대로 먹으므로 하나님 백성들에게 다 부정합니다. 성도는 하나님 백성입니다. 그러므로 육적인 탐욕을 멀리하고 분별없이 먹고 행동해서는 안 됩니다. 뛰어다니는 것은 먹을 수 있습니다(21). 이것에게는 죄악을 상징하는 더러움이 없기 때문입니다.
그 이유는 가증하기 때문입니다. 부정한 것을 만지지도 말 것이며 죽은 것을 옮긴 자는 옷을 빨아 입어야 할 것입니다. 하나님은 불결하고 가증한 것을 먹지도 만지지도 못하게 하심으로써 자신과 같이 거룩하게 하나님의 백성다운 성결된 삶을 힘쓸 것을 교훈하셨습니다. 하나님은 죄와 같이 하실 수 없기 때문입니다.
성도는 성결함으로 옷 입어야 합니다. 나에게 부정한 것이 있다면 빠른 시간 내에 벗어 버려야 하겠습니다.

기도(기도 제목)

주기도문

년 월 일 요일

사도신경 **찬송** 143, 144, 280장 **말씀** 레 11:29-38

29 ●

30

31

32

33

34

35

36

37

38

본문은 짐승의 부정 규례 및 주검에 접촉하였을 때의 정결 의식을 언급하고 있습니다.

이 동물들은 떼지어 다니고 번식을 자주하며 사람들에게 나쁜 영향을 끼친다. 그러므로 이런 동물들은 시체도 부정합니다. 땅에 기어다닌다는 것은 뱀과 유사한 것으로 취급하였습니다. 뱀은 그 당시 악마적인 힘을 지닌 것으로 여겨졌고 쥐, 도마뱀과 같이 다리로 기어다닌다 해도 뱀과 같은 부류로 간주하였습니다.

바울 사도는 골 3:2-5에 "위의 것을 생각하고 땅의 것을 생각하지 말라"고 했고, "땅에 있는 지체를 죽이라 곧 음란과 부정과 사욕과 악한 정욕과 탐심이니 탐심은 우상숭배니라"라고 하였습니다. 땅의 것은 하늘의 것인 신령한 것과 대비되는 표현입니다. 땅은 세속적인 것을 의미합니다. 그러므로 땅의 것에 마음을 빼앗겨서는 안 됩니다.

①하나님의 자비하신 은총을 보여줌. ②자기 백성을 향한 하나님의 극진한 사랑을 보여줌. ③하나님은 자기 백성의 순결을 원하심. ④하나님의 백성은 그분의 영광을 위해 살아야 함. ⑤하나님은 거룩하시니 그 백성도 거룩해야 함. ⑥하나님의 백성은 하나님으로부터 특별히 구별된 백성임을 암시함.

하나님의 백성은 언약의 백성이니 하나님의 교훈에 따라서 성결된 삶을 살아야 하겠습니다.

기도(기도 제목)

주기도문

년 월 일 요일

사도신경 **찬송** 425, 549, 539장 **말씀** 레 11:39-47

39 ●

40

41 ●

42

43

44

45

46 ●

47

본문을 통해 규례 중에서 파충류의 식용을 금하신 것에 대해 생각해 봅시다.

마음으로 자기를 가증하게 하는 것이기에 먹지 말라고

하셨습니다. "너희는 너희 영혼으로 가증하게 만들지 말라" 말씀하셨습니다. 성도는 세상에서 나와서 구별, 선택, 헌신된 하나님의 백성으로서 순결과 경건으로 하나님의 백성답게 살아야 합니다. 그러므로 가증스러운 것들을 식용으로 해서 자기를 더럽힐 수는 없습니다.

먹으면 스스로 더럽혀 부정해집니다. 성도는 하나님의 영광, 기쁨을 위해 존재하는고로 부정한 것을 먹고 스스로 더럽히는 것을 하나님은 원치 않으십니다. 그러므로 세상을 살면서 성결의 삶을 위하여 성도는 먹는 일에 있어서도 하나님과 바른 관계를 가져야 되고, 거룩과 성결을 언제나 믿음으로 잘 길러야 합니다.

예수 그리스도의 속죄 사역이 율법의 완성이라는 측면에서 볼 때 이러한 율법적인 금지 조항은 폐지된 것이며(행 10:9-16), 하나님께서 창조한 만물은 선한 것이기에 음식 그 자체로는 부정하다고 할 수 없습니다. 다만 부정한 목적으로 쓰였을 때만 부정한 음식이 되는 것입니다. 그러므로 음식으로 인하여 죄를 범해서는 안 됩니다.

성도는 먹고 마시는 일에 있어서도 성결을 유지하여 하나님의 영광을 드러내야 하겠습니다.

기도(기도 제목)

주기도문

년 월 일 요일

사도신경 **찬송** 304, 305, 294장 **말씀** 레 12:1-8

아이를 낳은 여인에 대한 규례

12

2

3

4

5

6 •

7

8

아담과 하와의 범죄로 말미암아 하나님과 정상적인 교제는 끊어졌습니다. 그 원인과 해결법을 고찰해 봅시다.

인간에게 출생과 번성은 하나님의 축복이었습니다. 그러나 최초의 인류의 범죄로 인한 그 죄의 대가로 모든 여인은 해산하는 고통이 더하여지게 되었습니다. 아담 이후의 모든 사람은 원죄를 이어받고 태어나게 되었던 것입니다. 본문은 출산을 부정하다고 하고 있습니다. 그것은 죄과의 유전으로 부정해짐: 범죄한 인간의 죄과가 출생을 통해 전가되기 때문입니다. 죄의 결과로 부정해짐: 사탄의 유혹에 빠져 범죄한 인간은 그 순수함을 상실하고 말았습니다. 그로 인해 부정하게 되었기 때문에 출산을 부정하다고 하는 것입니다.

이러한 인간에게 하나님께서는 정결하게 되는 규례를 주셨습니다. 이는 지극한 하나님의 사랑입니다. 해산한 여인에게 부정한 기간을 정하여 주심(1-5): 남자를 낳으면 7일간 부정하며, 여자를 낳으면 14일간 부정합니다. 하나님께 나아갈 수 있는 기간: 남자를 낳으면 40일이 지나야 되고 여자를 낳으면 80일이 지나야 됨. 번제와 속죄제를 통해 완전 정결하게 됨: 번제물은 일 년된 어린 양이나 비둘기 중 택일하였으며, 속죄 제물은 집비둘기 새끼나 산비둘기 중 택일하였습니다. 예수 그리스도의 십자가의 속죄 사역으로 부정과 죄가 정결하게 되며 하나님과 정상적인 교제가 성립됩니다.

기도(기도 제목)

주기도문

년 월 일 요일

사도신경 **찬송** 266, 269, 423장 **말씀** 레 13:1-8

피부에 나병 같은 것이 생기거든

13

2

3

4

5

6

7

8

나병은 육신이 썩어들어가는 병으로 영적으로는 죄를 상징합니다. 피부 나병과 그 진단에 대해 알아봅시다.

나병은 죄로 상징되는 무서운 질병입니다. 나병은 죄악의 흉한 모습을 보여줍니다. 처음에는 흰반점이 미미하게 보이나 몸 전체에 퍼지게 되면 아주 흉합니다. 우리가 작은 죄를 범했을지라도 그 죄가 우리를 장악하면 무서운 진노를 초래하게 됨과 같습니다. 나병은 온 몸으로 퍼지는 데 죄악도 빨리 방지하지 않으면 치명적이 됩니다.

나병에 대한 판단은 오직 제사장만이 할 수 있습니다. 그래서 어떤 사람이 나병에 걸린 것 같으면 제사장의 진찰을 받은 후에 제사장이 가부를 선언합니다. 나병은 일반적인 질병과는 달리 죄의 상징으로서 하나님의 징벌이요, 종교 의식상 부정한 것으로 여겨졌기 때문에 제사장만이 진단하고 가부를 선언할 수 있었습니다.

오진을 막기 위해 7일간의 기간을 두고 두 번 신중히 시험하는데, 이는 영적인 의미로는 죄는 신중히 취급하여 방지해야 됨을 의미합니다. 죄악을 상징하는 나병은 오직 제사장만이 진단할 수 있고 부정한 것으로 인정합니다. 이것은 예수 그리스도께서만이 인간을 바로 진단하시고 치료 방법이 되어 주신다는 교훈입니다.

자신의 죄를 우슬초로 정결케 해달라고 기도한 다윗처럼 우리의 죄악을 그리스도의 피로 씻어야 하겠습니다.

기도(기도 제목)

주기도문

년 월 일 요일

|사도신경 |찬송 96, 425, 472장 |말씀 레 13:9-17

9 ●

10

11

12

13

14

15

16

17

본문은 생살이 밖으로 터져나온 상태의 나병인 생살이 의미하는 것을 통하여 교훈하신 내용입니다.

생살의 나병은 나병으로 인해서 생살이 밖으로 터져나온 상태를 가리킵니다. 나병은 그 자체가 매우 흉측하고 피해가 큰 질병이며 몸 속 깊이 침투하여 내부를 부패시키는 병입니다. 이와 흡사하게 인간이 하나님 앞에 범하는 죄는 그 기능의 쇠퇴를 가져오며, 자기를 파괴시키고 부패하게 하는 병인 것입니다.

인간이 범죄하고 회개하지 않으면 그것이 백일하에 드러나고 만다는 것을 의미하며, 오랫동안 회개하지 않으면 모든 추태가 외모에까지 나타나게 된다는 것을 의미합니다. 또한 죄악 속에 살면서도 무감각하게 되는 것을 의미하고 있습니다. 결국 계속 죄를 자행하는 인간은 사탄의 종으로 부정스럽고 가증스러운 인간이 되는 것입니다.

우리는 조그만 죄라도 결코 가볍게 보지 않아야 합니다. 그 심각성을 깨달아 대처해야 합니다. 그러므로 죄인은 자신을 '부정하다', '부정하다'고 외쳐 회개해야 하며 옷을 찢음과 같이 회개해야 합니다. 옷을 찢는 행위는 자기 자신을 혐오함을 보여주며 죄를 뉘우치며 마음을 찢는 것을 나타내는 것입니다.

우리는 그리스도의 십자가 보혈의 공로를 힘입어 회개하고 용서를 받아 깨끗한 성도로 생활해야 합니다.

|기도(기도 제목)

|주기도문

년 월 일 요일

|사도신경 |찬송 425, 471, 472장 |말씀 레 13:18-28

18 ●

19

20

21

22

23

24 ●

25

26

27

28

본문은 피부에 종기가 생겨 나았다가 다시 발병한 나병의 진찰에 대하여 말씀하고 있습니다.

흰점이 생기는 후유증의 증세: 나병의 초기에 나타나는 증세로서 흰색 나병환자를 의미하며 지체없이 제사장에게로 나아가 진단을 받아야 합니다. 불그스름한 색점의 휴유증의 증세: 몸 깊숙한 곳에 천천히 드러나기 시작하여 밝고 불그스름한 작은 반점이 생기는데 이것이 나병을 알리는 신호가 됩니다.

화상으로 인해 약해진 부분으로 병균이 퍼져나온 경우가 나병입니다. 여기에서 영적으로 우리에게 주는 교훈은 나병은 처음에는 미미하나 점점 악화된다는 점. 잘못하면 육체의 지체를 절단해야 한다는 점. 죄도 이렇게 작은 데서부터 시작하여 확대되어 진다는 점. 악화되면 될수록 무감각하게 된다는 점 등입니다.

제사장이 일단 진찰하여 정, 부정함을 판단합니다. 나병은 죄의 표상으로 중심에서 우러나오는 회개와 심령이 새롭게 되는 역사를 받아야 됩니다. 이와 같이 하나님과 우리 사이를 차단시키는 치명적인 죄악은 예상도 못한 경로를 통해 나타날 수 있기에 심령 속에 죄를 유발시키는 모든 원인을 제거해야 합니다.

죄를 용서 받았다고 안심해서는 안 되며 다시 오염되지 않도록 말씀에 순종하는 믿음 생활을 해야 합니다.

기도(기도 제목)

주기도문

년 월 일 요일

사도신경 | **찬송** 539, 369, 471장 | **말씀** 레 13:29-37

29 ●

30

31

32

33

34

35

36

37

본문은 머리나 수염 등에 발생한 이상 증세에 대한 나병 여부의 진단 방법이 구체적으로언급되어 있습니다.

이 병은 옴으로 말미암아 생긴다. 옴은 히브리 원어로 '네렉'으로 털이 빠지는 병을 가리킵니다. 병균이 내부에 잠재해 있을 때, 이러한 증세가 나타나는데 이것은 악한 욕심이 잉태케 되면 악한 일만 상상하고 계획하게 되는 것을 상징합니다. 또한 잠재한 균이 외부로 분출할 때에는 흉하게 되며, 머리와 수염에도 분출하게 됩니다. 그런데 사람의 머리와 수염은 존귀와 명예를 표시하는 것으로서 이것은 수치와 불명예를 나타냅니다.

머리에나 수염에 있는 환부의 부위가 정상적인 부위보다 우묵하거나 환부의 털이 누렇거나 하얗게 변하는 것등이 나병의 판별기준입니다. 환부가 다른 피부 부위보다 우묵하지 않고 환부에 누런 털이 보이지 않을 때에 제사장은 모발만 깎도록 합니다. 즉 환부는 밀지 말고 그대로 둔다. 그 이유는 세밀하게 비교 관찰하여 판별하려고 함입니다. 하나님의 말씀에 항상 우리를 비교하면서 우리의 신앙생활의 점검을 하라는 뜻입니다. 머리나 수염에 난 나병은 인간이 이렇게 약한 존재이므로 자기를 자랑할 것이 아니라 하나님만을 경외하며 말씀에 의한 경건의 삶을 살아야 함을 교훈합니다.

|기도(기도 제목)

|주기도문

년 월 일 요일

|사도신경 |찬송 369, 471, 472장 |말씀 레 13:38-46

38 ●

39

40 ●

41

42

43

44

45 ●

46

본문은 대머리에 나병이 발병했을 경우 어떻게 해야 할 것을 말씀하고 있습니다.

머리는 신체상 으뜸가는 부분이며 인간의 생각이나 감정 등을 총괄하는 중요한 부분입니다. 또한 인간의 명예와 직결되며, 때로는 인격의 표현이기도 합니다. 그리하여 성경은 긴 머리를 영광과 면류관으로 표현하였습니다(잠 6:20, 21). 대머리에 나병이 발병했을 경우, 확실히 진단해야 함은 환부가 그 머리에 있기 때문입니다.

머리를 풀어야 했습니다. 머리는 사람의 중요한 부분으로서 이 행위는 하나님의 진노를 받지 않을 곳은 아무 데도 없다는 것을 뜻합니다. 이러한 행위들은 자기의 죄, 허물을 가릴 것이 없는 불쌍한 죄인의 모습을 나타내는 것이며, 모든 명예를 버리고 겸손한 마음으로 하나님 앞에 나아가는 것을 뜻합니다.

먼저 옷을 찢을 것을 교훈합니다. 이것은 심한 자기 혐오와 자기의 슬픔과 괴로움을 나타내는 행위이며 자기 운명에 대한 경멸의 표시입니다. 또한 윗 입술이 가려야 했습니다. 이것은 호흡을 통한 전염을 막기 위함이며 입술이 부정하다고 성경이 말씀하고 있기 때문입니다(롬 3:13-14).

나병환자는 실상 죽은 자와 같은 상태다. 이것의 치유는 예수 그리스도의 보혈뿐입니다.

|기도(기도 제목)

|주기도문

년 월 일 요일

|사도신경 |찬송 96, 539, 369장 |말씀 레 13:47-52

의복이나 가죽에 생기는 곰팡이

47 ●

48

49

50

51

52

죄악의 상징인 이 나병이 의복에 발생하였을 경우를 이야기 하고 있습니다.

나병으로 판별되었을 경우 그 옷은 태워야 했습니다(4번이나 강조). 그 이유는 감염을 막기 위함이었습니다. 태우는 것은 죄에 대한 소멸을 의미하며 하나님께 대한 거룩한 삶을 의미합니다. 우리는 신앙 생활에 저해되는 요인은 그 어떤 것이라도 거절해야 합니다. 정결한 삶을 위해 죄악된 환경과 조직의 접촉을 피해야 됩니다.

나병은 내부에 잠복해 있다가 외부로 나옵니다. 온 몸을 상하게 하고 썩게 합니다. 나병은 전염성이 강하고 인체 어디에나 발병하는 병입니다. 이 병은 성경 전체에서 죄악의 상징으로 취급되고 있습니다. 또한 판별을 할 경우 확실치 않은 때는 7일 후 다시 검사했습니다. 이것은 무엇이나 급하게 남을 정죄해서는 아니됨을 교훈합니다.

제사장은 정확하게 이 병에 대하여 진단해야 했습니다. 오직 제사장이 나병의 정, 부정을 판결할 수 있었는데 이것은 인간 스스로 자기 죄를 사할 수 없고 오직 예수 그리스도의 십자가만이 인간의 죄를 사할 수 있음을 보여줍니다. 죄사함의 권세는 오직 우리 주 예수의 보혈의 공로 밖에 없습니다.

성도는 모든 죄악된 요소들을 태워버리고 예수 안에서 거룩한 믿음의 행위를 나타내야 합니다.

|기도(기도 제목)

|주기도문

년 월 일 요일

|사도신경 |찬송 258, 423, 270장 |말씀 레 13:53-59

53 ●

54

55

56 ●

57

58

59 ●

하나님께서는 이스라엘에게 그들이 지켜야 할 계명과 율법 외에도 성결과 관계되는 규례들을 주셨습니다.

이스라엘은 이 세계의 모든 사람들과 구별되는 거룩한 백성이었습니다. 따라서 하나님의 거룩한 나라와 왕 같은 제사장들이 된 우리 그리스도인들은 그분이 명하신 정결하게 하는 규례들에 주목하고 모든 죄와 더러움으로부터 항상 자기를 지키도록 힘써야만 하겠습니다. 본문은 의복을 정결하게 하는 규례에 대해 언급하고 있습니다.

이스라엘 사람들에게 있어서 부정하다는 것은 격리와 소외를 의미했습니다. 부정한 사람이나 물건을 진영 중에 둘 수가 없었던 것이며, 이는 곧 부정한 사람들이 하나님께 가까이 갈 수 없음을 말해 줍니다. 우리가 부정함에도 불구하고 하나님께 나아갈 수 있게 된 것은 얼마나 놀라운 축복인가!

물은 정화를 상징했으므로 부정하게 된 의복은 물에 빨았으며, 그래도 부정한 것은 버려야 했습니다. 부정한 것은 철저하게 제거되어야 합니다. 죄나 불의는 분량이라든가 정도에 관계없이 우리의 인생에 영향력을 행사하므로 온전히 제거하지 않으면 안됩니다. 물로 씻어지지 않는 것은 불에 태워야 했습니다.

하나님이 거룩하시므로 우리도 거룩에 힘써야 하며 죄와 불의를 씻고 태워야 합니다.

기도(기도 제목)

주기도문

년 월 일 요일

사도신경 **찬송** 539, 471, 472장 **말씀** 레 14:1-9

환자가 정결하게 되는 날의 규례

14

2

3

4

5

6

7

8

9

본문은 나병환자의 정결케 되는 날의 규례에 대해 언급하고 있습니다.

이스라엘에게 제사장의 위치는 매우 독특하고 중요한 것이었습니다. 그들은 백성을 대신하여 하나님께 제사하는 사람들이었으므로 그들의 직무는 모든 사람들의 생활과 관계되어 있었던 것입니다. 하나님께서는 나병에 걸린 사람이든지 나병이 나은 사람이든지 막론하고 그 진찰을 제사장이 하게 하셨습니다. 주의 종은 인간의 모든 문제들을 하나님의 빛 안에서 근원적으로 파악할 수 있는 유일한 신분의 사람들입니다. 하나님은 언제나 변함없이 당신의 종들을 통해서 일하십니다.

나병이 치유된 사람은 하나님께서 명하신 대로 확인의 규례를 행해야만 했습니다. 이것은 제사장이 그가 나병이 치유되어 정결해졌음을 공적으로 인정하는 것과도 같습니다. 그들은 어느 지파, 어떤 지위의 사람이든지 막론하고 반드시 제사장의 확인 절차가 있어야만 진영에 들어올 수 있었습니다. 모든 사람은 영원한 대제사장이신 그리스도의 확인을 거쳐야만 하나님 나라에 들어갈 수 있게 됩니다. 그 나라는 아무리 특별한 사람이라도 예수로 말미암지 않고는 들어가지 못합니다.

완전한 치유는 예수님께 나아가는 것인데, 그분의 피에 적시기만 하면 깨끗함을 입는다. 육신의 질병뿐만 아니라 영적 더러움인 죄까지도 깨끗함을 입는다.

기도(기도 제목)

주기도문

년 월 일 요일

사도신경 | **찬송** 25, 29, 9장 | **말씀** 레 14:10-20

10 ●

11

12

13

14

15

16

17

18

19

20

22

23

24

25

부정한 나병에서라도 고침받은 병자에게는 결례를 통하여 깨끗함을 선언했고 제물을 바치도록 명했습니다.
우성 정한 새 두 마리를 취하여 그 중에 한 마리는 잡고 다른 새는 희생된 새의 피를 찍어 하늘에 날려 보냄으로 나병환자가 자유롭게 됨을 상징했습니다. 이는 그리스도의 십자가와 부활을 뜻합니다. 백향목과 홍색실과 우슬초를 피에 적셔 나병환자에게 뿌리는 일은 죄인의 정결함을 뜻하며, 옷을 빨고 털을 밀고 물로 몸을 씻었습니다.
성경에서 흠없는 어린 양은 예수 그리스도를 상징합니다. 요한은 "세상 죄를 지고가는 하나님의 어린양이로다"(요 1:29)라고 했으며 계 5:6-13에도 예수님을 어린 양이라고 했습니다. 이 양은 창세기 3장에서 범죄한 아담과 하와를 위하여 가죽옷을 입히기 위해 죽임을 당한 양입니다.
소제란 곡물로 제물을 삼아 드리는 제사입니다. 이것 역시 피의 속죄를 배경으로 하고 드리는 제사입니다. 따라서 독단적이 아니라 반드시 다른 제사에 부수되어 드려지는 제사입니다. 고운 가루를 만들어 드리는 것은 그리스도의 희생의 예표요 기름은 성별을 의미합니다.
나병은 저주를 말했으나 또 회복하였을 경우에는 결례로 정결하게 되었습니다.

26

27

28

기도(기도 제목)

주기도문

29

년 월 일 요일

사도신경 **찬송** 50, 321장 **말씀** 레 14:21-32

21 ●

30

31

레

32

36

37

38

39

40

41

42

하나님은 가난한 자의 처지를 고려하여 부요한 자와 같이 많은 제물을 바치도록 명령하지 않으셨습니다.

부자에게는 세 마리의 양을 드리도록 하셨으나 가난한 자는 그 형편에 맞는 제물을 바치도록 하셨습니다. 하나님은 나병환자에게 사죄와 건강의 은혜를 주셨고 율법에 정한 제물도 가난하기 때문에 면제해 준 것은 아닙니다. 가난하기 때문에 주일을 빠진다거나 십일조를 면제받는 것은 결코 아닙니다.

본문 가운데서 '힘이 미치는 대로'란 말을 네 번씩이나 강조했습니다. 하나님은 인색함이나 억지로 내는 것을 기뻐하지 않고 즐겨내는 자를 사랑하십니다(고후 9:7). 세 마리의 양을 드릴 수 없는 자에게는 한 마리의 양과 고운 가루 에바 10분의 1을(21), 그것도 안 되면 산비둘기 둘이나 집비둘기 둘이라도 족하게 여기셨습니다.

잠 22:2에 "가난한 자와 부한 자가 함께 살거니와 그 모두를 지으신 이는 여호와시니라"고 했습니다. 부한 자나 가난한 자는 다 같이 하나님의 자녀이므로 하나님께서 그들 모두에게 그리스도를 구세주로 주셨고 속죄의 은혜와 건강토록 치료해 주신 동시에 분량에 따라 사명도 맡겨 주셨습니다.

가난한 자라도 똑같이 먹으며 자며 삽니다. 내용, 시간, 공간 구별이 있을 뿐입니다.

|**기도**(기도 제목)

|**주기도문**

년 월 일 요일

|**사도신경** |**찬송** 537, 280, 282장 |**말씀** 레 14:33-42

집에 생기는 곰팡이

33 ●

34

35

가옥에 발생한 나병이란 당시 흔히 발생하는 일종의 풍토병으로서 곰팡이 부식을 말합니다.

가옥에 발생하는 곰팡이 부식은 벽에 푸르거나 붉은 무늬의 색점이 있어 벽보다 우묵해지는 것으로(37)그것이 점점 번져 나가는 전염성 때문에 인체의 나병과 동일시했던 것입니다. 인간의 죄 때문에 땅도 저주를 받았고(창 3:17-19)흙으로 만든 사람(창 2:7)에게도 갖가지 재앙이 임하게 되었습니다(약 1:15).

34절에 "너희 기업의 땅에서 어떤 집에 나병 색점을 발생하게 하거든"이라고 묘사한 말은 나병이 자연에 의한 가옥의 전염만이 아니라 거기 사는 사람들의 정결과도 관계가 있기에 사람을 위한 규례대로 가옥을 위해서도 지키도록 명했습니다(49-53). 죄는 한 사람이 아니라 가정 전체에 영향을 미친다.

가옥에 나병이 발생하면 제사장은 그 집안에 있는 모든 것에 부정을 면하게 하기 위하여 그 집을 비우게 하고 가구가 부정에 감염되지 않도록 했으며(36)그 집을 7일 동안 폐쇄해야만 했습니다(38). 살기 위해 지은 좋은 집이지만 부정으로 인하여 폐쇄되고 무용지물이 됩니다(약 5:2-3). 죄는 소유한 물질도 죄악을 위하여 사용하게 합니다.

죄에 부패성과 전염성 때문에 자라기 전에 예방하고 단절된 삶을 살아야 합니다.

기도(기도 제목)

주기도문

년 월 일 요일

사도신경 **찬송** 258, 264, 266장 **말씀** 레 14:43-57

43

44

45

46

47

48

49

50

51

52

53

54

55

56

57

나병은 부정한 것이었고 그 부정한 부분을 고쳤으나 재발되면 거기에 대한 규례도 지켜야 했습니다.

나병의 색점은 '돌을 빼내며 집을 긁고 고쳐 바른 후' 즉 새로운 것으로 대체했다 할지라도 재발할 수 있고(43) 이런 나병을 악성 나병이라고 했습니다(44). 인간이 과거의 죄를 회개했다 할지라도 또 다시 동일한 범죄에 빠질 수 있는 것은 인간의 나약함과 불신앙 그리고 죄악성 때문입니다(렘 17:9, 잠 26:11).

제사장은 새로운 돌과 흙으로 집을 수리한 후에 그 집에 색점이 다시 발생하면 아예 헐어버리도록 명했고 모든 가재도구는 전부 성밖 부정한 곳으로 내다 버렸습니다(45). 이것은 끝내 회개하지 않고 열매맺지 않으면 찍어버리는 심판을 뜻합니다(눅 13:7). 그리고 폐쇄한 날 동안 그 집에 들어가서는 안 되었습니다(46-47)나병 색점이 발생한 부분을 수련한 후에 다시 색점이 퍼지지 않으면 그 집은 정결하게 된 것입니다. 그 집이 정결케 된 것이 확인된 후(48)사람이 나병이 고쳐진 때 행해졌던 의식과 같아(1-9)귀한 가옥(재산)이 보호 받았을 때도 반드시 그 집(재산)을 위하여 예물을 드리도록 명했습니다(49-53).

재발되었다는 것은 불신앙과 죄악성 때문이며 그런 집은 헐리움으로 정결케 되었습니다.

|기도(기도 제목)

|주기도문

년 월 일 요일

|사도신경 |찬송 96, 369, 471장 |말씀 레 15:1-12

몸에 유출병이 있으면

15

2

3

4

5

6

7

8

9

10

11

12

유출병은 남자에게서 나온 유출물로 인하여 생긴 의식적인 부정으로, 그것은 일종의 성병이었습니다.

여기에는 사람이나 물건이 모두 포함됩니다. 죄의 감염성과 위험성을 잘 보여줍니다. 우리가 불경건하고 타락한 사람들과 교제하게 되면 죄에 감염될 위험성이 항상 따르기 마련입니다. 그러므로 성령께서는 "너희는 믿지 않는 자와 멍에를 함께 메지 말라"(고후 6:14)고 권고하십니다.

모든 죄를 다 멀리해야 하지만 부도덕한 성생활은 특히 경계해야 합니다. 성경은 "사람이 범하는 죄마다 몸 밖에 있거니와 음행하는 자는 자기 몸에 죄를 범하느니라"(고전 6:18)고 증거합니다. 무절제한 성생활은 자기 자신뿐 아니라 사회적인 문제들을 야기시킵니다. 하나님께서 가장 경계하신 인간적인 죄입니다.

죄는 덮어 줄 수 있는 것이 아니라 제거해 버려야 합니다. 어떤 형태로든지 죄를 제거하는 일은 매우 중요합니다. 우리의 연약함을 아시는 하나님께 나아가 회개하는 것만이 죄를 해결할 수 있는 유일한 방법입니다. 주님께서도 두 눈, 두 손, 두 발 가지고 지옥가는 것보다 하나만 가지고 천국가는 것이 낫다고 엄히 경고하셨습니다. 부정은 씻어내어 버리고 깨뜨려 버리고 불살라 버려야 확산되지 않습니다.

|기도(기도 제목)

|주기도문

년 월 일 요일

|사도신경 |찬송 260, 420, 424장 |말씀 레 15:13-18

13 ●

14

15

16 ●

17

18

그 시대의 영적, 도덕적 상태를 가늠하는 잣대는 성이 어떻게 취급되고 있는가 하는 것입니다.

이혼율이 급증하고, 인신매매가 극성하며, 유흥업소를 찾는 사람들이 많은 사회는 영적, 도덕적 상태가 거의 빈사 상태에 이르렀음을 부인 할 수 없습니다. 성은 향락의 도구가 아니라 부부간에만 허락된 관계의 확인입니다. 향락의 도구로 전락시켜서 임의로 취급하는 일이 있어서는 안 됩니다.

성병은 자신의 몸만 부정하게 되는 것이 아니라 하나님께 범죄한 것이므로 그 병이 치료가 되었다 할지라도 하나님께 속죄제를 드리지 않으면 부정한 것에서 깨끗하게 될 수가 없었습니다. 그는 흐르는 물에서 목욕하여 제사를 예비하고, 제물을 준비하여 속죄제와 번제를 드려야만 깨끗하게 될 수 있었던 것입니다.

남녀가 정상적인 관계로 동침했을지라도 설정한 것은 부정하므로 물로 몸을 씻어야만 했습니다. 우리는 그분의 이같은 규례를 위생적인 관점에서만 이해하려고 시도해서는 안 됩니다. 그 분의 관심은 의식에 있지 않고 정결에 있습니다. 그 분이 염려하시는 것은 위생 문제가 아니라 죄의 문제인 것입니다.

정결은 죄에서의 정결을 최우선시 합니다. 죄가 없으면 정결이 필요없기 때문입니다.

|기도(기도 제목)

|주기도문

년 월 일 요일

|사도신경 |찬송 259, 286, 539장 |말씀 레 15:19-33

여인이 유출을 하면

19 ●

20

21

22

23

24

25 ●

26

27

28

29

30

31 ●

32 ●

33

본문은 여자의 유출, 즉 피의 유출로 인한 부정에 관해 언급하고 있습니다.

월경 여자를 만지는 사람이나 그가 접촉하는 모든 것이 부정했으며, 이 기간에는 남편과 동침하는 것이 금지되었습니다. 불결이 전염되는 것을 막기 위함입니다. 종교적 불결과 과학적 불결이 반드시 일치하는 것은 아니며, 과학적으로 그것이 전혀 불결하지 않다고 해도 하나님께서 금하시면 그분의 명령에 따라야 합니다.

이것은 월경 이외의 하혈, 곧 병적 현상에 관한 규례인데, 이것 역시도 고통과 죽음의 상징이자, 신체의 파괴적인 현상이므로 부정한 것으로 취급되었습니다. 우리는 복음서에서 열두 해를 혈루증으로 앓던 한 여인의 기록을 볼 수 있는데, 그의 병이 바로 이에 해당하는 것입니다. 그도 역시 부정한 자였습니다.

부정한 사람은 하나님께 접근할 수가 없었으며, 여기에는 아무 사람의 구별도 없었습니다. 죄와 연루된 모든 사람에게 이 규례는 영향력을 행사합니다. 누구를 막론하고 죄를 가지고는 하나님께 나아갈 수가 없습니다. 왜냐하면 죄와 상관없으신 하나님이시기 때문입니다. 따라서 부정의 기간에 있는 여자도 정결의식을 행해야 합니다.

여자의 부정은 더 깊고 커서 신중했으며 매우 까다로웠습니다.

기도(기도 제목)

주기도문

년 월 일 요일

사도신경 | **찬송** 542, 544, 545장 | **말씀** 레 16:1-5

속죄일

16

2

3

4

5

하나님께 드리는 모든 제사와 예물에는 그분이 병하신 법도와 규례가 있었으며, 반드시 지켜야 했습니다. "아무 때나 들어오지 말라 그리하여 죽지 않도록 하라." 지성소는 하나님의 임재를 상징하는 가장 거룩한 곳이었으므로 제사장까지도 출입이 통제되어 1년에 한 번 대속죄일에만 들어갈 수 있었습니다. 하나님은 우리가 가장 두려워해야 할 영광 중에 거하는 분이십니다. 하나님 앞에서는 평민보다 제사장과 대제사장이 더 조심해야 함을 보여줍니다.

자기와 및 이스라엘 백성의 죄를 위한 제물을 가지고 들어가야만 했던 것입니다. 자기 몸을 제물로 여겨 드려서 우리의 죄를 단번에 속해 주신 주님의 은혜는 놀랍고도 놀랍다. 우리 주님은 무죄하신 분임에도 불구하고 자신을 제물로 삼으셨던 것입니다. 주님은 자신이 제물이 되심으로 성소의 휘장을 찢어 누구나 들어가게 하셨습니다.

대제사장은 하나님이 정해주신 대로 만든 예복을 입고서야 지성소에 들어갈 수 있었습니다. 믿음이 없이는 하나님께 나아갈 수 없습니다. 그분께 입고 나아갈 수 있는 유일한 예복은 믿음뿐입니다(히 11:6). 야곱이 아버지께 별미를 갖고 나아갈 때 형 에서의 겉옷을 걸치고 나아갔듯이 성도는 그리스도의 옷으로 단장해야 됩니다.

성소는 속죄와 복의 산실입니다. 우리에게는 십자가가 그것을 대신합니다.

|기도(기도 제목)

|주기도문

년 월 일 요일

|사도신경 |찬송 283, 258, 264장 |말씀 레 16:6-10

6 ●

7

8

9

10

본문은 대제사장이 속죄일에 하나님께 드리는 속죄 제물에 관해 언급하고 있습니다.

죄를 속하는 일은 가장 크고도 중요한 일이었습니다. 그 이유는 죄가 갖는 독특성 때문인데, 그것은 하나님과의 교통을 단절시킴으로 무수한 예물을 드리거나 소리 높여 간절하게 기도할지라도 그분이 받으시거나 들으시지 못하게 됩니다. 죄는 인간이 하나님께 나아가는 데 있어서 가장 거대하고 치명적인 장애물입니다.

아론은 백성의 죄를 위한 속죄 제물만 아니라 자기를 위한 속죄 제물도 드려야 했습니다. 이는 모든 사람이 다 죄 아래 있으며, 스스로 죄를 극복할 수 없음을 잘 보여줍니다. 죄는 본질적으로 하나님과의 관계이기 때문에 도덕적 선행이나 종교적 신심으로 해결될 수 있는 문제가 아닙니다.

대제사장은 회중을 위해 속죄 제물로 삼은 두 마리의 염소를 놓고 제비를 뽑아야 했으며, 한 제비는 여호와를 위하고 한 제비는 아사셀을 위한 것이었습니다. 아사셀은 속죄의 염소를 가리키는 것으로 우리의 죄를 지고 성문 밖 골고다로 향하신 예수 그리스도의 대속 사역을 명료하게 예표하여 줍니다.
 아사셀은 제비뽑아 광야로 내보내져 맹수의 밥이 됩니다. 그렇게 그는 백성의 죄를 속했던 것입니다.

|기도(기도 제목)

|주기도문

년 월 일 요일

|사도신경 |찬송 12, 27, 29장 |말씀 레 16:11-22

11 ●

12

13

14

15

16

17

18

19

20

21

22

 하나님의 법칙은 아버지의 의가 아들의 죄를 대신할 수 없고, 아버지의 죄를 아들이 대신할 수 없다는 것입니다.
 속죄의 의식은 지성소에서 행해져야 했습니다. 이것은 죄가 얼마나 심각한 문제이며, 우리가 그 해답을 어디에서 찾아야 하는가를 가르쳐 줍니다. 죄의 문제는 인간의 노력이나 방법으로 해결될 수가 없습니다. 이것은 하나님께서만 해결하실 수 있는 중대한 문제이므로 반드시 그분께로 나아가야만 합니다.
피를 뿌리는 것은 속죄의 표요, 성결하게 하는 의식이었습니다. 피가 없이는 성결하게 될 수가 없었습니다(히 9:22). 죄인된 우리가 깨끗함을 입고 하나님과 화목할 수 있게 된 것은 그리스도의 피로 인함입니다(벧전 1:18-19). 모든 기구는 거룩하므로 거룩의 표시인 피뿌림이 그 위에 있어야 합니다.
이 염소는 속죄제를 위해 구별된 두 염소 중 아사셀을 위한 것입니다. 이스라엘의 제사 제도는 약속된 분이 오실 때까지의 예표였으며 완전한 것이 아니었습니다. 속죄의 법은 예수 그리스도 안에서 온전히 성취되었습니다. 그러므로 그 실체되신 예수 그리스도의 속죄사역은 완전한 속죄를 의미합니다.
죄가 비록 개인적인 것이지만 이스라엘은 전체를 개인으로 취급해 하나님께 속죄해야 합니다.

|**기도**(기도 제목) ____________________

|**주기도문**

년 월 일 요일

|**사도신경** |**찬송** 283, 264, 527장 |**말씀** 레 16:23-34

23 ●

24

25

26

27

28

29 ●

30

31

32

33

34

"영원히 지킬 규례"를 주셨습니다. 이 규례를 하나님의 경고의 나팔 소리로 들어야 합니다.
제사장 마음대로 규례를 정하는 것이 아닙니다. 이 규례는 하나님의 규례입니다. "아론이 여호와께서 모세에게 명령하신 대로 행하니라"(34)고 했습니다. 하나님의 말씀대로 순종하며 섬기는 것이 복입니다. 하나님의 절대 명령 앞에 불순종해서는 안 된다는 규례의 의미를 알고 순종하는 생활을 해야 합니다.

매년 일곱째 달 10일에 지키라고 했습니다. 일곱째 달이란 이스라엘에서는 제1월로 계산되어 집니다. 제사장은 일년에 한번씩 지성소에 들어가 피의 제사를 드려 백성의 죄를 대속하는 일을 해야 하는 것입니다. 이 규례는 예수 그리스도께서 오셔서 드려주실 십자가 제사의 예표였습니다. 어떤 제사도 불완전한 제사입니다.

이 날에 백성들은 모든 노동을 중지해야 합니다. 안식일은 하나님이 그 백성을 위하여 세우신 축복의 규례입니다. 그러므로 안식일을 거룩하게 지키는 것은 범죄한 영혼이 주님의 안식일에 동참하는 가장 큰 축복입니다. 하나님께서 영원히 지켜야 할 규례를 주셨습니다. 이 규례는 그 백성을 보호하시기 위함이었던 것입니다.

우리 성도들이 지켜야 할 규례는 하나님의 명령임을 알고 순종하는 생활을 합시다.

기도(기도 제목)

주기도문

년 월 일 요일

사도신경 **찬송** 283, 421, 436장 **말씀** 레 17:1-7

제물을 드릴 곳

17

2

3

4

5

6

7

하나님께서 원하시고 기뻐하시는 제사는 어떤 제사인가를 살펴봅시다.

여호와께서 원하시는 제사는 온전한 제사입니다. 온전한 제사는 소를 드렸습니다(3). 소는 소박하고 겸손하며 근면한 짐승입니다. 오늘 우리가 드려야 할 제사가 이런 제사가 아니겠는가? 어린양을 드렸습니다. 예수 그리스도를 "세상 죄를 지고 가는 하나님의 어린 양"이라고 했습니다. 참된 제사는 어린 양의 피를 드리는 제사입니다.

짐승을 잡을 때는 먼저 회막 문으로 끌어다가 하나님께 예물을 드리게 했습니다. 하나님과의 바른 관계를 맺는다는 것은 구별된 삶이 없이는 불가능합니다. 희생의 제사를 드릴 때에는 하나님 앞에 흠과 티가 없이 온전한 제물을 준비하여 드려야 합니다. 또한 구별된 장소에서 규례대로 드려야 합니다.

회막 문에서 제사를 드리라고 말씀하셨습니다. 하나님을 대신하여 다른 우상을 섬겨서는 안 됩니다. 오늘 우리는 어떤가? 물질과 과학과 육신적 향락이 하나님을 대신하고 있지 않습니까? 우리들의 모든 생활 속에서 '하나님께 먼저 드림'이 되는 영과 진리로 제사를 드릴 때 하나님께서 열납하시는 삶이 될 것입니다.

오직 하나님께만 영과 진리로 예배하는 복된 성도가 됩시다.

기도(기도 제목)

주기도문

년 월 일 요일

사도신경 **찬송** 149, 255, 531장 **말씀** 레 17:8-16

8 ●

9

피를 먹지 말라

10 ●

11

12

13

14

15

16

본문은 피에 관해 언급하고 있습니다. 즉 모든 피를 먹어서는 안 된다는 것입니다.

피를 먹는다는 것은 하나님의 금령을 범하는 것이므로 형벌이 따르게 마련이며, 그것은 백성 중에서 끊어지는 중벌이었습니다. 주의 명령을 불순종하는 것은 이처럼 두려운 일입니다. 비록 사소하게 보이는 계명일지라도 그리스도인들은 두렵고 떨리는 마음으로 온전히 따르도록 힘써야 합니다.

주께서 피를 먹지 말도록 금하신 중요한 이유 중에 하나는 육체의 생명이 피에 있기 때문입니다. 따라서 피를 먹는 것은 생명을 먹는 것이며, 이는 형벌을 피할 수 없는 죄악이 됩니다. 여기서 우리는 하나님께서 모든 생명을 귀하게 여기심을 볼 수 있습니다. 비록 미물인 짐승의 생명까지도 주께서 귀하게 여기십니다.

피가 상징하는 가장 중요한 의미는 그것으로 죄를 속한다는 것입니다. 그리스도의 피가 우리의 죄를 속했으므로 우리가 하나님께로 나아갈 수 있게 되었습니다. 구약에서는 죄를 씻는 의식으로서 제사를 드릴 때 짐승을 잡아 그 피를 단에 뿌림으로써 그리스도께서 십자가에서 흘린 보혈을 상징했습니다.

피는 희생이요 생명이요 대속의 상징입니다. 우리에게는 그리스도의 보혈이 있음을 기억합시다.

|**기도**(기도 제목)

|**주기도문**

년 월 일 요일

|**사도신경** |**찬송** 420, 424, 277장 |**말씀** 레 18:1-5

가증한 풍속을 따르지 말라

18

2

3

4

5

7

8

9

10

11

12

13

14

15

16

17

본문은 이스라엘 백성들이 지키고 따라야 할 의무에 관해 언급하고 있습니다.

이스라엘 자손들은 어디에서 살든지 이방의 풍속이나 규례를 따르는 것이 금지되었습니다. 그리스도인들도 마찬가지입니다. 이 세상 풍속을 따라서는 안 됩니다. 주님은 성도가 빛과 소금이라고 말씀하십니다. 이것은 성도의 삶은 거룩하게 구별된 삶이며, 환경을 변화시키고 영향을 주는 사람이 되어야 함을 교훈하는 말씀입니다.

주의 백성 이스라엘은 주께서 명하신 규례와 법도를 온전히 따라야 할 의무가 있었습니다. 그리스도인들은 어떤 법도 주의 법 위에 두는 일이 없도록 조심해야 합니다. 믿음의 선두 주자들이 보여준 거룩한 본을 온전히 따르도록 합시다. 그들은 목숨을 구걸하기 위해 환경과 타협하는 일이 결코 없었습니다.

주의 법은 백성들을 억압하기 위한 무거운 짐이 아니라 그들로 생명을 얻게 하는 하나님의 은혜의 수단입니다. 하나님께서는 범죄한 인간에게 생명을 보존하고 하나님과의 관계를 유지할 수 있는 길을 주셨는데 그것이 율법입니다. 우리 모두가 힘써서 지키도록 합시다. 지키는 자에게 복과 은혜를 주십니다.

주의 법은 의무이자 곧 복이요 은혜입니다. 우리가 힘써 지켜야 합니다.

|**기도**(기도 제목)

|**주기도문**

년 월 일 요일

|**사도신경** |**찬송** 525, 273, 387장 |**말씀** 레 18:6-18

6 ●

18

성 윤리 성 도덕은 엄하고 까다로울수록 질서 있고 조화로운 삶을 사는 데 도움과 유익을 줍니다.

어떤 이유로든 골육지친의 하체를 범하는 것은 하나님 앞에서 죄가 되며 그리스도인들은 이를 금하도록 해야 합니다. 인생에는 정도가 있음을 명심하고 내가 원할지라도 그것이 정도가 아니면 절제하도록 해야 합니다. 성경은 "영혼을 거스려 싸우는 육체의 정욕을 제어하라"고 가르치십니다.

하나님은 모든 사람이 심은 대로 거두게 하십니다. 선을 행하는 각 사람에게는 영광과 존귀와 평강이 따르게 하시고, 악을 행하는 각 사람에게는 환난과 곤고가 따르게 하십니다. 그러므로 악을 행하는 사람들은 소망이 없습니다. 우리는 소망을 위해 부르심을 받았은즉 악에 빠지는 일이 없도록 조심해야 합니다.

죄 중에서도 특별히 음행을 경계해야 함은 이것이 자기 몸에게 죄를 범하는 것이기 때문입니다. 우리의 몸은 하나님의 성령의 전임을 알고 더럽히는 일이 없도록 조심합시다. 요즈음은 성의 개방시대입니다. 자칫 성적인 범죄에 빠지기 쉽습니다. 하나님께서는 음란한 죄를 가장 미워하신다는 것을 명심해야 합니다.

성도는 거룩한 백성입니다. 거룩한 삶을 살도록 힘써야 하겠습니다.

기도(기도 제목) ____________________

주기도문

년 월 일 요일

사도신경 **찬송** 255, 528, 277장 **말씀** 레 18:19-30

19 ●

20

21

22

23

24 ●

25

26

27

28

29

30

레

본문은 주의 백성들에게 엄격히 금지된 가증스런 행위들에 관해 언급하고 있습니다.

타인의 아내와 동침하여 설정하는 행위는 주께서 명하신 혼인의 순결을 더럽히는 일이며, 하나님의 권위 및 질서에 대한 명백한 도전이므로 철두철미 금하도록 해야 합니다. 이같은 행위는 돌에 맞아 죽을 수밖에 없는 엄청난 죄악입니다. 성경은 불의한 자, 육체의 소욕을 따르는 자들은 하나님의 나라를 유업으로 받을 수 없다고 가르친다.

최근 들어 우리나라에서도 동성 연애자들의 수가 상당수에 이른다고 하는데 그리스도인들은 이같이 가증한 일을 하지 않도록 조심해야 합니다. 주께서 불과 유황으로 심판하신 소돔과 고모라에 성했했던 죄악이 바로 동성 연애였습니다. 비정상적인 방법으로 성적 욕구를 해결하려는 노력은 모두가 가증스런 행위에 속합니다.

성 관계는 부부간의 사랑의 표현이요 관계의 확인입니다. 짐승과 교합한다는 것은 하나님의 창조질서를 파괴하고 하나님을 대항하는 무서운 죄이면서 인간성을 파괴하는 더러운 행위입니다. 짐승과 교합하는 자는 자기의 몸을 짐승과 같이 만드는 것이므로 비참하게 될 수밖에 없음을 알아야 합니다.

주의 백성은 하나님을 기쁘시게 하는 일에 힘써 주께 영광을 돌려야 합니다.

기도(기도 제목)

주기도문

년 월 일 요일

사도신경 **찬송** 420, 272, 277장 **말씀** 레 19:1-10

너희는 거룩하라

19

2

3

4

5 ●

6

7

8

9 ●

10

본문은 거룩한 백성된 자들이 힘써서 지켜야 할 규례들에 관해 언급하고 있습니다.

그리스도인들은 부모를 공경하고 효를 행하도록 힘써야 합니다. 바울은 이것을 가리켜서 약속있는 첫 계명이라고 증거했습니다. 부모를 업신여기거나 공경하지 않는 사람들은 아무리 특별한 은사나 능력이 있을지라도 하나님께 칭찬을 받지 못합니다. 유대인들이 가지고 있던 고르반 사상을 주님께서 질책하신 것도 이 때문이었습니다.

안식일이 갖는 큰 의미와 중요성은 이 날이 "여호와의 안식일"이라는 것입니다. 즉 안식일은 우리 임의로 사용할 수 있는 날이 아니라, 그분이 명령하신 대로 사용해야 하는 특별한 날입니다. 최근 들어 여러 가지로 복잡해진 사회 구조 때문에 주일 성수가 어려워진 것은 사실이나 그리스도인들은 이것을 극복해야 합니다.

우상숭배는 하나님께서 가장 미워하시는 죄악입니다.

이스라엘이 거듭거듭 환난과 어려움을 당한 것은 바로 이 죄악 때문이었습니다. 왜냐하면 우상숭배는 하나님에 대한 반역이요 하나님을 경홀히 여기는 일이기 때문입니다. 우리 속에 혹시 우상의 자리가 없는지 살펴보고 이것들을 철저히 멀리 하도록 해야 합니다.

거룩하다는 것은 하나님과의 바른 관계를 유지하는 것입니다. 주의 뜻을 따라 살기를 힘써야 하겠습니다.

|기도(기도 제목)

|주기도문

년 월 일 요일

|사도신경 |찬송 84, 273, 282장 |말씀 레 19:11-22

11 ●

12

13 ●

14

15 ●

16

17 ●

18

19 ●

20

21

22

성도는 하나님께서 세상에서 구별하여 불러낸 사람입니다. 본문은 구별된 사람의 삶의 태도를 말하고 있습니다.

궁핍한 사람이 도움을 청하는 것은 죄가 되지 않지만 도둑질이나 사기, 부도, 속임수 등의 행위는 하나님께서 가증스럽게 여기시는 부당한 행위입니다. 투기나 고리 대금업을 비롯하여 노동력을 착취하는 것, 부당 이득을 취하는 것들도 모두 도둑질하는 죄에 해당합니다. 그러므로 이같은 불의에서 멀리 떠나도록 해야 하겠습니다.

가난하고 힘 없는 자를 압제하거나 학대하는 행위를 하나님은 가증히 여기십니다. 긍휼을 행하지 않는 자들에게는 긍휼 없는 심판이 따르는 법입니다(약 2:13). 때문에 그리스도인들은 인권을 유린하는 비인간적인 행위들을 삼가야 합니다. 우리는 그리스도 안에서 선을 행하도록 새로 지으심을 받은 사람들임을 명심합시다.

재판관들에게 요구되는 것은 공의와 공평입니다. 인간 사회는 언제나 가진 자가 특권을 누려왔습니다. 그러나 그리스도인들은 사람을 외모로 취하거나 뇌물을 받음으로 판결을 굽게 하는 일이 있어서는 안 됩니다. 우리의 모든 행위에 대해 하나님께서 보응하신다는 사실을 알고 행동을 삼가는 자가 복이 있습니다.

거룩한 백성에게는 거룩한 백성다움이 있어야 하며, 윤리적 책임에 충실할 때 이것을 인정받게 됩니다.

|**기도**(기도 제목)

|**주기도문**

년 월 일 요일

|**사도신경** |**찬송** 449, 333, 459장 |**말씀** 레 19:23-37

23 ●

24

25

26 ●

27

28

29 ●

30

31 ●

32 ●

33 ●

34

35 ●

36

37

본문에서 하나님이 우리에게 명령하신 그 내용들이 무엇인가 생각해 봅시다.

24절에 보면 '모든 과실이 거룩하니 여호와께 드려 찬송할 것이며'라고 하였습니다. 모든 것은 하나님이 주신 것입니다. 그러니 하나님께 감사하며 드리는 것은 아름다운 일입니다. 이방 사람들은 그들의 과실의 첫 번째 소산을 자기들이 섬기는 신에게 구별해서 바쳤다. 하나님께 감사함으로 소산을 바치는 것은 참으로 귀한 일입니다.
이방인들의 관습을 따르지 말고 몸을 거룩하게 하기를 요구하십니다. 자기들의 희생의 제물의 피를 그릇에 모아서 우상을 위해서 마셨으며 점을 치며 술법을 행하였습니다. 이러한 이방인의 나쁜 풍속을 따르지 아니함이 하나님의 명령을 지키는 것입니다. 신자는 하나님께 속하였으니 몸을 성별하는 것이 하나님을 섬기는 자세입니다.

안식일은 일찍이 하나님께서 천지를 창조하시고 복의 날로 정하신 날입니다. 하나님께서는 이 날을 하나님의 날로 지키기를 원하시며 거룩하게 하셨습니다. 하나님께서 구별하여 정하신 안식일은 우리에게 안식의 모범으로 보여 주신 것입니다. 우리를 사랑하시는 하나님의 은혜의 상징이기에 우리는 안식일을 거룩하게 지켜야 합니다. 인내와 순종으로 살아가는 성도에게 하나님의 큰 복이 채워질 것입니다.

기도(기도 제목)

주기도문

년 월 일 요일

사도신경 **찬송** 64, 31, 35장 **말씀** 레 20:1-5

반드시 죽여야 하는 죄

20

2

3

4

5

사람의 제일되는 목적은 하나님께 영광을 돌리는 데 있습니다. 하나님께 영광을 돌리는 방법을 살펴봅시다.

이방 사람들은 자기 자식을 우상에게 제물로 바치는 행위를 하였습니다. 이방신은 몰렉이라고 하는 신인데 이 우상을 숭배하는 행위는 불을 벌겋게 달구어서 자기 자녀들을 그 불에 태워 죽이는 잔인한 것이었습니다. 하나님께서는 이러한 부도덕적 행위를 미워하실 뿐만 아니라 생명의 창조자로서 생명을 경시하는 자를 진멸하십니다.

이방인이 자기 자식을 제물로 바치면 단순히 살인 죄와 우상숭배 죄에 해당하나, 만일 이스라엘 백성이 이러한 죄를 지으면 하나님의 성소를 더럽히는 죄가 됩니다. 십계명 중에 제3계명을 보면 하나님의 이름을 망령되게 부르면 죄 없다 하지 않겠다고 하셨습니다. 성도는 하나님의 전을 깨끗이 하여야 합니다.

하나님은 영광의 신이십니다. 그러므로 하나님께서 받으셔야 할 영광을 이방신이나 인간이 받으려 할 때 하나님께서는 벌을 내리십니다. 자식을 몰렉에게 주는 자도 죽고 성소를 욕되게 하는 자도 죽는다. 우리는 오직 하나님께만 영광을 돌리고 그만을 섬겨야 합니다. 우리는 무지하여서 자기의 평안함 때문에 주위의 모든 죄악에 무관심하지는 않았는지 점검해야 하겠습니다.

기도(기도 제목)

주기도문

년 월 일 요일

사도신경 **찬송** 150, 339, 439장 **말씀** 레 20:6-16

6 ●

7

8

9

10 ●

레

11

12

13

14

15

16

누가 신앙생활을 잘하는 자입니까? 그것은 하나님의 요구를 알고 그 요구에 순응하는 자입니다.

하나님은 거룩하신 분이십니다. 그러므로 그 백성이 하나님과 닮기를 원하십니다. 그러나 백성 중에는 하나님의 뜻과 정반대로 이방신을 추종하는 자들이 있었습니다. 하나님 외에 다른 신을 섬기는 것은 하나님의 백성의 자격을 잃어 버리는 일입니다. 하나님은 그 백성이 하나님만 섬기기를 원하고 계십니다.

그 백성들의 몸이 거룩해지기를 원하고 계십니다. 즉 음란 죄에서 거룩해지기를 원하시는 것입니다. 음란은 이미 십계명에서 금하신 일입니다. 하나님께서는 그 백성이 이 계명을 받아서 하나님 앞과 사람 앞에 지켜 나아가 몸을 성별케 하기를 원하고 계십니다. 음란의 가증스러운 죄는 인간의 삶 속에 항상 진행되어 왔습니다.

하나님의 요구에 응하는 자가 되어야 합니다. 우리에게 자유가 있어서 우리 자유대로 할 수 있으나 그 결과는 자신이 책임져야 합니다. 우리가 거룩하게 살면 하나님을 기쁘게 하였으니 우리가 상을 받고, 우리가 잘못 살면 그 잘못의 결과는 뻔한 것입니다. 하나님의 요구에 응하는 지혜자가 되어야 하겠습니다.

하나님의 뜻을 알고, 그 뜻을 따라 거룩하게 신앙생활하는 성도가 되어야 하겠습니다.

기도(기도 제목)

주기도문

년 월 일 요일

사도신경 | **찬송** 283, 438장 | **말씀** 레 20:17-21

17 ●

18

19

20

21

하나님께서 우리에게 주신 선물 중에 남녀의 성은 거룩한 것입니다. 왜 성(性)을 거룩히 해야 합니까?

하나님의 명령은 지켜도 되고 안 지켜도 되고 하는 취사 선택의 문제가 아니라 꼭 지켜야 하는 것입니다. 하나님께서는 성은 거룩히 지킬 것을 명령하셨습니다. 그러나 타락한 인간들은 준엄한 하나님의 명령을 어겨서 자매를 범하고 이모나 고모를 범하고 골육지친의 관계를 범하였습니다. 하나님은 이러한 잘못을 책망하셨습니다.

하나님은 우리에게 가정을 주셨습니다. 그런데 가정엔 가정의 질서가 있습니다. 이 가정의 질서를 깨버리는 일은 마귀의 일입니다. 성은 거룩한 것인데 성의 질서가 무너지는 것은 바로 가정이 무너지는 것입니다. 하나님은 가정을 사랑하시기 때문에 성(性)범죄로 가정이 파괴되는 것을 원치 않으십니다.

하나님께 속한 자가 하나님의 뜻대로 사는 것, 그것은 위대한 일입니다. 살아도 주를 위하여 살고 죽어도 주를 위하여 죽어야 하는 것인데, 우리 지체의 사용으로 하나님께 영광 돌리는 것은 아름다운 일입니다. 성을 잘못 사용하여 남용함으로써 가정과 사회뿐 아니라 하나님의 영광을 가리는 것입니다.

성도는 하나님께서 허락한 성생활을 합당하게 거룩히 지켜야만 합니다.

기도(기도 제목)

주기도문

년 월 일 요일

사도신경 **찬송** 36, 433, 435장 **말씀** 레 20:22-27

22 ●

23

24

25

26

27 ●

하나님께 선택받고 축복받고 사랑받는 백성들은 하나님의 백성으로서 수행해야 할 의무가 있는 것입니다.

22절에 말씀하시는 규례와 법도는 하나님이 주시는 법이기에 지켜야 합니다. 하나님께 속한 자는 하나님의 법을 지켜야 합니다. 하나님께서 주신 법을 지키지 아니하고 세상 사람이 원하는 길로 행하고 산다면 이는 선

레

민의 행위에서 벗어난 행위입니다. 우리는 지금 누구의 법에 따르고 있습니까? 내 마음의 법입니까? 하나님의 법입니까?

하나님이 싫어하시는 일은 하나님 외에 다른 신을 섬기는 일입니다. 십계명 중 제 1계명에서 나 외에 다른 신을 섬기지 말 것을 말씀하시고, 제 2계명에서는 우상을 만들지 말라고 하셨습니다. 우상을 섬기면 자손 삼사 대까지 벌을 주시겠다고 하셨습니다. 우리 마음속에 하나님보다 더 귀한 것으로 여기는 것이 있다면 우상인 것입니다.

성도는 세상을 적당히 살지 말고 구별하여 살아야 합니다. 하나님께서는 할 것과 하지 말 것, 가야 할 길과 가지 말아야 할 길을 가르치십니다. 예수께서 우리에게 세상의 소금이요 빛이라고 하신 말씀대로 살아야 합니다. 우리는 우리가 이 세상에 살면서 하나님을 욕되게 하고 우리 자신의 양심을 더럽히는 일을 삼가야 하겠습니다.

하나님께 선택받은 거룩한 백성인 성도는 세상에서 구별된 성결의 삶을 살아야 합니다.

|기도(기도 제목)

|주기도문

년 월 일 요일

|사도신경 |찬송 597, 352, 447장 |말씀 레 21:1-9

제사장이 지켜야 할 규례

21

2

3

4

5

6

7

8

9

사람마다 지켜야 할 법이 있습니다. 특히 하나님 앞에 나아가 제사를 집례하는 제사장이 지켜야 할 법이 있습니다.

제사장들은 죽은 자를 애곡하는 동안에 자신의 품위를 떨어뜨리는 일을 안 해야 합니다. 제사장들은 자기들의 골육지친이 죽은 경우가 아니고는, 애곡을 하고 장례에 참예하면 성소에 들어갈 수가 없었습니다. 제사장들이 다른 사람과 같이 오랫동안 슬퍼하여 울고 있으면 하나님께 영광이 되지 않는 일입니다.

이방인들은 자기 신을 찬양하고 섬기는 자세로 머리털을 자르고 피를 흘리는 관습을 가지고 있었습니다. 그러나 제사장들은 그들의 관습을 따라 미신적 행위를 해서는 안 되었습니다. 하나님의 백성들, 특히 앞장서서 일하는 지도자들은 세상의 빛이요 소금으로 지내야 하기 때문에 이 세상의 풍속을 따라가서는 안 됩니다.

제사장은 결혼하는 일에 품위를 떨어뜨리면 안 되었습니다. 제사장들은 나쁘다고 하는 소문이 있는 여인이나 죄가 있는 여자와 결혼해서는 안 되었습니다. 이혼한 여자와도 마찬가지였습니다. 신약성경에는 주의 종의 아내는 "정숙하고… 절제하며 모든 일에 충성된 자라야 할지니라" 하였습니다(딤전 3:11).

주의 종들은 성결한 생활로 본이 되는 삶을 살아야 하겠습니다.

|기도(기도 제목)

|주기도문

년 월 일 요일

|사도신경 |찬송 540, 433, 439장 |말씀 레 21:10-15

10 ●

11

12

13

14

15

본문을 통해 하나님께 속한 제사장이 지켜야 할 법을 살펴봅시다.

하나님의 일을 하고 있는 제사장의 성결과 하나님께서 그에게 위탁한 직분의 존엄성을 백성에게 알려주기 위함입니다. 그래서 부모의 상을 당하여서도 그 시체를 가까이 말라는 것입니다. 하나님께서 제사장들에게 이렇게 가르치고 계심은 바로 하나님 자신이 거룩하시다는 것을 그 백성으로 알게 함에 그 목적이 있습니다.

이것은 공적 일과 사적 일을 구분할 것을 말씀하신 것입니다. 지금 제사장이 성소 안에 있음은 하나님의 일을 집행하고 있기 때문입니다. 하나님의 일을 보고 있는 중에는 밖으로 나갈 수가 없는 것입니다. 그는 성소에 늘 대기하고 있어야 했습니다. 그가 성소에 있는 중에 성소 밖으로 나가면, 바로 신성 모독이 되었습니다.

제사장의 결혼은 신성하여서 처녀로 신부를 삼을 것을 가르치고 있습니다. 이 사실은 제사장 직분을 주신 하나님이 거룩하신 분이시니 그 앞에 설 자도 거룩해야 한다는 것입니다. 제사장이 순결한 가정을 이루지 못하면 자식들이 합당치 못함으로 주님께 영광 돌리지 못합니다. 그러므로 제사장들은 성결해야 했습니다. 우리는 모두 하나님 앞에 거룩한 제사장입니다. 우리도 거룩하신 하나님 앞에서 성결한 삶을 이루어야 합니다.

|기도(기도 제목)

|주기도문

년 월 일 요일

|사도신경 |찬송 425, 272, 549장 |말씀 레 21:16-24

16 ●

17

18

19

20

21

22

23

24

하나님 앞에서 직무를 행할 자는 자격을 갖추어야 하는 것입니다. 하나님 앞에 설 자는 누구인지 알아봅시다.

17, 18절은 신체적으로 흠이 있는 자가 제사장 직분을 감당할 수 없음을 말씀하고 있습니다. 불구로 태어난 사람은 그 집안 출신이라고 해서 하나님 앞에 설 수는 없다는 것입니다. 한편 신약 시대에나 오늘날에 와서 하나님의 사역을 감당하는 목회자를 지원하는 사람에게 신체적 결함을 지니고 있다는 이유로 목회자가 될 수 없다고 말하는 것은 큰 잘못입니다. 오히려 똑똑하지 못한 자식들을 갈데 없으니 신학교나 가라 해서 목회자가 되게 하는 것은 큰 범죄 행위임을 알아야 합니다.

하나님은 자기의 제단의 신성을 보존하시기 위하여 마음이 부도덕한 자도 하나님 앞에 설 수가 없다고 하셨습니다. 도덕적, 윤리적으로 타락한 사람은 육체적으로 흠이 있는 사람보다 더 못합니다. 이런 자들은 사역자로 쓰임 받을 수가 없습니다. 홉니와 비느하스의 죄는 신체적 결함보다 더 악했습니다. 오늘날 정신적, 도덕적 결함을 가진 채, 교회 지도자 노릇을 하려다가 문제를 일으키는 일이 많이 발생합니다. 그러므로 주님 앞에 서려는 주의 종은 성결을 유지해야 합니다. 죄와 허물로 감히 하나님 앞에 설 수 없는 죄인인 우리를 하나님께서 예수 그리스도의 피로 우리의 죄를 사하여 주셔서 하나님 앞에 설 수가 있게 된 것입니다.

기도(기도 제목)

주기도문

년 월 일 요일

사도신경 **찬송** 449, 453, 455장 **말씀** 레 22:1-16

성물을 먹는 규례

22

2

3

4

5

6

7

8

9

10 ●

11

12

13

14

15

16

하나님께 드리는 물건은 거룩한 것이라야 합니다. 그 이유는 하나님께서 거룩하시기 때문입니다.

여기에서 부정한 자라고 하는 것은 신체적 병이 있는 자를 가리킵니다. 즉 나병이나 유출병 같은 것입니다. 이러한 자는 성물을 먹지 못하도록 되어 있습니다. 만약에 성물을 먹는 자는 하나님께서 그 면전에서 끊어 버린다고 하셨습니다. 하나님 앞에 설 수 없던 우리가 예수님의 피로 깨끗하게 씻음 받았으니 감사할 따름입니다.

제사장들이 자기 자신을 지킬 수 있도록 하기 위해서입니다. 자기를 지키는 일은 참으로 귀한 일입니다. 오늘의 죄악의 물결 속에서 자기 자신을 지킨 자는 위대한 신자임에 틀림없습니다. 다른 목적은 제사장들에게 이러한 법이 내려짐으로 인하여 일반인들이 하나님을 더욱 경외하도록 하는 데 있습니다.

본문에서 하나님은 우리에게 이 명령을 지키면 살고 명령을 거역하면 죽는다고 말씀하셨습니다. 명령을 거역한 아담은 에덴에서 쫓겨났고, 명령을 거역한 삼손과 사울은 죽임을 당하였습니다. 하나님의 규례는 인간에 의하여 훼손되거나 더럽혀 질 수 없습니다. 우리는 성물에 대한 규례를 지킴으로 하나님께 영광을 돌려야겠습니다.

무엇이 진리이며, 무엇이 옳은지 가치관이 혼란된 이 세상에서 자기를 거룩히 지키는 성도가 되어야 합니다.

기도(기도 제목)

주기도문

년 월 일 요일

사도신경 **찬송** 331, 349, 352장 **말씀** 레 22:17-25

여호와께서 기쁘게 받으시는 제물

17 ●

18

19

20

21

22

23

24

25

하나님께서 기뻐 받으시는 희생의 제물은 흠이 없어야 합니다. 우리는 무엇으로 하나님을 기쁘시게 할까?

제사는 다른 말로 하면 예배입니다. 하나님의 관심은 예배에 있습니다. 하나님께서 가인의 제사를 받지 않으시고 아벨의 제사를 받으심은 아벨이 진정으로 흠이 없는 제사를 드렸기 때문입니다. 신자는 하나님을 기쁘시게 하기 위해 바른 예배를 드려야 합니다. 예배를 받으시는 분은 하나님이시므로 영과 진리로 예배 드려야 합니다.

하나님께서는 흠이 있는 것을 받지 않으십니다. 그러나 무지하고 완악한 인간들은 흠이 있는 것을 하나님께 드렸던 것입니다. 이것은 하나님을 경시하는 행위입니다. 하나님게 드릴 때에 실컷 쓰고 남은 것을 바치면서도 "내게 있는 모든 것을 아낌없이 바치네"라고 찬송을 부르고 있음은 하나님을 속이는 행위입니다.

성경은 순종이 제사보다 낫다(삼상 15:22)고 가르치고 있습니다. 밤새도록 허탕을 치던 베드로가 예수님의 말씀에 순종하여 깊은 데 그물을 던지니 거기에서 많은 고기를 잡게 되었습니다. 하나님의 명령을 받을 때에 '예' 하고 순종하는 것은 하나님을 기쁘시게 하는 것이고 하나님께 복을 받는 비결입니다.

하나님께서 원하시는 헌물은 양에 있지 않고 정성에 있습니다. 성도는 순종의 예물을 드려야 됩니다.

기도(기도 제목)

주기도문

년 월 일 요일

사도신경 **찬송** 8, 42, 21장 **말씀** 레 22:26-33

26 ●

27

28

29

30

31

32

33

본문은 하나님께 바칠 희생제물에 대한 일반적인 규례로서 3가지로 분류(分類)할 수가 있습니다.

어린 수소, 양, 또는 염소는 칠일 동안 어미와 함께 있어야 하고 처음 난 것에 대해서는 출 22:29에서 규정된 법에 따라 제8일 이후로부터 제물로 드릴 수 있습니다. 어린 짐승이 어느 정도 성숙하여 자립할 수 있는 생명에 도달하기 위함입니다. 하나님께서 모든 생물체에 대해 가지고 계시는 긍휼과 자비의 정신이 여기에 있습니다.

신 22:6-7에는 어미새와 새끼를 아울러 취하지 말라고 하셨습니다. 이는 하나님께 드리는 거룩한 제사이고, 가장 귀중한 일이라 하더라도 하나님께서는 잔혹한 방법을 피할 것을 교훈하시는 것입니다. 하나님께서 우리로 자연계를 주관할 수 있는 특권을 주셨지만 우리는 하나님의 사랑과 긍휼로 자연계를 보호해야 될 것입니다.

레 7:15-18에 나타난 바 화목제는 그 종류에 따라 먹을 수 있는 기간이 다릅니다. 여기에 그 날에 먹을 것이라는 뜻은 하나님께 바쳐진 성물에 대한 존중 사상을 나타내고 있습니다. 결론적으로 32절에는 이 모든 규례의 근본 목적이 나타나는데, 그것은 하나님께서 자기 백성들 가운데서 거룩하게 함을 받으시도록 하는 것입니다.

하나님께서는 우리에게 올바른 방법으로 행하고 거기에서 나온 좋은 결과를 찾으실 것입니다.

기도(기도 제목)

주기도문

년 월 일 요일

사도신경 **찬송** 43, 46, 53장 **말씀** 레 23:1-8

성회를 삼을 여호와의 절기

23

2

3

유월절과 무교절

4 ●

5

6

7

8

본장은 백성들이 지켜야 할 절기에 대한 규례로서, 하나님의 축복과 구속의 역사를 보여주고 있습니다.

안식일은 "여호와의 날"이 되어야 했습니다. 이 날에는 여호와를 그 중심에 모시게 되어 있었습니다. 안식일의 또 다른 면은 일을 중단하고 휴식을 즐기는 것이었습니다. 이것은 하나님께서 쉬시기를 원한 것이 아니라 인간에게 쉼을 허락하기 위함입니다. 안식일은 그저 부정적인 금령들을 지키는 날이 아니라 축제일인 것을 기억합시다.

유월절은 출애굽과 관계가 있습니다. 처음에는 무교절이 별도의 절기였는데, 후에 유월절과 합쳐진 것 같습니다. 본래는 구운 양고기와 쓴나물을 출애굽 사건을 자세히 이야기하면서 먹었습니다. 칠일 동안 그들은 무교병을 먹어야 했습니다. 특히 무교병을 먹는 것은 탈출의 긴박성을 상기시키는 구실을 하였습니다.

유월절은 하나님의 구원의 역사를 상기시키는 역할을 합니다. 누룩은 죄를 상징합니다. 그래서 집에서 누룩을 제거하는 것은 정결과 죄를 떠남을 의미하였습니다. 신약은 그리스도를 유월절을 최종적으로 성취하신 분으로 봅니다. 즉 그의 죽음은 자기 백성을 죄의 속박으로부터 구속하여 내는 것이었습니다.

성도는 하나님의 구속의 역사를 기억하면서 성결한 삶으로 주의 날을 기념하는 복된 자들이 됩시다.

기도(기도 제목)

주기도문

년 월 일 요일

|사도신경 |찬송 143, 428, 429장 |말씀 레 23:9-21

첫 이삭 한 단을 바치는 절기

9 ●

10

11

12

13

14

두 번째 거둔 곡식을 바치는 절기

15 ●

16

17

18

19

20

21

본문은 소산의 첫 이익을 바치는 초실절과 그 후 일곱 주가 지난 다음에 지키는 칠칠절에 대한 내용입니다.

하나님의 땅의 소산 중 첫 이삭을 바치는 날의 규례가 초실절의 규례입니다. 초실절은 보리 추수의 첫 소산을 하나님께 바치고 봉헌하기 위하여 유월절 기간 중에 있는 안식일 다음 날 행하여졌는데(11), 이때는 수확한 곡물의 첫 단을 제사장에게 드려 요제를 바치는 동시에(9-11)번제와 소제, 전제를 아울러 바쳤다(12-14). 특히 10절의 '곡물의 첫 이삭 한 단'은 부활의 첫 열매이신 그리스도를 상징하는 동시에 모든 믿는 자들의 육체적 부활을 상징하는 것입니다(고전 15:20-23).

칠칠절은 보리의 첫 곡식단을 여호와께 드린 날로부터 7주가 지난 다음날 곧 50일째 되는 날, 밀의 첫 수확을 하나님께 드리는 날입니다(15-16). 이 날에는 성회를 공포하고 노동을 금지시켰으며(21), 먼저 유교병의 소제를 번제와 함께 하나님께 드리고 그 후에 속죄제와 화목제를 드렸습니다(17-20). 신약에 와서는 오순절 성령 강림절이 되었는데 맥추감사절에서 성령 강림절로 의미가 변화되었습니다. 여호와께 바쳐진 떡 두 덩어리는(17)신약 시대의 두 교회, 즉 유대인과 이방인의 교회의 상징입니다.

창조주 하나님께 감사와 경배로 우리의 첫 소산을 주께 드려야 하겠습니다.

|**기도**(기도 제목)

|**주기도문**

년 월 일 요일

|**사도신경** |**찬송** 425, 382, 447장 |**말씀** 레 23:22-32

22 ●

일곱째 달 첫 날은 쉬는 날

23 ●

24

25

속죄일

26 ●

27

28

29

30

31

32

22절에 나타나 있는 규례는 19:9-10에 나타나 있는 말씀으로서, 가난한 자들과 타국인을 위한 하나님의 배려이자 보호의 규정입니다.

신년절이라고도 하는 나팔절은 하나님의 새로운 날이 도래했음을 알리고 기쁨으로 새해를 맞기 위한 안식의 날로 지켜졌습니다(25). 나팔절의 나팔 소리는 언약의 하나님께서 그의 백성으로 하여금 희생제사 주위로 모이라는 음성입니다. 희생 제물을 잡은 후에 나팔을 분 것은 구원이 이미 완성되었고 대가가 지불되었으며 그의 희생이 열납되었음을 뜻합니다. 또한 이 날에 아무 노동도 하지 말 것(25)을 명한 사실은 우리가 죄의 속박 상태에서 해방되었음을 상징하는 것입니다.

속죄일은 회개와 금식의 날입니다. 이 때에는 수소(제사장을 위한 제물)과 염소(백성을 위한 제물)를 제물로 드렸습니다. 죄 있는 사람은 하나님께 갈 수 없습니다. 그러나 회개하고 신뢰가 있는 곳에서는 하나님께서 그 관계를 회복하실 것입니다. 신약에 이르러서 속죄일은 그리스도에게서 성취되었습니다. 그리스도의 희생의 죽음이 우리를 하나님께서 받으실 수 있도록 하는 수단을 마련했습니다. 이제는 다만 그리스도의 이름으로 우리의 죄악을 하나님께 맡기면 되는 것입니다. 하나님은 백성을 공의로 심판하시는 가운데서도 무한하신 사랑을 베푸시는 분입니다.

|기도(기도 제목)

|주기도문

년 월 일 요일

|사도신경 |찬송 304, 455, 461장 |말씀 레 23:33-38

초막절

33 ●

34

35

36

37 ●

38

일곱째 달 15일 여호와를 위하여 칠일 동안 초막절을 지켰는데 이 초막절의 의미를 찾아 봅시다.

그들은 초막에 거함으로써, 과거에 그들이 광야에서 40년간 생활할 때 하나님의 인도하심과 보호하심의 은혜를 입었음을 상기할 수 있었습니다. 우리는 과거의 일들을 되돌아 봄으로써, 비록 당시에는 힘들고 고통스러웠으나, 그러한 환난 중에서도 보호하신 하나님의 은혜가 크고 위대했다는 것을 깨달아야 하겠습니다.

현재 받고 있는 은혜도 감사해야 할 것입니다. 그들의 희생과 전제를 각각 그날에 화제로 모든 것을 주신 하나님께 자원하여 감사드리는 것입니다. 이스라엘 백성들이 하나님께 감사함으로 바쳤듯이 오늘날도 우리에게 주신 은혜를 기억하며 우리 자신을 산 제물로 하나님께 바쳐야 할 것입니다.

절기는 이스라엘이 "여호와께 드리는"(37, 38)기회도 되었습니다. 37절에서는 이 엄숙한 종교적 집회들의 목적이 여호와께 제물을 드리기 위함이었다고 진술합니다. 이스라엘 백성들이 종교적 절기를 지키기 위해 모여서 함께 자신의 모든 예물 곧 서원의 예물과 자원의 예물을 드리는 것은 매우 즐거운 일이었습니다.

우리는 항상 기쁨과 즐거움으로 절기를 지키며 우리 생활 자체가 항상 기쁨으로 감사하는 생활이 됩시다.

|기도(기도 제목)

|주기도문

년 월 일 요일

|사도신경 |찬송 375, 400, 373장 |말씀 레 23:39-44

39 ●

40

41

42

43

44

이스라엘 백성들은 초막절 기간에 반드시 초막에 거하며(42)이 절기를 지켰습니다. 그 의미는 무엇입니까?
그들은 은혜 중에 끝마친 추수의 기쁨을 감사하는 것이었습니다. 하나님께서는 이스라엘 백성들로 하여금 이 절기를 매년 지키게 명령함으로써, 과거 어려움 속에서도 보호하고 인도하여 주신 하나님의 크신 사랑을 잊지 않기를 원하셨습니다. 또한 현재 그들이 누리는 축복도 하나님으로서만 가능하다는 것을 일깨워주기 원하셨습니다.
하나님께서는 이스라엘 백성들이 과거에 애굽에서 나올 때 어떻게 초막에 거주했는가를 기억시키기 위해 초막절을 지킬 것을 명하셨습니다(43). 과거의 고난을 기억하고 교훈으로 삼는 것입니다. 우리도 과거에 하나님의 크신 은혜를 입었고, 지금도 하나님의 크신 은혜 중에 살아가고 있다는 사실을 순간순간 기억해야 합니다.
이스라엘 백성들은 출애굽 후 광야 생활에서 가나안 땅을 바라보며 나그네 생활을 하였으며, 가나안 땅에 들어가서는 영원한 하나님의 나라를 바라보는 나그네 생활을 하였습니다(히 11:13-16). 초막절은 이 땅은 잠깐 머무는 곳이며 우리는 영원한 하늘 가나안을 사모하면서 나그네 생활을 하여야 한다는 것을 예표하고 있습니다.
하나님께서 우리가 고난과 고통 중에 있을 때 베푸신 은혜를 기억하며 감사하는 성도가 됩시다.

기도(기도 제목)

주기도문

년 월 일 요일

사도신경 **찬송** 515, 500, 495장 **말씀** 레 24:1-9

계속해서 켜 둘 등잔불

24

2

3

4

여호와 앞에 진설할 떡

5 ●

6

7

8

9

본문은 성소를 밝히는 등잔불과 하나님의 목전에 드

려지는 진설병에 대한 의미와 교훈입니다.

레위기에 나타난 이 등잔불은 세상에 대한 증거를 표시하지 않고 기도와 예배의 계속적인 실천을 나타냅니다. 필시 이스라엘 백성은 낮에 예배를 드리게 되어 있었을 것입니다. 그래서 그들이 자는 동안에는 등잔불이 '저녁부터 아침까지' 켜져 있었습니다(3). 신약은 이 등불의 사상을 더 발전시켰습니다. 예수님은 세상의 빛이십니다. 그래서 그리스도인들도 세상에 빛을 비추어야 했습니다. 구약에서는 이스라엘의 등불이 "회막 안에"(3)있었습니다. 그러나 신약의 우리는 등불을 혼자서만 간직해서는 안 되고 외적인 사명을 생각하여야 할 것입니다(마 5:14-16).

이스라엘은 제사장을 통해서 여호와 앞 순금 식탁에 차려진 잔치에 함께 참여하도록 초대 받았습니다. 진설병은 열두 지파 전부를 대표하였습니다. 이것은 온 민족이 다같이 참여할 하나님의 나라에서 메시야가 베푸실 잔치를 예표합니다. 오늘날 우리는 성찬에 참여할 때에 구약 시대의 제사장이 참여했던 이 잔치와, 예수께서 제정하신 유월절 식사를 회고합니다. 또한 우리는 그 잔치가 영광 가운데 절정에 이를 때를 기다린다. 그러므로 등잔불과 마찬가지로 진설병에도 선교의 의미가 있습니다.

우리의 빛을 온 열방에 비추십시오. 그리고 하나님의 공동체에 들어 갈 수 있도록 모든 사람을 초대합시다.

|기도(기도 제목)

|주기도문

년 월 일 요일

|사도신경 |찬송 255, 421, 387장 **|말씀** 레 24:10-23

여호와의 이름을 모독하면

10 ●

11

12

13

14

15

16

17

18

19

20

21

22

23

본문은 앞으로 하나님의 거룩성을 모독한 자에 대하여 엄격히 처벌해야 할 것을 경고해 주는 말씀입니다.
인간의 목적은 여호와께 영광을 돌리는 일입니다. 그런데 슬프게도 하나님의 이름은 인간에게 비방과 모독거리가 되어 왔습니다. 아브라함은 하나님의 부르심을 따라가면서도(창 12:4), 애굽에서 부끄러운 행동을 하였습니다(창 12:10-16). 이것은 예수님께서 세상에 빛이 되고 생명의 떡이 되시기 전까지의 이스라엘 전 역사를 표상한 것입니다. 우리는 이 죄가 이방 민족과의 혼인으로 말미암아 온 것을 보며, 단 지파의 자손 중에서 그 전형적인 예를 봅니다(11, 참조, 삿 17, 18장).
(同害報服)눈에는 눈으로 갚으라는 법(17-20)은 이미 출 21:23-25에서 언급되어 있습니다. 이 동해보복의 근본 정신은 인간의 생명을 존중하라는 것과 필요 이상의 보복을 하지 말라는 것입니다. 우리는 여기에서 하나님의 공의의 원칙들을 볼 수 있습니다. 공의의 특징은 모든 것을 원리 원칙대로 행하는 데에 있습니다. 이것은 상황을 참작치 않고 행한 그대로 보응하는 것입니다. 이것은 훗날에 불의에는 불의에 상응하는 하나님의 진노와 의에는 의에 해당하는 하나님의 생명의 심판이 있을 것을 암시합니다. 우리의 죄에도 불구하고 우리도 하나님의 도구로 쓰시는 놀라운 은혜를 체험하며 거룩하신 하나님의 성호를 찬양합시다.

기도(기도 제목)

주기도문

년 월 일 요일

사도신경 **찬송** 304, 293, 441장 **말씀** 레 25:1-12

안식년

25

2

3

4

5

6

7

희년

8 ●

9

10

11

12

본문의 말씀은 희년 제도와 안식년 제도로서, 이 제도 속에 있는 하나님의 뜻이 무엇인가를 생각해 봅시다.

이스라엘 백성들은 매 7년마다 한 해를 안식년으로 삼아서 그 땅을 쉬게 하였습니다. 안식년의 목적은 땅이 휴식을 통한 생산력의 재충전이라는 물질적인 측면만이 아니라, 노동으로부터의 휴식을 통한 하나님과의 관계 회복이라는 영적인 측면에 보다 더 강조점을 두고 있습니다(4). 안식년의 소출들은 고아나, 과부나, 객이나, 이방인 등 의지처가 없는 자나 가난한 자들을 위한 식물이 되어야 했습니다. 여기서 우리는 이 땅의 모든 생명을 존귀하게 여기시고 그들에게 구체적으로 구원의 손길을 펼치시는 하나님의 자비와 소득 재분배를 통한 사회 정의의 한 단면을 볼 수가 있습니다(5).

희년은 일곱 안식년이 끝나는 50년째 되는 때에 지킨다. 희년에 대한 영적 의미는 온 땅과 거기 충만한 모든 부요가 다 하나님 것이라는 것입니다. 희년을 통해서 하나님의 주권성과 공의로우심과 청지기 사상을 배우게 됩니다. 희년은 그해의 속죄일이 끝나는 때부터 나팔을 불음으로써 시작됩니다. 이는 먼저 속죄가 선행되어야만 기쁨과 해방, 자유를 회복하는 하나님의 은총이 임한다는 것을 나타냅니다. 오늘 우리도 복음의 나팔을 불어 기쁨의 해를 선포해야 할 것입니다.

기도(기도 제목)

주기도문

년 월 일 요일

사도신경 | **찬송** 524, 427, 491장 | **말씀** 레 25:13-22

부당한 이익을 취하지 말라

13 ●

14

15

16

17

18 ●

19

20

21

22

본문은 희년에 임하는 여호와 하나님의 축복과 절대 후원성에 대한 교훈입니다.

이는 한 개인이 자신의 땅을 팔고 다른 곳에 정착하여 살지라도 희년이 되면 본래 자기 땅에 되돌아가 그 땅의 주인이 될 수가 있습니다(13). 이 같은 토지 회복의 제도는 땅은 영원히 여호와께 속한 것임을 선포하는 동시에, 인간이 땅을 독점하여 부의 축적의 수단으로 삼는 것을 방지하는 것입니다.

서로 속이지 말라(14)는 것은 부정한 상거래의 행위를 통하여 가난한 자나 약자의 소유를 빼앗지 말라는 것입니다. 하나님은 가난하고 소외당하는 자들을 착취하는 것을 엄중히 경고하고 계십니다. 특히 15-16절은 토지 거래의 기준에 대한 규례로서 토지 거래는 매년 50년마다 반복되는 희년을 기준으로 하여 가격이 형성되었습니다.

하나님께서 주신 법도와 규례를 지켜 행할 때, 첫째로 땅에 안전히 거하게 됩니다(19). 이스라엘 백성들은 하나님의 복으로 말미암아 도피처가 된 가나안 땅에서 외적의 침입을 받지 않을 뿐 아니라, 그 땅의 풍부한 소산으로 인해 풍요롭고 복된 삶을 누리게 됩니다. 또한 하나님께서는 걱정과 염려를 불식시킵니다.

하나님의 뜻에 순종하는 자에게는 무한한 복이 임하며, 하나님의 절대 후원은 모든 피조물에 미친다.

기도(기도 제목)

주기도문

년 월 일 요일

사도신경 **찬송** 218, 580, 595장 **말씀** 레 25:23-34

23 ●

24

25

26

27

28

29 ●

30

31

32

33

34

그리스도인들도 이 세상에서 집이나 토지가 필요합니다. 그러나 그것의 이해나 취급은 동일하지 않습니다.

하나님은 하늘과 땅과 그 가운데 있는 만물을 창조하셨고, 또 다스리십니다(시 89:11). 그러므로 하나님은 영원하신 지주이시요, 우리는 그 땅에 거류하는 나그네로서 하나님의 것을 맡아 관리하는 소작인일 뿐입니다. 이 원칙을 알고 믿을 때에만 인간은 겸손할 수 있으며, 맡겨주신 소유물에 대하여 감사하며 살게 됩니다.

하나님은 이스라엘 각 지파 각 족속에게 가나안 땅의 토지를 고루 분배해 주셨습니다. 그리고 자신의 토지를 매각하지 말라 하셨습니다(레 25:23). 이것은 재산의 평형을 유지하라는 뜻입니다. 그러나 후세의 백성들이 이 원칙을 지키지 아니했기 때문에 빈부의 차가 극심해졌습니다. 우리는 지혜자처럼 기도해야 할 것입니다(잠 30:8).

가난에 쪼들려 부득이 기업의 토지나 집을 파는 형제가 있을 수 있습니다. 그때에는 가까운 친족이 그것을 사서 돌려주라는 율법입니다. 다만 성읍에 있는 레위인은 해당이 안 됩니다. 그는 가난하지 않기 때문입니다. 이것은 상부상조의 정신입니다. 초대 교회의 바나바는 이 일을 잘 했습니다(행 4:36, 37). 우리는 이 땅에서 나그네요, 거류하는 자라는 사실을 기억하고 관리자로서의 사명을 성실히 감당합시다.

|**기도**(기도 제목)

|**주기도문**

년 월 일 요일

|**사도신경** |**찬송** 304, 305, 294장 |**말씀** 레 25:35-54

35 ●

36

37

38

39 ●

40

41

42

43

44

45

46

47 ●

48

레

49

50

51

52

53

54

하나님은 번제보다 긍휼을 원하십니다(마 9:13). 우리도 불쌍한 자를 긍휼히 여길 줄 알아야 합니다.
사람이 가난해지면 친구가 끊어집니다(잠 19:17). 그런데 하나님께서는 가난한 동족에게 돈을 빌려줄 때는 이자를 받지 말라 하셨습니다(레 25:37). 그 대신 하나님께서 보상하십니다(잠 19:17). 성도들이 고리대금업을 해서는 안 됩니다. 우리는 가난한 사람을 이용하려 하지 말고, 도와주고자 하는 마음의 자세가 필요합니다.
모세 시대에 노예는 대부분이 포로로 끌려온 이방인들이었습니다. 그러나 이스라엘 동족 가운데도 노예가 있었습니다. 이들은 가난하거나 또는 도적질한 죄인이거나, 자기의 몸을 판 사람들입니다(레 25:39, 출 22:3). 이들에 대하여는 이방인 노예처럼 너무 가혹하게 부리지 말고, 품꾼처럼 부리라는 것입니다(레 25:46).
사람은 누구나 빚을 지면 종이 됩니다. 그러므로 사랑의 빚 외에는 지지 말라 하였습니다(롬 13:8). 그러나 우리는 예수 그리스도의 속죄의 피로 사랑에 빚진 자들입니다. 우리는 죽어 가는 영혼을 불쌍히 여기는 마음이 있어야 하겠습니다(엡 4:32). 남을 긍휼히 여기는 자가 또 하나님의 긍휼을 입는다(마 5:7). 하나님의 일꾼은 예수의 희생의 삶을 본 받아 남을 위해 희생하고, 고통에 동참하는 삶을 살아야 합니다.

기도(기도 제목)

주기도문

년 월 일 요일

사도신경 **찬송** 323, 320, 447장 **말씀** 레 25:55

55

품꾼의 원어 '에베드'는 '일한다', '봉사한다'를 의미하는 '아바드'에서 온 말입니다. 성도는 하나님의 품꾼입니다.
우리는 하나님의 밭에서 씨(복음)를 뿌리고(막 4:14), 물을 주며(고전 3:6), 가을에 추수하는(요 4:38)하나님의 품꾼입니다. 하나님의 일은 귀천이 있는 것이 아니라 직분이 서로 다를 뿐입니다. 현재의 직위가 어떠하든 하나님 앞에서 우리는 아무것도 아닙니다(고전 3:7). 다만 충성이 있을 뿐입니다.
우리는 늦고 또 늦은 제11시(오후 5시 경)에 부름받은 품꾼입니다(마 20:6). 하루 종일 서 있어도 아무도 거들떠 보지 않는 무가치한 존재들입니다. 그런데 하나님의 부름을 받았고, 뿐만 아니라 분수에 넘치는 한 데나리온의 품삯을 받은, 즉 은총으로 구원받은 사람들입니다. 그러므로 받은 소명에 감사하고 충성해야 합니다.
또 우리는 주님의 양을 치기 위해 부름받은 일꾼입니다(요 21:16). 이상적인 목자는 양에게 관심이 깊다(잠 27:23). 목회란 다른 것이 아니고 교인에 대한 '관심'입니다. 관심이 있으면 교인을 압니다(요 10:14). 삯꾼은 자기의 양이 길을 잃고 헤매거나, 꼴이 없어 주리거나, 맹수에게 물려가거나, 돌보지 않습니다(겔 34장).
하나님은 우리를 노예가 아니라 품꾼이라 하셨습니다. 그러므로 품꾼의 소명을 감사하며 감당해야 하겠습니다.

기도(기도 제목)

주기도문

년 월 일 요일

|사도신경 |찬송 14, 79장 |말씀 레 26:1~2

26

2

18장-27장 안에 "나는 여호와임이니라"는 말씀이 무려 52회나 기록되었습니다. 여호와는 어떤 분이신가?

여호와는 유일하신 하나님의 인격적인 명칭입니다. 그의 이름을 묻는 모세에게 "나는 스스로 있는 자니라"고 말씀하셨습니다. 그 이름은 '영원한 이름'이요, 대대로 기록할 나의 칭호니라(출 3:14-15)고 말씀하셨습니다. 여호와 하나님은 아무에게도 지배를 받지 아니하시는 전능하신 신이십니다.

"나 여호와 너희 하나님이 거룩함이니라"(레 19:2). 거룩이란 뜻은 '세속된 것에서 분리하다'의 뜻입니다. 여호와는 세상의 모든 부도덕하고 불결한 것으로부터 멀리 떠나 계시는 하나님이십니다(레 18장). 그러므로 그의 부름을 받고, 그의 소속이 된 백성은 거룩해야 합니다. 하나님은 우리를 거룩하게 하기 위해서 부르셨습니다.

"나는 너희를 거룩하게 하는 여호와요, 너희의 하나님이 되려고 너희를 애굽 땅에서 인도하여 낸 자니, 나는 여호와이니라"(레 22:32,33). 여호와는 이스라엘을 택하시고, 인도하시고, 지키시는 하나님이시요, 복 주시기로 언약하신 계약의 신이십니다. 그러므로 성도가 만일 다른 신을 섬긴다면 그것이 제일 큰 죄가 되는 것입니다. 하나님의 거룩한 뜻대로 부르심을 입은 성도는 하나님을 하나님되게 해야 합니다.

|기도(기도 제목)

|주기도문

년 월 일 요일

|사도신경 |찬송 331, 447, 454장 |말씀 레 26:3-13

상과 벌

3 ●

4

5

6

7

8

9

10

11

12

13

하나님의 명령을 순종하며 복을 받고, 거역하면 저주를 받는다는 것은 율법서 전체의 강령입니다.

이스라엘은 하늘을 쳐다보고 사는 민족입니다. 더구나 파종기(10-11월)에 비가 오지 아니하면, 흉년이 지고 기근을 면할 길이 없습니다. 그런데 하나님께서 때에 맞는 비를 주시니, 풍작을 거두어 음식을 배불리 먹고 안전히 삽니다. 묵은 곡식을 다 먹기도 전에 새 곡식이 나서 묵은 것은 치우게 됩니다(26:10).

하나님의 명령을 준행할 때에 승리와 평화가 있습니다. "내가 그 땅에 평화를 줄 것인즉 … 칼이 너희의 땅에 두루 행하지 아니할 것이며", "너희 다섯이 백을 쫓고, 너희 백이 만을 쫓으리니"(26:6-8)하였습니다. 개인이나 국가의 불안은 하나님과의 평화가 깨어졌기 때문입니다. 그러므로 하나님과의 올바른 관계의 회복이 중요합니다.

이스라엘 민족의 역사는 흥망 성쇠의 반복의 역사입니다. 하나님을 두려워하는 왕이 통치할 때에는 부강했고 반대로 하나님의 율법을 버리고 사신 우상을 위하는 왕이 정치할 때에는 다시 기근과 전쟁이 찾아 왔었습니다. 국가의 안전은 군대가 많고 적음에 있는 것이 아니라, 하나님이 함께 하시느냐 아니냐에 달려 있습니다. 창대한 번영의 축복은 우리가 진실한 신앙의 순종으로 뭉쳐질 때에 임하는 것입니다.

기도(기도 제목)

주기도문

년 월 일 요일

사도신경 **찬송** 273, 447, 427장 **말씀** 레 26:14-22

14 ●

15

16

17

18

19

20

21 ●

22

'청종하다' '듣고 따르다' 또는 '마음을 … 에게 돌린다' 입니다. 하나님을 청종치 않는 죄는 다음과 같습니다.

부르시는 아버지의 소리를 듣고도 응답치 아니하면 그것은 아버지를 멸시하는 행위입니다. 하나님 말씀을 듣지 않는 죄는 멸망으로 가는 길입니다. 예언자 이사야는 다음과 같이 하나님의 말씀을 대언했습니다. "내가 불러도 대답하는 자가 없으며, 내가 말하여도 그들이 듣지 않고 오직 나의 목전에 악을 행하며 … "(사 66:4).

하나님의 명령을 '마음에 새기고'(신 6:6)기억하라고 했습니다(신 8:2). 예언자 말라기는 당시에 이스라엘 사람들이 하나님의 말씀을 듣지도 아니하고, '마음에 두지 아니하여'(말 2:2)죄 때문에 저주를 받은 것이라 했습니다. 우리는 "주의 말씀을 내 마음에 두었나이다"(시 119:11)라는 고백이 마음과 행동으로 나타나야 합니다.

이스라엘 백성이 하나님의 말씀을 알지 못해서 죄를 지은 것이 아니고 알고도 행하지 아니해서 징계를 받았습니다. 주님도 주여 주여 하면서도 행하지 않는 자(눅 6:46)를 책망하셨습니다. 이것은 하나님의 법에 의한 벌을 받습니다. 즉 갖가지의 난치병(16)과 노력의 헛수고(20)와 들짐승(이방족)의 침략(22)으로 황폐하게 될 것입니다.

해바라기가 태양을 향하여 돌고 있는 것처럼 성도는 항상 하나님을 향해 살아가야 하겠습니다.

기도(기도 제목)

주기도문

년 월 일 요일

사도신경 **찬송** 525, 279, 282장 **말씀** 레 26:23-33

23 ●

24

25

26

27 ●

28

29

30

31

32

33

거듭되는 경고와 징계에 돌이키지 아니하는 민족에게 하나님은 끝까지 대항하여 싸우시겠다고 말씀하십니다.

이런 사람들에게는 놀라운 재앙을 내려서 폐병과 열병 등으로 생명이 쇠약하게 되며, 파종이나 가축 생업의 노력이 헛될 것이라고 하였습니다. 그럼에도 불구하고 징계에 대해 무감각한 사람이 있는데 이런 사람은 더 큰 채찍을 맞게 됩니다. 죄악에서 가장 무서운 것은 죄를 짓고도 무감각한 심령입니다.

이런 백성에게는 칠 배나 더 큰 고통을 주리라고 경고하십니다. 즉 화덕에 구운 떡 한 개를 열 여인이 나누어 먹는 기근이 오리라고 말씀하십니다(26). 재앙을 받아들이는 두 가지 형의 사람이 있습니다. 죄를 회개하는 사람과 더 완악해져서 반항하는 사람입니다. 애굽의 바로 왕의 경우가 후자와 같은 경우입니다.

그런 민족에게는 오직 파멸이 있을 뿐입니다. 기근은 더욱 심하여 아들과 딸의 고기를 먹는 참혹한 고통이 올

것이라 하십니다. 이러한 일은 역사에 없지 않았습니다. 엘리사 시대(왕하 6:28)와 예레미야 시대(애 2:20), 그리고 A. D. 70년 로마 군대에 의해 예루살렘이 포위 당했을 때에도 그러했습니다(역사가 요세푸스).

하나님의 맷돌은 천천히 돌아가지만 아주 부드럽게 갈으십니다(격언). 죄의 용서는 회개입니다.

|기도(기도 제목)

|주기도문

년 월 일 요일

|사도신경 |찬송 216, 563, 293장 |말씀 레 26:34-39

34 ●

35

36

37

38

39

여기에 '남은 자'란 끝까지 회개하지 않고, 이스라엘 본토에 남아 있는 백성들을 말합니다(36).

그들은 가족과 형제를 잃은 사람들입니다. 그리고 하나님을 잃었습니다. 예수님의 비유 가운데 나타난 탕자처럼(눅 15장)하나님을 떠난 인생은 고독합니다. 히브리 시인은 하나님의 버림을 받았다고 생각하는 자신의 영혼이 마치 "광야의 올빼미"같고 '지붕 위의 외로운 참새'같다고 노래했습니다(시 102:6-7).

"그들은 바람에 불린 잎사귀 소리에도 놀라 도망하기를 칼을 피하여 도망하듯 할 것이요"라고 했습니다(36). 죄는 사람으로 하여금 불안하고 초조하게 만든다(잠 28:1). 하나님을 떠나 죄악 가운데 있는 자는 참 평안이 없습니다. 성 어거스틴도 하나님을 떠난 인간에게는 참 평안이 없었다고 고백하였습니다.

예언자 '예레미야'는 하나님의 훈계를 받지 아니하면 예루살렘이 황무지가 되어 '거류민이 없는 땅'이 된다고 경고했는데, 그 예언은 바벨론 포로시에 이루어졌습니다. 우리는 다 황무지에 있습니다. 하나님을 향하여 돌아설 때에 "나는 너희의 하나님이 되고, 너희는 내 백성이 될 것이니라"(레 26:12)고 하나님은 말씀하십니다. 바알에 무릎 꿇지않는 7,000명의 용사들처럼 이 시대에서 신앙의 순결을 지키는 '남은 자'가 되어야겠습니다.

|기도(기도 제목)

|주기도문

년 월 일 요일

|사도신경 |찬송 407, 408장 |말씀 레 26:40-46

40 ●

41

42

레

43

44

45

46 ●

아버지의 채찍은 매가 아닙니다. 그것은 자식에 대한 깊은 애정의 발로입니다.

본문의 "형벌을 기쁘게 받으면"에서 '기쁘게'의 히브리어 '이르추'는 "동의한다"의 뜻입니다. 징계가 부당하다거나 과중하다고 생각한다면 그는 아직 죄를 뉘우치지 않은 상태며, 따라서 용서와도 거리가 멀다. 주님의 비유 중, 탕자 자신이 아들의 신분에서 종의 신분으로 받아주셔도 황공무지(惶恐無地)하다고 생각한 태도를 본받으십시오.

그는 하나님에 대하여 조금도 원망하지 않습니다. 다윗을 보십시오. 그는 '시므이'의 무례하기 짝이 없는 저주를 받았지만, 절대로 분노하거나 보복하지 아니했습니다(삼하 16:9-14). 형벌을 받을 줄 아는 사람은 오늘의 아픔보다 내일의 축복을 봅니다. 하나님은 때리시던 손으로 또 싸매어 주시기 때문입니다(욥 5:17-18, 호 6:1).

①땅을 기억하십니다(42): 옛날의 언약을 기억하시고 은혜를 베푸십니다. ②죄의 용서를 받는다: 진심으로 회개하는 사람에게는 형벌을 철회하십니다. ③하나님의 은총이 회복됩니다. 아들의 권리의 회복, 기업의 회복입니다(45-46). 그는 죽었다가 다시 산 아들이요, 잃었다가 다시 찾은 아들(눅 15:24)이 됩니다.

하나님은 성도를 사랑하시기 때문에 징계하십니다(히 12:5-9). 하나님의 형벌을 감사함으로 받으십시오.

기도(기도 제목)

주기도문

년 월 일 요일

사도신경 **찬송** 311, 575, 213장 **말씀** 레 27:1-15

서원 예물의 값

27

2

3

4

5

6

7

8

9 ●

10

11

12

13

14 ●

15

하나님의 일 하기를 원하는 사람에 한하여 몸 대신 예물(속전)을 드리게 하였는데 이것이 서원의 규례입니다.

서원물로 "여호와께 드릴 때는 다 거룩하니…"(9). 하나님은 거룩하신 신이십니다. 그러므로 그에게 드리는 것은 사람이든, 가축이든, 소산물이든 간에 다 거룩해야 합니다(레 27:30-31). 특히 "나실인"은 포도주나 독주를 마시지 않고 부정한 것을 멀리해야 합니다(민 6:2-3).

서원할 때에 드리는 속전 금액은 당사자의 연령과 성별에 따라 다릅니다. 이것은 헌신자의 노동력에 근거하기 때문입니다. 서원은 자기 능력에 맞아야 합니다. 너무 분에 지나치게 드리면 위선과 허세가 되기 쉽고, 그렇다고 너무 적게 드리면 이것은 인색입니다. 그렇기 때문에 인색함이나 억지로 해서는 안 됩니다(고후 9:7).

서원은 하나님과의 약속입니다. 그러므로 서원은 엄정하게 이행되어야 합니다. 서원치 않았으면 죄가 없습니다(신 23:22). 그러나 일단 서원했으면 이행해야 합니다(신 23:21, 민 30:2, 레 27:10). 도중에 불가항력적인 일이 생긴다. 그럴 때에는 제사장이 정황을 참작하여 조절해 줍니다. 언제나 하나님은 중심을 보십니다. 하나님의 은혜를 아는 사람은 하나님께 맹세한 서원을 엄정하고 온전히 지켜 이루는 자입니다.

기도(기도 제목)

주기도문

년 월 일 요일

사도신경 | **찬송** 479, 607, 493장 | **말씀** 레 27:16-25

16 ●

17

18

19

레

20

21

22

23

24

25

주의 법은 이 세계의 어떤 법과도 비교될 수 없습니다. 본문은 토지의 서원에 관해 언급하고 있습니다.

서원이란 하나님과의 신성한 약속입니다. 무슨 일이 있어도 반드시 이행해야 합니다. 인간의 간사한 마음이 주의 언약까지도 파기하는데, 이것은 우리가 가장 두려워하고 경계할 일임을 명심합시다. 하나님은 누구의 서원이든지 기억하시며, 그것을 반드시 찾으시기 때문에 서원하고 갚지 않는 사람들은 죄를 범하는 것이 됩니다.

서원을 갚는 데 있어서 유의해야 할 것은 주의 명하신 규례대로 갚아야 한다는 것입니다. 주께서 기뻐하시는 것은 분량이 아니라 순종하는 믿음임을 아는 것이 중요합니다. 마음이 따르지 않는 봉사, 규례를 무시한 봉사는 여하한 경우에도 열납될 수가 없습니다. 주는 아무에게도 기롱당하는 법이 없으시며, 심은 대로 거두게 하십니다.

주님의 칭찬은 의무에 충실한 사람들에게 따른다. 교회 안에서의 위치라든가 사회적 지위는 특별한 문제가 되지 않습니다. 주님의 보상의 법칙은 행위를 중심으로 하기 때문에 행한 대로 갚아 주십니다. 의무에 충실한 사람들에게는 칭찬과 상급으로, 그렇지 못한 사람들에게는 책망과 형벌로 갚으시는 것이 불변하는 주의 법입니다.

하나님 앞에 서원한 것은 어떠한 내용이든지 반드시 시행해야 합니다.

기도(기도 제목)

주기도문

년 월 일 요일

사도신경 | **찬송** 49, 317, 428장 | **말씀** 레 27:26-34

처음 난 가축

26 ●

27

여호와께 온전히 바친 것

28 ●

29

십분의 일은 여호와의 것

30 ●

31

32

33

34 ●

여호와께서 이스라엘 자손을 위하여 모세에게 명하신 '서원법' 가운데 서원할 수 없는 것을 가르치고 있습니다.

짐승의 첫 새끼(26), 여호와께 아주 드린 것(28), 모든 것의 십일조(30-32)는 본래 하나님의 것이며 그것이 레위 자손의 기업이 되는 것입니다(민 18:21). 그러므로 토지나 짐승뿐 아니라 곡식과 과일까지도 그것은 여호와의 것입니다. 그 외에도 부정한 짐승도 하나님께 드릴 수 없습니다(27).

십일조는 하나님의 백성이 주께 드릴 최적의 예물이며 그리스도인의 의무입니다. 십일조란 하나님의 물질이거나 돈이 아니라 신앙과 사랑의 고백이며 헌신과 감사의 표인 것입니다. 따라서 구약 시대의 모든 것은 신약에 와서는 변혁되었지만 십일조만은 변하지 않았습니다. 예수 께서도 이 십일조를 암시적으로 권면하셨습니다(마 23:23).

이스라엘 백성은 하나님께 드리는 아름다운 전통이 있었습니다. 또한 부모에 대한 의무를 규정해 주기도 하였습니다. 그러나 본래의 의도를 악용하는 율법주의자들이 부모 공경의 의무를 소홀히 하기 위한 그릇된 방안까지 고안해 냈습니다. 이것이 소위 '고르반(Corban)'이란 것인데, 이것이 기독교인들의 불효의 시작이 된 것입니다. 하나님의 것을 하나님께 바침으로 신자의 의무를 다하며 하나님께 영광을 돌리십시오.

기도(기도 제목)

주기도문

민수기

년 월 일 요일

|사도신경 |찬송 236, 606, 359장 |말씀 민 1:1~19

싸움에 나갈 만한 자를 계수하다

1

2

3

4

5

6

7

8

9

10

11

12

13

14

15

16

17

18

19

광야에서 1년간 율법을 받아 양육된 이스라엘이었지만 연약하기 짝이 없었습니다.

유대 관념과 그 율법에서는 여자와 어린이, 노약자는 해당되지 않는 일이 많습니다. 인구조사도 그러한 한 예입니다. 장정은 20세 이상 되어야 합니다. 싸움을 통해 개인과 민족이 단련되어야 했기 때문입니다. 그러므로 종족별로 계수 받아야 했습니다. 시련이나 연단은 보다 나은, 보다 강한 하나님 신뢰에로 직결됩니다.

종족의 우두머리는 중간 계급입니다. 모세와 아론이 일일이 다 계수하기에 벅차므로 우두머리들의 도움을 받아 계수하여야 합리적입니다. 하나님의 일에도 조력자가 꼭 필요한 것입니다. 거기에도 레위족은 빠지고 에브라임과 므낫세가 대신하였습니다. 우리도 악한 마귀와 싸우려면 군대와 우두머리의 조력자가 절실히 필요할 것입니다.

군대 계수에는 예외가 없습니다. 레위인도 군중으로 뛰는 것입니다. 한 사람의 예외가 없는 군대야말로 지상 최강의 군대가 될 수 있습니다. 그러므로 회중을 한 군데 불러 모아야 하는 것입니다. 그 모은 회중 가운데서 장정들을 뽑아내므로 불평이나 불만이나 예외가 없는 것입니다. 하나님의 군대는 이처럼 공정하고 명확한 것입니다.

모든 백성을 계수하는 방법은 군대대로 우두머리의 도움을 얻어, 회중이 다 모인 가운데서 행해야 합니다.

|**기도**(기도 제목)

|**주기도문**

년 월 일 요일

|**사도신경** |**찬송** 180, 564, 449장 |**말씀** 민 1:20~27

20 ●

21

22 ●

23

24 ●

25

26 ●

27

한 지파의 강성은 그 인원에서 밝혀집니다. 인원과 함께 그 특성을 살펴봅시다.

르우벤 지파의 인원은 46,500명이었습니다. 르우벤은 육신의 서열상의 장자였습니다. 그러나 그는 서모 빌하와 통간하여 장자권을 상실당했습니다(대상 5:1). 그는 형제들이 요셉을 죽이자고 할 때에 그를 구해줌으로 맏아들 역할만 했습니다. 육신의 실제적인 장자는 야곱의 사랑하는 라헬의 큰 아들 요셉이었습니다.

시므온은 59,300명이었습니다. 그는 잔인하고 거칠어 자기 누이 디나의 사건 때, 세겜 사람들을 잔인하게 학살했습니다. 또 요셉도 미워했습니다. 갓 지파는 45,650명이었습니다. 갓의 뜻은 복, 행복입니다. 그러나 이 두 지파는 유명하지도 강하지도 않은 보통의 지파였습니다. 모든 지파와 그 역할은 나름대로의 원리와 개성이 있는 것입니다.

유다는 74,600명이었습니다. 이 지파는 무슨 특별한 지위나 자격을 갖지 않았습니다. 그러나 요셉을 살려내고 베냐민을 탄원하는 데 앞장섰다. 그러므로 그는 구원이나 구속과 관계 깊었습니다. 그것으로 아버지의 축복은 그에게 찬송과 구속의 주도자가 되게 했던 것입니다. 따라서 메시야 계보와 가장 강한 지파의 면모를 드러내었습니다. 모든 각 지파는 개개의 특성과 기업과 역할이 다릅니다. 주의 군사된 우리도 우리 기업 역할과 특성을 압시다.

|**기도**(기도 제목)

|주기도문

년 월 일 요일

|사도신경 |찬송 588, 376, 570장 |말씀 민 1:28~35

28 ●

29

30 ●

31

32 ●

33

34 ●

35

하나님의 통치는 하나님의 절대 주권과 순종 안에서 만 가능합니다.

잇사갈 지파는 54,400명이었습니다. 하나님이 그의 충성심을 높이 사서 그 값을 주셨다는 뜻을 가지고 있는 잇사갈은 아주 강건하고 축복받은 지파였습니다. 그러나 나귀처럼 우직하고 강직하여 단순한 성격의 소유자였습니다. 그러므로 다른 면에서는 두각을 나타내지 못하였던 것입니다. 따라서 농사나 힘든 노동 일에 맡겨진 자들이었습니다.

스불론 지파는 57,400명이었습니다. 그 이름의 뜻은 후한 선물입니다. 그는 레아의 여섯째 아들로 사랑받지 못하던 레아의 자신만만한 득남이었습니다. 그 일로 레아는 남편이 자기와 함께 해 주리라고 의기양양해 했습니다. 그러나 그다지 유명한 지파도 아니었습니다. 다만 잇사갈 지파와 함께 전방에 배치되어 있었으므로 그 임무가 컸었습니다.

에브라임과 므낫세는 요셉의 아들들입니다. 그러므로 요셉은 육신의 장자답게 그 지파의 몫을 기업으로 분배받으며 그 지파의 군대와 임무가 주어진 것입니다. 에브라임은 40,500명이었습니다. 므낫세는 32,200명이었습니다. 훗날 북조 이스라엘의 중심 지파는 에브라임이었습니다. 원래 그는 요셉의 차지였으나 야곱이 그를 장자 삼았었습니다.

하나님께서는 당신의 백성을 신앙의 투사로 양육시키기 위해 광야로 통과케 하십니다.

|기도(기도 제목)

|주기도문

년 월 일 요일

|사도신경 |찬송 524, 525, 430장 |말씀 민 1:36~43

36 ●

37

38 ●

39

40 ●

41

42 ●

43

이스라엘의 군대는 전투 요원만 60만 명이 넘었습니다. 이들이 광야에서 투쟁하려면 그 지파 계수는 필연적입니다.

베냐민 지파는 35,400명이었습니다. 대부분 왼손잡이가 많았고 용사들이 많았습니다. 야곱의 막내 아들이었으나 전쟁에는 매우 강하였습니다. 유대인 사회에서 존중받는 오른편, 오른손의 아들이라는 이름의 뜻을 갖고 있습니다. 유다와 함께 남조 유다 왕국을 형성했던 지파였습니다. 사울 왕과 사울에서 바울로 변한 사도를 배출하였습니다.

단은 심판자라는 뜻을 가진 강하고 독립심 많은 지파였습니다. 그들은 62,700명이었습니다. 그러나 그들은 영적으로 연약하였습니다. 물론 숫자에 비해 육적으로도 연약하였습니다. 후에는 이스라엘에서 떨어져 나가는 그런 처지에 이른다(계 7:5, 8). 다윗 이후에는 그 이름이 거의 사라지고 맙니다. 인원수와 지파의 강성은 불일치 합니다.

아셀 지파는 41,500명이었습니다. 아셀은 기쁨이란 뜻으로 기름진 축복을 받았습니다. 지중해 연안의 기업은 남부러운 곳이었습니다. 납달리는 씨름이란 뜻을 가진 지파로 53,400명이었습니다. 주변의 여러 지파에 둘러싸여 있어 경쟁해야만 기업을 유지할 수 있게 되었습니다. 좀 뒤떨어진 지파라 할지라도 하나님의 백성의 계수에 포함되었습니다.

질서와 통일을 기하기 위하여 각 지파의 인원을 계수하고 그들을 완전한 통일 집단체로 만들었습니다.

기도(기도 제목)

주기도문

년 월 일 요일

사도신경 | **찬송** 312, 217, 488장 | **말씀** 민 1:44~54

44 ●

45

46

레위 지파는 계수하지 말라

47 ●

48

49

50

51

민

52

53

54

이스라엘 지파들의 계수함을 입은 총수는 매우 중요한 것입니다. 그 숨은 의미는 무엇입니까?

르우벤에서 납달리까지 모든 계산해 603,550명이었습니다. 여기에 포함된 자들은 군인이자 백성이며 기업을 얻어 누릴 자들입니다. 따라서 계수함을 입었다는 말씀은 이스라엘의 권리와 의무와 축복과 저주를 짊어진 자란 뜻입니다. 우리도 예수의 제자다운 제자가 되기 위해, 계수 안에 들기 위해, 부단히 노력하고 봉사해야 할 것입니다.

이스라엘 계수에서 유일한 예외의 지파가 하나 있습니다. 레위 지파였습니다. 그들은 하나님께 바쳐진 헌신된 지파이므로 그 누구도 계수치 못합니다. 심지어 주님 자신께서도 계수치 않으십니다. 그들의 계보는 나타나도 그들의 계수는 없기 때문입니다. 왜 계수하지 않습니까? 거룩히 구별된 바쳐진 존재들이기 때문입니다.

레위인은 전투 아닌 전투를 수행하는 자들입니다. 성막을 지키며 보호하며, 성막에 관계된 모든 봉사를 도맡아 하는 자들입니다. 장막을 운반할 때는 그들의 맡은 일들이 탁월히 수행됩니다. 그때 외부인, 즉 성별되지 못한 백성이 올 때에는 죽여 가면서까지 성막을 수호해야만 합니다. 거기에 레위인의 사명의 독특성이 있는 것입니다.

전 이스라엘의 총 수는 레위인을 제외한 숫자로 603,550명입니다. 레위인은 성별되었기 때문입니다.

기도(기도 제목)

주기도문

년 월 일 요일

사도신경 **찬송** 589, 580, 347장 **말씀** 민 2:1~16

진 편성 및 행군 순서

2

2

3

4

5

6

7

8

9

10 ●

11

12

13

14

15

16

전투 편제를 정확하게 펼치는 것이 승전의 실마리를 잡는 길입니다. 작전 대형으로 진을 쳤다.

모든 진영은 회막을 중심하여 진쳐야 했습니다. 그것은 전 이스라엘이 하나님의 임재를 체험하는 성막 중심의 생활로 살아야 함을 보여 주신 것입니다. 4방향으로 선임 지파가 있게 되고, 그에 소속된 2지파씩 나뉘어 한 방향에 3지파가 한 깃발 아래 진을 쳤던 것입니다. 또 각 지파는 그 아래 종족 고유의 기를 세웠습니다.

유다 지파는 전 이스라엘의 최선봉 지파였습니다. 대체적인 진행 방향인 동편을 맡았습니다. 그 아래 잇사갈과 스불론 지파들이 진을 쳤다. 유다 기 아래의 진영은 186,400명의 가장 많은 인원을 간직했습니다. 대적과의 투쟁에서 이스라엘의 강성을 보이려는 전술이었습니다. 우리 크리스천들도 대적 마귀에게는 기선을 제압하여야 합니다.

르우벤 지파와 그 아래 시므온과 갓 지파들은 남쪽에 진을 쳤다. 이 방향이 전진의 진행 방향으로 볼 때에는 오른편입니다. 그러므로 강하며 약하지 않다는 사실을 보여줍니다. 비록 장자다운 면모를 갖추지는 못했어도 약간의 배려를 받은 것임엔 틀림없습니다. 하나님의 열심있는 배려는 항상 우리들의 수준이나 상식을 훨씬 상회합니다.

기는 전체를 상징하며 자기들의 능력을 과시합니다. 성도는 십자가 아래서 능력받고 증인이 되게 합니다.

기도(기도 제목)

주기도문

년 월 일 요일

사도신경 **찬송** 135, 331장 **말씀** 민 2:17~31

17 ●

18 ●

19

20

21

22

23

24

25 ●

26

27

28

29

30

31

전투에서 최후의 승리는 상대 적군의 깃발을 빼앗는 일입니다. 따라서 이 깃발을 빼앗기지 않으려 합니다.

레위인은 방향도 깃발도 없습니다. 그들의 무리 자체가 기와 진이 되기 때문입니다. 하나님의 임재를 간직하며 보호하며 선포할 임무가 그들에게 주어져 있기 때문입니다. 그러므로 그들은 몸소 깃발과 진의 역할을 동시에 하고 있습니다. 또 세속의 일보다 어떤 면에서는 영적인 더 중대한 전투 요원인 것입니다.

에브라임은 유다 다음으로 강한 지파였습니다. 그러므로 진의 방향의 뒤쪽에서 선임 지파였습니다. 그 기 아래 므낫세와 베냐민 지파들이 예속되어 있었습니다. 이들은 모두 라헬의 소생들입니다. 에브라임은 요셉의 차자였지만 야곱이 더 축복했고, 므낫세는 강하여 반 지파씩 나뉘었어도 나약치 않았습니다. 베냐민은 왼손을 쓰는 용사들이었습니다.

단의 기는 북편에 세워졌습니다. 그 아래 아셀과 납달리가 예속되었습니다. 북편은 썩 내키지 않는 방향입니다. 그러나 가장 많은 인원을 가진 단이 아니고서는 북편 적들을 능히 물리치기 벅찰 것입니다. 그러나 성막과 너무 멀어지는 경향이 있고, 실제로 그러다가 결국 12지파에서 떨어져 나가는 불행을 당합니다(계 7:5, 8).

성도가 천성을 향해 힘있고도 잘 행진하려면 십자가 깃발 아래서만 가능합니다.

기도(기도 제목)

주기도문

년 월 일 요일

사도신경 **찬송** 293, 304, 305장 **말씀** 민 2:32~34

32 ●

33

34

참된 성도의 생활은 매우 쉽고 간단한 것입니다. 그 원리만 알면 되기 때문입니다.

계수함을 입는다는 말은 이스라엘 공동체 안에 소속되었다는 말입니다. 즉 그리스도의 교회에 입교된 생활을 산다는 의미입니다. 공동체 교회에 소속되지 않으면 제 아무리 훌륭한 신앙가라도 성도의 풍성한 삶을 누리기 어렵습니다. 혼자서 경건된 삶을 살 수 없진 않지만, 공공의 교회 안에서 교제해야 함을 의미합니다.

명령을 받는 자는 모세였습니다. 명령하시는 분은 하나님이십니다. 하나님의 명령을 지도자의 위치에 서 있는 모세는 변경할 수도 있습니다. 그러나 그는 한 치도 어기지 않고 그대로 준행하고 그대로 준행시켰습니다. 하나님의 말씀인 성경 중심의 생활이 옳은 성도의 생활입니다. 성경은 "하라"는 명령과 간접명령의 말씀입니다.

기는 군대의 상징이자 생명입니다. 기를 따라야 승전할 수 있습니다. 마귀와 사탄의 왕국과 그 기를 꺾어 빼앗을 수 있는 유일한 방법은 십자가를 높이 쳐드는 것입니다. 이 십자가는 사형수를 매다는 나무에 불과했으나 주님의 피와 살을 잘 간직하고 있으며 생명을 발산하고 있기 때문입니다. 성도의 생활은 그리스도 중심, 성경 중심, 교회 중심의 삶을 사는 일입니다. 그럴 때에 승리와 축복이 있습니다.

기도(기도 제목)

민

|주기도문

년 월 일 요일

|사도신경 |찬송 179, 516장 |말씀 민 3:1~10

아론의 아들들

3

2

3

4

제사장을 돕는 레위 사람

5 ●

6

7

8

9

10

모든 군대의 계수와 진영의 배치를 끝낸 직후, 계수 되지 않은 레위인의 형편이 나왔습니다.
아론은 네 아들들을 두었습니다. 나답과 아비후는 여호와를 멸시하는 다른 불을 드리다가 여호와 앞에서 죽고 말았습니다. 엘르아살과 이다말이 그 대신 제사장 직분을 맡았습니다. 첫 제사장계의 장남은 나답이었지만 아론의 직분을 이어받지 못했습니다. 여호와의 성결하심을 어그러쳐 일종의 저주를 받은 셈입니다.
레위인은 계수도 진영의 위치도 없었습니다. 왜냐하면 그들의 진영은 그들의 것이 아니라 여호와의 진이었기 때문입니다. 그러므로 그들은 여호와를 진으로 삼고 여호와로 그들의 계수를 삼은 자들입니다. 그들은 제사장을 도와 회막 앞에서 봉사하는 일에 처해졌습니다. 그러므로 성결치 않은 자는 레위인이 아닙니다.
제사장은 아론의 아들들 가운데서 엘르아살과 이다말의 아들들이 됩니다. 제사장은 성별된 레위인 중에서도 될 수 없습니다. 오직 하나님의 명령을 받은 아론의 자손만이 됩니다. 이것은 하나님 예배나 제사가 얼마나 중대한가를 보여 주는 일입니다. 오늘날 아무나 목사가 되는 것이 아니라 하나님께서 세워주신 자가 그 직분을 수행하는 것입니다.
성별된다는 것은 하나님의 고유한 성질에 좀 더 가까워지는 일입니다. 우리도 더 성별해집시다.

|기도(기도 제목)

|주기도문

년 월 일 요일

|사도신경 |찬송 505, 508, 495장 |말씀 민 3:11~20

11 ●

12

13

레위 자손 인구 조사

14 ●

15

16

17

18

19

20

처음 난 자가 꼭 똑똑하다거나 힘이 센 것은 아닙니다. 자식이 열이라도 첫 자식은 다르다고 합니다.

누구의 선택을 받느냐가 중요한 경우가 있습니다. 그러나 가장 크고 높으신 분에게 선택받았다면 얘기가 달라집니다. 더 높을 수 없는 분, 하나님의 선택은 너무나 완벽하여 그 장중에 붙잡히기만 하면, 세상이 감당치 못하게 됩니다. 믿음의 선진들이 다들 그러했고, 위대한 순교자들과 성도들이 다 그랬다.

선택된 자는 나머지 사람들을 대신하여 하나님과 관계됩니다. 선택된 이스라엘 민족 중에서 선택된 레위인은 전 이스라엘을 대신하여 하나님께 바쳐진 자들입니다. 그러므로 구별되고 성별되어 하나님께 드려진 존재들입니다. 그 곳에서의 봉사가 그들 택자들의 임무입니다. 주님께서도 우리들의 대리자로서 구속 제단에 올라가셨습니다.

하나님의 것은 거룩하여 잘려진, 단절된, 구별된 것입니다. 그렇게 잘려지지 않으면 하나님의 거룩하신 성질에 손상을 입기 때문입니다. 하나님과 하나님의 것에는 거룩하지 않은 성질과 단절되어 있어서 그렇다. 거룩치 못한 우리와 절교하지 않으시고 너무 사랑하셔서 그 거룩을 나타내신 것입니다.

처음 난 자는 하나님의 선택을 받았고, 다른 사람을 대신하는 자이며, 거룩히 구별된 하나님의 자녀입니다.

민

|**기도**(기도 제목)

|**주기도문**

년 월 일 요일

|**사도신경** |**찬송** 326, 449, 315장 |**말씀** 민 3:21~37

21 ●

22

23

24

25

26

27 ●

28

29

30

31

32

33 ●

34

35

36

37

레위 자손의 계수법은 신중히 구별됩니다. 20세 이상의 장정이 아니라, 1개월 이상의 남자를 계수합니다.

게르손 가족은 립니 가족과 시므이 가족으로 7,500명이나 됩니다. 이들은 성막 진행 방향의 뒤쪽, 서편에 진치게 하였습니다. 그들의 임무는 성막의 겉부분을 운반하는 일을 맡았습니다. 성막, 장막, 덮개, 회막문장, 뜰 휘장, 사면 문장, 그 모든 줄들이 그것들입니다. 하나님의 임재가 너무 거룩하므로 가리워져 있는 것입니다.

고핫은 아므람 가족, 이스할 가족, 헤브론 가족과 웃시엘 가족을 갖고 있었습니다. 그들은 숫적으로 가장 우세하여 8,600명이나 되었습니다. 그들은 성소의 핵심 기구들인 증거궤, 상, 등대기구, 휘장, 기타 모든 것에 봉사했습니다. 대제사장 엘르아살이 성소에 관계된 모든 것을 통할하였습니다. 고핫가족들은 남편에 진치게 했습니다.

므라리는 말리 가족과 무시 가족을 갖고 있었습니다. 그들은 가장 적은 6,200명이었습니다. 북편에 진쳤고 널판, 띠, 기둥, 받침, 말뚝, 줄 들을 맡았습니다. 이들은 가장 보잘 것 없는 일에 봉사한 듯하나, 기둥처럼 뼈대를 세우거나 튼튼히 하는 일에 봉사함으로써 상당히 중요한 역할을 하였습니다. 자기 맡은 일보다 더 중요한 일은 없습니다.

레위 자손은 계수해서는 안 됩니다. 그러나 하나님께서 계수하라 하셨습니다. 영적 전투 요원이기 때문입니다.

기도(기도 제목)

주기도문

년 월 일 요일

사도신경 | **찬송** 575, 331장 | **말씀** 민 3:38~43

38 ●

39

레위 사람이 맏아들 구실을 하다

40 ●

41

42

43

처음 태어난 자와 레위인의 계수와의 차이에 대해 속전을 치러야만 했기 때문에 계수케 하셨습니다.
레위인을 계수한 총수는 22,000명이었습니다. 물론 1개월 이상된 남자들만의 숫자입니다. 레위인은 전체 이스라엘의 뽑힘 받은 자들입니다. 그러므로 거룩한 자들로서 성막에서 봉사할 수 있는 특권을 누리는 만큼 그 봉사와 직무에 희생이 따르는 것입니다. 또 그 숫자도 전 이스라엘의 처음 난 자보다 적다는 것이 희생을 예고합니다.
처음 난 자의 계수법도 특이하게 레위인 계수법처럼 1개월 이상된 자로 합니다. 하나님의 것이기 때문입니다. 다만 레위인이 전 이스라엘을 대신하기 때문데, 레위인의 숫자 만큼은 속량할 필요가 없었습니다. 그러나 그 나머지 273명에 대해서는 속전을 내고 속해야만 했습니다. 처음 난 자의 수는 그 273명이나 많은 22,273명이었습니다.
레위인의 총 계수함을 입은 자들은 22,300명이었습니다. 그런데 39절에는 22,000명으로 나타납니다. 그러므로 300명이 실제로 더 많습니다. 그들은 레위인만을 위한 처음 난 자들로, 하나님께 드려진 자들이었습니다. 그러므로 처음 난 자들의 총계는 레위인 22,000명과 처음 난 자들의 나머지 273명을 합한 22,273명이었습니다.
처음 태어난 자는 하나님의 것으로 하나님께서 구별시키셨습니다. 그것은 가장 귀한 언약관계이기 때문입니다.

기도(기도 제목)

주기도문

년 월 일 요일

사도신경 **찬송** 50, 575, 211장 **말씀** 민 3:44~51

44 ●

45

46

47

48

49

50

51

노예를 돈 주고 사서 내 소유로 만든 다음에 자유인으로 놓아 주는 데 사용되는 돈이 속전입니다.
구속은 구원을 위한 희생의 대가입니다. 값 없는 구원

은 선물이요 거저 준 것이지만, 구속은 그러기 위해 다른 한 부분에 수많은 희생이 따랐다는 것을 뜻합니다. 따라서 구원은 세상을 향한 것이지만 구속은 우리 성도를 향한 것입니다. 구속받은 성도는 구속함 얻은 값을 톡톡히 해낸다. 죄와 사망에서 구속받아야 참 자유인입니다.

십자가 구속은 값을 치러 보상한 것으로 알려져있습니다. 화목제물(롬 3:25)은 죄에 대해서는 멸하시나 하나님의 공의에 대해서는 유화(화해)하시는 분으로 예수 그리스도를 지칭합니다. 그러므로 구속주 예수 그리스도는 화해하시며 죄 멸하시는 분으로 불립니다. 자유와 평강과 안식에는 충분한 대가가 요청됩니다.

그리스도의 속전은 우리 생명에 직결되어 있습니다. 천하보다 귀한 것이 사람의 생명입니다(마 16:26). 그러므로 그 생명을 구속하기 위해 생명 가운데 가장 고귀한 생명이신 예수 그리스도의 생명을 값 치러 우리를 대속하셨습니다. 생명은 생명으로만 값 치를 수 있기 때문입니다(출 21:23). 따라서 주님의 피는 생명 그 자체입니다.

속전은 구속과 값 치름과 생명의 구원을 말합니다. 십자가 구속은 이것을 완전히 충족하는 속전의 원형이십니다.

기도(기도 제목)

주기도문

년 월 일 요일

사도신경 **찬송** 216, 597, 305장 **말씀** 민 4:1~16

고핫 자손의 임무

4

2

3

4

5

6

7

8

9

10

11

12

13

14

15

16

19

20

성직은 하나님이 주신 위대한 봉사자리입니다. 그 직책은 높고 낮고가 아니라 가장 필요한 자리에 주십니다.
휘장을 걷는 일은 아무 때나 하지 않습니다. 성막이 이동할 때 휘장을 걷는다. 그러므로 성막이 정지해 있을 때는 쳐져있습니다. 하나님의 임재는 위엄에 차있고 거룩으로 드리워져 있으므로 가리워져 있어야만 합니다. 고핫 자손의 가장 중요하고 큰 임무는 바로 이 장을 걷는 일입니다. 함부로 할 수 없습니다.
그 장으로 모든 성구들을 덮어 감추인 채 이동되어야 함을 보여줍니다. 청색 보자기의 청색은 위엄과 권위를 나타내 보여 줍니다. 그러므로 조심하여 심각하게 다루고 취급해야 함을 보여줍니다. 증거궤와 진설병의 상, 그리고 등잔대 기타 모든 성구들은 청색 보자기로 덮으라 하셨습니다. 성소의 핵심이 이 속에 들어 있기 때문입니다.
그 누구도 그 성물들을 만져서는 안 됩니다. 반드시 고핫 자손만이 그것을 메어야 합니다. 그때 주의해야 할 것은 고핫 자손일지라도 그 성물을 만져서는 안 된다는 것입니다. 하나님의 임재와 맞닥뜨리게 되어 죽기 때문입니다. 그러므로 하나님의 임재 가까이 가면 갈수록 더 경외하고 조심하여야 함을 보여줍니다.
가장 높은 성직은 가장 큰 위험을 내포합니다. 신앙의 단계가 높아질수록, 더 경건해야 합니다.

기도(기도 제목)

주기도문

년 월 일 요일

사도신경 **찬송** 135, 218, 331장 **말씀** 민 4:17~20

17 ●

18

고핫 자손의 보존에 관계된 내용은 게르손과 므라리 자손들과는 달리 표현되었습니다.
레위 지파 가운데 고핫 자손이 가장 위험하고도 복된 직임을 맡은 것은 그들이 가장 잘 할 수 있다고 여김받았기 때문입니다. 그런데 그들이 잘못하여 죽게 된다면 아무도 성소 봉사에 나서지 않게 될 것입니다. 그러므로 그들을 경계시켜 레위 자손 가운데서 끊어지지 않도록 주의시키라고 하셨던 것입니다.
성소는 아론과 그 아들들이 하나님께 봉사할 때 일하는 곳입니다. 또 그들의 임무는 제사와 관련되어 있으므로 고핫 자손의 도움 없이는 불가능한 일들이 많이 있습니다. 그런데 아무리 도움을 주는 고핫 자손일지라도 아론과 그 아들들의 앞섬이 없이 결코 들어가서는 안 된다는 말입니다. 경외와 권위가 우선되기 때문입니다.
제사장과 레위인은 다릅니다. 제사장은 지휘하여야 합니다. 고핫 자손은 지시받은 대로 행해야 합니다. 그 할 일과 그 멜 것을 일일이 지시받아야 합니다. 예배의 봉사자는 반드시 인도자인 목사의 지시를 받아 움직이고 봉사해야 함이 마땅합니다. 지시를 잘못하거나 지시를 잘못 받아들여 실족하는 경우가 허다합니다.
고핫 자손의 보존은 예배 봉사자와 교회 봉사자들의 실족 문제를 미리 방비하게 하는 훌륭한 지침입니다.

기도(기도 제목)

주기도문

년 월 일 요일

사도신경 **찬송** 515, 507, 563장 **말씀** 민 4:21~33

게르손 자손의 임무

21 ●

22

23

24

25

26

27

28

므라리 자손의 임무

29 ●

30

31

32

33

게르손과 므라리 자손들은 고핫 자손의 임무보다 못하다거나 모자라는 일이 결코 아닙니다.

게르손 자손의 임무는 성막과 그 부속물을 운반하거나 관리하는 일을 맡았습니다. 그 일은 제사장 이다말의 감독을 통해 했습니다. 이 일들이 성전 안에서의 보통의 일이지만, 그들이 아니면 아무도 할 수 없는 일입니다. 그러므로 교회의 부서와 직임은 그와 그 부서가 맡아야만 할 일을 맡은 것뿐입니다.

므라리 자손의 임무는 목재를 운반하고 관리하는 힘드는 일이었습니다. 그러나 그 작고 보잘것없는 일이 뼈대를 구축하는 일임을 알아야 합니다. 기둥이 튼튼해야 나머지가 잘 짜여지고 제대로 되는 법입니다. 가장 힘드는 일선에서 하는 봉사는 교회의 중추적인 일이 되기도 합니다. 그것이 때로는 드러나지 않는 경우도 있습니다.

성전 봉사 가운데 가장 잘하는 봉사는 자기 맡은 일을 최선을 다해 하는 일입니다. 그리고는 질서를 지켜가면서 일하는 것도 중요합니다. 그리고 타인이 맡은 일에 참견하지 않는 것보다 중요한 일은 없습니다. 월권하게 되면 자기 일에 충실하지 못하게 되고 질서가 문란해져 결국 시끄러운 잡음이 일게 됩니다.

성전 봉사는 자기 맡은 일을, 질서 가운데, 월권하지 않고 할 때에 가장 훌륭하고 잘 하게 됩니다.

|**기도**(기도 제목)

|**주기도문**

년 월 일 요일

|**사도신경** |**찬송** 217, 455장 |**말씀** 민 4:34~49

레위 사람 인구 조사

34 ●

35

민

36

37

38

39

40

41

42

43

44

45

46

47

48

49

모세와 아론을 통한 성전 봉사의 주안점은 여호와의 방식대로 수행하는 데 있었습니다.

계수가 필요없던 레위인이 계수함을 받는다는 사실은 특별한 일이 아닐 수 없습니다. 따라서 그 계수함은 하나님의 일과 하나님의 것에도 질서와 순차가 있음을 보여주시는 것입니다. 계수함을 입을 때에 소속이 분명해지며 봉사의 제목이 분명해집니다. 자손과 가족을 구분시키고 집안을 구분시키는 봉사가 참 봉사입니다.

여호와께서 모세를 통해 명령하신 대로 봉사할 것을 요구하셨습니다. 명령 이외의 지나친 봉사나 모자라는 봉사가 틀림없이 발생될 것을 감안하신 것입니다. 하나님의 명령의 말씀은 어려운 것도, 할 수 없는 것도 아닙니다. 다만 그 말씀대로, 성경대로만 한다면 아무런 문제가 없습니다. 인간의 이성이나 꾀로는 참 봉사를 할 수가 없습니다.

일을 따르지 않고 순서를 무시하면 실컷 봉사하고도 헛봉사를 하게 되는 경우가 있습니다. 일을 따른다는 것은 그 일에만 신경 쓸 때 가능합니다. 참 봉사자는 자기 일과 전체 일을 가장 잘 조화시키는 자입니다. 하나님도 이것을 인정하시고 복 주실 것입니다. 행함은 믿음을 근거로 합니다. 믿음이 있기 때문에 참 봉사를 할 수 있습니다.

진정한 봉사는 계수함을 입은, 명령대로의 일을 따라 하는 봉사입니다. 질서의 하나님은 조화를 원하십니다.

|**기도**(기도 제목)

|**주기도문**

년 월 일 요일

|**사도신경** |**찬송** 521, 336장 |**말씀** 민 5:1~10

부정한 사람의 처리

5

2

3

4

죄에 대한 값

5 ●

6

7

8

9

10

아내의 간통을 밝히는 절차

하나님은 외부적인 불결을 멀리하는 것이 사회 생활에 있어서 위생적임을 가르치셨습니다.

나병은 부패와 불결을 상징하며 죄악을 비유합니다. 유출증은 생명의 붕괴를 의미하는 것인 만큼 죄악으로 말미암은 저주를 비유합니다. 주검 또한 죄악을 상징합니다. 이런 병에 걸리면 진 밖으로 내어 보냄을 당합니다. 오늘날 우리들이 영적으로 병에 걸려 있지는 않습니까? 예수님의 보혈을 힘입어 깨끗이 치료를 받아야 합니다.

사람에게 손해를 끼친 죄악은 역시 하나님을 거스린 죄악입니다. 오늘날도 다른 사람의 신앙, 인격, 보람, 정신에 손해를 끼치는 죄악이 범람합니다. 남은 망하고 죽더라도 나만 잘되면 된다는 이기적인 생각이 편만해져 있습니다. 성도는 다른 사람에게도 유익되게 살아야 합니다. 용기와 소망을 주는 사라밍 되어야 합니다.

범죄를 처리함에 있어서 자복이 우선되어야 합니다. 또 상대방이 받은 손해를 보상해야 됩니다. 또한 속죄제를 드려야 했습니다. 구체적인 회개가 필요합니다. 회개에 있어서 최종 목적은 하나님과 화목하는 일입니다. 이것에 도달하지 못하고 허물이나 고치는 정도로써는 회개의 목적을 이루었다고 할 수 없습니다.

부정은 하나님께 인정받지 못하는 죄이므로, 그 회개와 용서와 화해가 있어야 합니다.

기도(기도 제목)

주기도문

년 월 일 요일

사도신경 | **찬송** 211, 325, 370장 | **말씀** 민 5:11~15

11 ●

12

13

14

15

18

19

부부는 가정의 기초이며 삶의 터전이어서 부부관계는 신성하고 사랑 안에 거짓이 없어야 합니다.
아내가 남편에게 범죄하는 것은 가정의 순결함과 신성함을 깨뜨리는 외도입니다. 여자는 순결한 정조를 지녀야 합니다. 남편이 아내에게 대해서도 마찬가지입니다. 남편이 아내를 떠나서 다른 여자와 정교를 맺는다면 아내에게 범죄함이 됩니다. 가정은 남자와 여자를 합하여 이루어지므로 둘 다 순결한 정조를 가지고 살아야 합니다.
의처증 또는 의부증이란 말이 있습니다. 이는 불명예스런 단어입니다. 그러나 인간이 살아가는 생활 속에는 의심이 생기기 마련입니다. 부부가 서로 의심한다면 신뢰는 이미 깨어진 관계입니다. 불륜의 관계가 없는데도 의심한다면 죄가 됩니다. 신뢰가 없는 부부지간은 불행한 삶입니다. 신뢰하여야 할 관계에서 신뢰치 못함은 죄입니다.
남편의 의처증인지 아내의 음행인지는 제사장 앞에가서 판결이 난다. 의심의 소제, 생각나게 하는 소제를 드려야 합니다. 구약에서 죄의 유무를 판가름하는 자는 제사장입니다. 이 소제는 불명예스러운 것이므로 기름이나 향유를 제물에 넣지 않고 쓴 물을 마셔야 합니다(24). 이로써 하나님의 심판이 있게 됩니다.
여인의 실행(失行)은 가정의 존재여부와 직결되므로 의심을 해소시켜 순결을 찾아야 됩니다.

기도(기도 제목)

주기도문

년 월 일 요일

사도신경 **찬송** 149, 341, 461장 **말씀** 민 5:16~31

16 ●

17

20

21

22

23 ●

24

25

26

27

28

29 ●

30

31

제사장 앞에 끌려온 의심받은 여인은 음행과 의심사이에서 제사장의 판단을 받아야 합니다.

음행하지 아니하였는데 남편이 의심하므로 제사장 앞에 나온 여인입니다. 죄를 짓지 아니하였어도 남편에게 의심을 받은 여인은 남편도 큰 잘못이지만 아내의 행실이 의심을 받을만 하였기 때문에 공동 책임을 져야 합니다. 아내는 의심받았다는 이유로 쓴 물을 마셔야만 합니다. 만일 그 여인이 범죄하지 아니하였다면 그녀에게 아무런 표징이 나타나지 아니합니다. 이러므로 그 여인은 불명예스런 의심에서 벗어나게 되며 잉태할 수 있는 자가 되어집니다. 그러나 의심한 사실에 대해서는 남편이 사랑어린 사과를 하여야 합니다.

쓴 물을 마시게 되면 음행한 여인에게는 그 쓴 물이 독약이 됩니다. 배가 부어 오르고 넓적다리의 살이 떨어져 여인의 아름다움은 완전히 상실하게 됩니다. 배가 부어 올라서 언제나 만삭된 여자와 같게 되며 넓적다리의 살이 파괴되어 떨어지므로 백성 중에 저주거리가 되어지는 여인이 됩니다. 참으로 가혹한 형벌이 아닐 수 없습니다. 남편을 떠나서 음행한 여인은 비참한 인생을 살게 됩니다. 이 육체적 음행은 영적인 음행인 우상숭배와 연관되기 때문입니다.

제사장은 여인의 음행을 판단할 때 하나님의 도움을 입어 신중히 또 완전하게 행해야 합니다.

기도(기도 제목)

주기도문

년 월 일 요일

사도신경 **찬송** 287, 363, 366장 **말씀** 민 6:1~12

나실인의 법

6

2

3

4

5

6

7

8

9

10

11

12

하나님 앞에서의 서원은 해로울지라도 갚아야 하므로 신중을 기해서 하지 않으면 안 됩니다.

나실인이란 삼손의 사적에서 쉽게 찾아 볼 수 있습니다. '나실'은 '구별'이란 뜻으로 특별히 하나님을 위해 성별되었다는 것입니다. 강한 소원이 있을 때 그 소원을 이루기 위하여 기간을 정하여 놓고 여호와께 구별하여 드리는 법을 말합니다. 자신을 성결하게 하고 구별하는 것이므로 지켜야 할 것이 많습니다. 포도주, 독주, 생포도, 건포도 등 포도나무 소산은 절대로 금하고 머리를 깎지 말며 시체를 가까이하지 아니하는 등 부정한 행동이나 생각을 멀리하고 성별하여야 했습니다.

성별하기로 정한 날 동안에 홀연히 사람이 곁에서 죽으므로 시체를 가까이 하게 되어 더럽혀졌다면 반드시 정결하게 되는 제사를 드려야 합니다. 머리를 밀고 비둘기로 번제물을 삼아서 죄를 속하고 여호와께 자기 몸을 구별하여 드릴 날을 다시 정하여야 합니다. 1년된 수양으로 속건제를 드려야 합니다. 자의였던 타의였던 여호와 앞에 부정한 것을 당하면 반드시 속죄를 받아야 하며 부정한 일을 당하기 전의 성별한 날들은 무효가 됩니다. 참으로 엄중한 법입니다.

인간과 인간과의 약속도 중요하지만 하나님과의 약속은 매우 중요하므로 어그러짐이 없이 철저히 지켜야 합니다. 하나님과 맹세한 자가 곧 나실인이기 때문입니다.

기도(기도 제목)

주기도문

년 월 일 요일

사도신경 | **찬송** 361, 362, 364장 | **말씀** 민 6:13~21

13 ●

14

15

16

17

18

19

20

21

여기서는 흠이 없이 구별한 날을 맞이하게 될 때의 법 다시 말해서 실격되지 않은 나실인에 대한 법입니다.

자신의 몸을 구별한 날이 차면 회막으로 가서 여호와께 예물을 준비하되 번제물로 1년된 흠 없는 숫양 한 마리와 속죄제물로 1년 된 흠 없는 어린 양 한 마리, 화목제물로 흠 없는 숫양 한 마리, 무교병 한 광주리, 고운 가루에 기름 섞은 과자, 기름 바른 무교전병, 소제물, 전제물을 준비하여 드려야 합니다. 참으로 많은 제물을 준비하여야 합니다. 하나님 앞에 성별하고 구별한다는 것이 결코 쉬운 일이 아님을 알 수 있습니다.

제물은 자신이 준비하였어도 제사장을 통하지 않고는 하나님 앞에 드릴 수 없는 것이 구약의 제사법입니다. 골고루 법대로 갖추어서 준비하여 놓으면 제사장이 그 제물을 여호와께 드리게 되는 것입니다. 제사장이 아니고는 감히 하나님 가까이 가서 제물도, 제사도 드리지 못하는 것입니다. 나실인이 된 후에는 좀 자유로운 분위기 속에 거할 수 있습니다. 구약의 제사법은 참으로 번거롭고 까다롭다. 지금도 구약의 제사법대로 행하여야 한다면 많은 불편을 느낄 것이며 현대인의 생리에도 맞지 않을 것입니다.

그러나 역사를 섭리하시는 하나님은 예수 그리스도를 통하여 새로운 언약을 맺으시고 만인이 예배할 수 있는 자유를 주셨습니다.

기도(기도 제목)

주기도문

년 월 일 요일

사도신경 | **찬송** 91, 536, 543장 | **말씀** 민 6:22~27

제사장의 축복

22

23

24

25

26

27

제사장의 백성들을 위한 축복기도는 언제나 여호와께서 들으십니다.

축복은 인간이 하나님께 복을 달라고 비는 것입니다. 제사장 지파들은 마땅히 그 백성을 위하여 하나님께 복을 빌어야 됩니다. 저주를 할 수도 있지만 저주를 버리고 축복을 하여야 합니다. 축복할 내용은 여러 가지일 수 있으나 본문에서는 ①이스라엘을 지켜주실 것과 ②그들에게 은혜를 베풀어 주실 것과 ③평강 주시기를 구하라는 것입니다. 제사장들은 항상 그 백성을 위하여 이와 같이 축복기도를 드려야 합니다.

제사장이 하나님께 복을 빌면 하나님은 그 백성에게 복을 내리십니다. 창세기에서부터 계시록까지 하나님은 그 백성에게 복 주시기를 원하는 분이심을 명확히 기록하고 있습니다. 그런데 왜 주의 종들이 축복하여야 복을 주시는가? 축복하지 않아도 필요에 따라 복을 주실 수도 있지 않겠는가. 그러나 구약의 제도는 모든 종교의식이 제사장 중심입니다. 또한 제사장들에게 축복권이 주어져 있었습니다. 그러나 분명한 것은 제사장이 복을 주는 것은 결코 아닙니다. 그들에게는 빌 수 있는 권한이 주어졌을 뿐입니다.

복을 빌 수 있는 자는 당시에는 제사장뿐이었으나 예수님의 대제사인 십자가 사건 이후부터는 모든 사람들이 서로를 위하여 복을 빌 수가 있게 되었습니다.

기도(기도 제목)

주기도문

년 월 일 요일

사도신경 **찬송** 298, 359, 433장 **말씀** 민 7:1~11

감독된 자들이 드린 헌물

7

2

3

4

5

6

7

8

9

10

11

모세가 여호와의 장막 세우기를 마치고 세운 장막과 장막에 드려진 물건들을 거룩하게 구별했습니다.

기름이라 하는 것은 여러 가지 의미가 있지만 특별히 성별(聖別)의 의미가 있습니다. 이스라엘 왕들을 세울 때엔 반드시 기름뿔을 취하여 그 머리 위에 붓고 선지자가 기도하여서 왕으로 세웠습니다. 여호와의 장막 속에 있는 제단이나 기물들 모두 기름을 발라서 성별한 것입니다.

성별한 하나님의 장소에 드려져야 할 것은 헌물입니다. 각 종족의 우두머리들이나 지파의 지휘관들이 헌물을 드렸습니다. 감독자들도 헌물을 드렸습니다. 그들은 모두 풍성하게 드렸습니다. 여호와의 장막에 드리는 헌물은 최선을 다해 드려야 하며 좋은 것, 값진 것으로 드려야 합니다. 그리할 때 주님은 기뻐 받으십니다.

성전에 드려진 헌물은 모두 제사장에 의하여 하나님께 드려진 후에 제사장 지파가 나누어 가졌습니다. 제사장 지파인 레위 지파는 분깃을 받지 아니하고 각 지파에서 드리는 것을 가지고 살았기 때문입니다. 이것은 하나님의 섭리였습니다. 그래서 제사장 지파들은 오로지 하나님의 성업에만 힘써야 할 사명이 주어졌던 것입니다.

모든 기독교인들은 성별된 삶과 성별된 드림과 성별된 일에 종사됨이 마땅합니다.

기도(기도 제목)

주기도문

년 월 일 요일

사도신경 **찬송** 211, 212, 213장 **말씀** 민 7:12~53

12 ●

13

14

15

16

17

18 ●

19

20

21

22

23

24 ●

25

26

27

28

29

30 ●

31

32

33

34

35

36 ●

37

38

39

40

41

42 ●

43

44

45

46

47

48 ●

49

50

51

52

53

성전 봉헌의 형식과 제물은 달라도 마음과 정성이 담
긴 물건을 성별하여 드리는 원리는 같은 것입니다.
성전에 봉헌되어진 헌물은 지파별로 드려졌습니다. 이
스라엘 12지파의 대표들은 이스라엘의 줄기일 뿐만 아

니라 대표가 됩니다. 그러므로 단체행동을 할 때에는 언제나 지파별로 구분되어졌습니다. 하나님 전에 헌물을 드리는 것도 예외는 아니었습니다. 유다, 잇사갈, 스불론, 르우벤, 시므온, 갓, 에브라임 등의 순으로 헌물을 드렸습니다.

각 지파마다 똑같은 유형의 헌물과 제물을 드렸습니다. 130세겔 중 은반 하나와 70세겔 중 은 바리 1개, 소제물, 번제물, 속죄제물, 화목제물입니다. 성전에는 금 그릇, 은 그릇들이 많았고 금 숟가락이 많았음을 기억케 합니다. 또한 제단에는 언제나 향이 있어서 향기나는 제사를 드렸음을 알려줍니다.

이스라엘이 하나님께 드린 제사의 종류는 적어도 8가지 이상입니다. 본문에서는 4가지 종류의 제사를 드렸습니다. 소제에는 고운 가루, 구운 떡, 볶은 이삭의 세 종류가 있습니다. 번제는 불살라 드리는 제사이며, 속죄제는 신분에 따라 제물도 달랐습니다. 화목제에는 감사제, 서원제, 자원제의 세 종류가 있습니다.

제사는 법대로 정성 다하여 드림으로 용서와 복을 받습니다.

기도(기도 제목)

주기도문

년 월 일 요일

사도신경 **찬송** 311, 575, 213장 **말씀** 민 7:54~65

54 •

55

56

57

58

59

60 •

61

62

63

64

65

본문은 하나님께서 명하신 대로 장막 세우는 것을 필한 후에 이스라엘이 각 지파별로 봉헌의 헌물을 드림에 관해 언급하고 있습니다.

각 지파 간에는 인구 등 다소의 차이가 있었을 것임에도 그들이 드린 헌물의 종류나 분량은 동일했습니다. 전혀 차별이 없었습니다. 이는 하나님 앞에서 인간의 죄가 동일함을 보여주는 것임과 동시에, 하나님의 은혜를 비롯하여 긍휼, 자비, 축복 등도 동일함을 보여줍니다. 착하고 훌륭하게 사는 사람도 하나님 앞에서는 죄인으로 드러날 수밖에 없고, 지극히 작은 지체도 몸 안에서 없어서는 안 되는 소중한 것임을 명심합시다. 하나님 앞에서는 특별히 우월한 사람이나 특별히 열등한 사람도 없습니다.

이스라엘의 제사 제도에 있어서 소제물과 향은 대부분 따라 다녔다. 소제는 피 없는 유일한 제사로서 성도의 순수한 봉사와 충성을 의미하며, 향은 유향으로 성도의 기도를 뜻합니다. 바로 이러한 것은 제사에서 꼭 필요한 것으로 소외시켜서는 안 되는 것입니다. 그리스도가 소외되고, 말씀과 기도가 없는 예배나 생활은 문제가 많은 것입니다. 시대적 조류와 관계없이 우리의 신앙 및 생활은 철저하게 복음적이어야 합니다.

우리가 하나님께 드리는 모든 헌물 속에는 우리의 신앙과 그분께 대한 마음이 담겨 있어야 합니다. 그분은 제사가 아니라 마음을 받으시기 때문입니다.

|**기도**(기도 제목)

|**주기도문**

년 월 일 요일

|**사도신경** |**찬송** 575, 213, 323장 |**말씀** 민 7:66~77

66 ●

67

68

69

70

71

72 ●

73

74

75

76

77

하나님의 소명이나 구속 사역에서 그분은 아무도 차별하지 않으심을 본문을 통하여 교훈 받게 됩니다.

그분은 아무도 외모로 취하지 않으시고 하나님을 경외하며 의를 행하는 사람을 받으십니다(행 10:34-35). 본문에서 하나님께 헌물을 드린 단과 아셀은 종의 자녀들이었지만 하나님께서는 그들을 차별하지 않으셨으며, 그들의 헌물을 거부하지도 않으셨습니다. 하나님 앞에서는 사회적 지위나 신분에 의한 차별이 존재하지 않습니다.

예수는 인간이 하나님께 나아갈 수 있는 유일한 통로가 되십니다(요 14:6). 그리고 여기에는 인종이나 언어, 피부 색깔, 민족, 이념이나 사상의 차별이 존재하지 않습니다. 남녀 노소와 빈부귀천의 차별도 없습니다. 때문에 교회와 그리스도인들은 모든 계층의 모든 사람들에 대해 편견을 가짐이 없도록 조심해야 합니다.

예수 그리스도는 인류의 유일한 소망입니다. 그분을 거부하고도 하나님께로 나아갈 수 있는 통로란 어디에도 없습니다. 예수 그리스도를 믿음으로 구원을 얻고 의에 이르러 하나님의 자녀가 됩니다. 그러므로 하나님께서는 단 한 사람에게도 그리스도를 믿지 않고는 하나님께 나아가는 길을 주신 일이 없습니다(행 4:12).

하나님께 나아가는 길은 예수를 믿음으로 가능하며, 거부할 때는 영원히 소외됩니다.

|**기도**(기도 제목)

|**주기도문**

년 월 일 요일

|사도신경 |찬송 575, 204, 336장 |말씀 민 7:78~89

78 ●

79

80

81

82

83

84 ●

85

86

87

88

89 ●

성경은 하나님께서 가장 기뻐하시는 것, 제사나 제물보다 더 낫게 여기시는 것이 순종이라고 가르치고 있습니다.

복음적인 입장에서 "먼저"는 중요한 책임과 일의 분량이 많음을 나타냅니다. 깨달아 알게 된 것은 알지 못하는 사람들에 대한 책임이 부여된 것이며, 포도원에 아침 일찍 들어간 사람들은 하루 종일 수고해야 했지만 품삯은 나중에 온 사람들과 동일하게 받았습니다(마 20:1-16). 먼저 되었다고 교만히 행해서는 안 됩니다.

하나님께 헌물을 드림에는 그분의 명하심을 받은 모든 사람들, 즉 그리스도인들은 모두가 참여해야 합니다. 그것이 무슨 헌물이든지 막론하고 빠지려고 하는 것은 옳지 못합니다. 사람들에게는 제각기 다른 마음이 있기에 모든 사람들이 빠지지 않고 참여하는 것이 귀한 것입니다. 합심하여 드리는 공동체가 복이 있습니다.

그분이 모세에게 말씀하시는 광경은 다정한 친구와의 대화를 연상하게 합니다. 하나님께서 모든 헌물들을 열납하셨음을 보여주는 것입니다. 우리가 그분의 명하신대로 드리는 헌물은 분량에 관계없이 열납되면, 그분은 기뻐하십니다. 하나님께서 받으시기를 기뻐하시는 헌물은 순종함으로 드리는 진실한 헌물입니다.

순종의 헌물은 하나님을 기쁘시게 하는 것이며 이 제물은 하나님께서 열납하십니다.

|기도(기도 제목)

|주기도문

년 월 일 요일

|사도신경 |찬송 320, 317, 323장 |말씀 민 8:1~13

등잔을 차려 놓는 방식

8

2

3

4

레위인을 요제로 여호와께 드리다

5 ●

6

7

8

9

10

11

12

13

성막은 이스라엘 백성들이 광야 생활에서 하나님을 섬겼던 구약의 제단으로 현재 교회의 모형입니다.

하나님은 성막 안 등잔대 앞에 항상 등불을 켜두라고 하셨습니다. 이것은 어둠을 밝히는 목적도 있지만 하나님의 임재를 상징하는 것입니다. 이 빛은 예수 그리스도의 빛이요 성도가 세상에 비춰야 할 옳은 행실의 빛입니다. 성도는 항상 세상의 빛으로 부름받고 있기에 옳은 행실로 세상을 정화하는 삶을 살아야 합니다.

하나님께서는 레위인들을 구별하여 백성들을 대신하여 하나님을 섬기는 일을 맡게 하셨습니다. 레위인들은 회막 앞에서 아론의 직무와 온 회중의 직무를 시무하였습니다. 곧 회막의 모든 기구를 돌보고 정리하며 이스라엘 자손의 직무를 위해 장막에서 시무하였습니다. 그들은 제사장과 백성들 사이에서 교량 역할을 담당하였던 것입니다.

레위인들은 정결케 되는 의식을 통하여 일반 백성과 분리되어졌습니다. 속죄의 물을 뿌리고 전신을 삭도로 밀며 의복을 빨아야 했습니다. 레위인들의 사역은 거룩하였기 때문에 철저히 준비하고 정결해야 했습니다. 제사장이라 할지라도 정결치 아니하면 죽음을 면할 수 없었습니다. 하나님은 거룩하시기 때문입니다.

하나님께서 우리를 정결케 하셨습니다. 교회를 위해 봉사하는 성도가 되어야 합니다.

|기도(기도 제목)

민

|주기도문

년 월 일 요일

|사도신경 |찬송 420, 426, 549장 |말씀 민 8:14~19

14 ●

15

16

17

18

19

성경에 나타나는 구별의 의미는 언제나 거룩함을 전제로 함으로 특권층에 대한 개념과는 판이합니다.

그분은 레위인들을 이스라엘 자손 중에서 나누셨습니다. 이것은 계급적인 구별이 아니라 직분상의 구별입니다. 그리스도의 몸인 교회에는 여러 지체가 있게 마련인데, 어떤 지체는 더 귀하고 어떤 지체는 덜 귀한 것처럼 보입니다. 지체의 구별은 직분상의 구별이며 모두가 동일한 중요성을 가지고 있습니다.

하나님께서 레위인들을 구별하신 목적은 회막에서의 봉사를 위한 것이었습니다. 회막 봉사가 다른 일들보다 중요하다는 의미보다는 이 일을 전담하도록 그들을 택하셨다는 것입니다. 성전에서의 일 못지않게 우리 각자의 직업도 귀한 것이며, 우리는 거기서 자기 일에 최선을 다하도록 해야 합니다.

성막에 구별된 사람들이 규례대로 들어가야만 했습니다. 레위 지파는 이스라엘이 무지로 인해 규례를 어김으로 재앙을 만나는 일이 없도록 하기 위해 구별되었습니다. 우리 그리스도인들, 특별히 교회의 직원들은 이 말씀의 의미를 잘 이해하여 그 말씀의 규례대로 지키면서 살아야 합니다. 바로 이것이 구별된 삶입니다.

구별된 사람이란 하나님의 특별한 일을 위해 거룩하게 하신 사람들입니다.

|기도(기도 제목)

|주기도문

년 월 일 요일

|사도신경 |찬송 212, 321, 452장 |말씀 민 8:20~26

20 ●

21

22

23 ●

24

25

26

거룩한 봉사는 단 한 가지뿐입니다. 성전 봉사를 비롯해서 그분의 마음으로, 혹은 그분의 명하신대로 하는 봉사를 말합니다.

회막은 거룩한 처소, 구별된 처소이므로 아무나 그곳에 들어가는 것이 허락되지 않았고, 다만 성결케 된 레위인들만 거기서 섬김의 의무를 행할 수가 있었습니다. 주의 일은 아무에게나 맡기는 것이 아닙니다. 장로는 물론이고 권사나 집사, 권찰, 찬양대원, 주일학교 교사 등의 모든 직분은 지연이나, 학연, 혈연 등 인간적인 어떤 관계의 기초 위에서 임명되는 일이 있어서는 결코 안 됩니다. 성결케 된 사람들만 직분을 맡아 봉사할 수 있습니다.

나이가 어린 사람이나 나이가 많은 사람은 봉사하는 것이 허락되지 않았습니다. 원래 레위인들은 30-50세 사이에서만 성소 봉사를 할 수 있도록 되어있습니다. 연령적으로도 인생의 가장 좋은 시기를 그분께 드리는 것이 마땅합니다. 교회의 일꾼을 선택함에 있어서 반드시 연령도 참고하도록 해야 합니다. 교회의 일꾼이 단지 열심만 있다 하여 경험과 연륜이 무시되고 직분이 맡겨지면 문제가 발생할 경우가 많기 때문에 연령에 대한 조화를 고려하여 일을 맡겨야 하겠습니다.

거룩한 봉사에 참여하는 자는 먼저 성결해야 합니다. 그리고 연소한 자나 나이 많은 자는 봉사할 수 없었습니다. 적당한 연령이 되어야만 봉사할 수 있습니다.

기도(기도 제목)

주기도문

년 월 일 요일

사도신경 **찬송** 449, 204, 455장 **말씀** 민 9:1~8

두 번째 유월절

9

2

3

4

5

6

7

8

하나님의 일에 대한 평가 기준은 단 하나 밖에 없습니다. 즉 '하나님께서 명하시는 대로 했는가'하는 것입니다.

하나님 앞에서 우리가 지켜야 하는 날이나 절기는 우리 형편에 맞도록 우리가 임의로 정할 수 있는 것이 아닙니다. 그분이 정하신 기간에 지키도록 해야 합니다. 최근들어 많은 사람들이 현실과 타협하려는 경향들이 있는데 옳지 못한 일입니다. 주의 말씀 대로 살고자 하면 현실적인 것들의 희생을 감수해야 합니다.

절기를 지키는데 필요한 절차라든가 방법 등의 모든 것을 주께서 명하신 규례에 따라서 행했습니다. 하나님께서는 이 규례 대로 마땅히 지켜야 하는 의지를 표명하셨습니다. 하나님께서 정하신 절기는 규례 대로 행해져야 합니다. 우리가 드리는 예배를 비롯하여 모든 봉사가 주의 정하신 규례를 따를 때 온전하게 됩니다.

교회 안에서 야기되는 모든 문제들에 대한 답은 인간적인 생각이나 교회의 전통, 여론 등에 의존하기 보다는 오직 여호와께 그 해결의 답을 구해야 합니다. 가장 중요한 것은 하나님께서 어떻게 명하시는가 하는 것이며, 교회가 하나님의 명하신 대로 따를 때 세속화의 위험에서 벗어나게 됩니다.

하나님과 우리와의 바른 관계를 유지하는 것은 하나님께서 명하신 규례 대로 지키는 일입니다.

기도(기도 제목)

주기도문

년 월 일 요일

사도신경 **찬송** 304, 302, 310장 **말씀** 민 9:9~14

9 ●

10

11

12

13

14

하나님은 햇빛과 비를 모든 사람에게 내려주시듯이, 모든 이가 은혜에 참여할 수 있도록 하셨습니다.

하나님의 절기는 그분의 은혜를 기념하는 것이므로 그분의 백성된 모든 사람들이 참여해야 합니다. 부정하게 된 사람도, 먼 여행 중에 있는 사람도 예외일 수가 없습니다. 우리는 모두가 그분의 은혜로 구속함을 받은 사람들입니다. 날마다 이것을 기억하며 감사함은 물론 그분이 명하신 절기에 참여함이 마땅합니다.

하나님께서 정하신 절기에 고의로 불참하거나 헌물을 드리지 않는 것은 두려운 일입니다. 그리스도인들에게는 하나님의 법이 있습니다. 하늘의 시민으로서 이 법을 따르도록 해야 합니다(빌 3:20). 주일이나 교회의 절기를 경시하는 사람들은 회개가 요구됩니다. 죽음을 면하게 하신 그분의 은혜를 잊어버리는 것은 배은망덕입니다.

이스라엘 중에 거류하는 타국인에게도 유월절 절기에 참여할 수 있도록 허락되었습니다. 곧 이스라엘 백성 가운데 거하는 이방인들로서 할례를 받은 자를 말합니다(출 12:43-50). 그리스도 안에서 모든 장벽은 제거되었습니다. 누구라도 주의 은혜에 참여할 수 있습니다. 차별이나 제한을 두는 것은 비복음적입니다.

우리는 누구에게든지 유월절을 지키게 하는 하나님의 차별없는 은혜를 엿볼 수 있습니다.

기도(기도 제목)

주기도문

년 월 일 요일

|사도신경 |찬송 95, 93, 442장 |말씀 민 9:15~23

길을 안내한 구름 (출 40:34–38)

15 ●

16

17

18

19

20

21

22

23

본문은 이스라엘 자손들이 하나님께로부터 부여받은 엄청난 특권에 대해 언급하고 있습니다.

하나님은 사람이 보고 인식할 수 있는 구름으로 백성들을 인도하셨습니다. 그들은 스스로 가나안으로 가는 길을 개척한 것이 아니라 하나님께서 인도하시는 대로 따라가기만 했습니다. 따라가는 것은 미지의 길을 개척하는 것보다 훨씬 쉽습니다. 하나님의 인도를 따르는 사람은 안전하고 평탄하며, 그 모든 행사가 형통하게 됩니다.

그들은 모든 것을 주께 맡기고 그분의 뜻에 따라서 진행했습니다. 구름이 머무는 동안은 머물렀으며, 구름이 떠오를 때는 즉시 짐을 꾸리고 행진했습니다. 그리스도인들은 언제든지 주님과 동행해야 합니다. 그분이 머무시는 곳에서 함께 머물고, 그분이 행하시는 곳에 함께 행하는 사람이 잘 사는 것입니다.

하나님이 주신 직임은 자기의 소견에 좋은 대로 할 수 있는 것이 아니라 그분의 명을 따라서 행할 때 칭찬을 받습니다. 본문에서 이스라엘 백성들은 하나님의 명령에 따라 철저히 순종했음을 암시하고 있습니다. 이 순종이 광야 여정에서 가장 안전한 여행 방법입니다. 무슨 일을 하든지 헛수고가 되지 않도록 조심합시다.

우리도 주님과 함께 동행하면서 그분의 명령에 따라 직분을 감당합시다.

|기도(기도 제목)

|주기도문

년 월 일 요일

|사도신경 |찬송 287, 498, 512장 |말씀 민 10:1~10

나팔 신호

10

2

민

3

4

5

6

7

8

9

10

본문은 하나님께서 이스라엘 자손들에게 나팔을 만들도록 명령하신 것에 대해 언급하고 있습니다.

하나님께서 은 나팔을 만들도록 명령하신 것은 이스라엘 백성들이 소집이나 진행 등을 알리는데 사용토록 하기 위함이었습니다. 각기 소리를 다르게 내어 나팔을 불도록 하심으로 백성들이 그 소리를 분별, 행동하게 되었던 것입니다. 그리스도인들은 이 시대에 울려퍼지는 경고의 나팔 소리를 듣고 분별할 줄 알아야 합니다.

대적하는 자들을 치러 나갈 때에는 나팔을 울려서 불었습니다. 여호와의 구원을 요청하는 나팔 소리였고 그분은 즉시 구원하여 주셨습니다. 기드온의 삼백 명 용사가 싸울 때에 그들이 나팔을 불매 여호와께서 역사하셔서 승리하게 되었음을 성경이 증거합니다(삿 7:22). 위기에 처하거든 도움을 요청하십시오.

제물을 드릴 때 나팔을 불면 하나님이 기억하시고 복을 내려 주셨습니다. 특별히 정해진 날이 아니라 어느 때고 기쁜 일이 발생했을 경우에는 나팔을 불었습니다. 우리도 기쁜 일이 있으면 어느 때든지 찬송으로 화답하는 자가 됩시다. 우리에게 임한 기쁜 일에 대해 하나님께 감사와 찬양을 드려야 하겠습니다.

하나님의 마지막 나팔 소리는 구원의 외침과 재림에 대한 경고이기에 성도들은 이 소리를 잘 들어야 합니다.

기도(기도 제목)

주기도문

년 월 일 요일

사도신경 **찬송** 526, 537장 **말씀** 민 10:11~20

이스라엘 자손이 진행하기를 시작하다

11 ●

12

13

14

15

16

17 ●

18

19

20

본문은 이스라엘의 승리를 위한 행진에 관해 언급하고 있는데 가나안을 목적하며 많은 어려움도 겪었습니다.

그들은 구름이 떠오를 때 출발했습니다. 즉 하나님의 인도를 따라서 행진한 것입니다. 하나님의 인도를 따르는 사람은 인생의 낭비도, 헛수고를 하는 일도 없게 됩니다. 인생의 성공과 승리가 확실하게 보장된 안전한 투자가 하나님의 인도를 따르는 것입니다. 그분께 모든 것을 맡기고 따라가기만 하면 약속과 축복의 땅에 이르게 됩니다. 하나님의 뜻을 따라 살아가는 자의 삶은 이처럼 세상적 시야로 볼 때는 실패한 것 같으나 신앙적인 눈으로 볼 때에는 가장 안전하고 확실합니다.

삶에는 질서가 있는 법이며, 이것을 순리라고 합니다. 질서를 어기고 자기 생각에 좋은 대로 행하는 사람은 좌충우돌하게 되므로 자기만 타격을 받는 것이 아니라 다른 사람들에게도 적지않은 타격과 손해를 입힌다. 하나님의 질서를 따를 때 그 길이 안전하고 목적지가 분명해집니다. 모든 일에 개인의 생각이나 그릇된 전통을 앞세워 하나님의 말씀이 교훈하는 바를 무시한다면 교회의 질서가 무너져 혼란을 가져옵니다. 이스라엘 백성이 광야에서 하나님의 인도하심을 따라 질서를 지킨 것처럼 교회도 하나님의 인도하심을 받아야 합니다.

하나님의 인도하심따라 그의 질서를 유지하면서 목표를 두고 행진 할 때 승리만 있을 뿐입니다.

기도(기도 제목)

주기도문

년 월 일 요일

사도신경 **찬송** 525, 528, 456장 **말씀** 민 10:21~36

21 ●

22

23

24

25 ●

26

27

28

29 ●

민

30

31

32

33 ●

34

35 ●

36

본문에서 우리는 모세의 하나님을 향한 확실하고 견고한 믿음과 그에 따른 약속을 보게 됩니다.
호밥은 광야에서 진을 치는 데 밝은 사람이었으므로 광야를 행진해야 하는 이스라엘 자손들에게는 꼭 필요한 사람이었습니다. 때문에 모세가 그에게 간청했던 것입니다. 나에게나 우리 교회에 지금 꼭 필요한 것이 무엇입니까? 오늘의 세계에 꼭 필요한 것은 무엇입니까? 먼저 이것을 찾아내야 합니다.
하나님의 언약궤가 앞서 행한 것은 쉴 곳을 찾기 위함이었습니다. 그분은 이스라엘 자손들이 행로에 곤비치 않도록 세심하게 배려하였습니다. 진정코 훌륭한 목자는 양떼의 앞에서 양떼를 인도합니다(요 10:3, 4). 예수 그리스도께서는 죽음을 통하여 부활로 우리를 앞서 가셨습니다. 이것은 우리를 향한 하나님의 사랑과 같습니다.

전능하신 분을 향한 구원과 도움의 요청이며, 하나님께 대한 온전한 믿음과 신뢰만이 이를 가능하게 합니다. 모세는 이스라엘의 안전이 오직 하나님의 임재에 있음을 확신하고 이를 위해 간구했습니다. 우리를 향하신 그분의 도움의 문은 항상 열려 있습니다. 하나님께 의뢰만 하면 하나님께서 함께하십니다.
그분을 향한 믿음과 확신은 어떠한 어려움도 이겨낼 수 있는 열쇠가 됩니다.

기도(기도 제목)

주기도문

년 월 일 요일

사도신경 **찬송** 284, 202, 304장 **말씀** 민 11:1~15

다베라

11

2

3

모세가 장로 칠십 인을 뽑다

4 ●

5

6

7

8

9

10 ●

11

12

13

14

15

바울은 탐심이 곧 우상숭배(골 3:5)라고 했습니다. 어떠한 경우에도 그리스도인들은 탐욕을 멀리해야 합니다.

그들은 이스라엘 중의 자손이 아니라 그들 중에서 섞여 사는 이방인들이었습니다. 믿음의 뿌리가 없는 사람들이었던 것입니다. 뿌리가 없는 약한 신앙이나 경건 생활은 많은 위험성을 안고 있습니다. 뿌리가 없으면 오래 지탱하지 못하고 넘어지게 되기 마련입니다. 우리의 믿음이나 경건은 뿌리가 튼튼해야 합니다.

뿌리가 없는 사람들이 문제를 일으키고, 뿌리가 없는 사람들이 하나님께 감사할 줄 모르며, 불평을 토로합니다. 하나님께서 공급하시는 특별한 양식을 먹으면서도 이스라엘 백성들은 감사할 줄 모르고 도리어 옛날 애굽에서 먹었던 음식들을 원했습니다. 그리스도인들은 옛 사상이나 옛 생활을 그리워해서는 안 됩니다.

백성을 인도하는 자로서 자기를 부르신 하나님께 도움을 주시도록 호소했습니다. 모세는 자신이 그 책임을 통감하는 자세에서 하나님께 이스라엘을 위한 도고의 기도로 하나님의 진노를 멈추게 하였습니다. 모든 문제들의 마지막 해답은 그뿐께 있음을 명심하고 범사에 그분을 의뢰하도록 합시다. 이스라엘의 섞여 사는 무리의 탐욕은 이스라엘 백성 전체에 영향을 주었습니다. 조그마한 탐욕도 제거합시다.

기도(기도 제목)

주기도문

년 월 일 요일

사도신경 | **찬송** 363, 364, 369장 | **말씀** 민 11:16~23

16 ●

17

18

19

20

21

22

23

애굽에서 나온 이스라엘 백성들은 고달픈 광야 생활 속에서 불평 불만이 날로 늘어가게 되었습니다.

불평 불만이 많은 이스라엘의 지도자의 책임을 혼자 맡는다는 것은 모세에게는 큰 짐이었습니다. "책임이 심히 중하여 나 혼자 … 감당할 수 없나이다"라고 모세는 탄원했습니다. 짐은 서로 나누어져야 합니다. 모세의 탄원을 들으신 하나님은 장로 70명을 선정하여 성막 앞으로 나오게 하셨습니다.

하나님께서는 고기를 먹고 싶어하는 이스라엘 백성들에게 싫증이 나도록 실컷 먹을 수 있는 고기를 주시겠다고 하셨습니다. 여호와의 손이 짧아서 우리를 구원하지 못하시는 것이 아닙니다. 여호와께서는 탐욕스런 자들에게는 결코 축복하지 않으십니다. 그들은 저주받을 때까지 탐욕의 충족을 원했습니다.

"욕심이 잉태한즉 죄를 낳고 죄가 장성한즉 사망을 낳느니라"(약 1:15). 하나님께서는 모세의 기도를 들으셨습니다. 하나님은 모세의 고뇌를 아시고 70인의 장로를 세워 주셨고 풍성한 고기로 먹여 주셨습니다. 하나님은 의인의 기도를 들으십니다. 선택자를 사랑하십니다. 그래서 백성의 불신앙에도 모세의 기도에 응답하셨습니다.

성도는 자족하는 삶을 누릴 줄 알아야 합니다. 그리고 서로 짐을 나누어지는 지혜가 있어야 합니다.

|**기도**(기도 제목)

|**주기도문**

년 월 일 요일

|**사도신경** |**찬송** 600, 210, 208장 |**말씀** 민 11:24~30

24 ●

25

26 ●

27

28

29

30

32

33

34

35

인간 평가의 기준은 훌륭한 정신, 훌륭한 인격, 훌륭한 신앙입니다. 본문은 모세의 위대한 면을 보여줍니다.

모세의 관심은 하나님께서 높임을 받으시는 것에 집중되어 있었습니다. 그는 하나님께서 받으셔야 할 영광을 스스로 취하려는 어리석음을 범하지 않았습니다. 우리가 아무리 많은 일을 할지라도 스스로 영광을 취한다면 허망한 것이 되고 맙니다. 무엇을 하든지 하나님의 영광에 초점을 맞추도록 해야 합니다(고전 10:31).

그의 중보 기도에서 볼 수 있듯이 백성들의 유익을 위한 것이라면 그는 어떤 희생도 감수했고, 자기 목숨도 아까워하지 않았습니다. 위대한 지도자는 자기의 유익을 구하기보다 남을 위해 헌신하고 그들의 유익을 구하기 원합니다. 나보다 남을 먼저 생각할 줄 아는 사람이 참으로 위대합니다.

그의 인격적, 신앙적 위대성을 잘 보여줍니다. 그는 하나님의 주권적 섭리를 인정했으며, 아집이나 독선, 교만 같은 것은 도무지 없었습니다. 우리는 누구라도 하나님의 능력을 받을 수 있음을 인정해야 하며 누구나 그리스도와 그리스도의 왕국을 위해 다른 이들이 권능받음을 기뻐해야 합니다.

그러므로 모세의 위대함은 하나님의 영광과 그의 백성의 유익함을 위해 간구하며 주의 섭리를 인정한 것입니다.

기도(기도 제목)

주기도문

년 월 일 요일

사도신경 | **찬송** 179, 180, 455장 | **말씀** 민 11:31~35

여호와께서 메추라기를 보내시다

31 ●

하나님의 보응은 보복의 차원과는 전혀 다릅니다. 하나님의 보응은 공의로 죄에 대해 형벌하시는 것입니다.

하나님께서 주신 메추라기의 분량이 어느 정도나 되었는가 하는 것은 백성이 종일 종야와 그 이튿날 종일토록 모았다는 사실만으로 충분히 입증됩니다. 그들은 적게 모은 자도 열 호멜이나 되었습니다. 호멜은 건량의 단위로 최대 단위였으며, 그들이 거둔 메추라기는 한 달 동안 잔치를 즐길 수 있을 만큼의 엄청난 분량이었습니다.

이스라엘의 불신앙에 대한 보응은 즉각적으로 왔습니다. 하나님이 진노하사 심히 큰 재앙으로 치셨으므로 탐욕을 낸 백성이 거기 장사되었습니다. 이들은 오늘날까지도 기브롯 핫다아와란 이름을 들을 때마다 탐욕이 얼마나 무서운 죄인가를 생각하게 될 것입니다. 너무 많은 것에 안달 복달하는 일 중 하나가 탐욕이므로 조심하십시오.

그리스도인들은 하나님께서 주시는 것으로 감사하고 불평하는 일이 있어서는 안 됩니다. 불평이란 불신앙과 의미를 같이 하는 것임을 명심합시다. 하나님은 우리가 필요로 하는 모든 것을 아십니다. 따라서 범사에 감사함이 아름답고 마땅합니다(살전 5:18). 항상 주인에게 자족하는 삶을 살아가야 합니다.

탐욕은 모든 죄를 누적하는 장본인이므로 경계하여 보응하심을 피합시다.

|기도(기도 제목)

|주기도문

년 월 일 요일

|사도신경 |찬송 220, 219, 221장 |말씀 민 12:1~16

미리암이 벌을 받다

12

2

3

4 ●

5

6

7

8

9

10

11

12

13

14

15

16

불평의 소리는 모세의 가족 중에서도 나왔습니다. 미리암과 아론이 모세를 대적하고 나섰던 것입니다.
모세는 자기 아내 십보라가 죽은 후 구스 여자를 취했습니다. 그런데 모세의 누이인 미리암과 모세의 형인 아

민

론은 마치 기회라도 만난 듯 비방을 했습니다. 이것은 본래부터 미리암과 아론이 모세의 주도권에 질투를 품었다는 증거입니다. 혈육의 허물을 감싸주어야 할 사람들이 앞장 서서 비난한 것은 철없는 행동입니다.

하나님은 모세를 이스라엘 민족 전체의 지도자로 세우셨습니다. 그러므로 무고히 모세를 비난하는 것은 하나님을 비난하는 것이나 마찬가지가 됩니다. 결국 미리암은 모세를 비난하다가 나병에 걸려 진 밖에 7일동안 쫓겨나 있었습니다. 하나님께서 미리암과 아론의 비난이 잘못된 것임을 판단해 주시고 모세의 권위를 지켜 주셨습니다.

모세는 온유함이 지면의 모든 사람보다 더하다고 하였습니다(3). 자신이 공격받을 때 자신이 정당하다고 항변하거나 권위를 행사하지 않았습니다. 오히려 자기를 비난하다 나병에 걸린 미리암을 위해 중보 기도를 드렸습니다. 하나님은 모세의 기도를 들으시고 미리암을 용서하여 나병을 정결케 하셨습니다.

성도는 주의 종을 비방해서는 안 됩니다. 오히려 그들을 위해 기도하는 자세가 있어야 합니다.

|기도(기도 제목)

|주기도문

년 월 일 요일

|사도신경 |찬송 262, 320, 321장 |말씀 민 13:1~16

가나안 땅 정탐 (신 1:19–33)

13

2

3

4

5

6

7

8

9

10

11

12

13

14

15

16

본문은 가나안 땅을 점령하도록 각 지파에서 선택된 사람들에 관해 언급하고 있습니다.

하나님은 모든 일을 공평과 의의 기초 위에서 행하십니다. 그분은 당신의 일을 위해서 필요한 사람들을 선택하실 때 차별없이 모든 지파에서 동일한 수로 뽑으셨으며, 뽑힌 사람들은 모두가 각 지파 중에서 족장된 자들, 이름있는 자들이었습니다. 누구든지 하나님의 귀한 일에 쓰임 받기를 원하면 그분께 인정받아야 합니다.

선택된 사람들의 임무는 하나님께서 약속하신 가나안 땅을 탐지하여 그 실상을 알려주는 것이었습니다. 하나님의 택하심에는 반드시 목적이 전제됩니다. 그러므로 택하심을 입은 사람들은 그분의 택하신 목적이 무엇인가를 올바르게 이해하고 파악하도록 해야 합니다. 이에 대한 인식을 결한 사람들은 본분을 다 할 수가 없습니다.

가나안 땅에 대한 탐지는 이스라엘 자손들에게 있어서 신앙의 시험대였습니다. 우리도 이러한 경우를 얼마

민

듣지 만날 수 있으며, 주께 대한 온전한 믿음과 신뢰를 가진 사람들은 승리합니다. 그러나 주저하거나 회의하는 자들에게 이 시험대는 아주 강하게 작용하여 넘어지게 합니다.

선택된 것만 가지고 다 된 것이 아니라 자기 직임을 다 할 때 선택된 뜻이 드러납니다.

|**기도**(기도 제목)

|**주기도문**

년 월 일 요일

|**사도신경** |**찬송** 91, 365, 456장 |**말씀** 민 13:17~20

17 ●

18

19

20

본문은 모세가 정탐들을 파견한 것에 관한 언급으로 모세는 정탐꾼들에게 뚜렷한 목적의식을 제시하였습니다.

모세는 정탐들을 파견함에 있어서 그들이 행할 코스를 자세하게 가르쳐 주었습니다. 우리 주님께서 오늘 우리에게 일을 맡기실 때에도 이와 같이 자세하게 가르쳐 주십니다. 따라서 우리는 자신의 지식이나 경험을 바탕으로 행할 길을 선택하려 하지 말고, 그분이 명하신대로 행하기만 하면 되는 것입니다.

모세는 정탐들이 가나안 땅에 들어가서 해야 할 일을 상세하게 지시했으나 사명에 대한 분명한 이해가 없이는 효과적으로 임무를 수행함이 불가능했습니다. 성도들은 주께서 내게 주신 사명이 무엇인가를 올바르게 이해해야 합니다. 본분과 사명을 알아야만 책임과 기능을 다하게 되는 법입니다.

모세는 임무 수행을 위해 떠나는 사람들에게 담대하도록 격려했습니다. 이 세상에서 믿음의 싸움을 싸우는 성도들에 대해 주님께서도 동일한 말씀으로 격려하십니다. 우리는 아무것도 두려워하거나 겁낼 필요가 없습니다. 대적하는 자들이 아무리 많을지라도 주께서 우리와 함께 하시면 충분히 이기고도 남게 되기 때문입니다.

우리 성도는 세상의 정탐꾼입니다. 주께서 가르쳐 주신 지시대로 담대히 수행하는 성도가 됩시다.

|**기도**(기도 제목)

|**주기도문**

년 월 일 요일

|**사도신경** |**찬송** 545, 546, 461장 |**말씀** 민 13:21~33

21 ●

22

23

24

25 ●

26

27

28

29

30 ●

31

32

33

이스라엘은 결국 가데스 바네아에 도착합니다. 그리고 가나안을 정탐합니다.

이스라엘이 약속의 땅에 들어가기 전에 모세는 각지파에 한 사람씩 선발하여 가나안을 탐지하게 하였습니다. 이들은 팔레스틴 남쪽과 북쪽 등을 모두 돌아보면서 기골이 장대한 아낙 자손도 목격했고, 에스골 골짜기에서는 두 사람이 막대기를 꿰어 들어야 하는 큰 포도송이와 무화과 등 그 땅의 소산물들을 가지고 왔습니다.

12명의 정탐꾼이 같은 기간에 같은 장소를 정탐하고 돌아왔습니다. 그런데 이들은 가나안 땅이 그림의 떡이라는 부정적인 보고를 합니다. 가나안 땅은 과연 젖과 꿀이 흐르는 땅이지만 가나안 주민들이 너무 강한 민족이라서 전투 경험도 없고 무기도 없는 이스라엘로서는 정복할 수 없다는 것이었습니다.

부정적으로만 하나님의 역사를 보는 자들의 보고로 백성들이 실망할 때 여호수아와 갈렙이 힘주어 말하기를 "우리가 곧 올라가서 그 땅을 취하자 능히 이기리라"고 했습니다. 바로 여기에 믿음의 역사가 일어나는 것입니다. 가나안 주민이 아무리 강해도 하나님이 도우시면 승리하게 될 것을 믿은 사람만 가나안에 들어가게 되었습니다.

성도는 모든 일들에 대해 하나님을 믿는 눈을 가지고 보고 평가해야 합니다.

|**기도**(기도 제목)

|**주기도문**

년 월 일 요일

|**사도신경** |**찬송** 290, 369장 |**말씀** 민 14:1~3

백성의 원망

14

2

3

본문은 이스라엘 중에 있는 불경건한 사람들이 반란을 일으킨 것에 관해 언급하고 있습니다.

그들이 반란을 일으키게 된 가장 크고 직접적인 동기는 "믿음이 없다"는 것이었습니다. 하나님께서 애굽 사람들에게 행하신 크고 놀라운 일들을 친히 목도하고 주의 약속에 대해 밝히 들었으면서도 하나님을 거스르는 죄악을 범했으니, 이는 그들에게 믿음이 없기 때문이었습니다. 믿음이 없이는 능력의 도구로 쓰임 받음이 불가능합니다.
그들은 곧바로 돌이켜서 모세와 아론을 원망했습니다. 믿음 없는 사람들, 불경건한 사람들, 거듭나지 못한 사람들의 특징은 원망과 불평의 말을 많이 한다는 것입니다. 그들은 주의 뜻을 따라 이스라엘을 위해서 헌신하는 모세와 아론을 원망함으로 자신들 속에 있는 불신앙을 여지없이 드러내고 말았습니다.
우리의 교회들 안에서 이런 사람들이 적지 않게 있을 것입니다. 뒤돌아보는 신앙은 위험합니다. 한 샘에서 쓴 물과 단 물이 같이 나올 수 없고 한 나무에서 포도와 무화과가 같이 열릴 수 없습니다. 세상과 하나님을 겸하여 섬길 수 없는 것입니다. 세상과 벗이 되고자 하면 하나님과 원수가 된다는 사실을 명심합시다.
믿음이 없고 감사를 모르는 자는 하나님을 배반합니다. 감사하는 성도가 됩시다.

|**기도**(기도 제목)

|**주기도문**

년 월 일 요일

|**사도신경** |**찬송** 143, 216, 370장 |**말씀** 민 14:4~12

4 ●

5

6

7

8

9

10

모세가 백성을 두고 기도하다

11 ●

12

가나안 여정에서 10명의 정탐자들은 부정적인 보고를 하고 두 명의 정탐자는 긍정적인 보고를 했습니다.
세상의 일이나 사물은 절대 완전할 수 없습니다. 좋은 면도 있고 나쁜 면도 있습니다. 그런데 여호수아와 갈렙은 가나안의 좋은 면을 보았습니다. 에스골 골짜기에서 포도송이와 무화과와 석류를 증거로 가져왔습니다. 그리하여 백성들로 하여금 좋은 과일이 생산되는 젖과 꿀이 흐르는 가나안 땅에 속히 가고싶은 마음이 생기게 했습니다.
"그들은 우리의 먹이다." 가나안 땅은 텅 비어있는 무인지경이 아니라, 전쟁에 익숙한 일곱 족속이 살고 있는 땅입니다. 그래서 열 명의 정탐꾼의 보고는 부정적이었습니다. 그러나 여호수아와 갈렙의 보고는 "우리가 올라가서 그 땅을 취하자 능히 이기리라"(13:30)는 것이었습니다. 믿음의 판단은 불가능 속에서 가능성을 찾게 합니다.
믿음의 판단은 하나님의 능력을 보기 때문에 담대해집니다. 여호수아와 갈렙은 어려운 일을 앞에 놓고도 신앙으로 좋은 설명을 할 수 있었습니다. "여호와께서 우리를 기뻐하시면 우리를 그 땅으로 인도하여 들이시고 그 땅을 우리에게 주시리라"(14:8). 하나님의 능력이 믿음 있는 자에게 나타나는 것입니다.
믿음의 안목을 지닌 자는 좋은 면과 가능성과 하나님의 능력을 봅니다.

|**기도**(기도 제목)

|**주기도문**

년 월 일 요일

|**사도신경** |**찬송** 361, 364, 369장 |**말씀** 민 14:13~19

13 ●

14

15

16

17

18

19

본문은 모세의 중보 기도에 대해 언급하고 있습니다. 중보란 두 편 사이에 서서 일을 주선하는 것입니다.

이스라엘과 하나님 사이에서 극도의 긴장과 위기, 고통의 무게를 맛보면서 하나님께 기도하고 있습니다. 교회가 어려움을 당하거나 나라가 위기에 처하게 될 때 그 지도자들이나 경건한 사람들은 다른 사람에게 책임을 묻거나 다투고 싸우는 대신 하나님 앞에 엎드려서 기도해야 합니다. 이것이 가장 좋은 처방입니다.

그들의 하나님께 대한 불신은 극도로 달해 있었습니다. 그들은 주께서 행하신 모든 이적을 직접 눈으로 목도했으면서도 그분을 멸시하며 믿지 아니했던 것입니다. 애굽에서 그들을 인도해내신 그분이 그들 가운데 전염병을 보내서 멸하겠다고 말씀하신 것만 보더라도 우리는 그들의 죄악이 어느 정도에 이르렀었는지 짐작할 만합니다.

①하나님의 영광을 위해서 사하시기를 기도합니다. 크신 위엄과 능력으로 자기 백성을 인도해내신 그분께서 그들을 멸하시면 이방인들 중에서 그분의 이름이 높임을 받을 수가 없습니다. 우리의 중보 기도는 그분의 이름을 높이는 데 초점이 맞춰져야 합니다. ②하나님의 인자가 광대하심을 따라서 백성의 죄를 사하시도록 기도합니다.

범죄한 인간들에 대한 사죄는 그분의 측량할 수 없는 인자하심에 기초합니다.

|**기도**(기도 제목)

|**주기도문**

년 월 일 요일

|**사도신경** |**찬송** 542, 544, 597장 |**말씀** 민 14:20~35

20 ●

21

22

23

24

25

여호와께서 원망하는 백성을 벌하시다

26 ●

27

28

29

30

31

32

33

34

35

믿음이 없어 하나님을 시험하고 끊임없이 반역하며 불순종하는 사람들에게는 재앙이 따른다.

하나님은 그들을 약속의 땅에 들어가는 축복에서 제해버리셨습니다. 가나안을 바라보고 애굽을 떠났음에도 그들은 약속의 땅을 보지 못하고 광야에서 엎드러지도록 운명지어졌던 것입니다. 그들의 불신앙과 불순종 때문이었습니다. 하나님의 나라를 보고 출발했다 하여 모두가 거기 들어가는 것이 아닙니다.

하나님을 의뢰했던 여호수아와 갈렙 두 사람은 그 땅에 들어가는 것이 허락되었습니다. 그들의 믿음과 순종에 대한 상급이었습니다. 믿음과 순종의 사람은 누구를 막론하고 그분의 약속에 참여합니다. 많은 고난과 역경에도 불구하고 목적지에 이르게 됩니다. 하나님을 의뢰하여 본 손해는 하나님이 반드시 보상해 주십니다.

죄는 자기만 아니라 자녀들에게까지 무거운 짐을 지고 40년간 광야를 유랑하는 고통을 가져다 주었습니다. 죄 중에 가장 큰 죄는 믿음 없는 것입니다. 하나님의 백성이 아니고 이스라엘이 아니라면 문제가 되지 않지만 하나님과 동행하며 하나님을 체험한 그들이 믿지 못한 죄는 크나 큰 것이었습니다.
우리도 이스라엘의 반역과 불순종을 거울삼아 믿음 가진 자로 굳건히 섭시다.

|기도(기도 제목)

|주기도문

년 월 일 요일

|사도신경 |찬송 432, 400, 406장 |말씀 민 14:36~45

36 ●

37

38

첫번째 점령 시도 (신 1:41–46)

39 ●

40

41

42

43

44

45

우리는 하는 일마다 잘되고 형통하기를 바라지만, 바람과는 반대로 하는 일마다 막혀서 고전하기도 합니다.
선택이 되었음에도 불신과 불순종으로 하나님을 괴롭게 했던 그들은 재앙으로 인해 죽었습니다. 하나님께서 그들에게 재앙을 내리셨기 때문입니다. 하나님께 대한 반역과 불순종은 가장 두려운 결과로 나타납니다. 여러분이 하나님을 순종하거든 감사하십시오. 그러나 불순종하는 사람들은 두려워해야 합니다.
하나님을 순종하면 그 원수라도 더불어 화목하게 하시지만(잠 16:7), 하나님을 배반하면 가까운 자라도 원수가 되는 법입니다. 그들은 하나님을 배반함으로 말미암아 아말렉과 가나안 사람들로부터 쫓기게 되었습니다. 믿음과 순종이 견고한 보장임을 명심합시다. 만군의 여호와를 섬기는 자들의 불순종은 비참만을 초래합니다.
요셉은 애굽에 노예로 팔려갔으나 하나님이 형통케 하심으로 총리 대신이 되었습니다. 여호와를 배반하면 하는 일마다 막히고 형통하지 못하게 되지만, 순종하는 사람은 만사가 형통합니다. 하나님께 대한 믿음과 순종은 복의 문을 여는 것입니다. 신앙주의, 신본주의, 긍정주의의 믿음을 견지합시다.
형통하지 못한 이유는 불신실, 배반, 믿음 없음임을 알아 믿음에 굳건히 서야 하겠습니다.

|기도(기도 제목)

|주기도문

년 월 일 요일

|사도신경 |찬송 150, 311, 259장 |말씀 민 15:1~10

여호와께 드리는 제물

15

2

3

4

5

6

7

8

9

10

본문은 이스라엘이 가나안 땅에서 지켜야 할 제사에 관해 언급하고 있습니다.

하나님께서 주신 이 규례는 애굽 땅에서 지키도록 주신 것이 아니라 약속의 땅 가나안에서 지키도록 주신 것입니다. 하나님의 언약 아래 있는 사람들이 지켜야 할 규례였던 것입니다. 우리 성도는 그리스도의 언약 아래 있는 사람들이며, 따라서 우리가 지키고 따라야 할 법도와 규례가 있습니다.

우리의 예배나 헌물, 기도를 받으시는 분은 하나님이십니다. 따라서 우리는 이 모든 것을 하나님께서 받으심직하게 드려야 합니다. 사람들에게 보이려고 하는 것은 옳지 못합니다. 바울은 빌립보 교회가 자신을 도운 것이 하나님을 기쁘시게 한 '향기로운 제물'이라고 했는데, 우리의 모든 제물도 이와 같아야 하겠습니다.

하나님께 드리는 제물이라고 모두가 같은 것일 수는 없습니다. 어떤 제물은 그분이 열납하시지만, 어떤 제물은 거절하십니다. 여러 제사 중의 하나인 소제는 하나님께 대한 충성심과 감사의 표시였습니다. 우리가 그분의 은혜를 알고 감사하며 그분께 충성함은 많은 제물보다 값진 것입니다.

우리가 헌물을 드리든지 무슨 기도나 간구를 하든지간에 그분이 받으심직하게 하도록 힘써야 하겠습니다.

기도(기도 제목)

주기도문

년 월 일 요일

사도신경 **찬송** 151, 143, 415장 **말씀** 민 15:11~16

11 ●

12

13

14

15

16

본문의 제사는 그분 안에서 차별이 불식됨을 보여줍니다.

하나님 앞에서의 모든 사람의 법적 지위는 동등하게 '죄인'이라는 것입니다. 여기에는 유대인이나 이방인의 구별이 있을 수가 없습니다. 이방인들과 마찬가지로 유대인들도 죄인이며, 하나님 앞에 설 수 없는 사람들입니다. 철두철미 유대인이었던 바울은 그리스도 안에서 "의인은 하나도 없다"(롬 3:10)는 사실을 발견하게 되었습니다.

유대인이나 이방인이나 하나님께 드리는 제물의 분량은 동일한 것이었습니다. 하나님 앞에서 의롭게 살았다고 말할 수 있는 사람이 하나도 없듯이, 모든 사람은 동일한 분량의 제물을 통해서만 그분께로 나아갈 수가 있습니다. 즉 예수 그리스도가 아니면 의인됨이 불가능한 것입니다. 착하게 산 사람이나 악하게 산 사람이나 마찬가지입니다.

하나님 안에서는 어떤 형태의 차별도 존재하지 않습니다. 유대인이나 이방인 모두 제사의 방법에 차이가 없었습니다. 모든 사람은 동일한 방법, 즉 회개와 믿음을 통해서만 하나님과 평화할 수 있습니다. 다른 방법으로는 불가능하며 예외는 누구에게도 적용되지 않습니다. 이것이 하나님의 은혜입니다.

인간사에는 무수히 많은 종류의 차별이 있으나 오직 예수 그리스도를 통한 구속에는 차별이 없습니다.

기도(기도 제목)

주기도문

년 월 일 요일

사도신경 **찬송** 82, 91, 311장 **말씀** 민 15:17~31

17 ●

18

19

20

21

22 ●

23

24

25

26

27 ●

28

29

30

31

죄를 가까이 하는 사람들은 불행을 자초하게 되고 맙니다. 본문은 죄를 멀리하도록 경계합니다.

첫 열매의 거제는 농사하여 얻은 모든 것이 자신들의 수고의 대가가 아니라 하나님의 은혜로 된 것임을 고백하며 감사하는 의식입니다. 우리가 아무리 많은 정성을 쏟으며 수고하고 애쓴다 할지라도 하나님의 도우심이 없이는 아무것도 거두어 들일 수가 없음을 알아 성도는 첫 열매를 그분께 드리도록 힘써야 하겠습니다.

알고서도 연약함으로 인하여 범한 죄, 혹은 시험에든 죄 등에 대해서는 규례대로 속죄하여 사함을 받도록 해야 합니다. 하나님은 우리가 죄를 범했을지라도 사하기를 기뻐하시므로 회개하면 용서하여 주십니다. 하지만 모든 죄가 같은 것은 아닙니다. 죄 중에는 불사의 죄도 있습니다(마 12:31-32).

공개적으로 하나님을 반역한 죄는 백성 중에 끊어지는 보응을 받습니다. 이러한 죄는 용서받지 못하는 죄악입니다. 경중의 문제를 떠나서 죄는 우리가 철두철미 멀리해야 할 파괴적인 독소입니다. 고의적인 범죄는 하나님께서 용서받지 못할 죄라고 단정한 만큼 성도들은 고의적인 죄를 범하지 않도록 조심해야 합니다.

죄를 멀리하는 것이 성도의 도리요 또한 하나님의 뜻대로 사는 것이며 형통케 되는 길입니다.

기도(기도 제목)

주기도문

년 월 일 요일

사도신경 **찬송** 40, 150, 406장 **말씀** 민 15:32~41

안식일에 일을 한 사람

32 ●

33

34

35

36

옷단 귀에 다는 술

37 ●

38

39

40

41

본문은 안식일을 범한 사람에 대해 우리가 어떠한 태

도를 취해야 되는 것인지 교훈해 주고 있습니다.

이스라엘이 하나님의 율법을 전수 받은 이후 처음으로 여호와의 안식일을 범하는 사건이 발생했습니다. 물론 사람에게 숨긴 바가 된다 할지라도 하나님께는 숨길 수가 없으므로 이스라엘에게 죄를 가져다 주는 것은 분명한 사실이지만, 그의 범죄 행위는 경건한 많은 사람들에게 두려움을 가져다 주었습니다.

범죄한 사람의 처리에 대한 문제를 놓고 모세는 하나님께 그 방법을 물었습니다. 전례가 도무지 없었으므로 하나님의 뜻을 묻는 것이 당연한 일이었습니다. 우리도 전례가 없는 어떤 문제들을 처리하게 될 때에 사람들의 생각을 묻지 말고 하나님께 도움을 요청하도록 해야 합니다. 그분의 규례에 대한 완전한 해석이 그분 자신에게 있습니다.

하나님께서는 범죄한 그를 진 밖으로 끌고 가 돌로 쳐서 죽이도록 명령하셨습니다. 우리는 우리 자신 및 우리의 공동체 안에서 죄와 관련된 모든 것들을 철저히 제거하도록 해야 합니다. 그래야만 하나님과의 교통에 방해를 받지 않는 법입니다. 안식일의 규례대로 행하는 성도가 되어야겠습니다.

그분의 언약 안에 있는 모든 사람은 그분의 규례들을 귀히 여기고 범하는 일이 없도록 조심해야 합니다.

기도(기도 제목)

주기도문

년 월 일 요일

사도신경 **찬송** 86, 369장 **말씀** 민 16:1~3

고라와 다단과 아비람의 반역

16

2

3

본문은 고라와 그 일당이 모세에게 반역한 것에 관해 언급하고 있습니다.

반역은 당을 짓는 데서 발단이 됩니다. 고라를 중심으로 모세와 아론에 대해 반대하는 사람들이 모여서 드디어 반역하는 일이 커졌습니다. 그리스도인들은 언제든지 주께서 세우신 사람들을 대항해서 당 짓는 것을 삼가서 스스로 올무에 걸리게 되는 일이 없도록 조심해야 합니다. 주의 종들에 대한 반역은 곧 주께 대한 반역입니다.

고라 주변에는 하나님께서 세우신 모세와 아론에 대해 반대하고 그들이 하는 일에 대해 불평 불만이 많은 사람들이 모여 있었습니다. 불평과 불만은 교만의 다른 표현입니다. 자기의 생각과 맞지 않음으로 해서 또는 자기의 기득권을 지키거나 새로운 권리를 차지하기 위해 불평과 불만을 하게 되는 것입니다.

고라와 그 함께한 사람들의 죄는 마땅히 생각할 그 이상의 생각을 품은 것입니다. 각 사람에게는 하나님께서 주신 분량과 한계가 있으며, 우리는 이것을 넘어가는 일이 없도록 조심해야 합니다. 분량 밖의 자랑은 교만이며, 하나님은 교만한 자를 미워하사 그 집을 헐어버리시고, 그로 하여금 부끄러움을 당하게 하십니다.

주께서 세우신 지도자에 대한 반역은 하나님에 대한 반역입니다.

기도(기도 제목)

주기도문

년 월 일 요일

사도신경 **찬송** 293, 330, 595장 **말씀** 민 16:4~11

4 ●

5

6

7

8

9

10

11

하나님의 사람 모세는 보기 드문 특별한 인물이었습니다. 그는 온유함이 지면의 모든 사람보다 더했습니다.

휘하에 있는 사람들이 반기를 들고 거스를 때 누구를 막론하고 분노가 치미는 것은 극히 자연스러운 현상일 것입니다. 하지만 모세는 자신의 감정이나 생각에 치우쳐 행동하지 않고 주 앞에 엎드려 지시를 기다렸습니다. 그리스도인들이 곤경에 처하게 될 때 취해야 할 올바르고 합당한 태도입니다.

주께서는 모세의 기도를 들으사 그가 어떻게 행할 것을 가르쳐주셨고, 모세는 주의 말씀을 따라서 행했습니다. 우리가 곤경 중에서 기도할 때 주님은 극복할 수 있는 지혜와 능력을 주셔서 승리하게 하십니다. 그 눈이 문제를 향하는 사람은 실망하고 좌절하게 되지만 그 눈이 하나님을 향하는 사람은 문제를 극복하고 승리하게 됩니다.

모세는 그들에 대한 심판을 자신이 행하지 않고 주께 온전히 맡겼습니다. 입법자와 재판자는 하나님이십니다(약 4:12). 자기의 감정이나 편협한 생각으로 어떤 일을 행하는 것은 결코 주의 종의 태도가 아닙니다. 오직 하나님의 판단에 맡겨야 합니다. 그러므로 성도는 마땅히 모든 것을 그분께 맡기도록 해야 합니다.

충성된 주의 종은 온전히 주께 헌신하며 그의 선한 뜻을 행해야 합니다.

기도(기도 제목)

주기도문

년 월 일 요일

사도신경 **찬송** 515, 382, 384장 **말씀** 민 16:12~19

12 ●

13

14

15 ●

16

17

18

19

본문은 높은 지위와 명예욕에 눈이 어두워 모세와 아론의 지도권에 반기를 든 고라에게 심히 노하여 하나님의 판결을 구하는 모세에 대한 내용입니다.

모세는 하나님의 지시하심을 받들어 여호와의 총회를 조직하였습니다. 이 모든 조직과 제도의 가장 높은 지위에 아론과 그 아들들 그리고 모세가 위치하게 되었습니다. 여기에 대하여 고라를 중심한 레위 족속 일당이 도전하였습니다(3, 14). 모세는 이러한 도전에 심히 노하였습니다. 이 도전은 신성한 것에 대한 마귀의 도전이며, 창조주에 대한 인간의 도전이기 때문입니다. 우리도 이런 거룩한 분노를 할 줄 알아야 합니다. 분을 품되 죄 짓지 아니하는 분노는 허락되어 있습니다(엡 4:26).

모세는 이러한 중대 국면에서 그 해결을 하나님께 구하였습니다. 여호와 앞으로 나아와서 판결을 받자는 것이 모세의 해결 방법이었습니다. 여호와의 총회조직과 제사제도는 모세가 정권욕을 가지고 자기의 지혜와 경륜으로 이루어낸 것이 아니었습니다. 처음부터 하나님께서 모세를 통해 하신 것이었습니다. 하나님의 일이 도전받고 하나님의 일이 위기에 처할 때 그 해결은 그 일의 주인이신 하나님께 구하여야만 합니다.

인간인 내가 그 위기의 해결사 노릇을 하겠다는 것은 분수에 넘치는 일이고 사태를 더 어렵게 만든다. 결국 그러한 자들의 운명은 불행해질 수밖에 없습니다.

|기도(기도 제목)

|주기도문

년 월 일 요일

|사도신경 |찬송 79장 |말씀 민 16:20~30

20 ●

21

22

23

24

25 ●

26

27

28

민

29

30

본문은 모세를 통하여 말씀하시는 생명의 하나님에 대하여 언급하고 있습니다.

하나님께서 세우신 제도와 조직에 도전하는 고라의 일당을 보시고 하나님께서는 고라의 일당뿐만 아니라 전 이스라엘을 순식간에 멸하시려고 하셨습니다. 모세는 "생명의 하나님이여 한 사람이 범죄하였거늘 온 회중에게 진노하시나이까"하고 중재 기도를 하였습니다. 이 기도는 응답받아 전 이스라엘이 멸망받는 일은 없게 되었습니다.

하나님의 일에 도전하는 악한 무리들에게서 너희 모두는 떠나라고 하심으로써 하나님께서 악인들을 분리시키셨습니다. 하나님께서는 분명한 분리를 통하여 일하십니다. 하나님과 인간을 구별 못하는 것이 악의 본질이며, 신성한 것과 세속적인 것을 혼동하는 것이 악인의 본질입니다. 이것을 하나님께서는 가만두지 않으십니다.

창조주 하나님과 피조물인 인간을 구별할 줄 모르고 덤비는 사람, 신성한 것과 속된 것을 혼동하고 덤비는 사람에게 하나님께서는 특수한 벌을 내리십니다. 일반적으로 우리가 겪는 실패, 질병, 사고, 재산의 감소와 상실 같은 어려움과는 전혀 다른 특수한 벌, 예리하게 구별된 벌을 내리십니다.

우리가 드리는 기도 중에서 중재 기도의 몫이 크다는 사실을 기억하고 항상 간구해야 합니다.

|기도(기도 제목)

|주기도문

년 월 일 요일

|사도신경 |찬송 175, 177, 180장 **|말씀** 민 16:31~40

31 ●

32

33

34

35

향로

36 ●

37

38

39

민

40

본문은 하나님의 자녀가 바로 행할 길과 가지 말아야 할 길을 교훈하는 내용입니다.
하나님의 일과 하나님의 영광에 도전한 고라와 그의 가족 모두와 모든 소유물은 땅이 입을 벌려 삼킴으로 멸망하였습니다. 고라와 함께하였던 이백오십 명은 하늘에서 불이 내려와 소멸하였습니다. 땅 위에서 하나님께 정면 도전하는 일을 하면 땅과 하늘의 공격을 받아 도저히 생존을 이어갈 수 없게 됩니다(신 28:15-68).
하나님께 덤비는 악한 사람들이 바친 향로지만 일단 바쳐졌고 하나님께서 심판에 사용하신 것이기 때문에 거룩한 것이 되었습니다. 하나님은 엄위하신 분이시며 우리 마음대로 하나님께 드렸다 빼앗았다 할 수 없는 거룩한 분이십니다. 하나님은 업신여김을 받지 않으십니다(갈 6:7). 우리가 하나님께 버림받지 않도록 조심해야 합니다.
하나님께서는 이백오십 명이 바친 향로를 거룩한 것으로 구별하시고 그 향로의 칠을 벗겨 제단을 싸고 기념의 표로 삼으셨습니다. 앞으로 고라와 그 무리같이 되는 사람이 없도록 하기 위해서 표가 되게 하셨습니다. 하나님께서 정하신 경계선을 넘는 자에게는 화가 있습니다. 하나님 말씀에 바로 서서 주의 영광을 위하여 최선을 다하는 성도가 되어야 하겠습니다.

기도(기도 제목)

주기도문

년 월 일 요일

사도신경 | **찬송** 250, 283, 255장 | **말씀** 민 16:41~50

아론이 백성을 구하다

41 ●

42

43

44

45

46

47

48

49

50

본문은 책임을 전가하는 백성들에 대한 하나님의 진노와 은혜의 모습을 보여줍니다.
고라와 가족과 그 모든 소유물이 멸함을 받고 고라와 당을 만들었던 250명이 소멸된 원인은 모세와 아론에게 도전했다가 생긴 일이니 모세와 아론이 이 모든 화의 원인이라는 것입니다. 원망에도 논리는 있습니다. 그러나 그 원망의 논리는 하나님을 인정함이 없는 것이기 때문에 하나님께 용납되지 않고 죽음을 몰고 옵니다.
모세와 아론은 이스라엘 백성의 원망에 논쟁으로 대

처하지 않았습니다. 모세와 아론은 즉시 하나님께 죄를 속하여 달라는 속죄 분향의 행위로 대처하여 죽음을 막았습니다. 우리는 우리의 죄 대로 갚지 아니하시며 우리의 허물과 우리의 됨됨이대로 우리를 취급지 아니하시는 하나님을 본받아야 합니다.

원망이 몰고온 급속한 죽음이 퍼져나갈 때 이미 죽은 일만 사천 명과 아직 살아있는 이스라엘 백성 사이에 제사장 아론이 속죄의 향로를 들고 서 있음으로써 죽음이 그쳤다. 이것은 죄로 인하여 영원히 죽을 수밖에 없는 우리의 죽음을 막고 생명을 살리는 역할을 하시는 예수 그리스도의 예표입니다. 우리가 우리의 죄 대로 갚음을 받고 취급된다면 어떻게 하나님의 백성이 되겠습니까? 주의 은혜에 감사합시다.

|기도(기도 제목)

|주기도문

년 월 일 요일

|사도신경 |찬송 23, 32, 35장 |말씀 민 17:1~7

아론의 지팡이

17

2

3

4

5

6

7

하나님께서 죽은 나무 지팡이로 기적을 베푸셔서 아론의 제사장직의 정당성을 세우고 원망을 그치게 하셨습니다.

하나님께서는 12지파의 수효대로 지팡이를 가져 오도록 명하시고 각 지파의 이름을 쓰되 레위 지파의 지팡이에는 아론의 이름을 쓰도록 하셨습니다. 12지파의 지팡이를 회막 안 증거궤 앞에 두면 하나님이 선택한 자의 지팡이에서 싹이 나서 표적을 통해 하나님이 살아 계심을 증거하고 패역한 이스라엘을 경고하시겠다는 것입니다.

아론의 지팡이에서 싹이 나게 하신 것은 하나님께서 친히 아론을 들어 사용하신다는 사실을 알게 하여 자신이 직접 세우신 사람의 권위를 이스라엘에게 보여주어 순종하게 하려 하심입니다. 그리하여 아론의 권위를 높여 성직의 존엄성을 보여주고 망령된 반역자들이 생기지 않도록 경고하려 하심입니다.

다음날 아론의 지팡이에서 움이 돋고 순이 나고 꽃이 피어 익은 살구 열매가 열렸습니다. 이것은 하나님이 죽음이 선고되었던 이스라엘에게 새로운 생명을 허락하셔서 하나님과 새로운 관계를 시작하셨다는 것을 의미하는 것입니다. 이 사건은 죄와 허물로 죽었던 우리가 예수의 피로 영원한 생명을 얻게 되는 하나님의 사랑의 예표입니다.

하나님의 사랑을 받은 우리들은 죽음의 악취보다는 생명의 향기를 내뿜는 사명을 잘 감당해야 합니다.

|기도(기도 제목)

|주기도문

년 월 일 요일

|사도신경 |찬송 64, 21, 68장 |말씀 민 17:8~13

8 ●

9

10

11

12 ●

13

본문은 하나님이 지팡이에서 싹이 나게 한 이적을 통해 이스라엘 백성들의 불평을 잠잠케 한 것을 기록했습니다.

이것은 제사장직에 관한 논쟁이 기적에 의해서 최종적으로 결말지어진 것을 보여주고 있습니다. 제사 직분은 아론에게 속한 사람들에게만 명령하신 일이므로 레위 및 다른 사람들이 넘보거나 범할 수 없는 특별한 것이었습니다. 여기서 우리는 주의 직분에 대한 성도들의 곡해의 한 부분을 보게 됩니다.

하나님의 질서를 어지럽힌 반역자들에 대한 표징으로 아론의 싹 난 지팡이는 증거궤 앞에 보관되었습니다. 하나님의 판결이 영구히 불변함을 나타낸 것입니다. 우리는 어떠한 경우에도 분량 밖의 자랑을 하는 일이 없도록 조심하여야 합니다. 하나님은 어지러움이 아니라 질서의 하나님이십니다(고전 14:33).

모세는 아무것도 자신의 생각이나 권위에 따라서 하지 않고 하나님의 명령하심에 순종했습니다. 하나님의 일을 맡은 자에게는 자신의 권위를 세우기 위한 여타의 노력을 포기하고 오직 하나님께 순복해야 합니다(고전 4:2, 계 2:10). 하나님이 기뻐하시는 사람은 하나님의 뜻에 온전히 따르는 자입니다. 순종보다 귀한 제사는 없습니다.

우리들은 불평보다는 각자의 주어진 직무를 하나님의 명령하신 대로 충성하는 성도가 되어야 합니다.

기도(기도 제목)

주기도문

년 월 일 요일

사도신경 **찬송** 323, 595, 461장 **말씀** 민 18:1~7

제사장과 레위인의 직무

18

2

3

4

5

6

7

년 월 일 요일

|사도신경 |찬송 213, 320, 321장 |말씀 민 18:8~20

제사장의 몫

8 ●

9

10

11

12

13

14

15

하나님께서 구별하신 직분은 거룩합니다. 본문은 하나님께서 구별하신 거룩한 직무에 관해 언급합니다.

제사장들은 제사장 직분에 대한 죄를 담당해야 했습니다. 만일 그들이 자신들의 직무 가운데 어느 하나라도 소홀히하거나, 다른 어떤 사람들이 그들의 직무를 침범하도록 내버려 두거나, 아니면 그들의 권한 밖의 일을 한다면 제사장들은 그 책임을 져야만 했습니다. 중요한 직임에는 그만큼 중요한 책임이 따르는 법입니다.

레위인들의 직무는 제사가 아니라 성소에서 섬기는 일, 즉 아론의 아들들을 돕는 일이었습니다. 대부분의 많은 사람들이 섬기기보다는 섬김을 받는 것이 귀한 일인 것처럼 생각합니다. 그러나 하나님은 섬김을 귀하게 여기십니다. 하나님 앞에서 귀한 자는 섬김을 받는 자가 아니라 섬기는 자입니다. 우리의 직임 자체가 봉사 직입니다.

직임에 관한 올바른 이해는 그것이 하나님의 선물이라는 것입니다. 우리가 무슨 일을 맡았든지 그분이 선물로 주신 것이니 겸손한 마음으로 성실하게 섬기도록 해야 합니다. 직임은 분량의 차이는 있어도 우열의 차이는 없습니다. 그러므로 직분자는 주어진 일에 충성하며 하나님께 감사하는 생활을 하여야 합니다.

우리에게 주신 직무는 하나님께서 주신 거룩한 직무이므로 최선을 다해 끝까지 충성하여야 겠습니다.

|기도(기도 제목)

|주기도문

16

17

18

19

20

제사장들도 하나님께로부터 일에 대한 품삯을 받았습니다. 본문은 제사장의 분깃에 대해 언급하고 있습니다.
몫의 음식이란 일한 대로 받는 보수를 가리키는 것으로 그들이 하나님의 일에 부르심을 받았으므로 그분으로부터 보수를 받는 것입니다. 오늘날의 교회가 목회자를 마치 자기들이 부리는 사람처럼 생각하는 것은 철저하게 잘못된 것입니다. 그들은 하나님의 일꾼이며, 그들의 보수는 그분이 정하셨습니다.
제사장들에게 돌리는 분깃은 백성이 하나님께 드린 가장 좋은 것들이었습니다. 첫 소산, 처음 난 것, 정결한 것이 그들의 몫이었던 것입니다. 교회는 목회자를 대우함에 있어서 인색해서는 안 됩니다. 성경은 "가르침을 받는 자는 말씀을 가르치는 자와 모든 좋은 것을 함께하라"(갈6:6)고 가르친다.
만물의 근원 되시는 하나님을 기업으로 삼는다는 것은 엄청난 축복이 아닐 수 없습니다. 제사장들이 바로 이와 같았습니다. 만물의 주인이신 하나님을 자신의 기업으로 삼을 때 무한한 힘이 됩니다. 주의 직무를 행하는 주의 종들은 사람에게 의존하지 말고 하나님만 의지하며 그 분의 도우심을 힘입어 살도록 힘써야 합니다.
하나님의 일을 맡은 자들은 항상 하나님을 의지하며 그분의 손길만을 바라보고 살아가야 합니다.

기도(기도 제목)

주기도문

년 월 일 요일

사도신경 **찬송** 347, 435, 436장 **말씀** 민 18:21~24

레위인의 몫

21 ●

22

23

24

민

레위 지파도 성전에서의 봉사를 위해 하나님께서는 그들의 봉사에 대한 보수로 그들의 기업을 대신하셨습니다.
이스라엘 자손들은 수고하여 얻은 모든 소득의 십일조를 구별해야 했습니다. 이것은 성전 봉사를 위해 하나님이 구별하신 레위 지파의 기업이었던 것입니다. 레위인들은 백성들이 할 수 없는 일을 대신하였으므로 마땅히 즐거운 마음으로 십일조를 구별해야 했으며, 그것은 또한 레위의 기업이신 하나님의 몫이기도 했던 것입니다.
그들이 받는 십일조는 봉사에 대한 보수였으므로 떳떳한 것이었습니다. 바울이 자기 손으로 수고하여 자기와 동행들의 쓸 것을 조달했던 것은 이런 권이 없어서가 아니라 복음에 장애가 되는 요인들을 없애려는 것과, 이같이 수고하여 약한 사람들을 도움으로써 본을 보이려고 했기 때문이었습니다. 일에는 반드시 품삯이 따른다.
레위인들에게 위임된 직임은 다른 사람들이 할 수 없는 일이었습니다. 위임된 직무는 거룩한 직무이기에 하나님의 선택과 선택된 자에 의해서만 행해 졌습니다. 하나님께서 각기 다르게 직임을 주셨으므로 오직 그들만 그 일을 할 수 있었습니다.
우리는 각자의 직임을 소중히 여겨야 합니다. 그리하여 하나님께 영광 돌려야 합니다.
주께 부름받은 사람은 열심을 다하여 수고하기만 하면 필요한 모든 것은 주님이 책임져 주십니다.

기도(기도 제목)

주기도문

년 월 일 요일

사도신경 **찬송** 286, 234, 246장 **말씀** 민 18:25~32

레위인의 십일조

25 ●

26

27

28

29

30

31

32

하나님께 드려지는 모든 것은 그것들의 세상적인 가치들에 관계없이 자유롭다.
레위 지파는 백성으로부터 십일조를 받은 사람들이었습니다. 그들은 백성들에게서 받은 것에서 십일조를 구별하여 하나님께 드려야 했습니다. 그것은 하나님의 성물이므로 임의로 주관할 수 없었던 것입니다. 하나님의 것을 임의로 주관하면 성물을 더럽히는 것이 됩니다. 우리는 성물을 더럽히는 일이 없도록 조심해야 합니다.
구별된 것들 중에 구별된 것이 제사장의 몫으로 주어졌습니다. 이는 제사장의 위치가 특별하다는 의미보다는 하나님을 섬기는 일의 중요성을 교훈하는 것입니다. 하나님을 위한 봉사는 다른 어떤 일들보다도 귀하고 거룩합니다. 우리는 어느 분야에서 어떤 직업에 종사하든지 하나님을 위한 봉사를 하도록 힘써야 합니다.
성물을 더럽힌다는 것은 하나님을 모독하는 행위가 되기 때문에 죽음을 피할 수가 없습니다. 우리가 가장 경계하고 두려워해야 할 것은 그분께 합당치 못한 일을 하는 것입니다. 주일을 그분을 위해 구별하고, 십일조도 구분하며, 그분이 명령하신 모든 것을 순종함이 아름답고 복된 일입니다.

하나님께 드려진 모든 것은 성물입니다. 따라서 성물을 더럽혀 범죄하는 일이 없도록 조심해야 합니다.

|기도(기도 제목)

|주기도문

년 월 일 요일

|사도신경 |찬송 258, 264, 266장 |말씀 민 19:1~10

붉은 암송아지의 재

19

2

3

4

5

6

7

8

9

10

본문은 정결케 하는 재를 만드는 방법에 관해 언급합니다. 이 재는 깨끗하게 하는 물을 만드는 데 사용했습니다.

인간의 정결이나 부정은 근원적으로 하나님과의 관계가 전제됩니다. 율례를 결정하실 수 있는 분은 하나님뿐이십니다. 인간이 스스로 만들거나 고안해 냄이 불가능한 것입니다. 본문은 부정을 깨끗하게 하는 물에 관한 규례가 하나님께서 명령하신 것이라고 증거합니다. 우리는 그분의 명령하신 법이나 규례에 의해서만 정결케 될 수 있습니다.

부정한 것을 정결케 하는 규례는 제사장에게 위임되었습니다. 이는 정결케 하시는 분이 하나님 자신이며, 제사장이 대리자로서의 역할을 담당하고 있음을 교훈하는 것입니다. 제사장이 인간적으로 특별한 사람일 수는 없지만 그의 직임은 매우 귀한 것입니다. 왕 같은 제사장들인 성도들도 자신의 직임이 귀한 것임을 잊어서는 안 됩니다.

이 물은 죽음과 접촉함으로 부정하게 된 모든 사람들을 정결케 해주는 것이었습니다. 우리는 그 신비에 관해서는 알지 못합니다. 다만 하나님의 말씀을 따를 때 정결케 된다는 사실만 알고 있을 뿐입니다. 하나님은 이러한 속죄와 정결 제도를 제시함으로써 인간과의 계속적인 교제를 원하고 계심을 나타내셨습니다.

죄악은 하나님과의 교제를 멀어지게 함으로 그리스도의 속죄의 피를 믿고 정결한 성도가 되어야겠습니다.

민

|기도(기도 제목)

|주기도문

년 월 일 요일

|사도신경 |찬송 258, 259, 264장 |말씀 민 19:11~19

시체를 만진 자

11 ●

12

13

14 ●

15

16

17

18

19

하나님과 관련된 모든 사람들은 어떤 연유로 부정하게 되었든지 막론하고 반드시 정결함을 얻어야 합니다.

시체를 만지거나 죽은 사람의 뼈나 무덤을 만지거나, 시체가 있는 장막이나 집 안에 있는 사람은 부정하게 되었습니다. 일반적으로 성경에서 죽음은 죄와 관련되며, 죄의 상징으로 표현되고 있으므로 시체를 만지는 것은 부정하게 될 수밖에 없었습니다. 하나님의 자녀들은 이 세상의 어떤 죄에라도 관여하는 일이 있어서는 안 됩니다.

부정에 대해 스스로 정결케 하는 일의 중요성은 그것이 여호와의 성막을 더럽히는 행위라는 사실 가운데 잘 함축되어 있습니다. 그러므로 모든 부정에 대해 스스로 정결케 하도록 힘써야 합니다. 주의 성소를 더럽히는 사람은 그 백성 중에서 끊어지는 법입니다. 그러므로 날마다 하나님의 법도를 존중하는 생활을 해야 합니다.

부정으로부터 정결케 되는 것은 스스로의 원함에 의해서가 아니라 그분의 정하신 방법으로만 가능합니다. 즉 정결케 하는 물로 뿌림을 받는 것으로 그리스도를 통해 인류가 죄 용서와 구원받을 수 있다는 사실과 연관됩니다. 하나님의 방법 이외에는 달리 무엇으로도 정결함을 얻을 수가 없습니다.

부정케 되면 하나님과의 교통이 단절됩니다. 그러므로 성도는 반드시 정결한 삶을 유지해야 합니다.

|기도(기도 제목)

|주기도문

년 월 일 요일

|사도신경 |찬송 420, 423, 270장 |말씀 민 19:20~22

20 ●

21

22

하나님의 성소는 성역 중에서도 성역입니다. 본문은 주의 성소를 더럽히는 사람들에 대해 경고하는 말씀입니다.

여호와의 성소를 더럽힌다는 것은 가장 두려운 일인데 누구든지 부정하게 되고도 스스로 정결하게 아니하면 이 죄를 범하는 것이 됩니다. 우리는 모든 불의나 부정한 것들을 버리고 자신을 거룩하게 해야 합니다. 정결한 사람이 하나님과 교통할 수 있고, 정결한 사람이 주의 일에 쓰임받게 됩니다.

여호와의 회중은 거룩한 공동체이며, 따라서 부정한 사람들은 자연히 끊어질 수밖에 없습니다. 의와 불법이 함께 할 수 없고, 빛과 어둠이 사귈 수가 없는 것입니다. 교회는 그리스도의 거룩한 공동체로서 부정하게 된 자들의 문제를 진지하게 다루지 않으면 안 됩니다. 부정한 것을 그대로 용납하는 데서 부패와 타락이 시작됩니다.

죄나 불의 등 부정한 것들은 전염성이 강합니다. 가까이 하거나 접촉해서는 안 됩니다. 전염된 죄라고 가벼워지는 것이 아닙니다. 이러한 죄의 문제를 해결하지 않고는 영원한 죽음을 맛볼 수밖에 없기 때문입니다. 최선의 삶은 오직 우리 주님을 따라서 좌우로 치우침이 없이 나아가는 것입니다.

죄악은 인간과 하나님과의 교제를 가로막는다. 하나님이 제시하신 법도 안에서 죄의 문제를 해결합시다.

|기도(기도 제목)

|주기도문

년 월 일 요일

|사도신경 |찬송 597, 455, 454장 |말씀 민 20:1~13

가데스의 다툼과 므리바 물 (출 17:1-7)

20

2 ●

3

4

5

6

7

8

9

10 ●

11

12

13

본문은 하나님의 집에서 종으로 충성했던 모세가 하나님을 불순종하는 기이한 모습을 보여주고 있습니다.

사람의 마음이란 참으로 간사한 것이어서 믿고 신뢰할 만한 것이 되지 못함을 본문은 잘 보여줍니다. 순탄한 환경 가운데서는 순한 양 같다가도 역경이나 어려움에 처하게 되면 성난 이리같이 돌변하는 부패한 인간 심성을, 우리는 모세를 공박한 이스라엘 백성을 통해서 살펴 볼 수 있게 됩니다.

모세는 백성 전체나 혹은 그 대표들과 다투지 않고 이 문제를 주님께로 가지고 갔습니다. 그에게 이 일을 하도록 명령하신 분이 주님이시므로 그는 모든 문제들을 그분과 상의했던 것입니다. 주의 종들이 본받아야 할 위대한 태도입니다. 사람과 상의하는 것은 문제 해결에 도움이 되지 못합니다.

이것은 모세의 극한 분노로 인한 불신앙적인 행동이었습니다. 즉 하나님의 판단과 말씀보다 자신의 감정을 앞세운 것입니다. 주의 종은 사람과 다투어서는 안 됩니다. 모든 것을 하나님께 맡기고 그분이 명하신 대로 따르는 것이 충성하는 것입니다. 우리가 모든 사람 앞에서 나타내야 하는 것은 자기 자신이 아니라 하나님의 거룩하심입니다.

우리 성도들은 어떠한 사건이나 변화 앞에서도 그 중심이 항상 하나님을 향해야 합니다.

|**기도**(기도 제목)

|**주기도문**

년 월 일 요일

|**사도신경** |**찬송** 323, 204, 447장 |**말씀** 민 20:14~21

에돔이 이스라엘이 지나감을 거절하다

14 ●

15

16

17

민

18

19

20

21

본문은 이스라엘이 가까운 길로 가지 못하고 먼 길로 우회하게 된 것을 언급하고 있습니다.

이스라엘이 진을 치고 있던 지역에서 가나안으로 가는 지름길은 에돔 족속의 땅을 통과하는 것이었으므로 모세는 정중하게 에돔 왕에게 통과를 허락해 주도록 요청했습니다. 힘이 있다 하여 순리를 무시하고 힘으로 얻으려는 태도는 하나님께서 기뻐하시는 방법이 아닙니다. 우리는 무슨 일이든지 순리를 따르도록 해야 합니다.

모세의 요청을 받은 에돔 왕은 이를 거절하고 군대를 출동시켜 방어를 굳게 했습니다. 우리가 계획하는 일들이 이처럼 장애물에 부딪힐 때가 많습니다. 여기서 우리는 무모한 도전을 삼가고 하나님의 뜻이 무엇인가를 찾도록 해야 합니다. 스스로의 생각에 지배되면 주의 뜻을 거역하게 되며 자신의 의지대로 행하게 됩니다.

모세는 에돔과 싸우지 아니하고 다른 길을 선택했습니다. 하나님의 뜻이 아닐 때에는 신속히 전환하는 지혜가 필요합니다. 지름길이 반드시 하나님의 길은 아닙니다. 우리는 범사에 그분의 뜻을 바로 이해하고, 그 뜻에 따라서 행하도록 힘써야 합니다. 주의 뜻을 따르는 것이 잘 사는 삶입니다. 하나님을 향하는 길은 항상 순탄하지는 않습니다. 역경일지라도 하나님의 뜻이면 과감히 나가는 성도가 됩시다.

|기도(기도 제목)

|주기도문

년 월 일 요일

|사도신경 |찬송 610, 606, 489장 |말씀 민 20:22~29

아론의 죽음

22 ●

23 여호와께서 에돔 땅 변경 호르 산에서
모세와 아론에게 말씀하시니라 이르시되

24

25

26

27

28

29

아론은 모세의 형으로서, 모세를 선지자로 그리고 아론은 제사장으로 명령을 받아 직임을 감당해 왔습니다. 그러나 모세와 아론은 가나안 땅에 들어갈 수 없었습니다. 특히 아론의 죽음은 이것을 잘 대변해 주고 있습니다.

모세는 아론의 옷을 벗겨 아론의 아들인 엘르아살에게 입혀주고 있습니다. 이는 대제사장의 승계를 의미하는 것입니다. 그리고 인간적인 계승이 아니라 살아 계시는 여호와 하나님의 명령에 의한 행위였습니다. 구약성경에서는 이와 비슷한 일이 있었는데, 엘리야의 선지자직이 그의 제자 엘리사에게 전해진 것과 같습니다. 그러므로 아론의 죽음은 한 사람의 죽음이 아니라 다른 사람의 재 창조적인 면이 나타나게 된 것입니다.

모세와 아론은 일찍이 신성모독을 한 일이 있었습니다. 곧 '므리바 물 사건'이었습니다. 당시 이스라엘 백성들은 물을 찾다가 없으므로, 모세와 아론을 원망했습니다. 모세와 아론은 하나님께만 기도했습니다. 그러자 하나님께서는 반석을 치라고 하셨습니다. 모세는 과거에도 이런 일이 있었기 때문에 단지 명령만 내렸어도 되었습니다. 그러나 모세는 인간적인 생각으로 반석을 두 번 쳤다. 이는 여호와 하나님께 불순종한 것이 되었으며, 여호와의 뜻을 몰랐던 것입니다.

하나님의 말씀을 전하는 사역자들은 말씀을 더해서도 덜해서도 안 됩니다. 하나님의 뜻을 잘 아는 성도도 그대로 순종하는 성도가 성숙한 성도임을 알아야 합니다.

기도(기도 제목)

주기도문

년 월 일 요일

사도신경 **찬송** 425, 549, 447장 **말씀** 민 21:1~9

호르마를 점령하다

21

2

3

놋뱀으로 백성을 구하다

4 ●

5

6

7

8

9

이스라엘은 선민이었지만 때때로 많은 잘못을 저질렀습니다. 이는 그들이 원망하는 백성이었기 때문입니다.

원망으로 인해 하나님께서는 이스라엘 백성들에게 불뱀을 보내주셨습니다. 그런데 그 원망은 에돔 족속의 방해 때문에 우회하여 홍해 쪽으로 빙 둘러가게 됨을 말하고 있습니다. 그리고 또 한번은 남쪽으로 돌아가는 사태를 원망했습니다. 결국 이런 배은망덕은 하나님의 진노를 샀다. 그들은 독사보다 더 강한 불뱀에 물려 죽게 되었습니다.

구약의 제사는 번제물이 반드시 있어야 합니다. 그러나 신약의 제사는 십자가를 쳐다보면서 찬송드리는 것입니다. 자비로우신 하나님께서는 우리에게 자유의지를 주셨고, 신약을 예표하시는 사랑을 보여 주셨습니다. 불뱀 모양의 놋뱀(구리뱀)을 만들어 장대에 달고, 그것을 쳐다보는 자마다 모두 살게 하셨습니다.

옛말에 사랑하는 자식은 매질한다고 했습니다. 그러나 이 징계의 매는 돌아오기를 바라시는 사랑의 매입니다. 그러므로 우리의 죄의 양이 아무리 많고 크더라도, 진정 하나님 앞에서 회개를 한다면, 하나님의 용서는 필연적으로 나타나게 됩니다. 사랑은 믿음을 낳기 때문이며, 회개는 영생을 낳기 때문입니다.

주님을 믿는 우리 성도는 원망과 불평은 사망의 길임을 명심해야 하겠습니다.

기도(기도 제목)

주기도문

년 월 일 요일

사도신경 **찬송** 93, 96, 92장 **말씀** 민 21:10~20

이스라엘 자손이 모압으로 떠나다

10 ●

11

12

13

14

15

16

17

18

19

20

이스라엘 백성들의 애굽에서의 노예생활 400년은 참으로 견디기 어려운 세월이었으며, 광야 40년의 세월 역시 고통과 괴로움과 수난의 기간이었습니다.

먼저 오봇, 이예아바림, 세렛 골짜기, 아르논 강 건너편에 진을 쳤다. 바로 이곳이 모세 시대에 있어서, '여행의 끝 지점'이 되었기 때문입니다. 여기서 여호와 하나님께서는 이 백성의 원수들을 물리쳐 주시는 능력을 베풀어 주셨습니다. 이곳들은 특히 아르논과 홍해로 비교될 수 있는데, 홍해의 전쟁이 이스라엘 백성을 향한 하나님의 구원이었다면, 아르논에서의 전쟁은 구원 문제가 아니라, 구원받은 이스라엘 백성의 승리를 말하고 있는 것입니다.

과거에도 모세에게 있어서는 '물의 수치' 곧 '반석의 문제'가 있었습니다. 그러나 이제 여호와 하나님께서는 가나안 땅 목전에서 다시 한 번 물줄기를 보여주시고 있는 것입니다. 메마른 땅에서의 물은 기적입니다. 물은 반드시 물줄기의 근원에서 나오기 때문입니다. 그러나 여호와께서는 필요할 때면 언제나 암맥을 통하여서 물줄기를 뿜게 하셨습니다. 구약성경에서 이런 사실들은 매우 많이 나타나고 있습니다.

하나님께서는 우리가 고통 가운데에서 괴로워할 때 우리의 필요를 충족시키시며 우리의 삶의 현장에서 당신의 존재를 체험하게 하십니다.

|기도(기도 제목)

|주기도문

년 월 일 요일

|사도신경 |찬송 358, 359, 360장 |말씀 민 21:21~32

요단 동쪽을 점령하다 (신 2:26–3:11)

21 ●

22

23

24

25

26

27

28

29

30

31

32

아모리 족속의 땅을 지나가길 원하는 이스라엘 백성에게 아모리의 시혼 왕은 선제 공격을 감행했던 것입니다.

이스라엘의 승리는 배후에 계시는 여호와 하나님의 능력이었습니다. 이 싸움에서 하나님께서는 아모리의 시혼 왕의 마음을 완악하게 하셨습니다. 그것은 바로 하나님의 특성 및 호의와 영향력을 나타내시고자 한 것이었습니다. 하나님께서는 악한 자의 흉악함을 인하여 완전한 승리를 거두시며 자신의 살아 계심을 나타내십니다.

이제 이스라엘은 확신과 소망을 가졌습니다. 용기가 생겼다. 바로 하나님께서는 이런 점을 심어주신 것이었습니다. 만약에 이스라엘이 아모리 왕 시혼과의 접전이 없었다면, 이스라엘은 매우 연약해지고, 위기에 대하여 대처하지 못했을 것입니다. 이러므로 하나님은 미래를 열어주시는 용기의 하나님이십니다.
하나님의 위엄은 단지 아모리에 국한된 것이 아니었습니다. 원래 아모리는 모압을 정복한 강한 나라였습니다. 그런데 그 아모리를 제거함으로 이웃나라들은 가볍게 보았던 이스라엘을 두려운 눈으로 쳐다보게 된 것입니다. 바로 우리의 주님은 이토록 한가지 일에만 능력을 베푸시는 것이 아니라 여러 부분에 힘을 나타내십니다.
성도가 사랑과 희생을 심을 때에는 반드시 하나님의 위로와 승리의 삶을 누리게 됩니다.

|기도(기도 제목)

|주기도문

년 월 일 요일

|사도신경 |찬송 585, 349장 |말씀 민 21:33~35

33 ●

34

35

본문은 하나님을 인도자로, 은혜자로, 축복자로, 영광자로, 능력자로 계속해서 보여주고 계십니다.
확신에 찬 이스라엘은 아모리를 정복한 후, 바산 왕을 정복했고, 그가 소유하던 모든 영토까지 빼앗았습니다. 그런데 바산은 성경에서 여러 번 나타나 있는데, 첫째는 기름지고, 둘째는 푸른 초원이 많은 곳입니다. 그래서 이스라엘로서는 크나큰 목초지를 얻은 셈이 됐습니다. 참으로 영광스런 하나님의 위엄이셨습니다.
본문에서는 "한 사람도 남기지 아니하고 그의 땅을 점령하였더라"(35)고 했습니다. 곧 사랑하는 백성에게, 그리고 시험을 통과한 이스라엘에게 완벽한 능력과 사랑을 주셨던 것입니다. 이는 다른 말로 하자면, 가나안 땅으로 가는 동안에 아픈 상처를 주지 않고, 스스로 안락한 보금자리를 차지하도록 선처하신 것입니다.
새 땅, 새 하늘은 기독자의 미래향입니다. 마찬가지로 이스라엘의 젖과 꿀이 흐르는 가나안 땅에 이상향을 가졌고, 이것을 얻는 싸움에 임하여 키가 컸던 바산 왕 옥도 두려워하지 않았습니다. 하나님은 그런 일들을 통해서 가나안에서 스스로 방어하고 삶을 영위할 수 있는 힘을 주신 것입니다.
하나님께서는 그의 나라를 향하여 가는 성도의 앞에 서서 싸우시며 완전한 승리를 얻게 하십니다.

|기도(기도 제목)

|주기도문

년 월 일 요일

|사도신경 |찬송 343, 432, 400장 |말씀 민 22:1~6

모압의 왕이 발람을 불러오다

22

2 ●

3

4

5

민

6

본문은 모압 왕 발락이 하나님의 백성 이스라엘을 무너뜨리기 위한 계획의 내용입니다.
모압은 우상 숭배하는 나라였습니다. 그래서 발락은 갑자기 부상한 나라, 거대한 힘을 나타내는 이스라엘이 두려워지기 시작했던 것입니다. 그래서 발락은 유명한 복술가 발람을 초청했던 것입니다. 그러나 발람은 진정한 선지자가 아니었고, 단지 돈에 눈이 어두워진 우상 숭배의 복술가에 지나지 않는 인물이었습니다.
대부분의 독재자들은 역사를 통하여 볼 때 선동을 잘 합니다. 그것은 자신의 약점이나 결점을 은폐하기 위함입니다. 발락 또한 자신의 두려움을 은폐하기 위하여, "내가 혹 그들을 쳐서 이겨 이 땅에서 몰아내리라"고 했습니다. 그리고 복을 빌어달라고 구차한 자신의 모습을 나타냈습니다. 발락의 마음에는 이미 사탄의 세력으로 꽉 차 있었습니다.
신령하지 못한 종교나 신앙은 대체로 영혼의 문제보다는 물질에 더 관심이 있습니다. 발락 또한 신령한 것을 사모하는 것이 아니라 '물질로써 승리'하기를 원했습니다. 결국 발락과 발람은 여호와 하나님께 혼나게 됩니다. 그것은 물질만능주의 시대를 살아가는 우리의 신앙에 영원히 남은 좋은 증거가 됩니다.
성도는 물질로 선동으로 교회를 파괴하려는 사탄의 계획을 신앙으로 물리쳐야 하겠습니다.

|기도(기도 제목)

|주기도문

년 월 일 요일

|사도신경 |찬송 212, 320, 317장 |말씀 민 22:7~14

7 ●

8

9

10

11

12

13

14

발락은 많은 헌물을 가지고 발람을 찾아 갑니다. 그런데 발람은 여호와 하나님께로부터 계시를 받게 됩니다.
그는 실제로 많은 영적 실력을 갖고 있었는데, 이것은 하나님의 신령한 것이라기보다는 복술가로서 갖고 있는 악령의 기능적인 것으로 보입니다. 발람은 이제 발락이 가지고 간 헌물과 복채에 신경을 쓰고 있었습니다. 그래서 당연히 거절해야 할 재물을 보고서, 되도록이면 발락의 요청을 받아들이고자 혼자 생각을 가졌던 것입니다.
여호와께서 "너와 함께 있는 이 사람들이 누구냐?"(9)고 하신 것은, 욕심으로 삐뚤어진 발람의 마음을 꿰뚫어 보시고서 하신 말씀이었습니다. 곧 합당치 않은 뜻을 표현하신 것입니다. 당시 시대에는 많은 우상주의자들이 있었는데, 때로는 하나님을 인정하는 종교 혼합주의자들이 많았습니다.

발람은 여호와 하나님을 실제로 무서워했습니다. 그래서 그 요청을 거절했습니다. 그러나 또 다른 이유는 발람의 명예심과 자만심에서 나온 것이라고도 볼 수 있습니다. 원래 발람은 술수와 속임수에 능한 인간이었습니다. 사람에게는 세 가지 큰 욕망이 있는데, 첫째는 물질에 관한 욕망, 둘째는 명예에 관한 욕망, 셋째가 여자에 관한 욕망입니다.

신약의 성도는 하나님의 계시의 말씀을 정확하게 분별하여 발람과 같이 되지 말아야 합니다.

|**기도**(기도 제목)

|**주기도문**

년 월 일 요일

|**사도신경** |**찬송** 463, 461, 586장 |**말씀** 민 22:15~20

15 ●

16

17

18

19

20

발람의 태도는 우유부단했습니다. 본문은 발람의 이중적 인격을 언급하고 있습니다.

발람의 첫 의도는 거룩한 선지자에 대한 칭호였습니다. 당시 선지자라는 이름은 매우 감동적인 호칭이었습니다. 배력적이기도 했습니다. 왜냐하면 두터운 신망과 존경을 받기 때문이었습니다. 그래서 발람은 하나님의 의중을 다시 한 번 떠보려고 한 것이었습니다. 이는 하나님의 능력과 거룩한 존엄성을 무시한 치졸한 인간적인 방법이었습니다.

진실한 선지자라면 바로 순종의 길을 택했을 것입니다. 그러나 발람은 일단 머뭇거렸습니다. 곧 기회를 다시 보고자 지체했던 것입니다. 그리고 참 신이신 여호와 유일신을 알지 못했습니다. 이 세상에 얼마나 많은 사람들이 하나님을 바로 알지 못하고 죽어갔는가? 그 대답은 여기에도 나타났고, 묘사되어지고 있습니다.

신약의 예수께서도 금식 후에 시험을 당하셨지만, 본문 18절과 20절에서는 돈과 명예 그리고 하나님을 향한 시험적인 확인 속에서 발람은 방황했던 것입니다. 하나님의 응답은 변하지 않습니다. 주의 종은 변개될 응답을 원하는 것이 아니라, 정해진 응답을 열 번이라도 확인하는 데 사명이 있는 것입니다.

발람의 이중적 인격은 물질과 명예를 취하려는 욕망과 하나님을 의지하지 않는 데 있습니다.

|**기도**(기도 제목)

|**주기도문**

년 월 일 요일

|**사도신경** |**찬송** 272, 278, 282장 |**말씀** 민 22:21~30

발람과 그 나귀

21 ●

22

민

23

24

25

26

27

28

29

30

본문에서는 선지자가 나귀에게 책망받은 사실이 나타나 있습니다.

발람은 분명히 계시에 접했던 사람이었습니다. 그런데 그가 이제 발락의 귀족들과 함께 동행했으며, 이 동행은 발락의 저주의 부탁을 들어주기 위함이었습니다. 그래서 여호와께서는 주의 사자를 급히 파견하셨는데, 나귀는 칼을 든 사자를 보았으나, 발람은 사자를 보지 못했습니다. 이것은 못된 인간과 선한 나귀의 구별을 주신 것입니다.

하나님의 진노는 언제나 무섭다. 자연뿐만 아니라 인간과 동물까지도 사용하십니다. 그러나 그는 무작정 징계를 하지는 않으십니다. 일단 제일차적인 경고를 주십니다. 여기 발람은 암시를 받았지만, 발람의 죄악성은 끈기있게 나타나고 있었습니다. 곧 죄와 허물로 죽은 인간은 결코 하나님의 진노에서 벗어날 길이 없는 것입니다.

여호와는 계시의 하나님이십니다. 비록 나귀에게 환상을 보여주셨지만, 인간에게도 자주 보여주시고 계십니다. 단지 심령이 가난하지 못한 자에게는 그런 권한을 주시지 않습니다. 하나님의 초자연적 능력은 인간의 힘이나 법칙으로 해결되지 못합니다. 또한 발람이 섬겼던 우상의 힘으로도 안 됩니다.

하나님께서는 무지한 인간을 깨우기 위하여 동물을 사용하심을 알게 하는 사건입니다.

기도(기도 제목)

주기도문

년 월 일 요일

사도신경 | **찬송** 566, 395, 363장 | **말씀** 민 22:31~41

31 ●

32

33

34

35

발락이 발람을 대접하다

36 ●

37

38

39

40

발람의 첫번째 예언

41 ●

발람은 하나님의 사자를 직접 보게 되었고, 그 사자로부터 나귀에게 발로 차인 이유를 들었습니다.
발람은 일개 복술가였지만, 발락은 성읍까지 영접했습니다. 그것은 발락이 얼마나 하나님의 백성 이스라엘을 무서워했는가를 보여주는 것입니다. 그리고 발락의 다급한 마음을 보여주는 것입니다. 또한 나가서 환영할 만큼 공포에 젖어있는 것입니다. 이는 왕의 직임과 왕의 상징적 권위를 버린 태도입니다.
본래 기랏후솟이라는 곳은 두 가지 뜻을 내포하고 있습니다. 첫째는 모세가 하나님의 뜻으로 그곳에 인도되었던 것을 말하며, 둘째는 모세가 축제를 위하여 많은 음식을 차렸던 곳을 말합니다. 그런데 이제 야비하고 사탄의 졸개가 된 발락은 그곳에서 많은 우양을 잡아 발람을 환영하고 있는 것입니다.
발람이 안내받은 곳은 이스라엘 진영을 쉽게 볼 수 있는 장소였으며, 이곳은 바로 바알 신을 위하여 제사드릴 산악 지대였습니다. 저주하기에 좋은 곳입니다. 발람은 발락과 함께 거기 동참했습니다. 이는 그가 우상숭배자임을 또 한번 나타내고 있습니다. 그리고 발람의 태도는 계속해서 모호한 상태로 지속되었습니다.
좋은 대접받은 발람은 왕처럼 대접을 받았지만 그것이 유혹의 함정임을 알지 못했습니다.

|**기도**(기도 제목)

|**주기도문**

년 월 일 요일

|**사도신경** |**찬송** 342, 546장 |**말씀** 민 23:1~12

23

2

3

4

5

6

7

8

9

10

11

12

모압 왕 발락은 이스라엘을 저주하기 위해 발람을 초청합니다.

일곱은 성경에서의 승리의 숫자입니다. 그런데 이교도 모압에서도 사용되었습니다. 그것은 사탄의 흉계이었으며, 이스라엘을 저주하기 위한 수단이었습니다. 그러나 하나님께서는 오직 유일 신앙만 원하셨고, 이방 종교의 소원이나 제사를 싫어하셨습니다. 그래서 발람을 통한 발락의 저주 계획은 수포로 돌아갔던 것입니다.

발람의 이중적인 성격은 수포로 돌아갔습니다. 왜냐하면 하나님의 말씀이 그에게 다시 임했기 때문입니다. 여기서 하나님의 계시가 불순종한 발람에게 임한 것은 발락의 계획을 수포로 돌아가게 함이었습니다. 그리고 이스라엘 백성을 사랑하심이었습니다. 또한 이중 인격자인 발람에게도 어떤 쐐기를 박기 위함이었습니다.

발람은 마침내 이스라엘에 대하여 두 가지를 축복하였습니다. 첫째는 이스라엘이 특별한 선민이라는 것이며, 둘째는 이스라엘 백성의 번창에 대한 축복이었습니다. 이것은 이스라엘에 대한 하나님의 사랑의 결과였습니다. 결국 하나님의 계시는 승리하게 되었고, 발람은 순종을 하게 되었습니다.

발락은 발람을 통해 이스라엘을 저주하려 하였습니다. 그러나 하나님은 저주를 변하여 축복하게 하셨습니다.

기도(기도 제목)

주기도문

년 월 일 요일

사도신경 **찬송** 401, 301, 400장 **말씀** 민 23:13~26

발람의 두 번째 예언

13 ●

14

15

16

17

18

19

20

21

22

23

24

25

26

첫 번째 시도에서 실패를 본 발락은 처음과 달리 이스라엘이 보이지 않는 비스가 꼭대기로 발람을 인도했습니다.

발락은 다시 비스가 꼭대기로 가서 일곱 제단을 쌓고 번제물을 드렸습니다. 그리고 이스라엘의 숫자에 압도당하지 않기 위하여 발람은 산꼭대기 으슥한 곳으로 유인했습니다. 그리고 저주를 원했습니다. 이런 저주를 유인한 발락은 매우 어리석었습니다. 그는 하나님의 무소부재한 점을 몰랐던 것입니다.

"여호와께서 발람에게 임하사"라고 하였습니다. 이는 첫 번째 저주 시도에도 나타났던 그대로다. 발람은 두려운 나머지 다시 한 번 발락에게 전하고 있습니다. 하나님의 메시지는 힘이 있었습니다. 그 힘은 인간적인 것이 아니었습니다. 그래서 발람은 "하나님은 사람이 아니시니"(19)라고 했습니다. 곧 발락과 다른 존재자이라는 뜻입니다.

발람은 또 축복을 전하게 되었습니다. 이스라엘이 그분과 함께 동행했다고 했습니다. 그리고 힘이 들소 같은 하나님이라고 전했습니다. 맞다. 하나님의 힘은 전능하신 권능이십니다. 그래서 그 힘의 하나님의 백성은 암사자, 수사자 같다고 했습니다. 발람의 이 말을 들은 발락은 고민을 했습니다. 그것은 시기의 영이 임했기 때문입니다.

발람은 끝으로 여호와의 말을 아니 전할 수가 없다고 했습니다. 그것은 하나님이 전능자였기 때문입니다.

|기도(기도 제목)

|주기도문

년 월 일 요일

|사도신경 |찬송 352, 350장 |말씀 민 23:27~30

발람의 세 번째 예언

27 ●

28

29

30

마귀의 속성 중 하나가 부질없이 고집을 피우는 일입니다. 결코 그 속임수에 넘어가서는 안 될 것입니다.

발락은 무식한 태도를 계속 보이고 있습니다. 곧 "하나님이 혹시 기뻐하시리라"고 했습니다. 사탄은 언제나 가장한 천사같습니다. 마치 하나님의 말씀인 것처럼 전하고 있습니다. 그러나 강한 하나님의 힘에는 어쩔 도리가 없는 것입니다. 어떤 사교나 이교의 점술이나 제사로 해결될 수 없는 것입니다. 그것은 하나님과 비교될 수 없는 것들입니다.

브올이라는 곳은 바알신을 제사했던 곳으로서, 요단강 동편 곧 여리고 대안의 한 봉우리입니다. 곧 높은 곳에서 낮은 곳을 쉽게 보도록 하여 다시 한 번 저주하게 하기 위함이었습니다. 참으로 졸렬한 인간적 소치였습니다. 마귀의 짓은 언제나 유치해서, 예수께서는 2,000마리 돼지떼를 물에 쓸어넣은 적이 있습니다.

발락은 제단을 또 다시 일곱 군데에 세우고, 각 제단마다 수송아지 1마리와 수양 1마리를 제물로 드렸습니다. 곧 어리석은 정성은 계속되었지만, 하나님을 능히 이길 수는 없었습니다. 그것은 마귀적인 일이었기 때문입니다. 그러므로 성도의 진실한 신앙은 반드시 이긴다. 성령의 역사가 발락이 섬겼던 우상의 능력과는 다르기 때문입니다. 발락의 세 번째 저주도 하나님과 비교될 수 없는 빈약한 것들이기에 실패할 수밖에 없습니다.

|기도(기도 제목)

|주기도문

년 월 일 요일

|사도신경 |찬송 384, 430장 |말씀 민 24:1~9

24

2

3

4

5

6

7

8

9

발람은 쌍갈래 길에서 고민하고 결국 하나님의 계시를 전했습니다.

점술로 된 예언은 정확하지 못합니다. 그것은 마귀적이기 때문입니다. 그러나 발람은 하나님을 점점 두려워했습니다. 그리고 정직함으로 임했습니다. 그래서 비록 이교도였지만 하나님으로부터 사랑받게 되었습니다. 하나님은 비록 이교도라 할지라도 자신의 선한 뜻을 나타내시기 위해서는 때때로 이교도의 귀, 입술을 빌리기도 하십니다.

본문에서는 "하나님의 영이 그 위에 임하신지라"고 하였습니다. 곧 성령께서 발람을 도구로 쓰시려고 하신 것입니다. 그리고 "하나님의 말씀을 듣는 자, 전능자의 환상을 보는 자, 엎드려서 눈을 뜬 자"로 은혜를 전하고 있습니다. 곧 거룩한 계시였습니다. 자신의 사욕이나 소욕은 멀리 떠나 버리고, 오직 성령의 도구로 되어버린 것입니다.

발람의 예언은 '물 가의 백향목, 나는 화살, 수사자, 암사자'로 나타나고 있습니다. 곧 물댄 동산같이 설명하고 있습니다. 강한 민족을 설명하고 있습니다. 물은 복을 상징하는 것이요, 화살과 사자는 힘을 상징합니다. 따라서 발람은 완전한 하나님의 도구가 된 것입니다. 우리도 하나님의 도구가 되어야겠습니다.

본문의 발람은 성령에 충만하게 감동된 자도, 선지자 같은 능력을 지닌 자도 아닙니다. 단지 하나님의 도구일 뿐입니다.

기도(기도 제목)

주기도문

년 월 일 요일

사도신경 **찬송** 213, 549, 435장 **말씀** 민 24:10~25

발람의 마지막 예언

10 ●

11

12

13

14

15

16

민

17

18

19

20

21

22

23

24

25

계속되는 정당한 계시로 인하여, 발락은 발람에게 강한 반감을 나타내고 있습니다.

발람은 여호와께서 내 입에 주신 말씀이 있다고 했습니다. 그래서 발락은 심히 분하여 손뼉을 쳤다고 했습니다. 그리고 발람에게 "달아나라"고 했습니다. 곧 두 사람의 결별을 말하고 있습니다. 세상 권세와 여호와의 능력과의 마찰이었습니다. 세상 권세는 잠깐입니다. 그러나 하나님의 영광은 영원한 것입니다.

별은 왕의 위엄과 영광 및 빛을 나타내고 있습니다. 그리고 '규'는 통치권을 묘사하고 있습니다. 이사야 선지자는 예수님을 규라고 묘사했습니다. 결구 이 두 가지는 야곱의 후손으로서, 예수 그리스도 즉 메시야 왕국을 예표합니다. 발람에게 임한 하나님의 계시는 여기까지 미치고 있습니다. 곧 구속사에 대한 예언입니다.

하나님을 대적하는 모든 무리들의 결과가 나타나고 있습니다. 아말렉은 제일 먼저 망하게 되고, 겐 족속은 앗수르에게 당하고, 앗수르는 다시 깃딤 해변 국가에게 당할 것을 나타내고 있습니다. 그리고 소동하는 자식들, 곧 교만하고 전쟁을 즐기는 자들은 모두 패망하리라는 계시입니다. 여기에는 발락과 발람까지 모두 포함되는 것입니다.

발람의 예언이 하나님의 뜻대로 되어지자 발락은 화를 내고 발람과 결별합니다.

기도(기도 제목)

주기도문

년 월 일 요일

사도신경 **찬송** 325, 303, 310장 **말씀** 민 25:1~9

브올에서 생긴 일

25

2

3

4

5

6 ●

7

8

9

싯딤은 모압 평원에 있는 지방으로서, 모압 여자들과 음행한 연고로 이스라엘이 저주받았던 곳입니다.

이스라엘이 싯딤에 잠시 머물러 있는 동안, 신앙 생활이 해이해졌습니다. 그리하여 모압 여자들과 음행하기 시작하였습니다. 음행은 노골적이기도 하지만, 당시에는 우상 예배나 우상 제사의 식순 속에 자연스럽게 들어 있었습니다. 그래서 하나님께서는 이 사실을 아시고 우상 숭배를 금지하신 것입니다.

바알브올이라는 말은 '브올 산에서 섬기는 바알'이라는 뜻이며, '가담하다'라는 뜻은 '함께 한 통속이 되었다'라는 의미입니다. 바알 신은 가나안의 주요 신이며, 모압에서는 그모스가 주요 신이었습니다. 이스라엘은 과거 광야 시절에도 소 우상을 만들어 실수한 일이 있었고, 징계 받은 일이 있었습니다.

이스라엘 및 고대 중동에서는 교수형 제도가 없었습니다. 그러나 여호와께서는 음행한 각 수령의 목을 매어 달도록 명령했습니다. 곧 범죄자들의 죄악이 극도로 악했음을 보여주고 있습니다. 특히 지도자의 처벌은 영적 범죄자들의 최후를 보여주며, 신앙 지도자의 책임이 중함을 보여주고 있습니다.

성도들은 육체적 정욕의 음행과 우상숭배에 빠지지 않도록 항상 조심해야 합니다.

기도(기도 제목)

주기도문

년 월 일 요일

사도신경 **찬송** 575, 323, 461장 **말씀** 민 25:10~18

10 ●

11

12

13

14 ●

15

16 ●

17

18

제사장 아론의 손자 엘르하살의 아들 비느하스는 의분의 사람이었습니다.

그는 여호와의 평화의 언약을 부여 받았습니다. 곧 아론의 후예, 즉 비느하스와 그 자손들에게 제사장의 직분 계승권을 영원히 주시겠다는 은혜입니다. 바로 하나님의 눈동자에 비친 사람들에게는 영육간의 복이 있었습니다. 신약시대의 로마 백부장에게는 영적 은혜의 복으로, 사도 베드로와의 영교를 허락하셨습니다. 신앙의 본분은 먼저 영적 은혜입니다. 다음이 육적 복입니다. 그러므로 하나님의 축복을 받은 자들은 마치 침향목과 같은 것입니다. 실제로 비느하스 후예들은 이스라엘 왕국까지 제사장 직분으로 이어져 내려왔던 것입니다.

여호와께서는 본장에서 '질투의 하나님'이라고 표현하셨습니다. 그리고 미디안의 저주를 명령하셨습니다. 그들에게는 박해가 따랐고, 고난이 뒤따랐다. 그리고 인간으로서의 최하의 대우를 받게 되었습니다. 이것은 하나님의 살아 계신 공의를 나타내는 것입니다. 여호와의 공의는 무섭다. 반드시 죄에 대한 대가를 치루게 하십니다. 뿐만 아니라, 범죄에 대한 엄격한 논리를 확실히 보여주시고 계십니다. 신약의 대표적인 신앙의 예가 아나니아와 삽비라 사건입니다.

하나님 말씀 앞에 바로 선 자는 하나님의 은혜와 복을 누릴 것이요, 불순종하는 자에게는 징계가 따를 것입니다.

|**기도**(기도 제목)

|**주기도문**

년 월 일 요일

|**사도신경** |**찬송** 272, 337, 415장 |**말씀** 민 26:1~11

두 번째 인구 조사

26

2

3

4

5 ●

6

7

8

9

10

11

이스라엘의 범죄 때문에 죽은 사람은 이만 사천 명이나 되었습니다. 그후에 인구조사의 명령이 떨어졌습니다.
모세는 즉각적으로 순종했습니다. 그리고 이런 계수의 일은 전쟁 방어 임무는 물론, 성막을 건축하기 위함이었습니다. 그리고 이스라엘 백성의 영광을 위한 행위였습니다. 왜냐하면 여호와의 성막은 바로 유일신앙과 매우 깊은 관계를 맺기 때문입니다. 이 성막 운동은 다윗에게 이어졌고, 솔로몬 왕 때에 완성을 보게 된 것입니다.
하나님은 순종이 제사보다 낫다고 하셨습니다. 여호와께서 이미 이만 사천 명을 희생시키셨습니다. 그것은 엄청난 숫자다. 그러나 진노 중에서도 인구 조사는 군대의 재정비이며, 가나안 정복을 위한 꿈이었습니다. 그런데 여호와께서는 명령을 내리셨고, 모세와 엘르아살은 즉각적인 순종을 보였습니다.
다윗이 나타나기까지는 아직 이스라엘의 왕정이 실시되지 못하고 있었습니다. 그래서 이스라엘은 모세에게 모든 권리를 위임하고 있었고, 모세는 여호와의 명령대로 진행시키고 있었습니다. 곧 여호와가 이스라엘의 참 주인이심을 나타내시고자 한 것이었습니다. 인구 조사는 단지 사람의 머리를 센 것은 아니었습니다.
인구조사는 하나님께 영광을, 하나님께 진실성을, 하나님이 이스라엘의 왕이심을 의미하는 것입니다.

기도(기도 제목)

주기도문

년 월 일 요일

사도신경 | **찬송** 352, 353, 350장 | **말씀** 민 26:12~22

12 ●

13

14

15 ●

16

17

18

19 ●

20

21

22

르우벤 지파의 계수는 겨우 43,730명에 불과했습니다. 그러나 유다 지파는 가장 많은 수를 보여주고 있습니다.
야곱은 창세기 49장에서 큰 축복의 주인공으로 유다에 대해 예언했습니다. 이들 유다 지파는 실제로 가나안 정복 때 선봉자가 되었습니다. 원래 유다 지파 본영의 기호는 사자입니다. 곧 용맹과 포효의 상징입니다. 이 인구 조사 때에도 장정의 수효가 76,500명이나 되었습니다. 곧 인구 성장도의 축복을 보여주신 것입니다. 이처럼 하나님의 사랑받는 족속이나 국가는 언제나 부흥의 깃발이 있게 됩니다. 영국이 그랬고, 미국이 그랬고, 유럽의 각 나라가 그랬다.

신명기 33장에서는 모세의 유언 겸 예언이 나오고 있습니다. 모세는 죽음 앞에서 하나님의 계시를 전하였습니다. 그것은 유다 지파의 지휘권에 대한 것이었습니다. 그리고 대적들을 쳐부수는 데 선봉장이 될 것에 대해 축복하였습니다. 이것은 분명 약속의 성취이며, 은혜였습니다. 야곱의 예언과 모세의 예언은 일치하고 있습니다. 그러므로 하나님의 예언은 언제나 동일합니다. 처음과 마지막이 동일합니다. 그래서 "나는 알파와 오메가"라고 하셨습니다. 따라서 인구조사에서 하나님은 그런 점을 확실히 보여 주신 것입니다.

선민 이스라엘이 아직도 하나님의 보호함을 받고 있습니다. 그것은 영원한 하나님의 복이 있기 때문입니다.

기도(기도 제목)

주기도문

년 월 일 요일

사도신경 **찬송** 349, 303, 295장 **말씀** 민 26:23~34

23 ●

24

25

26 ●

27

28 ●

29

30

31

32

33

34

므낫세는 요셉의 장자로, 가나안 정복 때 요단강 동편에 있는 땅을 기업의 반으로 받은 지파입니다.

므낫세 지파는 매우 겸손했습니다. 그런데 므낫세의 동생 에브라임은 매우 교만했습니다. 형 므낫세를 질시했고 무시했습니다. 그래서 여호와 하나님께서는 므낫세 지파에게 사랑과 긍휼과 자비를 베푸셨습니다. 그것은 인구 증가에서도 뚜렷이 나타나고 있습니다. 에브라임의 수효가 매우 적은 데 비하여 므낫세 지파의 수는 32,200명에서 배에 가까운 52,700명으로 증가한 것이었습니다. 곧 겸손한 백성에게 내리신 선물입니다. 잠언에서는 겸손한 자는 지혜를 얻은 자라고 했습니다.

야곱은 이스라엘 12지파에게 내린 예언을 요셉을 대신하여 므낫세와 에브라임에게도 적용했습니다. 그것은 레위 지파를 대신한 분깃이었습니다. 원래 시므온은 야곱의 둘째 아들이었지만 성품이 사나웠습니다. 특히 그의 동생 요셉을 미워함이 극심했으며, 친 여동생 디나의 치욕을 갚기 위하여서 세겜 인에게 할례를 요구했고, 할례 중에 고통받고 있던 사람들을 모두 죽였습니다. 그래서 야곱의 노여움을 샀고, 책망과 저주를 받았던 사람이었습니다. 그래서 야곱은 시므온에게 중요한 기업 차지하는 예언을 흐지부지하게 하였던 것입니다.

이 분깃은 일종의 약속된 분깃입니다. 따라서 므낫세의 인구증가는 예언의 성취인 것입니다.

기도(기도 제목)

주기도문

년 월 일 요일

|사도신경 |찬송 199, 579, 503장 |말씀 민 26:35~37

35 ●

36

37

계보는 다른 무엇보다도 소속에 대해 분명하게 확인해 줍니다. 성도는 소속이 분명해야 합니다.

에브라임은 요셉이 낳은 차자입니다. 하지만 야곱은 요셉의 두 아들을 축복할 때에 오른손을 차자인 에브라임의 머리 위에 얹었습니다. 하나님께서 특별하신 섭리 가운데 야곱으로 하여금 오른손을 에브라임의 머리에 얹게 하셨던 것입니다. 하나님께서 이렇게 하신 것은 므낫세보다 에브라임이 더 크게 될 것을 예표한 것입니다.

눈의 아들 여호수아가 에브라임 족속입니다. 그는 모세에게 충실한 수종자이었으며, 모세의 사후에는 그를 이어 이스라엘 백성의 지도자가 되었고, 요단을 건너서 가나안 땅을 정복, 이스라엘 각 지파에게 기업으로 나누어 주었습니다. 우리의 가문들을 통해서도 훌륭한 주의 일꾼들이 나올 수 있도록 하나님 앞에 바로 서야 하겠습니다.

이스라엘의 마지막 사사요, 이스라엘 왕정의 산파 역할을 했던 사무엘이 에브라임 자손이었습니다. 그는 아주 어려서 성전에 바쳐졌고, 채 다 자라기 전에 하나님의 부르심을 받은 사람입니다. 그는 사울과 다윗에게 기름을 부어 왕으로 삼은 위대한 선지자입니다. 우리가 하나님을 순종하면 우리의 자손들에게도 복이 미친다.

우리의 신앙의 계보는 어디에 속해 있습니까? 믿음의 조상 아브라함의 자녀여야 합니다.

|기도(기도 제목)

|주기도문

년 월 일 요일

|사도신경 |찬송 430, 433, 435장 |말씀 민 26:38~56

38 ●

39

40

41

42 ●

43

44 ●

45

46

47

48 ●

49

50

51

52

53

54

55

56

하나님께서는 모세를 통하여 땅의 분배에 관한 기본 원칙들을 지시하셨습니다.

이스라엘 자손들이 들어가서 차지하게 될 약속의 땅은 각 지파에게 분배되어야 했습니다. 그들의 싸움은 기업을 차지하기 위한 싸움이었고, 모세와 여호수아는 그들이 기업을 얻도록 인도하고 지도하는 사람들이었습니다. 그리스도인들은 주께서 약속하신 천국의 기업을 얻을 수 있도록 힘써야 합니다.

분배는 공평하게 수효를 기준으로 했습니다. 가족이 많은 지파에게는 많이 주고, 가족이 적은 지파에게는 적게 주었습니다. 공헌도라든가 지명도보다 수효를 기준으로 하는 것이 공평한 방법입니다. 이것이 하나님의 계산과 사람의 계산이 다른 점입니다. 오늘의 교회와 그리스도인들은 이 방법을 잘 적용하도록 해야 합니다.

제비를 뽑는 것은 분배에 관한 것을 전적으로 하나님께 위임하는 신앙적 행위이며, 그 결과에 대해서는 아무도 불평 할 수 없었습니다. 사람이 어떤 일을 할지라도 그 결과는 하나님께서 정하시고 인도하십니다. 그 뜻에 따를 때 모든 것이 순탄합니다. 경건은 하나님께 대한 전적인 의존입니다.

누구든지 주의 음성에 귀를 기울이는 자는 올바르고 합당한 삶을 살게 됩니다.

|기도(기도 제목)

|주기도문

년 월 일 요일

|사도신경 |찬송 579, 559, 342장 **|말씀** 민 26:57~65

57

58

59

60

61

62

63

64

65

레위 지파는 하나님의 전 봉사를 위해 특별히 구별된 지파였습니다.
이스라엘 다른 지파에 대한 계수의 대상은 이십 세 이상으로 싸움에 나갈 만한 사람들이었는데 반해 레위인들은 일 개월 이상으로 계수했습니다. 그 이유는 레위인들의 직무는 적과 대진하여 칼을 차고 나가서 싸우는 것이 아니라 성막에서 봉사하는 것이었기 때문입니다. 그러므로 일 개월 이상된 남자 아이는 모두가 계수에 들어갔습니다.
그들은 싸움을 위한 군대의 계수에서나 기업 분배를 위한 가족의 계수에서 제외되었습니다. 하나님은 그들에게 기업을 주시는 대신에 하나님이 친히 그들의 기업이 되실 것을 약속하셨습니다. 하나님께서 기업이 되어주시는 사람들은 복이 있습니다. 이 세계의 모든 기업들은 다 흔들릴지라도 하나님은 영원토록 견고하기 때문입니다.
나답과 아비후가 다른 불을 여호와 앞에 드리다가 죽은 사건은 주의 이름이 얼마나 존귀하며, 성막 봉사의 직무가 얼마나 거룩한 것인가를 잘 보여줍니다. 주의 거룩하심은 어떤 경우에도 훼손되어서는 안 됩니다. 우리는 무슨 봉사를 하든지 주께서 명하신 것을 넘어서서 주의 거룩함을 범하는 일이 없도록 조심해야 하겠습니다.
우리는 하나님의 거룩한 백성입니다. 구약의 레위인과 같이 구별된 삶을 살아야 하겠습니다.

기도(기도 제목)

주기도문

년 월 일 요일

사도신경 **찬송** 268, 531, 277장 **말씀** 민 27:1~11

슬로브핫의 딸들

27

2

3

4

5

6 ●

7

8

9

10

11

13

14

15

16

17

본문은 유산을 상속하는 법에 관해 언급하고 있습니다. 여기에 담긴 교훈을 살펴봅시다.

모세의 위대성은 그가 무슨 일을 하든지 임의로 하지 않고 하나님께 문의했으며, 그분의 뜻을 전적으로 따랐다는 것입니다. 슬로브핫의 딸들이 기업을 달라고 요구할 때 모세는 하나님께 문의하고 그분의 대답을 기다렸습니다. 우리는 결단하기 어려운 문제들을 만날 때마다 주의 뜻을 구해야 합니다.

모세의 문의를 받으신 하나님께서는 상속에 관한 규례를 명령하셨습니다. 즉 아들이 없는 경우에는 그 기업을 딸에게 상속하도록 해야 한다는 것입니다. 여자들도 아버지의 유산을 상속할 권리가 있습니다. 하지만 거기에는 "아들이 없을 때"라는 단서가 붙는다. 아들이 있으면 그것은 마땅히 아들에게로 상속됩니다.

하나님은 우리 성도들에게 놀라운 기업에 대해 약속하셨습니다. 그것은 그리스도의 영광이라는 기업이며(롬 8:17), 그리스도 안에 있는 모든 사람들이 이에 참여하게 됩니다. 거기엔 남녀와 빈부, 귀천의 차이가 있을 수 없습니다. 종이나 자유자도 마찬가지다. 그리스도 안에서 모든 사람들은 하나님의 유업을 이을 후사들입니다.

우리가 무슨 일을 하든지 칭찬과 상급을 얻기 위해서는 주의 뜻을 따라 행해야 합니다.

잘하는 기도, 능력있는 기도, 역사하는 기도는 모세가 보여준 기도입니다.

모세는 하나님께서 무슨 말씀을 하시든지, 그것이 설사 자기가 생각하고 바라는 것과는 정반대의 경우일지라도 불평하거나 원망하지 않고 순종하기를 힘썼다. 하나님이 우리에게 바라고 기대하시는 것은 순종입니다. 그것은 기름진 제물로 대신될 수 없으며, 절기나 월삭을 잘 지키는 것보다도 훨씬 귀합니다.

자기 자신은 가나안에 들어갈 수 없음을 알았으므로 그는 자기를 이어 이스라엘 백성을 이끌 만한 일꾼을 주시도록 간구했습니다. 오늘의 교회 지도자들이 배워야 할 훌륭한 모본입니다. 이기적이고 자기 중심적인 사람은 아무리 좋게 표현한다 할지라도 훌륭한 지도자의 대열에 들지 못합니다.

그는 자신이 죽은 후에 이스라엘 회중이 목자 없는 양과 같이 될 것을 염려하며 기도했습니다. 지도자의 책임은 그의 생전에 뿐만 아니라 그의 사후에까지도 이어집니다. 그가 없을 때에도 자기 백성이 잘 되도록 하는 것이 훌륭한 지도자인 것입니다. 크게 쓰실 만한 그릇이 됨으로 주께서 그를 들어 위대하게 쓰셨던 것입니다.

모세의 기도는 간절하고 겸손하며 이타적인 것이었습니다. 우리가 본받을 부분입니다.

기도(기도 제목)

주기도문

년 월 일 요일

사도신경 | **찬송** 425, 549, 433장 | **말씀** 민 27:12~17

모세의 후계자 여호수아 (신 31:1–8)

12 ●

|**기도**(기도 제목)

|**주기도문**

년 월 일 요일

|**사도신경** |**찬송** 595, 328, 450장 |**말씀** 민 27:18~23

18

19

20

21

22

23

본문은 모세의 후계자로 선택된 여호수아에 관하여 언급하고 있습니다.

하나님의 일꾼은 스스로 원해서 되는 것이 아니라 주의 부르심을 따라서 됩니다. 여호수아는 모세의 후계자가 되겠다고 청원한 적이 없었는데, 하나님께서 그를 택하사 그 일을 맡기셨습니다. 성경에서 볼 수 있는 것처럼 하나님은 일꾼들을 불러서 쓰시며, 우리는 이것을 소명이라고 말합니다.

하나님의 일꾼들, 하나님께서 선택하사 일을 맡기신 사람들은 하나님의 영에 감동됩니다. 주께서 신청하시기 전에 제자들에게 거듭거듭 부탁하신 말씀도 위로부터 능력으로 입혀질 때까지, 즉 성령의 충만을 받기까지 예루살렘을 떠나지 말고 약속하신 것을 기다리라는 것이었습니다. 성령의 충만이 있어야 성도 구실을 다할 수 있습니다.

위대한 사역의 후계자가 된다는 것은 복된 일입니다. 모세는 지금까지 자신이 감당하고 수행했던 위대한 일을 여호수아에게 전수했습니다. 위대한 스승이 있어야 위대한 제자가 나오는 법입니다. 모세는 여호수아를 잘 가르쳤다. 그리스도인들은 주께서 전수하신 사명의 소중함과 가치를 깨닫고 잘 감당하도록 힘써야 하겠습니다.

시대가 바뀌어도 역사는 계속됩니다. 내가 바로 역사를 이어갈 하나님의 사람인 것을 기억합시다.

|**기도**(기도 제목)

|**주기도문**

년 월 일 요일

|**사도신경** |**찬송** 634, 50, 211장 |**말씀** 민 28:1~10

날마다 바치는 번제물 (출 29:38–46)

28

2

3

4

5

6

민

7

8

안식일

9 ●

10

본문은 안식일에 이스라엘 백성이 하나님께 드리는 제물에 관해 언급하고 있습니다.

안식일에 드리는 제물은 우선 그 분량에 있어서 평소에 드리는 것보다 갑절을 드렸습니다. 이것은 하나님의 날에 대한 거룩한 구별입니다. 날이 갈수록 주일 성수의 관념이 희박해져가고 있지만 경건한 성도는 주일이 갖는 의미를 올바르게 이해하고 성도로서의 책임과 의무를 다하도록 힘써야 합니다.

이스라엘 백성들에게 있어서 안식일은 큰 날이었고, 반드시 거룩하게 지켜야 할 책임과 의무가 있는 날이었습니다. 이 날에 그들은 오락을 행하거나 자기 길로 행하는 것이 금지되었고, 사사로운 말을 하는 것도 금지되었습니다. 그리고 이 날을 성수하는 것은 축복과 밀접하게 관련되어 있었으므로 정성을 다해 지켜야 했습니다.

성도는 여하한 경우에도 주일을 성수하도록 힘써야 합니다. 이것이 언약의 백성으로서 지켜야 할 의무와 책임입니다. 주님의 자녀로서 또한 백성으로서 마땅히 지키고 힘써야 할 일을 지키고 힘쓰는 것은 아름다운 것입니다. 어떤 이유로든 모임을 폐하는 것은 사탄적임을 명심해야 합니다.

하나님께서 안식일을 제정하시고 지키게 하신 근본 이유를 깨닫고 복받는 성도가 되어야 하겠습니다.

|**기도**(기도 제목)

|**주기도문**

년 월 일 요일

|**사도신경** |**찬송** 426, 424, 425장 |**말씀** 민 28:11~31

초하루

11 ●

12

13

14

15

유월절 (레 23:5–14)

16 ●

17

18

19

20

21

22

23

24

25

칠칠절

26 ●

27

28

29

30

31

무교절은 이스라엘 민족이 기념하는 역사적 삼대 절기 중의 하나로 중요한 의미를 지니고 있었습니다.

이 절기를 지키는 기간에는 그들의 처소 어디에도 누룩이 있어서는 안 되었으며, 누룩없는 떡, 즉 무교병을 먹어야만 했습니다. 그리스도의 유월절에 참여하는 우리도 누룩을 버리도록 해야 하겠습니다. 모든 부패하고 더럽게 하는 죄악의 누룩을 제해 버리고 누룩없는 순전함과 진실함의 떡으로 명절을 지켜야 주께서 기쁘시게 받으십니다.

절기를 지키는 동안, 특별히 성회가 있는 날에는 모든 노동이 금지 되었습니다. 이는 주께서 노동을 천시하심이 아니라 노동보다 더 힘써야 하는 귀한 일들이 있음을 교훈하는 것입니다. 주의 전에 나아가 예배에 참석하는 것이나 성경 공부반을 비롯한 기도 모임 등에 참석하는 것은 성도가 소홀히 해서는 안 될 귀중한 일들입니다.

다른 모든 중요한 절기들도 마찬가지지만 그들은 성회로 모여서 하나님의 말씀을 들었습니다. 함께 모여 찬양하고 경배하며 서로 교제하는 일을 하나님께서는 매우 귀하게 여기십니다. 이로써 성도가 하나님 안에서 하나인 것이 확인되기 때문입니다. 성도는 시대적 흐름과 관계없이 모이는 일에 힘써야 합니다.

오늘 우리에게 무교절이 주는 교훈은 그리스도 대속 제물이 되어 주신 은혜를 기억하는 것입니다.

기도(기도 제목)

주기도문

년 월 일 요일

사도신경 | **찬송** 33, 36, 31장 | **말씀** 민 29:1~6

일곱째 달 초하루 (레 23:23-25)

29

2

3

4

5

6

이스라엘에 매년 일곱째 달 초하루는 나팔을 불어서 여호와의 은총을 기념하는 나팔절이었습니다.
이스라엘에 있어서 나팔은 매우 다양한 용도로 사용되었습니다. 그것은 회중을 소집할 때를 비롯해서 진군을 명령할 때, 대적과 싸울 때, 하나님께 제물을 드릴 때 불도록 되어 있었습니다. 이같이 함으로 그들은 하나님의 인도와 보호, 복을 기대할 수가 있었던 것입니다. 나팔을 부는 것은 그들에게 중요한 의미를 가집니다.
이 날에 드리는 제물은 평소의 분량보다 배가 되었습니다. 하지만 그들이 무슨 절기를 지키고 무슨 헌물을 드리든지 불의를 행하고 죄에서 떠나지 않는 사람들이 드리는 제물과 헌물은 하나님께 열납될 수가 없었습니다. 제물이라고 모두가 같은 것일 수 없습니다. 어떤 사람의 제물은 주께서 열납하시지만 어떤 사람의 제물은 받지 않으십니다.
성도는 주의 은혜로 구속함을 받은 사람들입니다. 마땅히 그 몸을 하나님이 기뻐하시는 거룩한 산 제물로 드리도록 해야 합니다. 주의 뜻을 분별하여 따르는 것보다 귀한 것은 아무것도 없습니다. 날마다 하나님께서 기뻐하시는 뜻을 따라 살아 감으로써 하나님께 영광을 드리고 세상에 빛과 소금으로 사는 것이 곧 우리의 헌신입니다.
이스라엘 백성들이 여호와께 나팔절에 구별하여 제물을 드렸듯이 우리도 구별하여 제물을 드려야 합니다.

|**기도**(기도 제목)

|**주기도문**

년 월 일 요일

|**사도신경** |**찬송** 144, 311, 305장 |**말씀** 민 29:7~11

속죄일 (레 23:26–32)

7 ●

8

9

10

11

죄의 문제는 모든 사람에게 있어서 가장 크고 심각한 문제입니다. 누구든지 이 문제를 해결해야 합니다.
이스라엘의 속죄일은 마음을 괴롭게 하는 절기였습니다. 죄에 대해 괴로워하고, 죄에 대해 슬퍼하는 절기가 바로 속죄일이었던 것입니다. 죄인은 아무도 하나님 앞에 서지 못합니다. 죄란 하나님과의 교통을 단절시키는 장애물이 되기 때문에, 죄 아래서 종노릇했던 우리는 언제든지 하나님 앞에서 겸손함을 갖는 것이 마땅합니다.
마음을 괴롭게 하는 것이나 헌물을 드리는 것 등 우리의 모든 신앙 및 경건의 행위는 외식으로 해서는 안 됩니다. 유대인들의 외식주의는 주님으로부터 책망을 면할 수가 없었습니다. 마음 중심으로 통회하고 죄를 멀리하는 사람을 하나님께서 기뻐하십니다. 외식하는 사람들은 아무리 많은 것을 주께 드릴지라도 열납되지 않습니다.
이기기를 다투는 자들에게 필요한 두 가지가 있는데 그것은 절제와 근신입니다. 우리 중 아무도 죄로부터의 안전 지대에 있지 못함으로 부단히 경계하여 죄에 빠지는 일이 없도록 해야 하겠습니다. 이는 스스로 모든 일에 절제하고 근신할 때 가능합니다. 무절제와 방종은 죄를 불러들여 우리를 파멸케 하는 것입니다.

우리는 날마다 우리의 죄를 내놓고 회개하며 자복하는 성도가 되어야 겠습니다.

|기도(기도 제목)

|주기도문

년 월 일 요일

|사도신경 |찬송 259, 262, 269장 |말씀 민 29:12~40

장막절 (레 23:33–44)

12

13

14

15

16

17

18

19

20

21

22

23

24

25

26

27

28

29

30

31

32 ●

33

34

35 ●

36

37

38

39 ●

40

초막절은 이스라엘 민족의 3대 절기 중 하나로서 일곱째 달 15일부터 8일간 진행되었습니다.

이스라엘이 경험한 광야 40년 생활은 하나님의 은혜와 기적적인 도움이 없이는 도저히 불가능한 것이었습니다. 그들은 파종하거나 농사하지 않았음에도 하나님께서 일용할 모든 것을 주셨으며 대적하는 모든 자들로부터 안전하게 하셨고, 신이 헤어지지도 발이 부르트지도 않게 하셨습니다.

그들이 7일 동안 들에서 초막을 짓고 거한 것은 중요한 의미를 함축하고 있습니다. 인생은 초막과도 같습니다. 이 세상은 영구한 도성이 아니라 하나님께서 약속하신 땅(천국)으로 나아가는 여정일 뿐입니다. 이 세상에 소망을 두거나 그 가운데 있는 것들을 사랑해서는 안 됩니다. 위의 것을 바라보며 살아가는 성도가 됩시다.

첫날부터 7일 동안은 백성들 전체가 들에서 초막을 짓고(레 23:24)그곳에 거주하였습니다. 하나님께서 가장 기뻐하시는 제물은 순종하는 것입니다. 우리가 믿음과 순종의 삶을 사는 것은 많은 희생 제물보다도 훨씬 귀하고 값지다. 그러므로 우리도 하나님 앞에 산 제물을 드려 영광을 돌려야 합니다.

초막절의 규례는 이스라엘 3대 절기 중의 하나이므로 그 의미를 잘 깨달아야 하겠습니다.

기도(기도 제목)

주기도문

년 월 일 요일

사도신경 **찬송** 311, 211, 216장 **말씀** 민 30:1~8

여호와께 서원한 것

30

2

3

4

민

5

6 ●

7

8

서원이란 여호와를 대상으로 약속하는 것이므로 반드시 지켜져야 한다는 전제가 따른다.

사람이 여호와께 서원하였거나 결심하고 서약한 것은 반드시 그 입으로 말한 대로 이행해야 합니다. 서원하고 이행하지 아니하는 것은 서원하지 않은 것만 못합니다. 금식이나 부부관계를 금하는 것들을 비롯하여 재물이나 기타 여호와를 대상으로 한 모든 약속들은 파약하지 말고 지키도록 해야 죄를 짓지 않게 됩니다.

약속의 중요성에 대해서 알지 못하는 사람은 아무도 없습니다. 유년 여자가 아버지 집에서 서원한 일들에 대해서는 아버지가 듣고 묵인하면 반드시 시행되어야 하지만, 그러나 아버지가 허락하지 않으면 그 서원은 무효화시켜야 했습니다. 이처럼 가정에서 아버지의 권위가 하나님에 의해 인정되었음을 보게 됩니다.

결혼한 여자는 비록 결혼 전에 아버지의 허락을 받은 서원이라 해도 남편의 뜻에 따라야만 했습니다. 왜냐하면 아내의 머리는 남편이기 때문입니다. 하나님께서는 아내의 의무를 복종으로 규정해 놓으셨습니다(엡 5:22). 질서의 파괴는 하나님께 대한 도전이며, 관계의 조화를 깨뜨리는 일입니다.

하나님 앞에 서원한 것은 어떠한 일이 있어도 이행해야 합니다.

기도(기도 제목)

주기도문

년 월 일 요일

사도신경 **찬송** 542, 430, 488장 **말씀** 민 30:9~16

9 ●

10

11

12

13 ●

14

15

16

서원은 하나님께 대한 약속입니다. 그러므로 반드시 지켜져야 합니다. 서원의 바른 규례를 알아봅시다.

서원의 비중이 얼마나 큰 것인가 하는 것은 “네 입으로 네 육체가 범죄하게 하지 말라 천사 앞에서 내가 서원한 것이 실수라고 말하지 말라 어찌 하나님께서 네 목소리로 말미암아 진노하사 네 손으로 한 것을 멸하시게 하랴”(전 5:6)는 성경의 증거 속에서 명백하여 집니다. 때문에 그것은 다른 어떤 이유로도 파약되어서는 안 됩니다.

과부라든가 이혼당한 여자들은 그들을 대신하여 책임질 권위자가 없는 독립된 인격체이기 때문에 그들의 말에 대한 책임을 스스로 져야만 했습니다. 바울이 증거했듯이 참 과부로서 의로운 자는 하나님께 소망을 두어 주야로 기도와 간구를 하는 사람들입니다. 그러므로 여호와께 대한 약속의 책임은 전적으로 자신에게 있었던 것입니다.

하나님께서는 아내의 서원이나 서약에 대해 남편으로 하여금 그것을 지키게도 할 수 있고 무효하게도 할 수 있게 하셨습니다. 따라서 아내된 자들은 반드시 남편과의 합의에 따라서 서원이나 서약을 이행해야만 했습니다(고전 7:5). 남편이 아내의 서원한 일을 듣고도 아무 말이 없으면 이 서원은 유효하며 반드시 지켜져야 했습니다.

성도들은 하나님의 규례를 바로 이해하여 그릇된 길로 가지 않도록 조심해야 합니다.

기도(기도 제목)

주기도문

년 월 일 요일

사도신경 **찬송** 379, 382장 **말씀** 민 31:1~12

미디안에게 여호와의 원수를 갚다

31

2

3

4

5

6

7

8

9

10

11

12

15

16

17

18

19

20

하나님께서 이스라엘을 타락시켰던 미디안 백성을 전멸시키게 하심으로 가나안 정복의 교훈을 삼으셨습니다.

하나님께서는 이스라엘 자손의 원수를 미디안에게 갚으라 하셨습니다. "미디안인들을 대적하여 그들을 치라"(25:17). 미디안 족속은 이스라엘 사람을 유혹하여 바알브올의 음탕한 우상숭배에 끌어들인 악을 행하였으며(25:2), 그 결과 이스라엘은 24,000명이나 전염병으로 죽임을 당했습니다.

미디안을 진멸시키려는 여호와의 계획은 단지 이스라엘을 유혹했다는 것뿐만 아니라, 부도덕하고 타락한 영적 부패로부터 이스라엘(자기 백성)을 보호하기 위한 조치라 할 것입니다. 하나님께서는 죄인을 징벌하실 때 그 죄인이 범한 악한 행동뿐만 아니라 의인에게 미칠 악한 영향을 방지하기 위해서도 징벌하십니다.

미디안은 음란과 우상 숭배를 통해 이스라엘을 유혹해서 더럽혔고(25)하나님의 진노를 사게 했습니다. 그들은 여호와의 신성함과 거룩함을 범한 여호와의 원수이기에 진멸해야만 했습니다. 하나님의 신성함과 거룩함을 무시하는 자는 성도들이 적극적으로 진멸해야 할 대상입니다. 성도들은 하나님의 거룩과 신성을 지키는 군사들입니다. 성도는 원수 갚는 일을 하나님의 심판에 맡겨야 합니다. 하나님께서 친히 갚으시기 때문입니다.

기도(기도 제목)

주기도문

년 월 일 요일

사도신경 **찬송** 262, 282, 417장 **말씀** 민 31:13~20

군대가 이기고 돌아오다

13 ●

14

신앙에 있어서 때로 절단이 요구됩니다. 절단의 아픔을 감수하지 않으면 안 되는 경우들이 있습니다.

모세는 싸움에서 승전하고 돌아오는 군대 장관들을 영접하러 나갔다가 오히려 그들에게 노를 발했습니다. 그 까닭은 그들이 이스라엘로 범죄케 할 가능성이 있는 요인들을 제거하지 않았기 때문입니다. 이스라엘로 하나님을 떠나도록 미혹하는 자들에 대해 하나님은 그들이 비록 동족이라 하더라도 용서없이 죽이도록 명령하셨습니다.

모세는 그들을 명하여 아이들 중에 남자와 여자들 중에서는 처녀들을 제외한 모든 사람을 죽이게 했습니다. 배교의 위험을 뿌리 뽑은 것입니다. 아무리 귀하고 중한 것이라도 하나님을 배반하게 하는 모든 것은 사탄적이기 때문에 제거하되 신속히 제거해 버려야 합니다. 우리를 죄로 이끄는 요인들이 무엇인가 찾아내어 제거해야 합니다.

하나님은 거룩하시므로 부정한 자들은 그분께로 올 수가 없습니다. 예수 안에서 정결케 된 사람들만 그분의 약속에 참여합니다. 그래서 주님은 "만일 네 오른 눈이 너로 실족하게 하거든 빼어 내버리라. … 또한 만일 네 오른손이 너로 실족하게 하거든 찍어 내버리라"(마 5:29-30)고 말씀하셨습니다. 정결케 된 후에 하나님을 만날 수 있습니다.

누구든지 끊을 것을 끊어 버리지 못하면 이로 인해 엄청난 인생의 손실을 감수해야만 합니다.

기도(기도 제목)

주기도문

년 월 일 요일

사도신경 **찬송** 220, 221장 **말씀** 민 31:21~31

21 ●

22

23

24

전리품 분배

25 ●

26

27

28

29

30

31

이스라엘의 토지 분배에서 볼 수 있었듯이 하나님의 분배 방법은 공평이라는 자신의 법칙에 지배됩니다.

이 세계에서는 공헌도가 높은 사람에게 많은 몫이 돌아가는 것이 보편화되어 있는데 그분의 방법은 전혀 다릅니다. 이같은 사실은 교회라는 공동체, 인류라는 공동체 안에서 개인적인 역할의 다양성과 중요성을 교훈해 주며, 그 분량이나 정도의 차이에도 불구하고 하나님께서도 모든 역할을 동등하게 여기심을 보여 줍니다.

하나님의 백성들은 부정한 것을 만지거나 사용하는 것이 금지되었으므로 금속은 정결케 한 후에 백성에게 분배했습니다. 부정한 것은 항상 정결한 것을 오염시킵니다. 우리는 합당치 못한 물건들을 소유하거나 사용하여 죄를 짓는 일이 없도록 조심해야 합니다. 편법에 의한 것이나 부당 이득은 성도의 몫이 될 수 없습니다.

①역할의 다양성에 대한 공평한 대우: 싸움에 나갔던 군인들과 회중이 서로 반분했습니다. ②하나님의 종들에 대한 예우: 군인들이 받은 몫 가운데 오백분의 일을 여호와의 거제로 제사장에게 주었습니다. ③레위 지파의 분깃: 이스라엘 백성의 전리품 중 오십분의 일은 레위 지파의 몫으로 구별되었습니다.

교회와 그리스도인들은 모든 일을 행함에 있어서 성경적인 기준을 따르도록 해야 합니다.

|기도(기도 제목)

|주기도문

년 월 일 요일

|사도신경 |찬송 23, 288, 287장 |말씀 민 31:32~47

32 ●

33

34

35

36

37

38

39

40

41

42 ●

43

44

45

46

47

본문은 이스라엘의 전리품과 하나님께 드린 공물에 관해 말씀하십니다.

이스라엘 군인들이 미디안과 싸우고 탈취한 물건들 외에 짐승들도 무수했으며, 처녀들도 상당수에 이르렀다. 그들이 하나님의 명령을 따라 싸웠으므로 이처럼 많은 것을 차지할 수 있었습니다. 우리가 무슨 일을 하든지 하나님의 뜻을 따를 때 그분은 우리의 필요를 아시고 우리의 소유를 넉넉하고 넘치도록 채워 주십니다.

군인들이 여호와께 드린 거제는 제사장에게 돌아갈 몫이었습니다. 그들은 이 싸움이 자신들의 병기나 전략이 아니라 하나님의 도우심과 은혜로 말미암은 것임을 알았으므로 하나님의 은혜에 대한 감사로 공물을 드렸습니다. 교회가 주의 종들을 대접하는 것은 하나님의 은혜에 대한 감사요, 또한 의무입니다(고전 9:14).

레위인들은 토지를 분배받을 때 제외되고 대신 하나님 자신이 기업이 되셨으므로 이스라엘 백성들이 드리는 예물은 그들의 몫이었습니다. 이스라엘은 하나님을 순종하여 자신들의 몫 중에서 일부를 구별하여 레위인들에게 주었습니다. 하나님 앞에서 가장 값진 헌물은 순종입니다. 하나님께서는 가장 완벽한 제도를 만드셨습니다. 하나님께 드리는 헌물은 감사의 표현이면서 동시에 마땅히 행해야 할 의무이기도 합니다.

|기도(기도 제목)

|주기도문

년 월 일 요일

|사도신경 |찬송 39, 287, 528장 |말씀 민 31:48~54

48 ●

49

50

51

52

53

54

누구를 막론하고 빨리 잊어버리고 싶은 일들이 있는가 하면 오래도록 기념하고 싶은 일들도 있습니다.

전쟁에서 돌아와 출전했던 사람들을 계수한 결과 축난 사람이 단 한 사람도 없었습니다. 참으로 기적적인 일입니다. 아무리 막강한 군사력으로 싸운다 해도 피해를 입게 마련인데 미디안과의 전쟁에서 이스라엘의 인명 피해는 전무했습니다. 천부장과 백부장들이 모세를 찾아와서 거제의 금을 드리겠다고 자원한 까닭이 여기에 있었습니다.

그들은 여기서 다른 무엇보다도 하나님의 이스라엘과의 관계를 분명하게 확인해 두고 싶었을 것입니다. 그리고 하나님의 크신 은혜와 위대하신 능력에 대한 확인도 필요했을 것입니다. 이것은 그들과 그 후손들을 위해 매우 유익하고 값진 기념물이었습니다. 우리도 하나님의 은혜를 매일매일 확인할 수 있는 기념물을 가집시다.

그리스도인에게 있어서는 무엇보다 예수 그리스도를 영접하여 새 생명을 얻게 된 그날이 가장 큰 기념일일 것입니다. 주님은 우리의 생명을 구속하사 영원한 생명과 천국의 소망을 주셨습니다. 그러므로 그리스도를 영접한 날은 영적인 생일로 크게 기념해야 할 것입니다. 이 날을 기념하여 우리가 드릴 거제는 순종의 삶일 것입니다.

하나님의 전적인 은혜로 구속함을 받은 우리는 순종을 통하여 받은 바 은혜를 감사하여야 합니다.

기도(기도 제목)

주기도문

년 월 일 요일

사도신경 | **찬송** 285, 436장 | **말씀** 민 32:1~15

요단 강 동쪽 지파들 (신 3:12–22)

32

2

3

4

5

6 ●

7

8

9

10

11

12

13

14

15

본문은 요단 동편에서 기업을 요구한 사람들에 대해 말씀하십니다.

요단 동편은 약속의 땅에 포함되지도 않은 곳인데, 그들이 모압 평지에서 쉬고 있는 동안 그곳이 목축하기에 적합하고 비옥하였기에 가축이 많은 그들의 마음을 끌었던 것입니다. '안목의 정욕과 이생의 자랑'(요일 2:16)이 작용하여 그들로 그릇된 선택을 하게 만들었습니다. 우리도 이 세상을 사랑하게 되면 그릇된 선택에 빠지게 됩니다.

자신들의 불신앙의 결과로 약속에 참여할 수 없게 되었던 사람들에 관한 일을 상기시킴으로, 그들로 동일한 전철을 따르는 일이 없도록 하기 위함이었습니다. 실패한 사람들을 거울 삼아 동일한 전철을 따르는 어리석음을 범하는 일이 없도록 조심하십시오. 하나님은 우리의 실패가 아니라 성공을 바라시며 도와 주십니다.

모험심이 강하고 도전적인 의지가 뚜렷한 사람도 환경과 타협하면서 살아가는 경우가 허다합니다. 가야 할 길은 멀고 또 험하기 때문에 이것은 불가피한 일이라고 생각하는 사람들도 적지 않게 있을 것입니다. 하지만 분명하고 확실한 생의 목적을 가진 사람들은 여하한 경우에도 환경과 타협하는 일이 있어서는 안 됩니다.

신앙은 타협이나 후회가 없습니다. 언제나 말씀대로 전진해야 합니다.

기도(기도 제목)

주기도문

년 월 일 요일

사도신경 **찬송** 220, 439, 440장 **말씀** 민 32:16~19

16 ●

17

18

민

19

본문은 요단 동편에서 기업을 요구한 사람들이 형제들과 끝까지 고난을 함께 할 것을 약속한 말씀입니다. ①가축을 위한 우리와 어린 아이를 위한 성읍 건축, ②모든 지파가 기업을 분배 받을 때까지 무장하고 이스라엘 자손 앞에서 행함, ③요단 서편에서는 기업을 요구하지 않을 것임. 그들은 가데스 바네아에서 있었던 것과 같이 '백성들의 마음이 흔들리고 불신앙에 빠지는 결과'가 생기지 않도록 이 세 가지를 약속했습니다.

고난은 나눌수록 가벼워지고 기쁨은 나눌수록 풍성해지는 법입니다. 입으로 아무리 사랑을 말하고 주옥같은 사랑의 글을 쓰는 사람일지라도 이웃의 곤경을 외면하는 사람에게는 사랑이 없습니다. 성도들은 주님을 본받아서 이웃의 아픔을 함께 나누도록 힘써야 합니다. 그때 우리는 그리스도 안에서 형제가 되는 것입니다.

"사람이 친구를 위하여 자기 목숨을 버리면 이보다 더 큰 사랑이 없나니"라고 주님께서 말씀하셨습니다(요 15:13). 형제의 아픔과 이웃의 곤경을 외면하고 자기만 안전하게 거하려 하는 사람들을 가리켜서 우리는 이기주의자라고 말합니다. 그들은 사랑이 없는 사람들입니다. 우리는 형제의 고난을 내 것으로 삼아야 합니다.

주님을 본받아 이웃의 형제를 돌아보는 성도가 되어야 합니다.

기도(기도 제목)

주기도문

년 월 일 요일

사도신경 **찬송** 287장 **말씀** 민 32:20~32

20 ●

21

22

23

24

25

26

27

28 ●

29

30

31

32

모세 앞에서 르우벤과 갓 지파가 공동이행 책임을 지겠다고 하는 내용을 언급하고 있습니다.
하나님께서 명령하신 전쟁에 참여하는 것은 하나님의 뜻이요 약속의 기업을 보장받는 발판입니다. 우리 믿는 성도의 삶은 마귀, 더럽고 잔인한 죄악의 횡포, 험한 이 세상, 고통스런 질병과 늘 싸워야 하는 전투의 생활입니다. 영적인 승리의 비결은 ①하나님 앞에서, ②믿음으로, ③능력으로 세상과 싸우는 것입니다.
여기서는 르우벤과 갓이 어떤 나쁜 짓을 했다고 꾸중하는 것이 아니라 일을 하지 않으려는 것을 통렬하게 비난하고 있는 것입니다. 자기만의 편의주의로 욕심을 채우려는 신앙적 이기주의자요, 봉사와 헌신은 생각지 않으면서 더 좋은 땅을 분배 받으려는 것은 자신의 신앙에도 유익이 없지만 타인의 영혼에도 상처를 주는 처사다.
모세는 르우벤과 갓 지파의 청원대로 허락할 것을 엘르아살과 여호수아와 지파의 수령들에게 지도자적 결단으로 명령하였습니다. 여기 따르는 수종자들의 순종은 물론, 르우벤과 갓 지파의 이스라엘 전체를 위한 자기들의 책임을 이행하겠다는 결단을 우리 신앙인들이 배워야 할 것입니다.
신앙의 결단은 우리에게 영적인 승리의 삶을 살게 하며 죄를 회개하고 하나님의 뜻에 순종케 합니다.

기도(기도 제목)

주기도문

년 월 일 요일

사도신경 **찬송** 254, 261, 266장 **말씀** 민 32:33~42

33 ●

34

35

36

37

38

39

40

41

42

르우벤과 갓과 므낫세 반 지파의 기업 분배로 그곳을 요새화하고 새 이름으로 바꾸는 것이 나옵니다.
르우벤과 갓 자손이 형제들과 더불어 싸워 가나안 땅을 정복함으로 요단 이편의 기업이 된 것은 약속된 일이지만, 므낫세 반 지파는 요단 동편을 요청하지 않았는데도 기업을 분배받게 되었습니다. 두 지파는 그 땅이 육축과 자기들의 취향에 적합했기 때문에 선택하였지만 므낫세 반 지파와 같이 목자도 아닌 순수한 용사에게 요단의 동편 국경지를 점령하도록 한 것은 용맹의 영예만큼, 지역을 외세로부터 안전을 도모하고자 파수꾼처럼 세우기 위함이었습니다.
하나님은 모든 사람 누구에게든지 이름을 주시고, 어떤 사물에든지 명칭을 주사 의미가 있게 만드셨습니다. 과거의 이름이 현실과 업적의 사실에 새롭게 발견될 때에는 명칭이 달라질 수도 있습니다. 분배받은 지역을 견고한 성읍으로 평온한 목장으로 외세의 적들이 넘겨보지 못하도록 견고하고 완벽하게 요새화하고 성읍을 새 이름으로 변경하게 된 배경에는 두 가지 뜻이 있습니다. ①이방신의 이름을 따서 불렀기 때문에 고쳐진 곳이 있고(느보와 바알) ②그들 자신의 이름과 업적을 영원히 간직하기 위하여 고쳐진 이름이 있습니다.

하나님은 사람에게 은사와 달란트를 맡겨 수고와 노력과 헌신의 보상을 축복으로 채워 주십니다.

기도(기도 제목)

주기도문

년 월 일 요일

사도신경 **찬송** 246, 235, 237장 **말씀** 민 33:1~4

애굽에서 모압까지

33

2

3

4

출애굽 역사에서 이스라엘이 하나님의 뜻에 복종하였을 때 평안과 안전과 번영을 누렸음을 볼 수 있습니다.

하나님은 인간에게 계속 관심을 기울이시고 계십니다. 그리고 우리를 인도하시고 약속을 성취시켜 주십니다. 하나님은 이스라엘 백성을 애굽의 압제에서 해방시켜 주셨습니다. 적으로부터 보호하시고 구원하셨습니다. 인도하셨습니다(구름 기둥 불 기둥으로). 광야에서 양식을 공급하셨습니다(만나와 메추라기).

누가: 그들이(이스라엘), 언제: 첫째 달 열다섯째 날에, 어디서: 라암셋에서, 무엇을: 유월절 후의 출애굽, 왜: 하나님의 사람에게는 용기와 비전을 주고, 애굽사람에게는 기죽여 주눅들게 하기 위하여, 그리고 애굽 사람들 목전에서 이스라엘을 당당하게 하기 위하여, 어떻게: 큰 권능으로.

유월절을 지키게 하심은 하나님과의 언약의 표징입니다. 이 절기는 짐승의 피로 속죄받는 절기입니다. 이는 예수 그리스도의 십자가의 피로 속죄받은 자가 영원한 복지, 천국에의 자격을 얻는 것입니다. 예수님의 구속의 피 없이는 신앙과 상관이 없고 영적 삶의 생명력이 없습니다. 십자가의 피가 신앙의 심장을 돌고 있어야 합니다. 하나님의 섭리에 따라 이스라엘이 출애굽 했듯이 우리 성도들도 죄악된 세상에서 승리할 수 있어야 합니다.

기도(기도 제목)

주기도문

년 월 일 요일

사도신경 **찬송** 521, 532, 430장 **말씀** 민 33:5~37

5 ●

6

7

8

9

10

11

12

13

14

15
16
17
18
19
20
21
22
23
24
25
26
27
28
29
30
31
32
33
34
35
36
37

본문에서는 하나님께서 이스라엘 백성에게 어떻게 역사하셨는가를 보여주는 서너 곳의 지명들이 나옵니다.

이스라엘은 마라에 진 칠 때 목이 말라 물을 찾게 됩니다. 기다리던 물은 있었지만 마실 수가 없었으므로 갈증이 여전했고 실망은 컸으며 고통이 겹치게 되었습니다. 이런 것을 우리 인생의 삶의 과정에서 실감나게 체험할 때가 많습니다. 인생들이 달콤한 열매로 간주하고 힘껏 움켜잡고 보니 열매 속에는 더러운 벌레가 숨겨져 있었고, 목마르게 기다리던 좋은 일들과 성공과 승리와 번영의 소식은 캄캄 무소식이고, 푸른 꿈과 소원이 시원스럽게 응답되기는커녕 더욱 엉켜져가는 모습이 인간 삶의 갈증을 더욱 심화시키고 있습니다.

우리를 당신에게 관심을 갖게 하시려는 섭리적 의도와 택한 백성으로 하여금 깨달아 은혜되게 하시려는 목적이 있음을 영적 안목에서 볼 수 있어야 합니다. 이때 이스라엘 백성의 죄과는 하나님을 믿지 않고 지도자 모세를 원망하고 영적 퇴보인 애굽의 고기 가마를 그리워하기도 하였습니다. 그러나 모세는 하나님께 기도함으로 쓴 물을 단 물로 변화시키는 기적이 일어났습니다. 이것이 하나님의 능력이요 하나님께서 사랑하는 자에게 넉넉하고 충분하게 해 주시는 보상인 것입니다.

우리 인생은 때때로 마라의 쓴 물과 같이 당할 때가 있습니다. 이때에 기도로 이 고비를 넘겨야 하겠습니다.

|**기도**(기도 제목)

|**주기도문**

년 월 일 요일

|**사도신경** |**찬송** 488, 491, 492장 |**말씀** 민 33:38~49

38 ●
39
40 ●
41 ●

민

42

43

44

45

46

47

48

49

한번 죽는 것은 사람에게 정해진 것이요, 그 후에는 심판이 있다고 히브리 기자는 말하고 있습니다.

죄는 인생의 삶의 여정에서 걸림돌이 되고, 참되고 고상한 모든 요소를 박탈하며 선을 행하려는 욕구를 빼앗고 의롭고 진실하게 용기를 갖게 하는 것이 아니라, 사람들로 하여금 떳떳하고 당당하며 자손 대대에 길이 빛날 아름다운 신앙의 자취를 남기지 못하게 하며, 부끄럼과 옹졸함과 원망의 결과로 얼룩지게 만든다.

이스라엘 백성들이 여러 곳을 방황한 것은 목적지인 가나안 땅을 향한 전진이 아니라 형편에 따라 이곳 저곳으로 이동만 하는 수고와 애씀의 헛일이었습니다. 하나님에 대한 이스라엘 백성의 불신과 반역이 그러한 원인이었습니다. 죄는 인간이 전진하는 마차에서 바퀴를 제거함 같으므로 그 마차는 달려갈 수 없습니다.

우리 믿는 성도의 궁극적인 목적지는 천국이요 구원입니다. 구원받을 신자가 천국과 내세의 영생의 삶을 목적 삼지 않는다면 그러한 삶은 헛수고요 이 세상의 진정한 안식처도 없으며 살맛을 느끼지 못할 것입니다. 이 세상은 영구한 도성이 아닙니다. 그러나 하나님은 진노 중에라도 긍휼을 잊지 않으십니다(합 3:2).

성도들은 죽음을 두려워하거나 무서워할 필요가 없습니다. 우리에게는 내세의 천국이 있기 때문입니다.

기도(기도 제목)

주기도문

년 월 일 요일

사도신경 | **찬송** 349, 358, 461장 | **말씀** 민 33:50~56

가나안 땅을 제비 뽑아 나누다

50 ●

51

52

53

54

55

56

하나님의 명령 세 가지를 순종하면 가나안을 정복하

게 됩니다.

가나안 원주민을 완전히 추방하지 못하고 함께 살다 보면 그들의 옛 전통과 습관이 이스라엘 사람에게 적용되어 세속주의와 우상주의의 옛 사람으로 죄악에 오염되어 버리기 때문입니다. 멸망하는 것이 죄 때문인데 죄악된 일을 청산하기 위하여 본토 원주민을 추방하게 하신 것입니다. 이것을 철저히 이행하여야 합니다.

성도의 가장 끔찍한 죄가 우상숭배이므로 우상과 관련된 모든 것은 배격하여야 합니다. 석상이나 부어만든 우상을 깨뜨리고 산당을 헐어버려야 합니다. 하나님보다 더 사랑하고 관심쓰는 것이 있다면 그 자체가 우상이며 이 땅의 모든 것은 하나님 다음의 것이 되어야 합니다. 우리의 전체를 하나님께 영광 돌리는 일에 집중해야 합니다.

모든 사건이 진실하고 공평하고 정당하게 처리될 때 은혜로운 것입니다. 하나님께서 섭리하신 두 가지가 있는데 ①가문 인구 수에 따라 ②각 기업의 위치는 제비뽑기로 결정되어야 합니다. 신앙인은 세상과 타협하거나 옛 구습에 얽매어서도 안 되며 하나님의 선하신 뜻을 따라 예수 그리스도를 닮는 생활을 해야 합니다(롬 12:2).

하나님의 명령에 순종하며 원주민을 추방하고 우상을 헐어버리며 공평하게 분배한 것을 본받아야 합니다.

기도(기도 제목)

주기도문

년 월 일 요일

사도신경 **찬송** 320, 323장 **말씀** 민 34:1~15

가나안 땅의 경계

34

2

3

4

5

6 ●

7 ●

8

9

10 ●

11

12

13 ●

14

15

이스라엘의 분깃은 약속의 땅이며, 하나님이 분배 문제를 모세에게 지시하십니다.

하나님께서 모세를 통하여 가나안 땅이 이스라엘의 분깃이 된다고 다짐한 것은 그들로 하여금 그 땅을 정복할 용기를 가지도록 북돋아 주기 위함입니다. 하나님께서 약속한 땅은 하나님의 것이기 때문에 어느 민족에게 맡겼다가 그 민족이 죄를 범하고 하나님의 뜻을 따르지 못할 때 회수하여 다른 민족에게 주십니다. 이런 예는 이스라엘 역사와 세상 강대국이 망하는 원인을 보아도 알 수 있습니다. 우리가 살고 있는 세상에서 모든 것이 하나님의 것이며 우리는 관리자의 입장에서 하나님 뜻에 따라 믿음으로 잘 관리하며 살아야 합니다.

하나님께서 약속한 땅의 경계선은 유브라데까지인데(창 15:18)현재 차지한 땅은 여기에 못 미치는 좁은 땅입니다. 이것은 ①하나님은 택한 백성에 대하여 끊임없이 계속 섭리하시고 관심 쓰고 계심을 의미합니다. 지금은 좁은 기업이지만 후일에 솔로몬 왕 때 유브라데까지 이스라엘의 국토가 됩니다. ②이스라엘 백성이 가나안 땅에 들어갈 때 당장 광대한 땅이 필요치 않았기 때문입니다. 하나님께서는 보통 사람에게 필요 이상의 것을 주지 않으십니다.

우리 신자들이 하나님께 무엇을 구할 때는 필요한 것을 구하고 그 이상의 것을 탐심으로 구하면 안 됩니다.

기도(기도 제목)

주기도문

년 월 일 요일

사도신경 | **찬송** 283, 321장 | **말씀** 민 34:16~29

각 지파의 기업 분할 책임자

16 ●

17

18

19

20

21

22

23

24

25

26

27

28

29

하나님께서는 일하실 때 사람을 통하여 일하십니다. 하나님께서 쓰시는 인물은 어떤 사람입니까?

각 지파와 각 자손의 지역적 위치가 제비뽑아 결정되었습니다. 그 결과는 하나님에 의하여 결정된 것인데, 초대 교회에서도 제비뽑아 하나님의 일꾼을 세우신 예가 있습니다. 기업의 위치는 제비뽑아 결정되었지만 각 지파의 기업은 필요한 사람과 인원 및 적합 용도에 따라 결정되었습니다. 이 일을 맡은 사람이 엘르아살과 여호수아입니다. 하나님께서도 자기의 뜻을 따라 일할 사람을 부르십니다. 이것은 땅을 경작하는 일과 우리 자신의 구원을 이루는 일과 죄인들의 회개에 있어서도 마찬가지입니다.

인간으로서 의무를 수행하기 위하여 하나님께로부터 지정된 사람이 있었습니다. 하나님은 계열 대표자를 세워 일을 처리하게 하셨습니다. 종교적인 대표자는 제사장 엘르아살, 군사적 계열의 대표자는 눈의 아들 여호수아, 그리고 시민을 대표해서는 각 지파의 지휘관들에게 그 일이 위임되었습니다. 각 지파의 대표자들에게 그 일을 위임하게 한 것은 그 땅의 공정한 분배에 대하여 백성들의 신임을 받고, 어떤 지파나 계층의 불만을 방지하기 위한 것입니다. 눈의 아들 여호수아와 여분네의 아들 갈렙은 이미 민족에게 봉사했었습니다.

우리는 하나님의 일을 감당하여 이루어 나가는 자임을 명심해야 합니다.

기도(기도 제목)

주기도문

년 월 일 요일

사도신경 **찬송** 74, 204, 359장 **말씀** 민 35:1~8

레위 사람에게 준 성읍

35

2

3

4

5

6

7

8

레위인은 율법을 충분히 연구하고 가르치는 일을 전념하기 위하여 다른 지파의 십일조로 생활하였습니다.

오직 레위인은 제사장 직분에 충실할 수 있도록 세상에 얽매이지 않게 하신 것뿐입니다. 레위인은 성읍과 가축이 있어 그 주변에 가축을 방목할 수 있는 들판을 받았습니다. 하나님은 레위인들이 풍족하게 살 수 있도록 하였으며 생활 용품이 부족하여 이웃에게 조롱거리가 되지 않도록 특별히 배려하셨습니다. 각 지파의 소유지에서 거출하여 레위인에게 성읍을 마련해 주었습니다(6-8). 레위 지파에게 주는 것은 하나님께 드리는 것으로 여겨 성별되게 각 지파에서 토지와 개인 재산을 레위 지파에게 줌으로 하나님께 감사의 뜻을 표현했습니다.

레위 지파의 사역은 그리스도인들이 명심해야 할 사건으로 점철되어 있습니다. 레위인들은 이스라엘 자손 중에서 특별히 성직자로 선택받아 형제들과 떨어져서 생활하였으며, 하나님께서 친히 레위인들의 기업이 되시므로 이스라엘 자손에게 그들의 기업을 찾지 말고 일할 것을 가르쳐 주셨습니다. 그러므로 레위인의 기업은 하나님의 사역입니다. 레위인은 처음부터 이렇게 하나님의 축복을 받은 것이 아닙니다. 오히려 레위인의 초기에는 저주를 받았습니다(창 49:5-7).

하나님의 종의 기업은 세상이 주는 것이 아니라 하나님의 뜻에 따라 주의 백성들에게 주어지는 것입니다.

기도(기도 제목)

주기도문

년 월 일 요일

|사도신경 |찬송 190, 274, 279장 |말씀 민 35:9~21

도피성 (신 19:1-13; 수 20:1-9)

9 ●

10

11

12

13

14

15

16 ●

17

18

19

20

21

도피성은 본의 아니게 살인한 자가 임시 피신하거나 제사장이 죽을 때까지 머물러 있는 곳입니다.

이스라엘에 거류하는 타국인에게도 똑같은 혜택이 주어졌다는 사실은 신약 시대에 이방인들도 유대인과 마찬가지로 그리스도 안에서 구원을 받은 것과 같은 원리입니다. 교회는 주님의 품입니다. 주님의 피로 교회가 생명력을 갖기 때문입니다. 복수할 자에게 쫓기는 살인자의 처지는 죄지은 우리의 모습과 같습니다. 도피성을 바라보는 죄 지은 자의 모습은 바로 십자가 앞에 서 있는 우리의 모습입니다. 보호를 받아야 할 죄 지은 인간은 성 안에 머물러 있을 때만 안전합니다. 인간은 예수 그리스도를 놓치지 않고 그분 안에 머물러 있을 때 안전합니다.

도피성은 죄인에게 영원한 보호를 제공해 주지 못합니다. 단 공정한 재판이 이루어지도록 보장해 줄 뿐입니다. 그러나 주님은 "내게 오는 자는 내가 결코 내쫓지 아니하리라"라고 말씀하셨습니다. 아무리 큰 죄를 지었을지라도 예수 그리스도 안에 피하면 절대적으로 안전합니다. 도피성은 부지중에 살인한 자도 죽음을 면치 못하고 연기시켜 줄 뿐입니다. 그러나 예수 그리스도를 믿는 자는 영원하고 완전한 복된 생명을 부여받음으로써 죄의 형벌인 죽음에서 구원받고 영생의 기쁨을 누린다.

주님의 몸 된 교회는 험악한 세상에서 보호받는 방편이며 이곳은 어느 누구라도 들어올 수 있습니다.

|기도(기도 제목)

|주기도문

년 월 일 요일

|사도신경 |찬송 336, 597, 451장 |말씀 민 35:22~28

22 ●

23

24

25

26

27

28

도피성은 우연한 사고로 사람을 죽였을 때 피신할 수 있도록 지정된 레위인이 거주하는 피신처입니다.
우리의 피난처로서는 한 분이신 그리스도만이 지정되어 있을지라도 그는 우리가 어디 있든지 간에 우리 가까이에 있는 피난처로서 즉시 도움을 줄 수 있는 분이십니다. 왜냐하면 '말씀'으로, 그리고 그 말씀 속에 있는 그리스도께서 우리 가까이에 계시기 때문입니다. 그러므로 '교회 밖에는 구원이 있을 수 없습니다.'
사람을 죽인 자는 이 도피성들 중 어느 곳에서도 안전했습니다. 마찬가지로 그리스도를 믿어 그에게 도망하면 그 안에서 쉬게 되며 하나님의 진노와 율법의 저주로부터 보호함을 받습니다. "그리스도 예수 안에 있는 자에게는 결코 정죄함이 없나니"(롬 8:1). 이처럼 주 안에 피한 자들을 누가 정죄하겠는가?
범죄자가 그의 도피성의 경계에서 이탈하거나 몰래 자기집으로 다시 들어 갔을 때 그는 그 보호의 혜택을 잃고 피를 보복하는 자로부터 공격받는 위험에 처하게 됩니다. 마찬가지로 그리스도 안에 있는 자들은 그리스도 안에 거해야 합니다. 만일 그들이 그를 버리고 그를 떠나 유리한다면 위험에 처하게 되기 때문입니다. 진정한 피난처는 가장 안전한 바위밑입니다. 예수 그리스도의 십자가 그늘밑이 바로 그곳입니다.

|기도(기도 제목)

|주기도문

년 월 일 요일

|사도신경 |찬송 216, 597, 305장 |말씀 민 35:29~34

29 ●

30

31

32

33

34

보복자에게 쫓기는 살인자의 처지는 죄를 지은 우리의 처지와 같습니다. 도피자의 처지는 비참하기 그지없습니다.

도피성으로 가는 길은 모세가 명한 대로 아무런 장애물이 없었습니다(신 19:3). 과연 우리가 도피성으로 가는 길은 장애물이 없고 평탄한 것입니다. 왜냐하면 율법, 우리의 타락한 본성, 사탄의 책략 등과 같은 도피성으로 가는 길을 막는 장애물들은 우리의 수호자이시며 대제사장이신 그리스도께서 모두 제거하셨기 때문입니다.

타국인과 유리하는 자들까지도, 비록 그들이 본래의 이스라엘 사람은 아닐지라도 이 도피성의 혜택을 얻을 수 있었습니다(15). 마찬가지로 그리스도 예수 안에서는 헬라인과 유대인의 차별이 있을 수 없습니다. 믿음으로써 그리스도께로 '도망하는 타국인의 아들들도' 그 안에서 안전을 구가할 수 있습니다.

도피성의 설치는 중요한 인간의 생명을 보호하기 위해서 하나님께서 만드신 것입니다. 사람의 목숨은 온 천하를 주고도 바꿀 수 없다고 주님이 말씀하셨습니다. 하나님이 사람으로 이 세상에 오셔서 사람들의 잘못과 죄값을 대신 받으시고 누구나 용서받고 구원받아 천국에 들어 갈 수 있도록 길이 되어 주신 분이 예수님이십니다.

도피자에게 가장 필요한 것은 그의 생명 보증입니다. 주님만이 그 생명의 보증이 되어 주십니다.

|기도(기도 제목)

|주기도문

년 월 일 요일

|사도신경 |찬송 212, 323, 204장 |말씀 민 36:1~4

시집 간 여자의 유산

36

2

3

4

상속인이 딸인 경우 지파와 가문의 기업 처치문제의 해결방안은 다음과 같습니다.

수령들은 그 땅을 각 지파에게 제비뽑아 주게 하셨다는 그 명령을 주장했고, 만일 그들이 결혼에 의해 므낫세 지파의 소득의 상당한 부분이 다른 지파에게 양도된다는 것은 하나님의 약속을 어기는 것이 될 것이라고 주장했습니다. 오늘 우리도 하나님의 기업을 소중하게 생각해야 합니다.

만일 다른 지파 사람들이 그들 중에 오게 되면 그것은 많은 다툼을 야기시킬 수도 있었습니다. 그래서 그들의 권리는 시간이 경과할 때마다 모호한 것이 될지도 모릅니다. 우리는 야곱이 너무 욕심장이라고 생각하지만, 갈구하는 열심만은 본받아야 할 것입니다. 육적 축복은 양보해도 영적 축복은 빼앗기지 말아야 합니다.

므낫세 지파의 수령들은 자기들 기업의 상실을 염려하여 모세와 의논한 결과 좋은 해결책을 얻게 되었습니다. 즉 슬로브핫의 딸들은 같은 지파 사람에게만 시집가도록 한 것입니다. 오늘 우리도 신앙의 난제들이 있을 때 혼자 고민하며 주저하지 말고 하나님의 종과 의논하여 신령한 해결책과 그로 인한 축복을 얻도록 합시다.

기업은 빼앗겨서도 빼앗아서도 안 되는 법입니다. 그 신앙을 지킴으로 축복받습니다.

|기도(기도 제목)

|주기도문

년 월 일 요일

|사도신경 |찬송 605, 604, 221장 |말씀 민 36:5~13

5 ●

6

7

8

9

10 ●

11

12

13 ●

슬로브핫의 딸들과 므낫세 지파의 나머지 사람들과의 문제가 하나님의 특별한 명령에 의하여 선처되었습니다.

그들에게 어떤 특정한 사람들이 정해져 있지 않았습니다. 그들은 아버지의 가문에서 충분히 선택할 수 있었습니다. "그들은 마음대로 시집갈지어다". 자손들은 부모의 권위를 인정해야 하며 그들의 뜻을 거스려 결혼해서는 안 됩니다. 마찬가지로 부모들은 자식의 의향을 물어 보아야 하며 결혼을 강요해서는 안 됩니다.

그러나 그들의 기업이 다른 가문에게로 넘어가지 않게 하기 위해 그들 자신의 친족으로 제한 받고 있습니다. 이것은 여호와께로부터 나온 것이기 때문에 고치거나 변경돼서는 안 됩니다. 흔히 '그리스도인이 불신자와 결혼하여 상대방을 구원시키면 되지 않느냐?'는 질문을 자주 받게 되는데 이것은 교만입니다.

슬로브핫의 딸들은 이 약속에 복종하였습니다. 하나님께서 친히 그들에게 지시하시는데 어찌 불만을 토로할 수 있겠습니까? 그들은 아버지의 형제의 아들에게 시집갔습니다(10-12). 우리는 모든 문제를 하나님께 기도하고 의논하여 결정해야 합니다. 하나님은 전 세계를 한 눈으로 보시는 우리의 지휘관이시기 때문입니다.

성도는 결혼이 세상적이 아니라 하나님 나라의 확장이라는 중차대한 의미를 띠고 있음을 알아야 합니다.

기도(기도 제목)

주기도문

신명기

년 월 일 요일

|사도신경 |찬송 304, 305, 563장 |말씀 신 1:1~46

서론

1

2

3

4

5

6

7

8

모세가 수령을 세우다 (출 18:13-17)

9 ●

10

11

12

13

14

15

16

17

18

정탐할 사람을 보내다 (민 13:1–33)

19 ●

20

21

22

23

24

25

26

27

28

29

30

31

32

33

여호와께서 이스라엘을 벌하시다

(민 14:20–45)

34 ●

35

36

37

38

39

40

41

42

43

44

45

46

모세는 신명기의 서두에서 먼저 이스라엘 백성들로 하여금 지나온 광야 40년 생활을 상기시키고 있습니다.

이스라엘 백성들이 광야에서 거듭거듭 하나님께 불순종하고 반역했듯이, 지난날의 우리들은 죄와 허물로 죽었던, 본질상 진노의 자녀들이었습니다(엡 2:1, 3). 그런데 광야 40년 동안 끝없는 용서와 사랑으로 이스라엘 백성들을 인도하신 하나님께서는 우리들 역시 크고 풍성하신 긍휼로 구원해 주셨습니다(엡 2:4-7).

애굽을 떠난 지 40년이 지났지만, 아직도 이스라엘은 가나안에 들어가지 못한 상태였습니다. 그러나 지난날에 누린 하나님의 은총과 능력을 상기해 볼 때, 지금 그들의 목전에 닥친 문제들 역시 염려할 필요가 없었습니다. 과거에 도우신 하나님께서 장래에도 도우실 것이 확실하기 때문입니다.

과거를 망각하고 현재를 무시한 채 미래의 복을 갈구하는 것은 어리석은 일입니다. 지난날의 험준했던 광야 생활을 되돌아봄으로써, 장차 가나안 땅에서 누릴 복을 확신한 이스라엘 백성들처럼, 성도는 과거에 누린 하나님의 복과 사랑을 되새김으로써 미래에 대한 빛나는 소망과 흔들리지 않는 확신을 지니게 됩니다. 지난날을 기억하면서 오늘에 충실하는 것이 복된 내일을 맞이하는 비결입니다.

기도(기도 제목)

주기도문

년 월 일 요일

사도신경 **찬송** 401, 405, 408장 **말씀** 신 2:1~15

이스라엘이 광야에서 보낸 해

2

2

3

4

5

6

7

8

9

10

11

12

13

14

15

하나님께서 이스라엘이 에돔을 정복하거나 싸우지 않도록 명령하신 사건에서 알 수 있는 교훈은 다음과 같습니다.

이스라엘에 대해 무한한 사랑을 베풀고 계시는 하나님이셨지만, 그렇다고 이방 족속들을 무조건적으로 미워하시는 분은 결코 아니시다. 따라서 우리 민족이나 집단 혹은 개인도 오직 자신들만이 하나님의 사랑과 축복을 독차지하고 있다고 착각해서는 안 됩니다. 선인과 악인에게 햇빛과 비를 아울러 허락하시는 하나님이십니다.

당시의 팔레스틴 근동에 살았던 사람들은 일반적으로 '지역신 사상'과 '민족신 사상'을 갖고 있었습니다. 그러나 여호와 하나님은 결코 특정한 지역이나 민족에 국한된 신이 아니시다. 선민 이스라엘은 물론이거니와 이방의 모든 민족들도 영원히 하나님의 주권적 통치 아래서 다스림을 받습니다.

에돔 족속은 야곱의 형 에서의 후손들입니다. 그런데 하나님께서는 에서에게 세일 산을 기업으로 주셨습니다(창 36:7, 8). 만약 이스라엘로 에돔 족속이 살고 있는 세일 산 일대를 차지하게 하신다면, 에서에게 주신 기업의 약속을 깨뜨리는 결과입니다. 하나님께서는 에서에게 주신 약속을 지키셔서 에돔 족속의 정복을 금하셨습니다.

하나님은 온 우주와 역사의 주권자이시며, 한번 약속하신 것을 영원히 지키시는 분이십니다.

기도(기도 제목)

주기도문

년 월 일 요일

사도신경 **찬송** 283, 440장 **말씀** 신 2:16~37

16 ●

17

18

19

20

21

22

23

24

25

이스라엘이 헤스본 왕 시혼을 치다 (민 21:21-30)

26 ●

27

28

29

30

31

32

33

34

35

36

37

이스라엘이 아모리 족속을 주저없이 정복함에서 우리는 성도의 기업에 관한 교훈을 배울 수 있습니다.
우리가 이 세상에서 아무리 많은 것을 소유하고 있다 할지라도 하나님께서 주신 것이 아니면, 우리의 참된 기업이라고 할 수 없습니다. 하나님께서 친히 성도의 기업에 대한 보증이 되십니다. 따라서 우리는 이미 하나님께서 예비해 놓으신 온갖 좋은 것들을 얻어 누리기만 하면 될 뿐입니다.

에돔·모압·암몬 족속의 땅이 설혹 비옥할지라도 이스라엘은 결코 그곳을 기업으로 차지해서는 안 되었습니다. 왜냐하면 그곳은 하나님께서 허락하시는 기업이 아니었기 때문입니다(37). 마땅히 취할 것 그 이상의 것을 취하지 아니함이(히 13:5)하나님께서 주시는 기업을 받아 누리는 자의 태도입니다.

아모리 족속의 땅은 즉시 정복되어 이스라엘의 기업이 되었습니다. 하나님께서 허락하신 일에 대하여 여전히 주저하거나 다른 방도를 모색한다면 하나님의 기업을 누릴 자격이 없습니다. 즉시 받아서 담대하게 차지하고 누리며 살아야 하는 것이 기업을 소유한 성도가 가질 태도입니다. 그때에 하나님께서도 기뻐하시는 것입니다.

우리는 하나님께서 허락하신 기업을 누릴 만한 자세가 갖추어져 있습니까? 자신을 돌아보아야 하겠습니다.

기도(기도 제목)

주기도문

년 월 일 요일

사도신경 **찬송** 143, 494, 528장 **말씀** 신 3:1~11

이스라엘이 바산 왕 옥을 치다 (민 21:21–35)

3

2

3

4

5

6

7

8

9

10

11

신

바산 왕은 이스라엘과 함께 하시는 하나님에 대한 소문을 들었을 텐데도 불구하고 대적하다가 멸망하였습니다.

바산 왕 옥은 두려움을 모르는 왕이었습니다. 그는 가로 1.8m, 세로 4m의 거대한 철 침상을 사용할 정도로 장대한 인물이었습니다. 아마 그는 보기만 해도 두려움을 느낄 만한 그런 사람이었습니다. 그러나 싸움의 결과는 바산 왕국의 전멸이었습니다. 왜냐하면 그 거대한 바산 왕 옥보다도 더 크고 위대하신 하나님께서 싸우셨기 때문입니다.

바산 왕 옥이 다스리던 지역에는 그 당시로서는 놀랄 만큼 요새화 된 성읍이 곳곳에 자리잡고 있었습니다. 따라서 지금까지 삭막한 광야에서만 생활해 온 이스라엘 백성들로서는 요새화 된 성읍들을 공략할 만한 전쟁 무기를 갖추지 못했습니다. 그런데 싸움의 결과는 이스라엘의 승리였습니다. 가장 강력한 무기되시는 하나님 때문이었습니다.

바산 왕 옥이 다스리던 지역은 무려 성읍이 육십이나 되는 넓은 지역이었습니다. 광야를 지나온 이스라엘 백성들이 손쉽게 점령할 수 있는 지역이 아니었습니다. 그럼에도 불구하고 그들은 아무런 어려움 없이 그 넓은 지역을 점령했습니다. 그것은 이스라엘 백성에게 큰 소득이었습니다. 하나님께서 싸우셨기 때문에 가능한 일이었습니다. 이스라엘의 싸움에 함께하셨던 하나님께서는 오늘 우리의 영적 싸움에도 함께 하면서 승리하게 하십니다.

|**기도**(기도 제목)

|**주기도문**

년 월 일 요일

|**사도신경** |**찬송** 74, 204, 359장 |**말씀** 신 3:12~22

요단 강 동쪽에 자리잡은 지파들 (민 32:1–42)

12 ●

13

14

15

16

17

18 ●

19

20

21

22

르우벤, 갓, 므낫세 반 지파는 이미 기업을 얻었는데 그들이 전쟁의 선봉에 서야 할 이유는 무엇인가!

이스라엘 백성은 하나님의 언약 아래서 하나 된 공동체입니다. 그들의 삶은 각기 독립적인 것이 아니고 서로 유기적으로 연합되고 관련된 공동체적 삶입니다. 따라서 그들은 최후의 순간까지 함께 싸우며 함께 일해야 합니다. 어느 누가 먼저요, 어느 누가 나중일 수 없습니다. 그러므로 그들은 기업을 얻었을지라도 선봉에 서야 했습니다.

그들이 차지한 땅 곧 그들의 기업은 그들만 나서서 싸워 차지한 땅이 아니고 온 백성이 함께 나가서 싸워 빼앗은 땅이요 단지 그들이 먼저 분배 받은 것일 뿐이므로 그들은 마땅히 그를 도와주어야 합니다. 사람이 도움을 받았으면 도와준 사람의 필요에 따라 도와주는 것이 마땅한 것입니다. 이런 이유에서 그들은 선봉에 서야 합니다.

아무런 관계가 없는 사람이라고 할지라도 나에게 도움을 요청한다면 도와 주는 것이 마땅합니다. 하물며 형제가 도움을 필요로 한다면 어찌 돕지 않을 수가 있겠는가! 형제로서 마땅히 그를 도와주어야 합니다. 왜냐하면, 우리는 하나님께 이미 빚진 자이기 때문입니다. 그 빚은 형제를 통해 갚아가는 것입니다.

우리는 공동체적 책임으로, 빚진 자의 자세로, 하나님의 명령으로 형제를 돕는 일에 힘써야 합니다.

기도(기도 제목)

주기도문

년 월 일 요일

사도신경 **찬송** 425, 361, 433장 **말씀** 신 3:23~29

모세가 요단을 건너지 못하다

23 ●

24

25

26

27

28

29

참된 기도는 어떤 기도입니까? 본문에 나타난 모세의 기도를 통해 살펴봅시다.

모세는 자신의 기도를 하나님의 위대하심과 능력에 대한 찬양으로 시작하고 있습니다. 얼마나 많은 경우에 있어서 기도가 기도자 자신의 공로와 의를 과시하는 방편이 되고 있는가(눅 18:9-12). 그러나 참된 기도란 오직 하나님의 거룩하심을 드러내고 종국에는 하나님께 영광을 돌려드리는 기도입니다(마 6:9, 23).

모세는 가나안에 들어가고 싶은 자신의 소원을 겸손

하면서도 분명한 내용으로 기도했습니다. 하나님의 위대하심을 찬양함으로써 인간은 겸손해질 수 있으며, 하나님의 능력을 믿기에 간절한 기도를 드릴 수 있습니다. 간구의 내용과 바라는 바가 무엇인지를 확실하게 아뢰는 것이 참된 기도의 요건입니다.

기도의 응답이 항상 긍정적일 수는 없습니다. '안 된다'는 것 역시 하나님의 분명한 기도 응답 중에 하나입니다. 따라서 기도의 응답이 어떻게 나타나든지 온전히 순종하겠다는 것이 참된 기도의 자세라 할 수 있습니다. 모세는 결코 가나안에 들어갈 수 없다는 하나님의 응답에 더 이상 이의를 달지 않았던 것입니다.

우리의 기도는 하나님의 이름을 높이며 자신이 바라는 내용을 구체적으로 간구하는 기도이어야 합니다.

|**기도**(기도 제목)

|**주기도문**

년 월 일 요일

|**사도신경** |**찬송** 199, 202, 304장 |**말씀** 신 4:1~14

지켜야 할 하나님의 규례들

4

2

3

4

5

6

7

8

9 ●

10

신

11

12

13

14

말씀은 생명과 축복이요 또한 지혜의 근원입니다. 이 말씀을 대하는 우리는 어떤 태도를 가져야 할 것입니까?
하나님의 말씀을 가감하는 처사는 신적 권위에 도전하는 행위입니다. 따라서 하나님께서는 신·구약 성경의 말씀에 다른 것을 더하거나 조금이라도 제하는 행위에 대해 엄중히 경고하고 계십니다(계 22:18-20). 하나님의 말씀은 그 자체로서 완전무결하기 때문에(시 19:7) 어떤 이유로도 더하거나 뺄 필요가 없습니다(12:32).
하나님 앞에서는 말씀을 듣는 자가 의인이 아니라 행하는 자라야 의롭다 하심을 얻는다(롬 2:13). 날마다 자신의 삶 속에 하나님의 말씀을 적용시켜 실천하지 않고서는 말씀이 주는 생명과 축복과 지혜를 얻을 수 없습니다. 하나님의 말씀을 행하지 않는 자는 스스로를 속일 뿐 아니라 하나님을 업신여기려는 자입니다.
하나님의 말씀은 단지 한 시대와 특정 집단에서만 국한되는 것이 아닙니다. 태초에 말씀으로 천지를 창조하신 하나님께서는 장차 말씀으로 온 세상을 심판하실 것입니다. 따라서 그 말씀은 현재의 우리들뿐만 아니라 다가올 세대의 후손들에게도 가르쳐 마음판에 새기고 지키게 해야 합니다(6:2).
"내 발에 등이요 내 길에 빛"이신 주의 말씀만 따라 살아가는 삶이 곧 복된 생활입니다(시 119:105).

기도(기도 제목)

주기도문

년 월 일 요일

사도신경 **찬송** 143, 525, 272장 **말씀** 신 4:15~24

우상을 만들어 섬기지 말라

15 ●

16

17

18

19

20

21

신

22

23

24

잘못된 '신지식(神知識)이 우상을 만들거나 섬기게 하는 동기가 됩니다. 우상은 크게 세 종류로 구분됩니다.

가나안 족속이 섬기던 바알과 아세라가 여기에 해당됩니다. 그리스·로마의 수많은 신들 역시 마찬가지입니다. 이들은 인간과 조금도 다를 바 없는 욕망과 감정을 지니고, 갈등과 미움에 빠지기도 한다는 잡신인데, 인간을 동물적인 본성에 빠지도록 하는 안내자의 역할을 합니다. 이것이 인간의 형상을 가진 우상(신)의 특징입니다.

특정한 동물을 숭배하는 토템(Totem)신앙이라든지 호렙산 아래에서 이스라엘 백성들이 만든 금송아지 우상 등이 여기에 해당됩니다. 그런데 이런 종류의 우상숭배는 하나님을 동물의 수준으로까지 끌어내리는 신성 모독에 해당됨은 물론, 인간 스스로를 금수보다 못한 존재로 비하시키는 어리석은 행위입니다(롬 1:23).

애굽의 태양신 숭배, 조로아스터(Zoroaster)교의 불숭배, 그밖에 여러 형태의 애니미즘(Animism)이 여기에 해당됩니다. 만물의 영장이며, 자연계를 정복하고 다스려야 할 인간이 오히려 자연물을 숭배의 대상으로 삼는다는 것은 얼마나 우스꽝스러운 일입니까? 이는 스스로 어리석음에 타락하는 행위입니다.

인간의 자리로 하나님을 끌어 내리는 어리석은 우상숭배를 성도는 가장 경계해야 합니다.

|기도(기도 제목)

|주기도문

년 월 일 요일

|사도신경 |찬송 370, 401장 |말씀 신 4:25~49

25 ●

26

27

28

29

30

31

32

33

34

35

36

37

38

39

40

요단 강 동쪽의 도피성

41

42

43

모세가 선포한 율법

44

45

46

신

47

48

49

신

하나님의 존귀하심과 우상의 무가치함은 너무나 뚜렷이 대조됩니다. 하나님과 우상의 차이점을 살펴봅시다.

인간이 자신을 창조하신 하나님을 섬기는 것은 당연하지만, 자신의 손에 의해 만들어진 우상을 섬기는 것은 있을 수 없는 일입니다. 이는 창조주 하나님에 대한 모독이요 또한 인간 자신에 대한 멸시이기 때문입니다. 우리는 하나님은 하나님대로 피조물은 피조물대로 정당하고 합당한 대우를 해야 하겠습니다.

하나님께서는 자기 백성을 위하여 놀라운 이적을 베푸시며 친히 음성을 들려주시는 구원자이십니다. 그러나 우상은 "보지도 듣지도 못하며 먹거나 냄새 맡지도 못하는 목석"에 불과합니다. 따라서 보거나 듣지도 못하는 우상에게 기도하는 일은 공연한 짓이며, 우상 앞에 제물을 바치며 예배하는 일은 무가치한 일입니다.

하나님께서는 인간에게 먼저 구원과 축복을 베푸시고 인간으로 하여금 자발적으로 순종하며 봉사하기를 원하십니다. 그러나 우상은 인간에게 아무것도 주지 못합니다. 그러므로 무조건적인 맹종과 충성을 우상에게 바치는 자는 결국 파멸과 저주의 구렁텅이에 빠지는 심판을 당하고야 맙니다.

하나님과 우상 중 어느 쪽을 따를 것인지는 우리의 선택에 달려 있습니다(수 24:14, 15).

|**기도**(기도 제목)

|**주기도문**

년 월 일 요일

|**사도신경** |**찬송** 311, 211, 213장 |**말씀** 신 5:1~6

십계명 (출 20:1–17)

5

2

3

4

5

6

하나님의 말씀은 신적 권위가 있습니다. 따라서 말씀은 절대적입니다. 우리는 말씀을 어떻게 지킬 것입니까?

하나님의 말씀을 듣는다는 것은 지적(知的)인 탐구를 가리킵니다. 과연 하나님께서 무엇을 원하시고 기뻐하시며 명하고 계신지를 살피며, 또한 무엇을 싫어하고 미워하시고 금하시고 계신지를 헤아리는 일을 의미합니다. 믿음은 '들음'에서 나며 들음은 말씀으로 말미암는다(롬 10:17).

우리의 마음과 정성을 다하여 하나님의 말씀을 배운다는 것은 정적(情的)인 동의를 가리킵니다. 이것은 객관적인 하나님의 말씀이 우리의 주관과 일치하도록, 마음을 열고 받아들이는 일을 의미합니다. "배우고 확신한 일에 거하라"(딤후 3:14)는 교훈처럼, 아무리 깊고 넓은 지적 탐구도 확신 없이는 공허할 뿐입니다.

우리의 손과 발로 모든 생활 가운데 하나님의 말씀을 부지런히 지켜 행한다는 것은 의지적인 적용을 가리킵니다. 하나님의 말씀에 대한 지적 탐구가 나무의 무성한 '가지'에 해당되고, 정적인 동의가 '꽃'에 해당된다면, 의지적인 적용은 '열매'에 해당됩니다. 따라서 말씀을 듣고 배우고 지켜 행해야 합니다.

하나님께서 생명의 능력으로, 승리의 지혜로 주신 말

씀을 지켜 행하는 일꾼이 되어야 하겠습니다.

|기도(기도 제목)

|주기도문

년 월 일 요일

|사도신경 |찬송 199, 205, 202장 |말씀 신 5:7~21

7 ●

8 ●

9

10

11 ●

12 ●

13

14

15

16 ●

17 ●

18 ●

19 ●

20 ●

21 ●

이스라엘 백성과 언약을 맺으신 하나님께서는 그 언약의 조문(條文)이라고 할 수 있는 십계명을 주셨습니다.

이스라엘을 구원하셔서 십계명을 주신 하나님이 이스라엘 백성에게 구원과 은혜를 베푸신 분이심을 깨닫게 되면, 그분의 계명 역시 결코 무거운 짐이 아니라 축복을 주시기 위한 것으로 받아들일 수 있습니다(요일 5:3). 따라서 계명을 지키는 것은 의무감이나 복종심에서가 아니라, 감사와 사랑에서 비롯되는 순종입니다.

십계명은 하나님을 섬기는 도리와 이웃을 사랑하는 도리, 두 가지의 내용으로 구성됩니다. 그리고 이것을 다시 요약하면 '사랑'이라는 단어로 표현할 수 있습니다(마 22:37-40). 이스라엘을 사랑하시는 하나님께서 주신 십계명이 '사랑'이라는 것은 이스라엘 역시 사랑으로써 십계명을 지켜야 한다는 의미를 포함하고 있습니다.

자기 백성에게 구원과 은혜를 아끼지 않으시는 하나님께서 주신 십계명일지라도 그것을 어기는 자는 저주 아래 놓이게 됩니다. 하나님은 죄를 용납할 수 없으시며 죄는 반드시 벌하셔야만 하십니다. 그러나 지키며 순종하는 자에게 베푸시는 축복은 무한합니다. 하나님은 사랑이시며 또한 공의로운 분이십니다.

십계명은 성도가 지켜야 하는 하나님 나라의 대헌장이라 할 수 있습니다.

기도(기도 제목)

주기도문

년 월 일 요일

사도신경 **찬송** 85, 92, 94장 **말씀** 신 5:22~33

여호와의 음성 듣기를 두려워하다 (출 20:18-21)

22 ●

23

24

25

26

27

28 ●

29

30

31

32

33

3

이스라엘 백성들은 모세를 중보자로 삼아서 하나님의 말씀을 받으려 했습니다. 이것은 무엇을 의미합니까?

원래 인간은 하나님과 함께 살도록 창조되었습니다. 그러나 범죄와 타락으로 말미암아 하나님께로부터 멀어지게 되었으며, 하나님의 영광에 이르지 못하게 되었습니다(롬 3:23). 즉 하나님과 인간 사이에 죄의 담이 가로막히게 된 것입니다. 이렇게 하나님과의 교통이 끊어진 인간은 영원히 사망의 길로 갈 수밖에 없습니다.

이스라엘 백성들이 그랬던 것처럼, 모든 인간은 하나님께 나아가기 위해서 중보자를 필요로 합니다. 그러나 모세가 이스라엘 백성들을 위한 중보자 역할을 감당했음에도 불구하고 결코 완전한 중보자가 될 수 없었듯이, 이 세상 그 누구도 하나님과 인간 사이의 참된 중보자가 될 수 없습니다.

모세가 하나님과 이스라엘 백성들 사이의 중보자 역할을 수행한 것은 장차 오실 참 중보자이신 그리스도의 예표로서 가능했던 일입니다(딤전 2:5, 히 8:6). 그리스도는 하나님 앞에 틈 없이 설 수 있는 죄와 무관하실 뿐 아니라 신성과 인성을 아울러 지니신 분이시므로 참되고 영원한 중보자가 되십니다.

누구든지 중보자이신 예수 그리스도를 통하여 두려움 없이 하나님께 나아갈 수 있습니다(히 10:19-22).

기도(기도 제목)

주기도문

년 월 일 요일

사도신경 | **찬송** 331, 447, 459장 | **말씀** 신 6:1~3

여호와의 명령과 규례와 법도

6

2

신명기 6장은 유일하신 참 하나님 여호와를 마음과 뜻과 힘을 다하여 사랑하라는 권면으로 가득 차 있습니다.

지켜 행해야 할 것은 '명령', '규례', '법도'로 구분됩니다(1). 명령(미츠와)은 하나님께서 주신 율법의 핵심으로서, '계명'을 가리킵니다. 또한 규례(혹킴)는 계명에 수반되는 법령적인 세부적 율법과 도덕적 명령을 가리킵니다. 법도(미스파트)는 공적으로나 사적으로 부과된 의무, 즉 하나님과 이웃에 대한 도리를 가리킵니다.

'너'와 '네 아들'과 '네 손자'가 하나님의 말씀을 지켜 행할 자입니다(2). 다시 말해서 현 세대와 다가 올 세대의 모든 자들이 하나님의 말씀을 지켜 행해야 하는 것입니다. 비록 시대가 변하고 사조(思潮)가 급변해도 하나님의 말씀은 영원히 변치 않으므로, 믿음의 후손들은 진리의 말씀을 굳게 지켜 행해야 합니다.

'생명'과 '번영'을 누리기 위해서입니다(2하, 3). 사람이 생명의 복과 물질적 번영을 누리기 위해 온갖 방도를 다 강구하고 수고를 아끼지 아니하지만, 그 비결은 오직 하나님의 말씀에 대한 준행에 있습니다. 또한 말씀을 지켜 행하는 것은 성도의 마땅한 의무이기 때문입니다. 우리는 아버지 되시는 하나님의 명령을 지켜야 합니다.

성도는 하나님께서 요구하시는 명령을 준행하는 삶을 영위해 나가도록 최선을 다해야 합니다.

기도(기도 제목)

주기도문

년 월 일 요일

사도신경 | **찬송** 199, 275, 364장 | **말씀** 신 6:4~9

4 ●

5

신

6

7

8

9

본문을 통하여 하나님께서 자신의 말씀에 대해 우리에게 요구하시는 바가 무엇인가를 살펴봅시다.

고대사회에서는 노예의 몸에 불도장을 찍음으로써, 주인에 대한 전적인 순종과 소유권을 표시하기도 했었습니다. 이처럼 우리의 마음에는 하나님의 말씀으로 도장을 찍음으로써 우리가 영원히 그분의 백성이라는 것을 증거해야 합니다. 실로 우리의 모든 지식과 감정과 의지 속에 그분의 뜻이 드러나는 삶을 살아야 할 것입니다.

하나님의 말씀이 생명과 번영을 가져다주는 진리인 이상, 그것을 자녀들에게 최우선적으로 교육시켜야 합니다. 또한 가정에서뿐만 아니라 자신이 속한 사회의 영역 어디에서든지 하나님의 말씀이 우리의 말과 행동의 주체가 되어야 합니다. 가르치는 것은 행동하는 것입니다. 행하지 않으면서 가르치는 것은 생명이 없습니다.

하나님의 말씀을 모든 생각과 계획, 판단의 기준으로 삼으며, 행위의 지침으로 삼아야 합니다. 아울러 말씀이 개인과 가정을 주관하게 할 뿐더러, 삶의 중심에 하나님의 말씀이 자리잡도록 해야 하는 것입니다. 또한 자신의 전 지체를 통하여 말씀의 실천을 이루어야 합니다. 그럴 때 그 사람의 생활이 형통하게 되며 바르게 됩니다.

우리는 하나님의 말씀이 우리의 의식과 무의식, 사고와 행위를 지배하도록 마음을 열어야 합니다.

기도(기도 제목)

주기도문

년 월 일 요일

사도신경 | **찬송** 405, 408장 | **말씀** 신 6:10~19

불순종에 대한 경고

10 ●

11

12

13

14

15

16 ●

17

18-19

22

23

24

25

하나님과의 관계가 환경에 따라 변합니다. 이것은 환경에 따라 변하는 인간의 간사한 심성 때문입니다.

어려움에 처한 인간은 하나님께 대한 간절한 믿음을 지니게 됨으로써 장래에 대한 소망도 갖게 됩니다. 그리하여 시편 기자는 "고난 당한 것이 내게 유익이라"(시 119:71)고 고백했습니다. 실제로 이 땅에 오신 그리스도를 믿고 따르는 자들은 고난 가운데서 하나님의 미래를 바라보는 자입니다.

어려울 때 간절히 하나님을 찾고 의지하던 인간이 물질적 풍요와 삶의 평안 속에서 저지르기 쉬운 잘못이 교만과 부패입니다. 하나님께서 복을 내려주시기만 하면 더욱 더 봉사할 것 같다가도 자신이 처한 환경이 조금만 개선되면 평안과 풍요에 눈이 멀어 하나님을 모른다고 말하기 쉬운 법입니다(잠 30:9).

안정된 생활과 물질적 풍요에 젖어서 하나님을 잊어버린 인간은 하나님 대신에 다른 것들을 섬기게 됩니다. 세상의 향락을 인생의 지고한 목표로 여기며, 재물과 권력이야말로 삶을 윤택하게 만들어 주는 최고의 선이라고 믿게 되는 것입니다. 이런 생활이 그로 하여금 시험에 빠지게 하는 것입니다.

우리의 매사가 순탄하고 인생에 더 이상 바랄 것이 없다고 느껴질 때가 하나님을 분명히 기억할 순간입니다.

기도(기도 제목)

주기도문

년 월 일 요일

사도신경 | **찬송** 199, 559, 503장 | **말씀** 신 6:20~25

20 ●

21

부모가 자녀에게 물려주어야 할 것이 많이 있지만, 그 중에 가장 소중한 것은 교육적 유산입니다.

자녀에게 가르쳐야 할 가장 기본적인 것은 '하나님께서 그리스도를 통해 죄와 사망에서 우리를 구원해 주셨다'는 사실입니다. 구원의 도리에 대한 교육 없이는 그 어떤 교육과 지식도 인간을 진정으로 변화시킬 수 없습니다. 구원의 확신을 가진 자만이 진정으로 변화된 자입니다. 구원의 확신이 없으면 삶 자체가 의미가 없어집니다.

구원받은 자가 새로운 생활 속에서 체험하게 되는 하나님의 약속에 대한 성취와 놀라운 축복을 자녀에게 가르쳐야 합니다. 그렇게 함으로써 자녀들은 날마다 감사와 기쁨에 넘치는 삶을 영위해 나가는 법을 배우게 됩니다. 하나님의 약속과 하나님이 주신 복을 깨닫고 사는 그 자체가 더 큰 복입니다.

어려서부터 성경을 배우며 자라난 자만이 현대와 같은 가치관의 혼란 속에서도 일관된 자세를 견지할 수 있습니다(딤후 3:15-17). 견고한 말씀의 뿌리가 있을 때 비로소 현대의 풍조에 휩쓸리지 않고, 진리와 선과 의를 인생의 목표로 삼아 언제나 확신에 찬 삶을 영위해 나갈 수 있는 것입니다.

구원에 대한 확신과 하나님의 약속과 복에 대한 감사, 그리고 말씀에 대한 순종을 철저하게 가르칩시다.

|기도(기도 제목)

|주기도문

년 월 일 요일

|사도신경 |찬송 303, 302, 310장 |말씀 신 7:1~11

여호와께서 택하신 민족 (출 34:11–16)

7

2

3

4

5

6

7

8

9

10

11

이스라엘 백성들은 어떻게 하나님의 백성이 되었는가? 여기에 오늘날 우리가 성도 된 비결이 숨어 있습니다.

이스라엘 백성은 여러 신들 중에서 여호와를 자기들의 하나님으로 선택한 것이 아니었습니다. 오히려 여호와께서 그들을 주권적으로 선택하여 자기 백성으로 삼아 주셨습니다. 성도는 하나님께서 "창세 전에 그리스도 안에서 우리를 택하여"(엡 1:4)주셨기 때문에 그 누구도 교만하거나 자랑할 수가 없습니다(엡 2:9).

하나님의 선택은 이스라엘의 공로나 의로움 때문이 아니라, 오로지 하나님 자신의 일방적이고도 무조건적인 사랑에 근거한 것이었습니다. 그들은 결코 강성한 민족도 아니었고, 종교적 열심히 뛰어난 백성도 아니었습니다. 지극히 부족하고 연약한 그들이었지만 하나님께서 강권적으로 사랑해 주신 것입니다.

이스라엘 백성들을 향한 하나님의 구원과 은혜는 아브라함과 이삭과 야곱에게 약속하신 말씀을 성취해 주시기 위한 것이었습니다(창 17:7, 8, 출 32:13). 하나님께서 아브라함과 맺으신 언약을 잊지 않으시고 430년 후에 성취시켜 주셨다는 것은 실로 놀라운 일입니다. 이 언약의 성취로 이스라엘이 하나님의 백성이 되었습니다.

우리가 성도 된 것은 하나님의 주권적인 선택과 무조건적인 사랑, 그리스도의 희생을 통한 결과입니다.

|기도(기도 제목)

|주기도문

년 월 일 요일

|사도신경 |찬송 428, 427, 638장 |말씀 신 7:12~16

법도를 듣고 지켜 행하면 (신 28:1-14)

12 ●

13

14

15

16

인간은 누구나 복을 받기 원합니다. 그 비결은 오직 '하나님의 말씀'을 듣고 지켜 행하는 데에 있습니다.

'인애'(헤세드)는 하나님의 자비와 은혜를 가리킵니다. 바로 이것이 가장 크고 첫째 되는 복입니다. 지식과 명예, 재물과 건강을 최고의 복으로 추구하고 있는 현대인들의 생각과는 다르게 하나님께서 진정 우리에게 주시기 원하는 복은 '인애'입니다. 왜냐하면 이것은 현세뿐만 아니라 내세에도 영원히 효력이 미치는 복이기 때문입니다.

자녀의 수가 가세(家勢)의 척도였던 고대에서 뿐만 아니라, 핵가족화 되어가고 있는 현대 사회에 있어서도 자녀는 여전히 축복의 열매임이 분명합니다. 자녀(출산)를 통해 우리는 하나님의 창조 사역에 동참하게 되며, 우리 자신의 존재와 삶을 후세에 연장시켜 나가기 때문입니다.

비록 이 두 가지는 하나님께서 우리에게 주시는 가장 아래 단계의 복이기는 하지만, 물질과 육체를 경시하는 것은 그것들을 우상처럼 섬기는 태도만큼이나 큰 잘못입니다. 우리는 하나님께서 주시는 물질과 건강의 복을 이기적인 목적에 사용해서는 안 됩니다. 우리는 그것을 하나님과 이웃에게 봉사하는 수단으로 사용해야 합니다.

물질주의화 된 복의 개념이 교회 안에까지 침투해 있는 현실에서 진정한 복의 의미를 깨닫는 성도가 됩시다.

|기도(기도 제목)

|주기도문

년 월 일 요일

|사도신경 |찬송 150, 531, 282장 |말씀 신 7:17~26

17 ●

18

19

신

20

21

22

23

24

25

26

본문을 통해서 이스라엘 백성들이 우상에 대해 어떤 태도를 취해야 했는지 구체적으로 살펴봅시다.

우상은 숭배를 위한 목적이 아닐지라도 우상을 남겨 두면 관심이 쏠려 유혹에 빠질 우려가 있으므로 아예 철저히 파괴하여 불사르도록 명령하신 것입니다. 일반적으로 고대 사회에서는 정복민이 피정복민들의 신상(神像)을 전리품으로 취하는 예가 있었으나, 가나안 족속들을 정복한 이스라엘은 결코 그렇게 해서는 안 되었습니다.

금이나 은 자체가 나쁜 것은 아니지만, 우상에서 떼어 낸 금과 은은 자연히 그 우상을 연상시켜 주기 때문에 취해서는 안 되었습니다. 아무리 세상적으로 우리에게 유익한 것이라 할지라도 우리를 하나님으로부터 멀어지게 할 가능성이 있는 것이라면 철저히 배척해야만 합니다. 모양도 흉내내지 말며 근처에도 가지 말아야 합니다.

우상숭배와 관련된 것이라면 장식용이나 기념품으로 삼기 위한 목적일지라도 절대 가까이 해서는 안 되었습니다. 하나님께서 원하시는 것은 우상숭배를 단호히 배격함은 물론 호기심조차도 갖지 말아야 하는 것이었습니다. 왜냐하면 가까이하거나 호기심을 가지면 우상숭배에 빠지기 쉽기 때문입니다.

우상숭배는 하나님만을 섬기고 사랑하는 데에 치명적인 해독을 끼치기 때문에 가장 싫어 하십니다.

기도(기도 제목)

주기도문

년 월 일 요일

사도신경 **찬송** 144, 424, 375장 **말씀** 신 8:1~6

이스라엘이 차지할 아름다운 땅

8

2

3

4

5

6

이스라엘 백성은 광야 40년의 삭막한 생활을 통해서 어떤 유익을 얻었는가?

하나님께 대한 이스라엘의 불순종은 그들의 교만에서 비롯된 것이었습니다. 그러나 메마르고 황량한 광야에서 40년 동안 생활하면서, 그들은 '사막'이라는 자연적 악 조건 앞에서 자신들의 무력함을 절실히 깨달을 수 있었습니다. 그들은 그들에게 시련을 안겨준 사막을 창조하신 하나님 앞에서 겸손을 배우게 된 것입니다.

이스라엘은 급변하는 사막의 자연 환경에 끊임없이 대처해 나가지 않을 수 없었습니다. 결국 이러한 경험은 그들로 하여금 하나님께 순종의 훈련을 쌓게 만들었습니다. 하나님께 대한 순종만이 그들이 당면한 역경을 헤쳐나가는 유일한 비결이었으며, 하나님께서는 자연환경을 통하여 그들을 순종하는 사람으로 훈련 시키셨습니다.

그들은 힘든 광야 생활에서 하나님의 능력을 힘입어 아무 부족함 없이 40년간을 지내게 됨으로 하나님의 은혜와 사랑이 얼마나 풍성한지를 깨닫게 되었습니다. 그들은 죄가 더한 곳에 은혜가 더 넘치는 위대한 진리를 체험 할 수 있었습니다(롬 5:20). 즉 삭막한 자연 환경 속에서 오히려 하나님의 풍성한 은총을 체험했던 것입니다.

우리가 진정 하나님의 백성이라면, 때로는 고난받는 것이 우리의 유익이 됨을 인정해야 합니다(시 119:71).

기도(기도 제목)

주기도문

년 월 일 요일

사도신경 **찬송** 382, 362, 638장 **말씀** 신 8:7~10

7

8

9

10

이스라엘 백성은 가나안에 대한 희망을 지닌 채 살아갔는데, 그곳은 진정 어떤 땅이었는가?

물이 귀한 근동 지방에 있어서 이것은 굉장한 축복이었으며, 더구나 40년 동안 메마른 광야에서 살아온 이스라엘 백성들에게는 놀라운 선물이 아닐 수 없었습니다. 물은 하나님이 주신 생명의 근원입니다. 물이 없으면 모든 생물이 생존할 수 없습니다. 그런데 가나안 땅은 그 물이 풍성한 땅이었습니다.

'젖과 꿀이 흐르는' 땅이라는 표현(출 3:8, 민 13:27)처럼 가나안은 풍요로운 곳이었습니다. 바로 이러한 풍요와 비옥함 때문에, 그 땅을 차지하려는 싸움이 그칠 새가 없었던 것입니다. 하나님께서는 이 기름지고 풍요가 넘치는 땅을 이스라엘의 영원한 기업으로 주셔서 축복 된 삶을 살게 하셨습니다.

실제로 가나안 땅에서는 금이나 은은 별로 발견되지 않았으나, 철광석은 여러 곳에서 비교적 풍부하게 발견되었습니다. 고대에 있어서 철제 무기를 사용하는 나라는 주변 국가를 정복하는 예가 대부분이었으므로, 가나안 땅에 철과 동이 많다는 것은 결국 그곳을 정복하는 국가가 강대국이 될 것이라는 의미입니다. 성도는 영원한 생명의 물과 생명의 떡이신 그리스도와 함께 하는 나라를 기업으로 받습니다.

|기도(기도 제목)

|주기도문

년 월 일 요일

|사도신경 |찬송 449, 204, 349장 |말씀 신 8:11~20

여호와를 잊지 말라

11 ●

12

13

14

15

16

17

18

19

20

모세는 풍요롭고 비옥한 가나안 땅에 들어가게 될 이스라엘이 교만과 안일에 빠지지 않도록 교훈합니다.

이스라엘 백성들이 좋은 집에서 배불리 먹으며 많은 재산을 소유하게 될 때에는 하나님을 잊어버릴 가능성이 많게 됩니다. 종종 '가난'이 우리를 범죄에 빠뜨리지만 어떤 경우에는 '풍요'가 우리를 더 큰 죄악에 빠뜨리기도 합니다. 그러므로 우리는 풍요할 때 어려웠던 과거를 돌아보는 삶을 살아야 합니다.

어떻게 애굽의 압제에서 해방되었으며, 광야 생활 가운데서 어떠한 은총을 누렸는지를 명심하라는 것입니다. 우리에게 당면한 현실의 문제는 자칫하면 구원에 대한 감격과 지난날의 은혜에 대한 감사를 빼앗아 가버릴 수도 있습니다. 그러므로 결코 배은망덕한 태도를 하나님께 보이지 않도록 늘 감사하고 찬양하는 삶을 살아야 합니다.

상당한 지위와 명예를 누리고 풍족한 생활을 하게 되면, 마치 그 모든 것이 스스로의 능력과 노력에 의한 것인양 착각하기 쉽습니다. 그러나 하나님의 도우심이 아니면, 결코 아무것도 이룰 수 없음을 알아야 합니다(시 127:1, 2). 우리의 생활을 교만이 아닌 겸손으로 채워야 합니다.

우리는 평안하고 풍요롭든지, 아니면 어렵고 곤궁하든지 간에 하나님의 은혜에 늘 감사하는 성도가 됩시다.

|기도(기도 제목)

|주기도문

년 월 일 요일

|사도신경 |찬송 212, 321, 433장 |말씀 신 9:1~4

백성의 불순종

9

2

3

4

신명기 9장 전체에 걸쳐서 모세는 이스라엘 백성들에게 결코 교만하지 말 것을 촉구하고 있습니다.

교만은 인간을 패망케 하는 선봉이며 거만한 마음은 넘어짐의 앞잡이라고 잠언에서 말씀하고 있습니다(잠 16:18). 이스라엘 백성들이 가나안 정복의 승리에 도취되고 그 뒤에 오는 풍요에 젖어 교만에 빠지게 되면 그들 역시 멸망의 운명을 겪게 됩니다. 바로 이와 같은 염려 때문에 모세는 교만에 대해 강력히 경고하고 있는 것입니다.

교만이란 자기를 스스로 높인다는 것이요 우리의 마음에서 하나님께서 차지해야 할 자리를 내가 차지하여 내가 스스로 자신에게 하나님 노릇을 한다는 것입니다. 이는 하나님께 대한 배반이요 도전입니다. 외적으로는 우상숭배와 같은 가증한 행위입니다. 하나님께서 가장 미워하시는 것입니다.

교만한 마음은 자신의 잘못을 가리고 남의 허물은 들춰내어 성도가 마땅히 가져야 할 감사와 겸손을 송두리째 빼앗아 갑니다. 하나님께서는 겸손한 자를 찾으시며 겸손한 자에게 은혜와 복을 베푸시기를 기뻐하시는데, 교만은 이러한 기회를 얻지 못하게 만든다. 교만은 우리의 도둑이요 파괴자입니다.

그리스도의 삶이 겸손의 생활이었습니다. 주님을 본받는 자는 자신을 쳐 주님 앞에 복종시키는 겸손한 자입니다.

|기도(기도 제목)

|주기도문

년 월 일 요일

|사도신경 |찬송 149, 268, 527장 |말씀 신 9:5~21

5

6 ●

신

7

8

9

10

11

12

13

14

15

16

17

18

19

20

21

이스라엘 백성이 가나안을 정복하고 그 땅을 기업으로 받은 것은 전적으로 하나님의 은혜로 된 것입니다.
이스라엘 백성이 전쟁을 하고 있지만 그들은 군대다

운 군대도 없고 조직도 없고 변변한 무기나 보급품도 없었습니다. 그들은 오직 하나님의 도우심을 의지해서 싸울 뿐이었습니다. 따라서 그들의 전쟁의 승패는 하나님 손에 달려 있지 그들과는 무관하였습니다. 그런 전쟁을 통해 얻은 땅이 그들의 공로라고 할 수는 없을 것입니다.

이스라엘이 가나안 땅을 차지해야 하는 이유는 아브라함까지 거슬러 올라갑니다. 하나님께서 아브라함에게 그 땅을 주시마고 언약하셨습니다. 또 이삭에게, 야곱에게 거듭 약속하셨습니다. 그러나 그 언약조차도 은혜의 언약일 뿐 어떤 것에 대가가 아닙니다. 그 언약을 성취하시기 위해 가나안 땅을 차지하게 하신 것입니다.

하나님께서는 이스라엘에게 생명의 길을 주시기 위해 시내 산에서 모세를 부르셔서 말씀을 주셨습니다. 그때 백성들은 산 아래서 하나님을 버리고 우상을 만들어 숭배하고 있었습니다. 그들의 행위는 죽어야 할 행위요 하나님으로부터 영원히 버림을 받아야 할 행위였습니다. 그럼에도 하나님은 버리시지 않고 그들에게 가나안 땅을 주셨습니다.

우리에게 있는 모든 것은 하나님이 은혜로 허락하신 것입니다. 누가 내 것이라고 주장할 수 있을까?

기도(기도 제목)

주기도문

년 월 일 요일

사도신경 **찬송** 150, 526, 282장 **말씀** 신 9:22~24

22 ●

23

24

모세는 백성들의 교만을 꺾기 위해 광야 생활 동안 그들이 저지른 여러 가지 죄악을 상기시키고 있습니다.

맛사의 사건은 이스라엘 백성들이 마실 물의 부족으로 야기된 사건이며, 기브롯 핫다아와 사건은 애굽의 노예 생활 시절에 얻어 먹은 고기맛을 잊지 못해서 야기된 사건이었습니다(출 17:1-7, 민 11:4-34). 결국 이 두 사건은 이스라엘 백성들이 과거에 대한 미련과 집착을 버리지 못해서 일어난 범죄였습니다.

일년에 걸친 시내산 생활을 마무리하고 성막을 앞세운 채 가나안을 향해 출발한지 얼마 되지 않은 때에 발생한 다베라 사건은 현실에 대한 불만 때문에 야기된 범죄였습니다. 즉 이스라엘 백성들은 이제까지 지내온 시내산 근처의 안정된 생활과는 달리, 삭막한 광야 길로 다시 접어들었다는 사실에 하나님을 원망했던 것입니다.

출애굽의 제2년에 발생한 가데스 바네아 사건은 장래에 대한 불안을 이기지 못해서 일어난 범죄였습니다. 즉 하나님께서 조만간 가나안 땅을 이스라엘 백성들에게 주실 것이라는 사실을 믿지 못해서 야기된 사건이었습니다. 불신이 불안을 낳고 불안은 범죄를 낳았습니다. 결국 하나님에 대한 불신의 죄였습니다.

우리는 받은 구원의 은혜에 대한 감사와 미래에 대한 소망을 지니는 것이 바람직합니다.

기도(기도 제목)

주기도문

년 월 일 요일

사도신경 **찬송** 425, 369, 433장 **말씀** 신 9:25~29

25 ●

26

27

28

29

본문에 나타난 모세의 기도는 여러 면에서 우리에게 모범을 보여주고 있습니다.

우리는 기도할 때면 언제나 하나님께 기도 드린다고 생각합니다. 그러나 많은 기도들이 참되고 유일하신 하나님이 아닌 나의 필요에 따라 내가 만든 하나님께 드려지는 경우가 많습니다. 시내산 아래에서 이스라엘 백성이 금송아지를 하나님으로 섬긴 것과 같습니다. 그러나 모세는 큰 위엄과 능력으로 구원하신 참 하나님께 기도했습니다.

기도에는 특별한 형식이 요구되지는 않습니다. 그러나 어떤 기도는 하나님께서 받으시지만 반면에 받지 않으시는 기도도 있습니다. 기도는 하나님의 약속과 말씀을 근거하여 드려야 하며 자신의 의나 공로를 내세워 기도하는 것이 아니며 자신의 욕망을 채우기 위해 드리는 것도 아닙니다. 모세는 하나님의 뜻을 찾아 기도하였습니다.

모세는 자신의 안위와 필요에 의해서가 아니라 이스라엘 백성을 위해 오히려 자신을 희생하면서 기도했습니다. 기도는 자신의 필요나 욕망을 이루기 위한 이기적 도구가 아니라 언제나 하나님의 뜻을 이루며 이웃의 필요를 채워주기 위한 사랑의 도구입니다. 우리는 이기적인 목적을 채우려는 함정에 빠지기 쉽습니다.

우리는 모세의 기도를 통해 기도의 모범을 배울 수 있습니다. 우리도 바른 기도를 드리기 위해서 힘써야 하겠습니다.

기도(기도 제목)

주기도문

년 월 일 요일

사도신경 **찬송** 8, 42, 31장 **말씀** 신 10:1~11

모세가 십계명을 다시 받다 (출 34:1–10)

10

2

3

4

5

6

7

8

9

10

11

레위 지파 사람들은 어떤 사람들이었는가? 그들은 왜 약속의 땅을 기업으로 분배받지 못했는가?

이스라엘 백성은 모두가 하나님의 택함을 받은 성민(7:6)이었습니다. 그러나 레위인들은 이스라엘 백성들 중에서도 또 다시 구별된 사람들이었습니다. 성도 역시 세상(죄)으로부터 구별되어 부르심을 받은 무리들입니다. 그래서 우리를 성도라 부르는 것입니다. 성도는 구별된 삶을 살아야 합니다.

십계명의 돌판이 들어있는 법궤는 레위인이 아니면 누구도 옮길 수 없었습니다. 아울러 성막에서의 봉사 역시 레위인들에 의해 수행되었습니다. 레위인들은 하나님의 거룩한 사역에 부름받아 거룩한 일을 하는 사람들이었습니다. 성도들은 하나님의 말씀(복음)을 온 세상에 널리 전파하며 그리스도의 몸된 교회를 섬기는 자들입니다.

레위인들은 가나안 땅을 분배받은 12지파 사람들 사이에 흩어져 살았으나, 결코 자신의 기업을 소유하지 못했습니다. 성도는 비록 이 세상에 살고 있으나, 이 세상이 성도의 참된 기업은 아닙니다. 성도의 시민권은 오직 하늘에 있습니다(빌 3:20). 따라서 성도는 신령한 하늘의 것을 바라보며 살아야 합니다.

영적 레위인이라고 할 수 있는 성도들은 하나님께서 원하시는 표준에 따라 생활해야 합니다.

기도(기도 제목)

주기도문

년 월 일 요일

사도신경 **찬송** 8, 42, 31장 **말씀** 신 10:12~16

여호와께서 요구하시는 것

12 ●

13

14

15

16

본문에서 모세는 이스라엘 백성에게 하나님이 요구하시는 것이 무엇인지 가르치고 있습니다.

하나님을 경외한다는 것은 하나님의 권능과 위엄에 대해 두려움과 존경을 가지고 그의 절대적인 주권에 복종하며 그의 공의로운 심판을 무서워 하는 것입니다. 한마디로 하나님을 경외하는 길은 그의 뜻에 조화되게 하는 것입니다. 성도의 삶은 항상 하나님 앞에서 그분을 섬기는 삶이 되어야 합니다.

하나님에 대한 사랑이 없는 경외는 맹목적이고 미신적인 공포일 뿐입니다. 하나님이 살아 계심을 기뻐하고 그와 교제하기를 열망하고 그가 베푸신 구원의 은혜에 감격하고 감사하며 섬기는 것입니다. 마음을 다하고 뜻을 다하는 온전한 헌신이 하나님께서 기뻐하실 우리가 하나님께 드릴 참된 헌신입니다.

하나님께서 기뻐하시는 일을 행하고 그분이 금하신 일을 행치 않는 것이 계명을 준행하는 태도입니다. 하나님의 명령과 계명은 하나님께서 우리를 사랑하시는 한

신

표현입니다. 우리가 이것을 지키고 따를 때 우리에게 참된 복이 주어집니다. 하나님의 계명에 대한 준행이 될 때 우리는 하나님께서 요구하시는 삶을 살게 됩니다.

우리는 과연 하나님께서 요구하시는 것이 무엇인지 깨닫고 그분의 요구에 맞게 살고 있는지 생각해 봅시다.

|기도(기도 제목)

|주기도문

년 월 일 요일

|사도신경 |찬송 14장 **|말씀** 신 10:17~22

17

18

19

20

21

22

참 신앙은 하나님에 대한 바른 지식에서 나옵니다. 우리가 믿고 섬기는 하나님은 과연 어떤 분이신가?

우리가 믿는 하나님은 신의 신이시며 주의 주이신 크고 광대하시며 거룩하시고 전능하신 절대자이십니다. 그분은 유일무이하신 존재이기 때문에 우리의 예배와 섬김을 홀로 받으시기에 합당하시다(6:4, 5). 따라서 이와 같은 하나님을 믿는 믿음 안에서 우리는 힘과 용기를 얻게 됩니다.

우리가 믿는 하나님은 빈부 귀천이나 그 어떤 조건에 따라 사람을 편애하시는 분이 아니시다. 또한 그분은 뇌물을 받지 않으시는 하나님이시므로, 불의와 악을 의와 선으로 바꾸어 판결하시는 법이 결코 없으신 공의로운 하나님이십니다. 따라서 최후의 심판자이신 의로운 하나님을 믿는 우리는 무슨 일을 하든지 담대해야 합니다.

'정의를 행함'은 '가슴에 맺힌 원한을 풀어줌' 혹은 '권리를 변호함'을 의미합니다. 구약 성경에 언급되는 고아와 과부와 나그네는 가장 힘없고 가련한 자들의 실례입니다. 따라서 우리가 믿는 하나님은 자비와 사랑이 풍성하신 분이시므로, 항상 우리를 돌보아주시며 필요한 모든 것들을 친히 채워주십니다. 하나님에 대한 바른 지식에 근거한 참 신앙을 굳게 지키는 성도가 됩시다.

|기도(기도 제목)

|주기도문

년 월 일 요일

|사도신경 |찬송 450, 447, 454장 **|말씀** 신 11:1~12

여호와께서 행하신 큰 일

11

2

3

4

5

6

7

주리라고 맹세하신 땅

8 ●

9

10

11

12

하나님을 사랑하는 자는 마땅히 그 말씀에 순종하게 됩니다. 믿음과 행함은 불가분의 관계가 있습니다.

자신의 힘과 능력을 과시하는 자가 강한 것이 아니라, 하나님의 능력과 지혜를 의지하는 자가 진정으로 강한 자입니다. 그런데 순종이란 하나님의 능력과 지혜를 자신의 삶에 적용시키는 행위이므로, 결국 순종이야말로 우리가 강성케 되는 비결이라고 할 수 있습니다. 강성한 자가 승리할 수 있습니다.

이스라엘 백성들이 약속의 땅 가나안을 얻을 수 있었던 것은 자신의 군사력에 의해서가 아니라, 하나님께 대한 순종에 의해서였습니다. 신·구약 성경에 기록된 모든 약속과 축복을 성취하게 되는 비결은 다름 아닌 순종인 것입니다(28:2). 순종하는 자를 하나님께서 축복해 주시는 것입니다.

이스라엘 백성이 가나안 땅에서 장구하게 살아가기 위해서는 군대를 철저히 훈련시켜야 할 것이 아니라, 하나님께 대한 순종으로 그분의 보호하심 속에 머물러야 했습니다. 이 땅에서의 생명은 물론이거니와 하늘 나라에서 누리게 될 영원한 생명은 결코 하나님께 대한 순종 없이는 어느 누구도 보장 받을 수 없습니다.

믿음이란 무엇인가를 고찰하면, 그것은 곧 하나님께 대한 순종임을 깨닫게 됩니다.

기도(기도 제목)

주기도문

년 월 일 요일

사도신경 | **찬송** 91, 365, 456장 | **말씀** 신 11:13~25

13 ●

14

15

16

17

18 ●

19

20

21

22

23

24

25

'의지하라'는 본절의 원어적 뜻은 '단단히 매달려 떨어지지 말라'는 것입니다.

성도를 향한 하나님의 사랑과, 하나님에 대한 믿음으로 양자는 하나가 될 수 있습니다. '의지'라는 말의 원어적 의미를 생각해 볼 때, 아버지의 넓고 단단한 등에 업힌 아들을 아무도 떼어놓지 못하듯이, 사랑과 믿음으로 굳게 결속된 하나님과 그의 자녀 된 성도를 갈라 놓을 자는 아무도 없습니다(롬 8:39).

아버지의 등에 있는 아들이 가는 곳이란 아버지가 가는 바로 그곳입니다. 하나님께서는 성도가 어디에 있든지 항상 함께 계십니다. 그러므로 성도는 무엇을 하든지 하나님의 편에 서기 위해 힘써야 합니다. 따라서 우리가 하나님과 동행하는 삶을 살지 못하고 있다면 그 이유는 하나님과 우리의 관계에 장애가 생겼기 때문입니다.

아버지의 등에 업힌 아들은 자신의 발이 아닌 아버지의 발로 땅을 딛고 서 있습니다. 성도의 생활은 스스로의 능력과 지혜와 열심에 의해 영위되는 것이 아니라, 오직 하나님의 능력과 지혜와 은혜를 힘입어 영위되는 것입니다. 하나님을 의지하지 않고서 우리가 무엇을 할 수 있겠습니까? 실패할 수밖에 없습니다.

우리는 그분에게 매달린 두 손을 더욱 단단히 움켜 잡음으로써, 결코 놓치지 않아야 합니다.

기도(기도 제목)

주기도문

년 월 일 요일

사도신경 **찬송** 449, 347, 447장 **말씀** 신 11:26~32

26 ●

27

신

28

29

30

31

32

선택은 중요합니다. 하나님께서 이스라엘에게 규례와 법도를 주시면서 양자택일 선택할 것을 명령하셨습니다.

하나님께서는 규례와 법도를 주시고 그것에 순종할 것인지 불순종할 것인지 선택하라고 말씀하십니다. 하나님은 순종을 제사보다 낫게 여기십니다. 하나님께서는 순종하는 자를 기뻐하시고 그에게 복 주시기를 즐겨하십니다. 우리는 그것을 알고 있습니다. 그러면서도 죄악된 심성이 불순종하려고 우리의 신앙의지와 싸우는 것입니다.

이스라엘에게는 두 가지 갈등이 있었습니다. 하나는 그들의 구원자이신 하나님께 대한 신앙이요, 다른 하나는 그들의 현실 주변에 있는 우상숭배에 대한 유혹이었습니다. 그들은 늘 이 둘 사이에서 방황하였습니다. 하나님의 권능의 역사를 체험할 때는 하나님께 나오고, 삶이 조금 평안해지면 우상에게 나가는 이중성을 버리지 못했습니다.

복과 저주는 너무 선명령하게 구별됩니다. 아무도 복과 저주를 구분 못할 사람이 없을 것입니다. 그러나 사실은 많은 사람이 복과 저주를 혼돈하고 있습니다. 대부분의 저주는 복의 탈을 쓰고 성도에게 접근해서 달콤하게 유혹합니다. 매우 그럴듯하게 설득합니다. 그러나 그 결과는 사망일 뿐입니다. 오직 말씀으로만 판별할 수 있습니다.

순종과 신앙은 곧 복이요 불순종과 불신앙은 저주요 사망입니다. 바른 선택이 있어야 하겠습니다.

기도(기도 제목)

주기도문

년 월 일 요일

사도신경 **찬송** 143, 531, 279장 **말씀** 신 12:1~4

택하신 예배 처소

12

2

3

4

"그처럼 행하지 말라"는 모세의 당부는 다름아닌 가나안 족속들처럼 행하지 말라는 뜻입니다.

그들이 섬기던 바알과 아세라는 참된 신이 아니었습니다. 그들의 다신론적인 신관은 전혀 그릇된 신앙을 그들에게 가져다 주었습니다. 한마디로 말해서 이스라엘 백성들은 가나안 족속의 우상을 섬겨서는 안 될 뿐만 아니라, 하나님께 대해서 가나안 족속들과 같은 신관을 지녀서는 안 되었던 것입니다.

그들은 아무 곳에나 신당을 세우고 임의로 제사를 드

렸습니다. 그러나 이스라엘 백성들은 하나님께서 친히 지정해주시는 곳에서만 제사를 드리도록 되어 있었습니다(5, 13, 14). 즉, 가나안 족속들은 스스로 생각하여 만들어낸 방법으로 우상을 섬겼으나, 이스라엘 백성들은 친히 하나님께서 정해주신 방법으로 예배를 드려야 했던 것입니다.

그들의 신앙 동기는 공포에서 벗어나고 물질적 풍요를 누리기 위해서였습니다. 그러나 이스라엘 백성들은 하나님의 구원에 대한 기쁨과 이미 받은 은혜와 축복에 대한 감사가 신앙 동기였던 것입니다(7, 12). 같은 대상에 대한 신앙이라도 어떤 동기의 신앙을 가졌느냐에 따라 전혀 다른 신앙이 됩니다.

성도는 빛과 어둠이 다르듯이, 생각하고 말하며 행동하는 모든 면에 다른 모습을 보여야 합니다.

|**기도**(기도 제목)

|**주기도문**

년 월 일 요일

|**사도신경** |**찬송** 26, 27, 31장 |**말씀** 신 12:5~14

5

6

7

8

9

10

11

12

13

14

이스라엘 백성들의 제사의 모습은 오늘날의 성도들이 하나님을 향해 예배하는 바른 태도를 가르쳐 줍니다.

하나님께서 '자기의 이름'을 두신다는 것은 그분의 임재를 의미합니다. 하나님께서 임재하지 않으시면 아무리 웅장한 성전도 빈 공간에 지나지 않으며, 값진 예물도 공연한 수고에 불과합니다. 오늘날의 교회가 화려한 건물장식과 장엄한 예배 의식에 집착한 나머지, 정작 중요한 하나님의 임재에 대해 소홀히 해서는 안 됩니다.

'처음 난 것'과 '아름다운 서원물'은 이스라엘 백성들이 최상의 예물을 준비하여 제사를 드려야 했음을 보여 줍니다. 예배는 하나님의 은혜와 복을 받는 동시에 자신의 가장 소중한 것을 하나님께 바치는 의식이기도 합니다. 하나님께서 우리에게 받기 원하시는 예물은 금은 보화가 아니라 '영'과 '진리'입니다.

자기 가족은 물론 수하의 사람들, 더 나아가 이웃의 모든 사람들과 기쁨과 감사를 나누는 예배가 하나님께 열납되는 예배입니다. 매주 드리는 우리의 예배는 형식과 습관에 따라 아무런 확신이나 감사, 기쁨 없이 드려지는 종교 의식에 불과하지 아니한가? 그리고 얼마나 이웃과 함께한 예배인지도 반성해 봅시다.

하나님께 드리는 예배는 '영'과 '진리'로 드려야 합니다. 이것이 참된 예배의 모형입니다.

|기도(기도 제목)

|주기도문

년 월 일 요일

|사도신경 |찬송 423, 426, 425장 **|말씀** 신 12:15~27

15 ●

16

17

18

19

20 ●

21

22

23

24

25

26

27

28

여호와 신앙은 기쁨과 감사의 종교였습니다. 원하는 짐승의 고기를 먹을 수가 있으나 피는 먹지 못했습니다.

하나님께서는 생명을 소중하게 여기셨습니다. 특별히 사람의 생명은 더욱 그러했습니다. 하나님께서 고기는 먹되 피는 먹지 못하게 한 이유는 피가 생명의 근원으로 생명 그 자체를 상징하기 때문입니다. 결국 이것은 모든 생명의 존엄성을 강조하여 인간의 생명에 대한 존엄성을 높이고 생명의 주인이신 하나님의 경외케 하기 위함입니다.

하나님께서는 피흘림의 제사를 통하여 사죄의 원리를 세우셨습니다. 출애굽 시에도 문설주에 피를 바름으로써 죽임을 면하도록 하셨습니다. 그리스도께서도 우리의 죄를 속하시기 위해 십자가에서 피흘려 죽으셨습니다. 곧 피는 죄사함의 원리입니다. 사람이 피를 마시게 되면 이 원리가 혼란스러워지기 때문에 금하신 것입니다.

일반적으로 고대 근동의 우상숭배자들은 자신이 바치는 희생제물의 피를 마심으로써 신과 교통한다는 미신적 사고를 가지고 있었습니다. 이런 경우 피를 마시게 되면 잔인하고 호전적인 성격이 되어 생명을 멸시하게 됩니다. 바로 이 같은 사악한 풍습에 물들지 않도록 짐승의 피를 먹지 못하게 한 것입니다.

성도는 먹고 마시는 문제까지도 하나님의 뜻을 생각하며 불신자들과 구별된 생활을 해야 합니다.

기도(기도 제목)

주기도문

년 월 일 요일

사도신경 | **찬송** 325, 406, 407장 | **말씀** 신 12:28~32

다른 신들을 섬기지 말라

29 ●

30

31

32 ●

선과 의가 인간을 거룩하게 만들지는 못하지만 그렇게 사는 것이 성도의 이상이요 의무입니다.

선과 의의 일반적인 기준은 인간의 도덕과 윤리 그리고 양심에 있지만 신앙적 선과 의의 기준은 하나님께 달려 있습니다. 비록 인간 스스로 생각하고 판단하기에 아무리 선하고 의롭다 할지라도 하나님께서 보시기에 그렇지 못하면 소용없습니다. 그러므로 우리는 선과 의를 판단할 때 세상의 기준이 아닌 하나님의 기준에 맞추어야 합니다.

선과 의를 실천한다는 것은 우리의 생활 속에서 하나님의 말씀을 실천한다는 것입니다. 선과 의의 최종적이며 최상의 판단 기준이 하나님이시라면 그 실천에 대한 최상의 방법도 하나님이 제시하는 것을 따르는 데 있습니다. 따라서 우리는 말씀을 표준으로 삼고 말씀이 명령하는 대로 살아가면 곧 선과 의를 실천하는 것입니다.

하나님께서는 선과 의를 행하는 자에게 분명령하고 구체적으로 약속하셨습니다. 그것은 선과 의를 행하는 자와 그 자손에게 복을 주시되 젖과 꿀이 흐르는 가나안 땅을 대대로 기업으로 주시며 생명과 번영을 누리게 하시겠다고 하셨습니다. 하나님께서 주시는 복은 영원히 변치 않는 참된 복입니다.

이 시대에 하나님의 기준에 맞추어 마땅히 지킬 바요 또한 복인 선과 의를 행하여 합니다.

|기도(기도 제목)

|주기도문

년 월 일 요일

|사도신경 |찬송 199, 205, 202장 |말씀 신 13:1~5

13

2

3

4

5

모든 이적과 기사가 다 신앙에 참된 유익을 주는 것은 아니며, 오히려 해독을 끼치는 경우도 많습니다.

하나님께서 세우시지 않은 거짓 선지자들도 얼마든지 이적과 기사를 일으킬 수 있습니다. '주의 이름으로 선지자 노릇하며 주의 이름으로 귀신을 쫓아내며 주의 이름으로 많은 권능을 행하는 자들'이라도 마지막 날에 예수께로부터 "도무지 알지 못하니, 불법을 행하는 자들아 내게서 떠나가라"는 책망을 받게 됩니다(마 7:22-23).

참 선지자는 하나님께서 주시는 능력과 지혜를 지니고 있지만 그렇다고 반드시 이적과 기사를 행하는 것은 아닙니다. 오히려 겸손과 온유와 화평을 항상 드러낼 뿐입니다. 이적과 기사는 특별한 목적을 성취하기 위해 특별하게 사용되는 하나님의 능력입니다. 이것이 빈번하게 일어난다면 세상의 질서가 무너집니다.

오직 하나님의 말씀을 바르게 전하느냐 그렇지 않느냐에 달려있습니다(18:19, 20). 누군가 놀라운 이적을 일으킨다고 해서 그가 곧 하나님의 선지자이며 그의 가르침이 곧 하나님의 말씀인 것처럼 받아들여서는 절대로 안 됩니다. 이적과는 무관하게 성경에 있는 하나님의 말씀을 왜곡하지 않고 그대로 가르치는 사람이 참 선지자입니다.

중요한 것은 선지자가 아니라 하나님이며, 이적이 아니라 말씀입니다.

|기도(기도 제목)

|주기도문

년 월 일 요일

|사도신경 |찬송 343, 400장 |말씀 신 13:6~11

6 ●

7

8

9

10

11

본문은 우상숭배에 빠지게 하는 가족과 친구의 유혹이 있을 때 어떻게 해야 될 것인지를 교훈해 주고 있습니다.

죄악의 유혹은 참으로 간교하여 혈연 혹은 우정이라는 탈을 쓰고 접근하기도 합니다. 신비한 이적을 보고도 마음이 움직이지 않던 사람이 가족이나 친구의 권유에는 못 이기는 경우가 허다합니다. 그렇지만 성도는 아무리 다정한 사람의 속삭임일지라도 우상숭배나 죄악에 빠질 우려가 있는 유혹은 철저히 배척해야 합니다.

무엇보다도 우상숭배에 관련된 유혹은 그 실상을 완전히 드러내어 다른 사람들로 하여금 경고를 받도록 만들어야 합니다. 조용히 덮어두면 언젠가 다시 우리를 넘어뜨리게 될 것이기 때문입니다. 죄는 속성상 세상 끝날이 오기까지는 결코 소멸되지 않습니다. 피하는 것이 최상책입니다. 이를 위해 유혹은 폭로되어야 합니다.

"먼저 그에게 손을 대고"라는 말은 우상숭배의 유혹자를 처벌하는 일에 앞장서야 한다는 뜻입니다. 유혹하는 자는 사탄입니다. 우리를 넘어지게 하기 위해 기를 쓰는 사탄의 도구는 단호하게 처벌해야 합니다. 그냥 두면 더욱 날뛰어 많은 사람을 넘어지게 할 것이기 때문입니다.

하나님을 올바로 섬기고 그 말씀대로 사는 것은 이 세상의 어떤 관계보다 훨씬 중요합니다.

|**기도**(기도 제목)

|**주기도문**

년 월 일 요일

|**사도신경** |**찬송** 288, 421, 436장 |**말씀** 신 13:12~18

12 ●

13

14

15

16

17

18

개인적으로 몹시 이성적이던 사람도 군중 심리에 휩쓸리면 자제력을 잃고 잘못된 길로 빠져들기가 쉽습니다.

대개의 경우에 사람들은 다수의 의사가 집약된 견해를 추종하려는 경향이 있습니다. 그리하여 우상숭배의 거짓된 사상 역시, 자신이 속해 있는 사회 구성원의 일반적 견해가 그것을 용납하면 자기도 용납해 버리고 마는 것입니다. 바로 이런 의미에서 성도는 '유행'에 대해 경계를 늦추지 말아야 합니다.

다수의 의사가 진리의 기준이 아니라면 무엇이 진리의 기준입니까? 그것은 곧 하나님의 말씀입니다. 다수의 의사가 상황에 따라 급변할 수도 있는데 반하여, 하나님의 말씀은 영원 불변합니다. 따라서 세상 모든 사람이 우상숭배의 사상을 용납해도 성도는 단호히 배격해야 합니다. 싸워서 이기고 절대로 용납해서는 안 됩니다.

우상적 사상들을 신앙적 관점에서가 아니라, 이른바 학술적 입장에서 연구하고 나름대로의 가치를 평가하는 일도 결코 정당화 될 수 없습니다. 우상숭배 그 자체는 물론이거니와 그와 관련된 일체의 것이 배격 대상입니다. 왜냐하면 가까이 하면 빠져들기 쉽기 때문입니다. 이것이 우상숭배의 속성입니다.

우리는 개인적 오류에 대해서는 날카롭게 지적하면서 구조적인 잘못에 대해서는 용인하고 있지는 않습니까?

기도(기도 제목)

주기도문

년 월 일 요일

사도신경 **찬송** 212, 333, 447장 **말씀** 신 14:1~21

금지된 애도법

14

2

정한 짐승과 부정한 짐승 (레 11:1–47)

3 ●

4

5

6

7

8

9 ●

10

11

12

13

14

15

16

17

18

19

20

21 ●

하나님의 자녀들은 신앙에 있어서 뿐만 아니라, 삶 전체에서 구별된 생활을 해야 합니다.

그 당시 가나안 족속들은 장례식 때 자신의 슬픔을 표현하는 방법으로 스스로 몸에 상처를 내는 풍습이 있었습니다. 이러한 일은 하나님의 백성이 따라 해서는 안 될 것입니다. 아무리 사랑하는 가족이나 친지가 죽었다 할지라도 하나님의 백성은 사람에게 소망을 두지 않고 하나님께 소망을 두기 때문에 낙심하거나 절망하지 않습니다.

하나님의 택하심을 입은 거룩한 백성은 인간의 삶에 가장 기본적인 요소인 식생활에서도 이방인들과는 완전히 구별된 생활이 요구됩니다. 이것은 먹는 것이 비록 소화되어 배설되기는 하지만 그러나 우리 몸에 들어가는 것이므로 우리 몸을 성결하게 보존하기 위해서는 먹는 것에서도 부정함을 경계하고 정한 음식만 먹어야 합니다.

하나님의 백성은 영원한 생명을 소유한 자들입니다. 이 생명은 그리스도로 말미암아 주어졌으며 아무도 빼앗아 갈 자가 없습니다. 이러한 하나님의 백성이 스스로 죽은 것을 먹는다는 것은 사망의 상징성 때문에 허락될 수 없었습니다. 그러므로 이방인이나 객에게는 주어도 좋다고 허락하셨습니다.

더이상 율법의 의무가 요구되지는 않지만 우리는 율법의 근본정신인 거룩함을 잃지 않아야 하겠습니다.

|기도(기도 제목)

|주기도문

년 월 일 요일

|사도신경 |찬송 634, 213, 321장 |말씀 신 14:22~29

십일조 규례

22 ●

23

24

25

26

27

신

28 ●

29

3

4-5

십일조 제도의 바른 이해 없이는 헌금의 원리를 설명할 수 없습니다. 본문을 통해 헌금의 원리를 살펴봅시다.

십일조는 천지 만물이 하나님의 소유임을 인정하고, 각자에게 주어진 모든 소득이 하나님의 은혜와 복으로 말미암은 것임을 감사하는 데서 비롯됩니다. 즉 하나님의 주권과 청지기 사상이 십일조의 원리입니다. 하나님께서는 십분의 일의 원리를 통해서 우리와 교제하시고 자녀됨을 확신시키는 것입니다.

율법에 규정된 십일조의 방법은 먼저 소득의 1/10을 떼어서 레위인에게 주면, 레위인은 여러 사람에게 받은 십일조의 1/10을 떼어서 제사장에게 바쳤다(민 18:26). 바로 이것이 첫 번째 십일조입니다. 그리고 백성들은 나머지 9/10의 1/10을 다시 떼어서 온 가족이 성소로 가지고 가서 즐거운 감사 잔치를 벌였습니다.

오늘날의 교회에서 가장 소홀히 처리 되고 있는 문제가 바로 십일조의 올바른 사용입니다. 자기 소비적인 지출 항목이 너무 많은 현대 교회의 예산은 분명히 잘못된 것이며, 복음 전파와 구제에 십일조의 사용이 집중되어야 마땅합니다. 그리고 그렇게 할 때만이 하나님께 올바른 십일조를 시행했다고 말할 수 있습니다(26:12-15).

십일조는 모든 것이 하나님의 것임을 그리고 나의 나 된 것이 하나님께 있음을 고백하는 것입니다.

기도(기도 제목)

주기도문

6

7 ●

8

9

년 월 일 요일

사도신경 **찬송** 475, 220장 **말씀** 신 15:1~11

빚을 면제해 주는 해 (레 25:1-7)

15

2

10

11

본문은 하나님의 백성들이 서로를 돌아보고 붙잡아주며, 필요한 것을 채워 주어야 할 것을 명령하고 있습니다.

부유와 가난은 절대적 개념이 아니라 상대적인 개념입니다. 즉 너무 가난해서 남을 전혀 도울 수 없는 사람이란 없는 법입니다. 따라서 하나님께서 원하시는 바대로 우리가 다른 사람을 도우려는 마음을 가지기만 한다면 능히 그런 일을 할 수가 있으며, 또 그 대상도 찾게 되는 것입니다.

진정한 사랑의 도움은 그저 우리에게 남는 것을 다른 사람에게 던져주는 것이 아닙니다. 더 이상 우리에게 필요없게 된 것을 적당히 처분하는 행위가 아니라, 상대방에게 절실히 요구되고, 우리로 인하여 그의 가장 필요로 하는 부분이 만족을 얻을 수 있는 바로 그것을 채워주는 행위가 참된 사랑의 손길입니다.

인색한 마음인 체면을 생각해서 어쩔 수 없이 하는 구제 행위는 하나님께서 바라시는 바가 아닙니다(고후 9:7). 특히 구제나 자선을 통해서 자신의 이름이 세인들의 입에 오르내리기를 기대한다면, 그것은 사랑의 손길이 아니라 몇 푼의 돈으로 명예와 존경심을 사려는 비열한 처사일 뿐입니다.

가난한 자를 돕는 것은 우리의 선택 사항이 아니라, 책임과 의무 사항입니다(11).

기도(기도 제목)

주기도문

년 월 일 요일

사도신경 **찬송** 384, 401장 **말씀** 신 15:12~18

종을 대우하는 법 (출 21:1–11)

12 ●

13

14

15

16

17

18

종이 된 지 7년째가 되면 자유를 누릴 수 있는 놓임에 관한 율법을 지니고 있는 근본 정신은 무엇입니까?

하나님께서 종의 해방을 명령하신 것은 이스라엘 백성들이 애굽의 노예 생활에서 해방된 사건을 역사적 근거로 하고 있습니다. 하나님의 백성들은 자신이 누린 구원의 은혜에 감사하여 다른 사람들에게 사랑과 자비를 베풀어야 하는 것입니다. 하나님의 백성은 해방된 자이며 영원히 종일 수 없습니다.

가난으로 인해서 남의 종이 된 사람의 경우에, 원래 그가 진 빚이 얼마나 되는지 알 수 없지만, 무려 6년동안 밤낮없이 봉사한다면 아마 충분한 변제가 되고도 남을 것입니다. 따라서 한 번의 빚 때문에 평생을 종살이 해야 한다는 것은 지나친 처사입니다. 하나님의 사람은 자기의 수하의 사람에게 공평하게 대해야 합니다.

다른 사람의 종이 된 자였다 할지라도, 그도 역시 하나님께서 택한 이스라엘 백성임에는 틀림없습니다. 따라서 언제까지 동포를 종으로 부릴 수는 없는 것입니다. 공동체적 삶 속에서 동포는 형제요 한 가족입니다. 오늘날 우리 주변의 사람들이 어떤 형편에 처해 있든지, 하나님 앞에서 한 형제라는 사실을 잊어서는 안 됩니다.

우리 모두가 하나님의 동일한 자녀이며, 바로 이 일을 위해서 그리스도께서 죽으셨음을 기억해야 합니다.

|**기도**(기도 제목)

|**주기도문**

년 월 일 요일

|**사도신경** |**찬송** 567, 569, 570장 |**말씀** 신 15:19~23

처음 난 소와 양의 새끼

19 ●

20

21

22

23

우양의 처음 난 수컷을 바치는 것은 하나님을 섬기는 이스라엘 백성들의 태도와 깊은 연관이 있었습니다.

세상 모든 것이 하나님에 의해 창조되고 다 그분의 소유지만, 특별히 짐승의 첫 새끼와 곡식의 첫 열매를 하나님께 바침으로써 창조주의 주권을 인정하게 되는 것입니다. 자신의 첫 열매를 주께 바치는 것이 중요합니다. 이것은 결국 만물이 주에게서 나오고 주로 말미암고 주에게로 돌아감을 고백하는 태도입니다(롬 11:36).

이스라엘 백성들이 애굽에서 구원받을 때 애굽인들의 장자와 짐승의 첫 새끼는 모두 죽임을 당했으나 이스라엘의 장자와 첫 새끼는 보호를 받았습니다. 이것이 유월절에 베푸신 하나님의 사랑이었습니다. 그리하여 하나님께서는 자기가 택한 백성의 장자와 첫 새끼는 거룩히 구별하여 바치도록 명령하신 것입니다(출 13:2, 12, 13).

맨 처음의 것을 하나님께 바치고 그 다음의 것을 자신이 취하는 것은 언제나 하나님을 삶의 최우선 순위에 둔다는 의미입니다. 아울러 짐승의 첫 새끼와 곡식의 첫 열매가 최상의 것이라는 인식이 보편화되어 있었으므로, 결국 이것은 최고 최상의 것을 하나님께 바친다는 뜻이기도 합니다.

하나님은 창조주요 구원주요 거룩하신 분이십니다. 우리는 모든 것을 드려 그분께 헌신해야 합니다.

|**기도**(기도 제목)

|**주기도문**

년 월 일 요일

|**사도신경** |**찬송** 69, 79, 478장 |**말씀** 신 16:1~17

유월절 (출 12:1–20)

16

2

3

4

신

5

6

7

8

칠칠절 (출 34:22; 레 23:15–21)

9 ●

10

11

12

초막절 (레 23:33–43)

13 ●

14

15

16

17

3대 절기를 통해서 하나님의 명령에 대한 준행과 하나님께 대한 섬김을 가르치고 있습니다.

아빕월 14일 밤부터 7일간 지키는 이 절기는 이스라

엘 백성들이 하나님의 역사하심으로 애굽의 노예 생활에서 해방된 것을 기념하고 감사드리는 절기입니다. 이스라엘의 최대 명절인 이 절기는 양력으로 3, 4월에 해당되며, 오늘날의 부활절과 유사한 성격을 띠고 있습니다. 오늘 우리에게는 구원의 기쁨을 기념하는 의미가 있습니다.

유월절로부터 7주간이 지난 후에 맞이하는 이 절기는 후대에 이르러 '오순절'이라고 불리고 있습니다. 밀과 보리를 수확하기 때문에 맥추절이라고도 하며, 첫 열매를 거둔다고 해서 초실절이라고도 합니다(출 23:16, 34:22). 오늘날의 성령 강림절 혹은 맥추 감사절과 비교됩니다. 은혜에 감사하는 성도의 모습이 있어야 하겠습니다.

이스라엘의 종교력으로 7월 15일부터 7일간 계속되는 이 절기는 광야 생활을 기념함과 아울러 한 해의 추수를 마무리하는 절기입니다. 따라서 수장절이라고도 하는데(출 23:16, 34:22), 오늘날의 추수감사절에 해당합니다. 우리는 인생 광야 길을 가는 우리에게 함께하시는 주님의 도우심에 감사해야 합니다.

3대 절기는 그리스도로 인한 성도의 구원, 성화의 시작, 성도의 완전한 영광을 의미합니다.

기도(기도 제목)

주기도문

년 월 일 요일

사도신경 **찬송** 149, 531, 294장 **말씀** 신 16:18~22

공의로 재판하라

18 ●

19

20

21 ●

22

성경은 재판의 공의를 여러 번 강조하고 있습니다. 그러면 공의를 시행하는 구체적 방법은 무엇입니까?

선을 악이라 말하거나 악을 선이라고 말하는 것, 진리의 편에 서지 않는 것, 의를 행치 않는 것이 '재판을 굽게 하는' 태도입니다. 오직 최후의 심판자는 전지전능하신 하나님이시므로, 그분의 선하고 의로운 판단을 두려워할 줄 알아야 합니다. 재판을 굽게 하는 것은 곧 하나님을 거역하고 대적하는 것입니다.

사람을 대할 때 빈부귀천이나 학식의 유무에 따라 선입견을 가져서는 안 됩니다. 유식하고 권세있는 자가 더 큰 불의를 행할 가능성이 있기 때문입니다. 뿐만 아니라 경제적으로 빈곤하고 무식한 자라고 해서 그들의 악이 정당화되거나 변호되어서도 안 됩니다. 다만 선과 악, 의와 불의, 진리와 거짓에 따라 평가해야 합니다.

뇌물이란 반드시 반대급부가 요청되기 마련이므로, 그것을 일단 받고 나면 아무리 애를 써도 공정해 질 수가 없습니다. 특히 뇌물은 대개의 경우에 떳떳하지 못한 쪽에서 주기 마련이므로 그것을 받게 되면 이미 불의와 거짓을 용납한 것이 되고 마는 것입니다. 그러므로 뇌물은 어떤 경우에도 단호히 거부해야 합니다.

진리와 더불어 용기를 내어 공의를 세우려고 노력하는 자가 성도라고 할 수 있습니다.

기도(기도 제목)

주기도문

년 월 일 요일

사도신경 **찬송** 567, 569, 570장 **말씀** 신 17:1~17

17

2 ●

신

3

4

5

6

7

8 ●

9

10

11

12

13

이스라엘의 왕

14 ●

15

16

17

하나님께서 허락하신 하나님의 위탁을 받아 다스리는 왕의 자격은 어떠한가?

어떤 사람이 아무리 뛰어난 능력을 지니고 있고 대중의 지지를 독차지한다 할지라도 하나님께서 택하신 자가 아니면 왕으로 세워서는 안 됩니다. 왜냐하면 왕이란 절대 권력자가 아니고 다만 하나님께서 세우셔서 사용하시는 하나님의 대리 사역자로 백성을 보호하고 나라를 지키는 일을 하는 사람이기 때문입니다.

어떤 이유에서라도 이웃 나라와 연합해서는 안 되며 이웃 나라의 왕을 이스라엘 왕으로 삼아서도 안 됩니다. 왜냐하면 다른 나라와 연합이나 다른 나라 왕의 통치가 이루어질 경우에 이스라엘의 거룩성은 훼손되고 이방의 악한 문화에 오염되어 하나님의 거룩한 백성으로서의 구별이 없어질 것이기 때문입니다.

왕은 먼저 하나님의 뜻을 따라 순종하며 하나님의 뜻에 따라 백성을 다스리며 나라를 평안하게 하는 자입니다. 그러므로 그는 생활이 다른 사람의 본이 되어 존경과 사랑을 받을 수 있어야 합니다. 규모있게 살림하고 치부하지 않으며 아내를 여럿 두어서는 안 됩니다. 도덕적 윤리적으로도 흠이 없어야 합니다.

이 같은 왕의 자격은 하나님의 다스림을 드러내며 영원한 왕으로 오실 그리스도를 나타내는 조건입니다.

기도(기도 제목)

주기도문

년 월 일 요일

사도신경 **찬송** 567, 569, 570장 **말씀** 신 17:18~20

18 ●

19

20

본문을 통하여 이스라엘의 왕이 지켜야 할 의무를 모든 성도가 교훈으로 삼아야 합니다.

고대에 있어서 말은 군사력의 상징이었습니다. 따라서 이것은 지나치게 군사력에 의지하기보다는 하나님을 의지하라는 의미입니다(사 31:1). 팔레스틴에서는 말이 거의 사육되지 않고 있었습니다. 그러므로 말의 수입을 위해서 죄악의 상징인 애굽과 어떤 관계도 맺지 말라는 뜻도 내포하고 있습니다.

솔로몬 같이 지혜로운 왕이 타락하게 된 원인은 이방에서 데려온 많은 처첩 때문이었습니다. 진정한 지도자는 결코 스스로 향락에 빠져서는 안 되며, 오히려 하나님을 기쁘시게 해 드리고 백성들을 돌보는 데에 전심전력을 다해야 하는 것입니다. 오늘날의 성도들이 그릇된 향락에 물들거나 오락에 빠지는 것은 역시 크나큰 잘못입니다.

지도자가 사치에 빠져서, 하나님의 영광을 구하지 않고 백성들의 평안도 도모하지 않는다면 큰 잘못입니다. 지도자가 축재하는 것은 권력의 남용 아니면, 백성을 착취한 대가이기 십상이고, 설령 정당한 치부라 할지라도 개인적 사치와 향락에 사용되는 것은 지도자다운 태도가 아닙니다.

우리는 하나님만을 의지하고 하나님의 영광과 다른 사람의 유익을 도모하는 삶을 영위하여야 하겠습니다.

기도(기도 제목)

주기도문

년 월 일 요일

사도신경 **찬송** 456, 458, 461장 **말씀** 신 18:1~14

제사장과 레위 사람의 몫

18

2

3

4

5

신

6 ●

7

8

다른 민족들의 가증한 행위

9 ●

10

11

12

13

14

성경은 우리를 향해 '완전하라'고 촉구합니다. 그렇다면 그 비결은 무엇입니까? 본문은 무엇이라 말합니까?

본문의 '여호와 앞에서'라는 번역은 부정확한 것입니다. 히브리어 성경을 보다 정확히 번역하면 '여호와로 더불어'입니다. 즉 거룩하고 완전하신 하나님으로 더불어 그 백성된 우리도 거룩하고 완전해 질 수 있는 것입니다. 거룩하시고 완전하신 하나님에게 덧붙여져서 우리의 연약함이 가리워져 완전해 질 수 있는 것입니다.

'여호와 앞에서'라는 말은 '여호와로 말미암아'라고 번역될 수도 있습니다. 여호와 하나님의 능력과 도우심에 근거하여 우리는 거룩하고 완전해질 수 있는 것입니다. 하나님께서는 "내가 거룩하니 너희도 거룩하라"고 명령하십니다(레 11:45). 그러면서 동시에 그분이 친히 우리를 거룩하게 해 주시겠다고 약속하십니다(레 20:8, 22:32).

하나님께서는 죄와 허물로 죽은 우리를 위해서 독생자 예수 그리스도를 이 땅에 보내셨습니다. 그리하여 그의 피를 통해서 우리를 온전케 하시고 거룩하게 하셨습니다(고전 1:2, 히 10:10). 결코 우리는 완전해질 수 없지만, 완전한 신이시면서 동시에 인간이신 그리스도를 힘입어서 가능한 것입니다.

우리의 성화가 일순간에 완성되는 것은 아니지만 하루하루 아버지를 닮아가는 영적 성과가 있어야 합니다.

|기도(기도 제목)

|주기도문

년 월 일 요일

|사도신경 |찬송 314, 461, 586장 |말씀 신 18:15~18

선지자를 일으키실 약속

15 ●

16

17

18

하나님께서 세우실 선지자와 모세는 다음과 같은 점에서 유사성을 발견할 수 있습니다.

모세는 여호와 하나님과 이스라엘 백성 사이의 중보자 역할을 담당했습니다. 이스라엘 백성들 앞에서는 하나님의 사자로서, 하나님 앞에서는 이스라엘 백성의 대표자로 일했던 것입니다. 메시야 역시 하나님과 인간 사이의 중보자로서 이 세상에 오셨습니다. 오셔서 하나님 편에 서서 말씀하시고 인간 편에 서서 죄를 지고 죽으셨습니다.

모세가 율법을 받아 백성들에게 전했듯이, 메시야 역시 하나님의 완전한 계시를 인간들에게 보여 주시는 분이십니다. 그런데 모세는 계시의 전달자인 종으로 수고한 데 비하여, 아들이신 메시야는 계시 그 자체이십니다. 그분은 자신을 드러내시는 사역을 사셨습니다. 그분은 하나님의 계시를 완전하게 하신 분입니다.

모세는 이스라엘 백성들을 애굽에서 해방시켜 약속의 땅 가나안으로 인도했습니다. 메시야는 죄와 죽음에서 인간을 구원해 내어 하나님의 나라로 인도하십니다. 모세는 그 자신이 약속의 땅에 들어가지도 못했으나, 메시야는 광야 같은 이 세상에서는 물론 영원한 나라에서까지 우리를 보호하시고 동행해 주십니다.

완전한 중보자이시며 하나님의 계시 그 자체이신 그리스도의 인도를 받는 우리는 얼마나 복된 자들입니까?

|기도(기도 제목)

|주기도문

년 월 일 요일

|사도신경 |찬송 455, 454, 463장 |말씀 신 18:19~22

19

20

21

22

본문에는 성도를 미혹하는 거짓 선지자를 분별하는 기준이 언급되고 있습니다.

아무리 그럴 듯한 선지자라 할지라도 하나님께서 명령하시지 않은 말씀을 전하거나, 그 반대로 명령하신 말씀을 전하지 않는다면 참 선지자가 아닙니다. 따라서 오늘날도 기록된 계시인 성경 외에 다른 내용을 첨가해서 가르치거나, 성경에 명백히 언급된 사항들을 일부러 도외시해서 가르친다면 거짓 선지자인 것입니다.

참 선지자라면 그의 모든 가르침이 하나님의 이름에 근

거해서 이루어집니다. 하나님의 이름으로 가르친다는 것은 선지자 자신의 영광과 유익을 추구하지 않는다는 의미이며, 하나님의 권위에 절대 순복한다는 뜻입니다. 따라서 오늘날에는 하나님의 이름을 빌어서 자신의 사욕을 채우려는 지도자는 역시 거짓 선지자인 것입니다.

하나님의 말씀은 살아 있어서 힘있는 능력이 있습니다(히 4:12). 그 어떠한 것도 하나님 앞에 드러나지 않는 것이 없으며 그의 말씀은 완전하게 성취됩니다. 따라서 미사여구의 가르침일지라도 성취되는 결과가 없다면 헛될 뿐입니다. 열매를 보아서 나무를 판단하듯이, 가르침의 결과를 보아서 선지자를 분별할 수 있는 것입니다.

결국 거짓 선지자에게 미혹되지 않는 비결은 성경의 바른 진리에 굳게 서 있는 것입니다.

신

기도(기도 제목)

주기도문

년 월 일 요일

사도신경 **찬송** 250, 259, 544장 **말씀** 신 19:1~10

도피성 (민 35:9–28; 수 20:1–9)

19

2

3

4

5

6

7

8

9

10

본문에서는 도피성 제도를 규정하고 있습니다. 하나님의 크신 사랑의 표현입니다.

죽을 죄를 지은 사람이 도피성으로 피신하면 생명을 건질 수 있었던 사실은 마땅히 죄와 허물로 죽을 수밖에 없는 인간이 예수 그리스도에게로 나아가 그 안에서 구원받는 원리를 가르쳐 줍니다. 만일 도피성이 없다면 그 살인자는 죽임을 당해야 합니다. 오직 하나님의 은혜로 그는 생명을 얻는 것입니다. 이것이 구원의 원리입니다.
도피성으로 가는 길은 그것을 이용하는 사람들이 이용하기에 편리하도록 잘 닦여지고 정비되었습니다. 이러한 사실은 하나님께서 마련하신 구원의 길은 누구나 믿음으로 받아들이기만 하면 되는 쉬운 것임을 가르쳐 줍니다. 아무리 도피성이 안전한 곳이고 생명을 보장해 준다 할지라도 그곳까지 나아가기가 힘들다면 소용이 없을 것입니다.
도피성은 요단강 동쪽과 서쪽에 각각 3개씩 세워졌으며, 각 지역의 중앙에 위치했습니다. 이것은 누구나 도피성을 신속히 찾아갈 수 있도록 하기 위함이었는데, 이는 오늘날의 인간들도 구원을 받기 위해 멀리 찾아갈 필요없이 다만 예수 그리스도의 이름을 부르기만 하면 된다는 사실을 깨우쳐 줍니다.
예수 그리스도에게서 누리게 되는 구원의 복은 마음으로 믿고 입으로 시인하기만 하면 되는 것입니다.

|**기도**(기도 제목)

|**주기도문**

년 월 일 요일

|**사도신경** |**찬송** 283, 260장 |**말씀** 신 19:11~1

11 ●

12

13

이웃의 경계표를 옮기지 말라

14 ●

본문의 도피성 제도를 통하여 성도가 알아야 할 고의적인 죄에 대해 교훈하고 있습니다.
도피성 제도에 나타난 하나님의 자비는 결코 공의를 무시한 성격의 것이 아니라, 오히려 공의를 전제로 한 것이었습니다. 죄인들을 살리기 위해 십자가에 달리신 그리스도의 모습에서 우리는 하나님의 자비와 아울러, 죄에 대한 값을 반드시 요구하시는 하나님의 공의를 보게 되는 것입니다.
도피성은 결코 사악한 범죄자들의 소굴이 되어서는 안 되었습니다. 우리가 하나님의 은혜와 용서를 구실로 삼아 죄를 용납하는 것은 있을 수 없는 일입니다. 즉 은혜를 더하게 하기 위해 죄에 거하는 일은 절대로 용납되지 않습니다(롬 6:15). 우리는 날마다 더 거룩해지기 위해 애쓰는 생활이 계속되어야 합니다.
진리를 아는 지식에 이른 후 짐짓 죄를 범하면 다시 속죄하는 제사가 없습니다(히 10:26). 진정한 회개란 자신이 범한 죄악에 대한 애통과 완전한 변화의 삶을 의미합니다. 도피성으로 피신할 것을 염두에 두고 살인한 자는 결코 보호받을 수 없었던 것처럼, 하나님의 용서를 전제로 한 고의적 범죄는 도저히 용납되지 않습니다.
하나님은 사랑이 많으시지만 또한 공의로우신 분입니다. 우리의 고의적인 죄는 반드시 벌하십니다.

|**기도**(기도 제목)

|**주기도문**

년 월 일 요일

|**사도신경** |**찬송** 190, 421, 274장 |**말씀** 신 19:15~21

두 세 증인의 입으로 하라

15 ●

16

17

18

19

20

21

본문을 가리켜 '동해 보복법'이라고 하는데, 자기가 해를 당한 대로 상대방에게 갚는다는 원리입니다.

각각의 범죄에 대해 상응하는 값을 치르게 함으로써 죄악에 대한 경각심을 불러 일으키려는 것이 동해 보복법의 의도입니다. 죄는 반드시 그 대가가 지불되어야 합니다. 죄악이 마땅한 대가도 치르지 않은 채 용납되거나 적당히 묵과된다면 결국 이 세상은 선과 의를 찾아볼 수도 없게 되고 말 것입니다.

동해 보복법의 또 다른 의의는 공의를 실천하려는 데에 있습니다. 결코 무자비하고 철저한 개인적 복수를 허용하기 위해서 동해 보복법이 주어진 것이 아니며, 오히려 죄악에 대한 '적절한 처벌'을 유도하기 위해서 주어진 것이라 할 수 있습니다. 즉 신분과 재산의 차이에 상관없이 죄악에 대한 처벌은 공의로워야 하는 것입니다.

일반적으로 인간의 심리란 자신이 당한 피해를 몇배로 되갚으려 하기 마련입니다. 따라서 성경은 동해 보복법을 통해서 과도한 보복을 억제하고 관용을 교훈으로 하고 있습니다. 즉 받은 바 피해에 대한 비교형량이 적용되는 것입니다. 이렇게 볼 때 결국 본문의 정신은 자비를 바탕으로 하고 있는 것입니다.

그리스도께서 우리의 모든 죄악의 값을 대신 치르셨으니 얼마나 감사한 일입니까?

기도(기도 제목)

주기도문

년 월 일 요일

사도신경 **찬송** 358, 360장 **말씀** 신 20:1~9

적군과 싸우려 할 때에

20

2

3

4

5

6

7

8

9

본문은 이스라엘 백성들이 전쟁에 임하게 될 때 지켜야 할 일을 규정하고 있는데 이상스럽기 짝이 없습니다.

전쟁터에 출전한 군사들을 고향으로 되돌려 보내는 일은 무슨 뜻에서였는가? 이것은 전쟁의 승패가 군사력의 우위나 작전의 좋고 나쁨에 좌우되는 것이 아니라, 하나님께 달려 있음을 강조하기 위해서였습니다. 그 어떤 악조건에도 불구하고 하나님의 백성은 왕되신 하나님만을 의지하여야 합니다.

집을 새로 건축하고 낙성식을 거행하지 못한 자, 포도원을 만들고도 그 과실을 먹어보지 못한 자, 여자와 약혼을 하고도 정식으로 그녀를 맞이하지 못한 자, 그리고 전쟁을 두려워하여 겁에 질려있는 자를 돌려보내도록 했습니다. 공포와 향수에 젖어 있는 자는 전쟁에 부적합 했던 것입니다.

기드온이 미디안 군대를 맞이하여 싸울 때, 많은 군사로 전쟁에 임하지 않았습니다. 기드온은 자기의 군대 중에서 300명만 거느리고 싸웠지만 완전한 승리를 거두었습니다(삿 7:2-25). 칼과 창과 단창과 방패로 중무장한 거인 골리앗에 대항하여 오직 하나님의 이름을 의지한 다윗이 승리를 하였던 시절을 기억합시다(삼상 17:45).

전쟁은 하나님께 속하였습니다. 그 결과도 하나님께서 내십니다. 하나님의 방법대로 싸우는 자가 승리합니다.

기도(기도 제목)

주기도문

년 월 일 요일

사도신경 | **찬송** 408, 412, 411장 | **말씀** 신 20:10~20

10 ●

11

12

13

14

15

16

17

18

19
20

죽인 자를 알지 못하거든

본문은 이스라엘이 전쟁에 임하기 전에 할 일을 언급하고 있는데, 그것은 '평화의 선언'입니다.

하나님께서 원하시는 것은 대립과 갈등 그리고 다툼과 증오가 아니라, 공존과 일치 그리고 평화와 사랑입니다. 비록 이 세상의 죄악과 불의, 거짓에 대항하여 날마다 전투적인 삶을 영위해 나가지 않으면 안 되는 성도의 생활이지만, 그런 중에서라도 겸손과 온유, 사랑과 평화의 모습을 잃지 않아야 하는 것입니다.

평화의 선언에도 불구하고 이스라엘을 대적하여 싸움을 걸어오는 자들에 대해서는 완전한 승리를 쟁취해야만 되었습니다(12-14). 성도의 온유와 화평은 세상에 대한 굴복과 타협을 의미하는 것이 아닙니다. 참된 의미의 온유와 화평은 절제된 용기와 적절히 통제되는 능력에서 기인하는 것이기에 승리를 성도에게 가져다 줍니다.

이미 하나님께서 멸망시키기로 작정하신 가나안 족속들에 대해서는 '평화의 선언'이 해당되지 않았습니다. 오래전부터 그들의 멸망은 계획된 것이었고, 더구나 그들은 우상숭배의 사악한 풍습에 계속 빠져 있었으므로 하나님의 백성이 그들과 평화해서는 결코 안 되었던 것입니다. 세상의 불의와의 타협은 하나님께 대한 대적입니다.

지금 우리는 세상의 죄악과 불의에 대해서 경각심을 가지고 철저히 물리치고 있습니까?

기도(기도 제목)

주기도문

년 월 일 요일

사도신경 | **찬송** 602, 268, 269장 | **말씀** 신 21:1~9

21

2

3

4

5

6

7

8

9

여자 포로를 아내로 삼는 규정

미결 살인사건의 경우에 율법은 그러한 경우에도 결코 그냥 넘어가지 않도록 규정합니다.

여러 방면으로 최선을 다해서 조사해 보아도 범인을 알 수가 없다면 종교적 속죄 의식을 행하여야 했습니다(3, 4). 이것은 살인 사건의 경우에 어떤 방식으로든지 피흘림에 대한 대가가 지불되어야 한다는 사실을 가르쳐줍니다. 즉 죄의 값은 반드시 치르지 않으면 안 되는 것입니다. 죄의 심각성이 바로 여기에 있다고 할 수 있습니다.

살인자를 가려내지 못한 사건의 속죄 의식은 성읍의 장로들이 행해야 되었습니다. 이것은 죄악과 불의에 대한 '사회적 공동 책임'을 강조합니다. 오늘날의 사람들은 자신에게 해가 미치지 않는다면, 아무리 불의한 일이 주변에서 일어나도 방관하는 예가 많습니다. 그러나 성경은 그 모든 것들이 바로 우리의 책임이라도 지적합니다.

고대 사건에서는 미제 사건의 피해자가 대개 무시당하고 쉬운 신분의 사람들이었습니다. 즉 사회적으로 소외되고 천대받는 사람들의 생명이 감쪽같이 침해되는 일이 많았던 것입니다. 율법이 그러한 사람들의 죽음에 대한 책임을 강조하는 것은 모든 생명의 존귀함에 대한 강조라고 할 수 있습니다.

생명은 하나님께서 내신 것입니다. 인간은 그것을 존중하고 귀하게 여겨야 합니다.

|기도(기도 제목)

|주기도문

년 월 일 요일

|사도신경 |찬송 288, 421, 436장 |말씀 신 21:10~14

10 ●

11

12

13

14

장자의 상속권

본문은 이스라엘 백성들에게 피정복지의 여자 노예나 첩에 대한 교훈으로 신앙적 의미는 다음과 같습니다.

집으로 데려가서 포로의 의복을 벗기고 고향의 부모를 생각할 수 있는 1개월간의 애곡 기간을 허락하도록 규정한 것은 인권의 보장을 강조한 내용입니다. 또한 이것은 여자가 스스로의 마음을 달래고 안정을 찾을 때까지 여유를 주고, 새로운 풍습과 환경에 적응할 태세를 갖추게 하기 위함입니다.

즉석에서 외모에 반하는 수도 있고 순간적인 충동을 절제하지 못해서 남녀의 결합이 이루어지는 수도 있습니다. 그러나 율법은 가까이에서 한 달 간을 두고 보다 냉정히 판단하여 선택할 수 있는 기회를 규정하고 있습니다. 하나님께서 정하신 거룩한 예식인 결혼은 어느 경우에도 존중되어야 합니다.

포로로 잡힌 여자를 즉시 아내나 첩으로 맞이하면 결국 이방 여자와 결혼하는 셈입니다. 그러나 일정한 기간 동안 옛 풍습을 떨쳐버리는 의식을 행하게 함으로써 여호와 신앙의 공동체 속에 들어오게 한 후 결혼하면 상관이 없습니다. 머리를 밀고 손톱을 베게 한 것이 바로 그러한 의미입니다.

그리스도와 연합한 거룩한 백성이 되기 위해서는 썩어질 구습을 버리고 오직 성령으로 새롭게 되어야 합니다.

|**기도**(기도 제목)

|**주기도문**

년 월 일 요일

|**사도신경** |**찬송** 283, 284, 438장 |**말씀** 신 21:15~23

15 ●

16

17

패역한 아들에게 내리는 벌

18 ●

19

20

21

기타 규정

22 ●

23

인류의 죄를 해결하시기 위해서 하나님께서 죄악을 대신 지고 저주 아래 놓이는 방법이었습니다.

히브리인들은 시체가 장사되지 못하고 방치되는 것을 저주스럽게 여겼다. 흙으로 창조된 인간이 흙으로 되돌아가기 위해서는 시체가 땅 속에 묻혀야 된다고 생각한 것입니다. 따라서 극악한 범죄자를 처벌할 때에는 사형당한 그 시체를 장사지내지 못하게 함으로써 저주 아래 놓이게 했던 것입니다.

장사되지 못한 채 방치되는 시체보다 더욱 저주스러운 것은 나무에 매달린 시체였습니다. 나무에 매달린다는 것은 인간 창조의 근원인 흙으로부터의 완전 격리를 의미합니다. 또한 날짐승으로부터 뜯기고 해함 받음으로 저주의 의미를 강화시키는 것입니다. 따라서 나무에 매달린 시체야말로 최악의 저주 아래 놓이게 되는 셈입니다.

이 땅에 오신 그리스도께서 구원 사역을 완성시키시기 위해 최종적으로 하신 일은 친히 십자가에 매달리신 것이었습니다. 그럼으로써 예수께서는 인류의 죄악에 대한 저주를 대신 감당하셨습니다(갈 3:13). 예수께서 지신 십자가는 우리가 받아야 할 저주 중 최악의 저주입니다. 그것을 주님께서 대신 받으셨습니다.

우리는 그리스도께서 나무에 매달리심으로 저주에서

축복으로, 사망에서 생명으로 옮긴 바 되었습니다.

|기도(기도 제목)

|주기도문

년 월 일 요일

|사도신경 |찬송 338, 314장 |말씀 신 22:1~7

22

2

3

4

5 ●

6 ●

7

성경의 두 가지 핵심은 하나님 사랑과 이웃 사랑입니다. 예수님께서도 율법의 대강령으로 말씀하셨습니다.

이웃을 사랑하는 것은 필요에 따라 선택될 수 있는 사랑이 아닙니다. 상황이나 시간이나 장소를 초월해서 반드시 이행되어야 할 의무 조항입니다. 본문에서도 '반드시'라는 단어가 사용됨으로써 이웃에 대한 우리의 관심과 사랑의 손길이 회피될 만한 그 어떤 핑계도 있을 수 없음을 분명히 하고 있습니다.

본문에 언급된 '형제'와 성경이 말하고 있는 '이웃'은 혈연적 관계 또는 친한 이웃 또는 가까이 사는 이를 가리키는 말이 아닙니다. 본문에서도 "네게서 멀거나 또는 네가 그를 알지 못하거든"이라는 표현이 사용된 것처럼 우리의 이웃은 우리에게 도움을 필요로 하거나 우리가 도와주어야 할 모든 사람입니다.

본문에서 이웃 사랑을 실천하는 내용에 대해 구체적인 사례가 나타나 있습니다. 그 사례들 배후에는 우리가 알아야 될 원리들이 깔려 있습니다. 그것은 나에게 유익이 없을지라도 더 나아가 나에게 시간적, 물질적 손해가 올지라도 실행해야 하는 것입니다. 철저하게 상대방의 입장에 서서 상대방을 위해 무엇을 하는 것입니다.

이웃을 사랑하는 것은 최고의 명령이요 지선의 실천입니다. 성도가 이웃을 사랑하는 것은 귀한 모습입니다.

|기도(기도 제목)

|주기도문

년 월 일 요일

|사도신경 |찬송 341, 461장 |말씀 신 22:8~12

8 ●

9 ●

10

11

12 ●

하나님께서 전혀 다른 두 가지를 섞지 말라고 명령하신 의미는 무엇입니까?

하나님께서는 하나님의 백성이 조금이라도 이방의 더러운 풍속에 물들지 않기를 원하십니다. 죄의 속성은 쉽게 그리고 빨리 오염시키는 것입니다. 이방과 조금이라도 함께하고 그들의 풍속을 허용하면 이스라엘은 금방 그들과 동화되어 거룩성을 잃어버리게 됩니다. 때문에 하나님께서는 그들과 함께하지 못하게 하셨습니다.

고대 우상을 숭배하는 대부분의 종교들이 혼합주의를 표방하고 있었습니다. 혼합주의는 좋은 것은 무엇이든 도용해서 사용하였기 때문에 온갖 이방 종교의 혼합물이 되었습니다. 따라서 온갖 우상들을 섬겼습니다. 이스라엘이 그들과 함께할 경우 그들의 유일신 종교가 쉽게 훼손될 것이기 때문에 하나님께서는 혼합을 금하셨습니다.

포도원에 두 종자를 뿌린다든지, 소와 나귀를 겨리하는 일, 양 털과 베 실로 섞어 짜는 일은 순결의 상실을 상징합니다. 주님은 신랑되시고 성도는 신부인데 신부인 성도가 그 순결을 잃어서는 안 됩니다. 성도가 신앙의 순결을 잃지 않기 위해서는 우리를 더럽히는 모든 것을 멀리하고 함께하지 않아야 합니다.

신자가 세상을 벗어나 멀리하고 살 수는 없습니다. 그러나 세상과는 구별된 삶을 살아야 합니다.

|**기도**(기도 제목)

|**주기도문**

년 월 일 요일

|**사도신경** |**찬송** 540, 433, 439장 |**말씀** 신 22:13~30

순결에 관한 법

13 ●

14

15

16

17

18

19

20

21

22 ●

23 ●

24

25 ●

26

27

28 ●

29

30 ●

율법의 많은 부분들이 인간의 육체와 성적인 문제에 관하여 말하고 있는 것은 다음과 같은 이유 때문입니다.
성 문제를 도외시하고서는 인간의 삶을 정확히 파헤칠 수가 없습니다. 그리고 성 윤리가 정립되지 않고서는 그 어떤 인간의 윤리나 도덕규범도 사상누각에 지나지 않습니다. 프로이트의 주장처럼 성이 인간의 모든 것을 지배, 좌우하는 것은 결코 아니지만 상당한 영향을 미치는 것은 분명령합니다.

성경은 인간들에 의한 아름다운 말과 고상한 논리로 이루어져 있는 것이 아닙니다. 특히 아브라함과 다윗 같은 위인들의 결점과 실패를 기록하는 것을 보아도 알 수 있습니다. 성경은 하나님의 말씀으로서 우리의 사고와 행동의 절대 규범이기 때문에 위대한 신앙인들의 성적 범죄와 실패에 대해서도 적나라하게 지적하고 있습니다.

본문의 내용은 결국 순결과 신뢰라는 두 가지 요소로 압축됩니다. 현대 사회의 문란한 성 문제를 해결하는 처방 역시 순결과 신뢰 외에는 다른 방도가 없습니다. 성도의 모든 삶이 세상 사람과는 구별된 순결과 흔들리지 않는 소망과 사랑에 바탕을 둔 믿음에 의해 유지되듯이, 특히 성적인 문제에 있어서는 더욱 그러합니다. 성은 인간의 육체적 순결의 척도인 동시에 영적인 순결의 척도이기도 합니다.

|**기도**(기도 제목)

|**주기도문**

년 월 일 요일

|**사도신경** |**찬송** 425, 549, 539장 |**말씀** 신 23:1~8

총회에 들어오지 못하는 사람들

23

2 ●

3 ●

4

5

6

7 ●

8

본문은 여호와의 총회에 들어올 수 없는 세 종류의 사람들이 언급되고 있습니다.

남자의 성기가 거세되었거나 그렇지 않더라도 남자로서의 생식 능력에 이상이 있는 자, 즉 고자는 여호와의 총회에 들어올 수 없었습니다. 물론 고자들도 여호와 신앙을 가짐으로써 누리게 되는 일반적인 종교의 특권에서 배제되지는 않았습니다(사 56:4-5), 다만 온전하지 못한 육체의 상징성 때문에 직책을 맡을 수 없을 뿐입니다.

사생아는 물론 간음이나 근친상간에 의해 태어난 자도 여호와의 총회에 들어올 수 없었습니다. 하나님께서 금하신 법을 어기고 죄악의 씨앗으로 태어난 자들에게 신앙 공동체의 지도적 역할을 맡길 수는 없었습니다. 그들 자신에게는 문제가 없으나 다른 사람에게는 큰 영향을 주기 때문입니다.

이들은 이스라엘 백성들이 애굽에서 해방되어 가나안을 향해 가고 있을 때, 발람을 데려다가 이스라엘을 저주했던 사람들이었으므로(민 22:5, 6)여호와의 총회에 들어올 수 없었습니다. 하나님의 백성을 대적하고 구원 사역을 방해하는 자에게 내려질 징벌이 어떤 것인지 여기서 우리는 알 수 있습니다.

하나님 앞에 서는 자는 온전한 몸과 마음을 가져야 하고 성별된 사람이어야 합니다.

기도(기도 제목)

주기도문

년 월 일 요일

사도신경 **찬송** 255, 268, 426장 **말씀** 신 23:9~14

진영을 거룩하게 하는 법

9 ●

10

11

12

13

14

본문은 이스라엘 백성들의 진영 중 성결법을 하나님의 명령에 절대적 가치와 권위를 두고 교훈하고 있습니다.

세상에서는 긴급 상황이라는 구실로 평소에 용납되지 않았던 여러 가지 일들이 허용됩니다. 그리고 일상적인 의무와 권리가 정지되기도 합니다. 그러나 하나님의 법은 어떠한 조건 아래서도 반드시 준수되어야 할 절대 불변의 진리입니다. 비록 전쟁터에 나가 있는 이스라엘 백성일지라도 거룩한 백성으로서의 도리를 다해야 하는 것입니다.

전쟁터에 나가 있는 군사들에게는 여자를 가까이 할 수 없는 데에서 오는 성적 불만이 생길 수 있습니다. 성욕은 종교적 의미에서 부정하다고 율법은 규정합니다. 따라서 성결의식을 행하도록 요구하고 있습니다. 정상적인 성욕은 결코 죄악이 아니기 때문에 속죄 제물이 요구되지 않으나, 단지 몸을 깨끗이 씻는 정결 의식이 요구되었습니다.

하나님께서 자신과 함께 계시기를 바라는 사람이라면 죄악과 더러움에서 스스로 깨끗하게 할 것입니다. 마찬가지로 하나님께서 이스라엘 군대와 함께 계셔서 전쟁의 승리를 가져다주길 원한다면 마땅히 진영 중 성결법을 준수해야 되었습니다. 여전히 죄악에 머물러 있으면서 하나님의 임재를 소망하는 것은 어리석은 일입니다.

성도는 항상 영적으로 깨끗해야 합니다. 영적으로 순결하고 깨끗한 상태가 육체적 성결로 드러납니다.

|기도(기도 제목)

|주기도문

년 월 일 요일

|사도신경 |찬송 575, 213, 323장 |말씀 신 23:15~18

기타 규정

15 ●

16

17 ●

18

본문에서 우리는 올바른 헌금에 대한 분명한 기준과 원칙을 발견할 수 있습니다.

결과가 결코 수단이나 과정을 합리화시키거나 정당화시키지는 못합니다. 창기와 개 같은 자의 소득은 그 어떤 명목으로든지 하나님께 바쳐질 수가 없었습니다. 즉 자신의 육체를 미끼로 하고 쾌락의 대가로 벌어들인 더러운 돈을 헌금으로 바칠 수는 없는 노릇이었습니다. 하나님의 일을 함에 있어서 강조되는 것은 결과가 아니라 과정입니다.

오늘날 교회의 잘못이 무엇입니까? 소득의 1/10을 헌금으로 낼 것을 강조하기에 앞서서, 정당한 노력과 근면의 대가로 얻어진 소득만이 헌금이 될 수 있음을 강조하여야 합니다. 어떻게 벌어들여진 돈인지를 불문에 붙인 채 그저 얼마를 바치느냐에 관심을 쏟는다면, 창기의 소득을 헌금으로 받아들이는 것과 다를 바 없습니다.

아무리 정당한 소득으로 드려진 헌금이고, 1/10이 아니라 그 이상으로 바쳐진 헌금일지라도 성경적 용도에 따라 사용되지 않는다면 소용이 없습니다. 먹고 마시며 자기 소비적인 항목에 대부분의 헌금을 사용한다면 그것은 하나님께 드려진 것이 아니라 인간들의 요구를 만족시킨 것에 불과합니다.

하나님께서는 우리의 마음을 보십니다. 사랑과 감사와 진실이 담긴 헌금을 기쁘게 받으십니다.

|기도(기도 제목)

|주기도문

년 월 일 요일

|사도신경 |찬송 191, 430, 434장 |말씀 신 23:19~25

19 ●

20

21 ●

신

22

23

24 ●

25

본문에는 이스라엘 백성들이 지켜야 할 세 가지 도리가 언급되어 있습니다.

이것은 가난한 사람에 대한 보호와 불로 소득에 대한 경계를 목적으로 하고 있습니다. 가난한 이웃이 급박한 용도로 우리에게 재물을 꾸어갔을 때 과중한 이자를 덧붙이게 되면 결국 그 사람을 파탄으로 몰아넣게 됩니다. 그리고 그러한 사람은 땀 흘려 일하기보다 편안히 앉아서 다른 사람의 고혈을 짜내어 살아가게 되는 것입니다.

하나님께 서원한 것은 반드시, 그리고 속히 이행하여야 합니다. 특히 서원할 당시의 태도와는 달리, 마지못해서 적당히 이행해서는 안 되며, 반드시 자기 입과 마음으로 서원한 그대로 실행하여야 합니다. 고리대금업의 금지가 이웃과의 신실한 관계를 위한 것이라면, 서원의 이행은 하나님과의 신실한 관계를 유지하기 위한 것입니다.

굶주린 사람이 과수원이나 곡식밭에 들어가서 배를 채우는 경우, 그것을 용납하여야 합니다. 물론 성경은 이러한 자비의 규례가 게으른 자들의 습성을 정당화시켜 주는 방편이 되어서는 안 된다고 말합니다. 다만 이 세상에 사는 동안에 가진 자가 없는 자를, 배운 자가 배우지 못한 자를 용납하고 돌볼 것을 명령하고 있을 뿐입니다.

성도는 하나님과의 바른 관계 속에서 이웃과도 좋은 관계를 가지되 어려운 이웃을 돌보아야 합니다.

기도(기도 제목)

주기도문

년 월 일 요일

사도신경 **찬송** 503, 340장 **말씀** 신 24:1~13

이혼과 재혼

24

2

3

4

기타 규정

5 ●

6 ●

7 ●

8 ●

9

10 ●

11

12

13

14 ●

율법은 이와 같은 민사적 경제 문제에 대해서까지 일련의 원칙을 제시하고 있습니다.

맷돌은 히브리인들이 곡식을 갈아 빵을 만드는 데에 없어서는 아니되는 필수적인 도구였습니다. 따라서 맷돌을 전당물로 제공하고 나면 더 이상 끼니를 이어 갈 수 없습니다. 결국 이것은 오늘날의 사회에서 어떤 명목으로든지 다른 사람의 생존권을 위협하는 일체의 행위를 해서는 안 된다는 것을 교훈합니다.

심리적으로나 실제적으로 유리한 위치에 있는 채권자가 채무자의 집안에 들어가서 어떤 물건을 전당물로 잡으면 그것이 아무리 채무자에게 절실한 것이라고 할지라도 거절하기 어렵습니다. 당장에 아쉬운 사람이 채무자이기 때문입니다. 결국 이것은 결국 이것은 경제적 강자가 빈곤한 사람들에게 관용으로 양보할 것을 교훈하는 규정입니다.

예를 들어 가난한 사람의 겉옷을 전당물로 잡았을 경우 해가 지기 전에 되돌려 주어야 했습니다. 왜냐하면 히브리인들은 그것을 이불의 대용으로 사용했기 때문입니다. 결국 이것은 각자가 자신의 이해득실만 따지기보다 상대방의 입장에서 다시 한 번 생각해 볼 줄 아는 자세를 지니라는 뜻입니다.

각각 자기 일을 돌볼 뿐만 아니라 다른 사람들의 일을 돌볼줄 아는 삶이 성도의 생활입니다(빌 2:4).

기도(기도 제목)

주기도문

년 월 일 요일

사도신경 **찬송** 500, 218, 595장 **말씀** 신 24:14~22

15

16 ●

17 ●

18

19 ●

20

21

22

구약 시대의 약자들의 상징인 객과 고아와 과부를 보살피도록 율법이 거듭 강조하는 이유는 무엇입니까?

이스라엘 백성들도 과거에는 애굽에서 노예로 생활 했었습니다. 그런데 하나님께서 그들을 구원해 내셔서 가나안 땅의 축복을 누리게 하신 것입니다. 따라서 객이나 고아, 과부는 바로 지난날의 자신들과 같은 사람들이므로, 그들에 대한 관심과 도움의 손길을 통해서 하나님의 구원과 축복에 대한 감사를 표시하게 하였습니다.

가난하고 약한 자들에 대한 사랑과 자비가 하나님의 축복에 대한 관건이 됩니다(12-13, 19, 14:29). 자신은 다른 사람에게 아무런 관심과 도움을 베풀지 않으면서, 하나님의 끊임없는 사랑과 축복을 바라는 것은 있을 수 없는 일입니다. 약한 자에 대한 보살핌은 보상의 확실한 약속입니다.

비록 세상적으로는 가련한 처지에 놓여있는 자라 할지라도 하나님의 택하신 백성이자 여호와 신앙 공동체의 한 형제임에는 틀림없습니다. 따라서 형제 자매의 어려움을 보고도 도와 줄 마음이 생기지 않는다면 자신이 하나님의 백성이 아니거나 믿음의 형제가 되지 못했기 때문일지도 모릅니다.

성도는 어려움에 빠져 있거나 고통 중에 부르짖고 있는 자를 살펴야 합니다. 그가 나의 형제요, 자매입니다.

기도(기도 제목)

주기도문

년 월 일 요일

사도신경 **찬송** 518, 502, 516장 **말씀** 신 25:1~4

25

2

3

4 ●

성경은 모든 일에 옳고 그름을 분명히 판별하라고 명령합니다.

역사상 많은 경우에 선과 의, 진리가 무시되고 오히려 모함을 받아 박해 아래 놓인 적이 있었습니다. 그러나 하나님의 백성은 언제나 선을 행하며 의를 외치고 진리를 따라 전진해야 합니다. 진실을 왜곡하거나 빛을 가리는 일은 성도의 몫이 아닙니다. '예'라고 할 것은 분명 령하게 '예'라고 말할 줄 아는 자세가 필요합니다.

악과 불의가 미화되고 거짓이 선전되어 세인들이 추종을 유도할지라도, 성도마저 거기에 동조해서는 안 됩니다. 오히려 악을 지적하고 불의에 대항하며 거짓을 폭로하는 전투적 자세가 요청됩니다. 그리하여 '아니오'라고 해야 할 때 확실하게 '아니오'라고 말할 줄 아는 용기를 지녀야 합니다.

선과 악, 진리와 거짓, 의와 불의를 가려내려고 하면 지나치게 냉철하고 단호하기만 한 사람이 되기 쉽습니다. 그러나 악과 불의와 거짓을 책망하고 지적하는 그 순간에도 온유한 마음과 자비의 마음을 지녀야 합니다. 잘못에 빠진 사람일지라도 타도해야 할 '적'이 아닌, 회개시켜야 할 '형제'(3하)임을 명심하여야 하는 것입니다.

우리는 진리를 따르고 거짓을 배척하며 선을 행하고 의를 외치고 불의에 맞서 싸우는 생활을 해야 합니다.

|기도(기도 제목)

|주기도문

년 월 일 요일

|사도신경 |찬송 602, 604, 503장 **|말씀** 신 25:5~19

죽은 형제에 대한 의무

5 ●

6

7

8

9

10

다른 법

11 ●

12

13 ●

14

15

16

아말렉에 대한 기억을 지워버리라

17 ●

18

19

성경을 읽다가 종종 당혹감을 느끼는 내용이 있습니다. 본문에 언급된 계대 결혼도 그러한 예에 속합니다.

후사가 없이 죽은 형제의 아내(형수 혹은 제수)와 결혼하는 제도로서 고대 근동의 보편화된 풍습이었으며 창세기에도 언급되어 있습니다(창 38:7-11). 계대 결혼에 의해 출생한 첫 아들은 죽은 형제의 대를 잇는 아들로 간주했습니다. 비록 본인이 죽어 대를 이을 수 없지만 형제가 대신 대를 이을 수 있는 아들을 낳아 주는 것입니다.

상속인이 없는 형제의 대를 이어주고 그 기업을 보존시키려는 데 일차적인 목적이 있었으며, 아들도 없이 홀로 된 형수나 제수를 돌보아 주기 위한 사회 보장적인 목적도 있었습니다. 이것은 서로에 대한 관심과 배려의 중요성과 어려움에 처한 자들에 대한 사회적 책임과 개인의 의무가 언제나 병행되어야 한다는 점을 가르친다.

가장 구체적인 예는 룻기에서 발견됩니다. 남편을 잃은 룻이 보아스와의 계대 결혼을 통해서 그리스도의 조상이 된 것입니다(룻 4:1-12, 마 1:5). 이것은 중요한 의미를 지닌다. 계대 결혼자는 대속자입니다. 하나님은 계대 결혼제도를 통해 그리스도의 모습을 희미하게나마 보여주고 있습니다.

성경을 읽고 이해할 때, 오늘날 우리의 관점에서만 그것을 보려고 해서는 안 됩니다.

|**기도**(기도 제목)

|**주기도문**

년 월 일 요일

|**사도신경** |**찬송** 66, 428, 429장 |**말씀** 신 26:1~11

토지 소산

26

2

3

4

5

신

6

7

8

9

10

11

12 ●

본장에 헌물과 헌금(십일조)에 관한 규례가 언급되고 있는 이유는 무엇인지 살펴봅시다.
본장에 헌물과 십일조에 대한 내용이 언급되는 것은 모든 율법의 목적 혹은 결론이 헌물과 십일조이기 때문이 아닙니다. 오히려 그 이유는 죄악과 사망에서 구원해 주신 하나님께 대한 참된 감사 없이는 그 어떤 계명이나 율법도 지킬 수 없음을 강조하기 위해서입니다. 우리가 하나님께 드릴 감사가 헌물과 십일조입니다.
곡식의 첫 열매와 기름진 양과 소를 바칠지라도 그것만으로는 하나님을 기쁘시게 할 수 없습니다. 자신의 신앙을 고백하는 믿음이 반드시 있어야 하는 것입니다. 믿음이 없이는 결코 하나님을 기쁘시게 해드릴 수 없으며(히 11:6), 참된 믿음이 수반되지 않는 그 어떤 행위나 헌물도 하나님께 위선이 될 수밖에 없습니다.
기독교는 금욕과 슬픔의 종교가 아니라 축제와 기쁨의 종교입니다. 항상 기뻐하고 늘 감사하며, 끊임 없이 자신의 모든 것을 이웃과 함께 나누는 실천적 행위가 수반되는 종교입니다. 그러기에 제물은 악한 것이 아니라 선한 일을 위해 사용되는 하나님의 선물로 이해하는 것입니다. 또한 이 헌물로 인하여 서로에게 기쁨이 됩니다.
하나님의 은혜에 대한 넘치는 감사를 지닌 자는 그 어떤 계명도 힘들어하지 않고 기꺼이 따른다.

기도(기도 제목)

주기도문

년 월 일 요일

사도신경 **찬송** 50, 211, 213장 **말씀** 신 26:12~15

13

14

15

신

하나님의 보배로운 백성

제3의 십일조는 안식년을 기준으로 제3년과 6년에 따로 모아서 오직 구제에만 사용하는 물질입니다.

헌금(십일조)으로 편성되는 교회 예산에 있어서, 오늘날의 교회들은 각 항목의 우선순위와 비중을 재고하여야 합니다. 구약의 십일조는 물론이고 신약의 연보 역시 '구제'에 커다란 비중과 우선순위를 두었습니다. 불필요한 예산 항목과, 필요할지라도 과다한 지출 항목은 반드시 재고되어야 합니다.

십일조를 온전히 바친 후에 그것을 하나님께서 명령하신 바에 따라 올바르게 사용했음을 맹세해야 되었습니다. 현대 교회들은 성도가 십일조를 제대로 바치지 않는 지에만 관심을 쏟으면서, 얼마나 성경적 원리에 따라 사용되는 지에는 무관심한 것은 크나큰 잘못입니다. 십일조는 내는 일 못지않게 바르게 사용하는 것도 중요합니다.

어떤 구실과 명분으로라도, 구제에 사용해야 될 제 3 십일조를 다른 데에 사용해서는 안 됩니다. 교회당 신축, 교육관 건립, 사택 구입 등 그 어떤 이유에서라도 구제비를 줄이는 것은 있을 수 없는 일이며, 이미 책정된 구제비 예산마저 긴축 재정이라는 핑계로 지출을 억제하는 것은 하나님의 재명에 대한 정면 도전입니다.

정당한 재물을 감사와 믿음으로 바쳐서, 합당하게 사용할 때 올바른 십일조를 하나님께 드리는 것입니다.

|**기도**(기도 제목)

|**주기도문**

년 월 일 요일

|**사도신경** |**찬송** 283, 285, 421장 |**말씀** 신 26:16~19

16 ●

17

18

19

돌 위에 기록한 율법

본문에는 하나님과 이스라엘 백성 사이에 맺어진 언약의 내용이 기록되어 있습니다.

하나님과 이스라엘(성도)사이의 언약은 하나님의 요구에 의해 맺어진 것입니다. 이 언약은 인간의 주도둑 역할에 의해서가 아니라 하나님에 의해 주도되었다는 점이 특징입니다. 하나님께서 우리를 위해 친히 주도하셔서 당신의 언약을 세우셨습니다. 그래서 기독교를 자연 종교가 아닌, 계시 종교라 일컫는 것입니다.

이스라엘 백성들은 여호와를 하나님으로 인정하고, 하나님의 도를 행하고, 하나님의 규례와 명령과 법도를 지키며 순종하기로 확언했습니다. 이것은 오히려 자신들의 생명을 회복하고 보존하는 길입니다. 여기에 큰 은혜가 있습니다. 바로 이것은 오늘날 우리가 따라야 할 신앙의 규범과 도리입니다.

이스라엘 백성들의 3가지 언약에 대해서 하나님께서 응답하셨습니다. 첫째로 이스라엘을 자신의 보배로운 백성으로 인정하고, 둘째로 이스라엘의 칭찬과 명예와 영광을 모든 민족 위에 뛰어나게 하시고, 셋째로 여호와의 성민으로 삼아 주시겠다고 약속하신 것입니다. 우리가 그리스도의 피로 참여한 언약의 복이 바로 그러합니다.

하나님에 대한 신앙은 우리의 몸과 마음을 다해 준수해야 할 삶의 원칙과 규범입니다.

|**기도**(기도 제목)

|**주기도문**

년 월 일 요일

|**사도신경** |**찬송** 23, 36, 9장 |**말씀** 신 27:1~10

27

2

3

4

5

6

7

8

9 ●

10

에발 산에서 선포한 저주

성경은 하나님께 제단을 쌓을 때 정교하기 보다는 전혀 다듬지 않은 돌만을 사용하라고 명합니다.

제단은 속죄 의식을 통해서 하나님과 화평을 이루고 구원과 용기를 가져다 주는 곳입니다. 그러나 철 연장은 피를 흘리고 생명을 빼앗는 도구가 되기 때문에, 제단의 돌을 다듬는 데 사용될 수 없는 것입니다. 제단은 생명을 회복하는 상징적 의미가 있기 때문입니다. 예수께서도 죽을 수밖에 없는 죄인을 구하기 위해 이 땅에 오셨습니다.

제단에 사용되는 돌은 굉장히 큰 돌입니다. 따라서 그것을 다듬으려면 부득불 그 위에 올라가 앉기 마련인데, 그렇게 되면 사람의 하체가 돌 위에 드러나게 되므로 의식법상 부정을 범한 것으로 간주됩니다(출 20:25).

제사와 예배를 드리는 사람은 마음과 뜻과 정성을 다해서 오직 하나님만을 바라보고 그분께 영광을 돌려야 합니다. 그런데 지나치게 치장된 예배 처소와 정교한 제사 도구는 사람의 관심을 거기에 쏟도록 만들 우려가 있으므로 결국 예배(제사)를 방해하게 되는 것입니다. 위선과 형식에 얽매인 껍데기를 하나님은 받지 않으십니다.

하나님께서 원하시는 것은 영과 진리로 예배드리는 자세이지, 결코 크고 화려한 교회 건물이 아닙니다.

기도(기도 제목)

주기도문

년 월 일 요일

사도신경 **찬송** 428, 491, 638장 **말씀** 신 27:11~26

11 ●

12

13

14

15

신

16 ●

17 ●

18 ●

19 ●

20 ●

21 ●

22 ●

23 ●

24 ●

25 ●

26 ●

순종하여 받는 복 (레 26:3-13; 신 7:12-24)

하나님과 맺은 언약을 갱신하고 그것을 확신하려고 선정된 장소가 세겜 근처의 그리심 산과 에발 산입니다.

이스라엘 12지파는 그리심 산과 에발 산에 각각 나뉘어 서서 복과 저주를 선포해야만 되었습니다. 하나님은 무조건적인 복만 우리에게 가져다 주는 것이 아니라, 죄악과 불의에 대한 징벌과 저주도 포함됩니다. 하나님의 말씀이 생명과 구원의 길을 가르쳐 주지만 거기에 불순종하는 자들에게는 심판과 정죄의 수단이 되는 것입니다.

그리심 산에 있는 백성이든지 에발 산에 있는 백성이든지, 레위인들이 외치는 복과 저주의 내용에 대해 '아멘'으로 응답해야만 했습니다. 자신이 처해 있는 상황이 어떠하든지 하나님의 말씀은 언제나 참되고 진리라는 사실을 고백하지 않으면 안 됩니다. 하나님의 말씀이 우리의 죄를 지적할지라도 '아멘'으로 응답해야 합니다.

레위인들이 선포하는 저주는 모두 12가지로서, 이스라엘 백성들이 응답해야 되는 '아멘'이 언급된 저주의 내용뿐만 아니라 하나님의 말씀에 위배되는 그 어떤 행위도 저주의 대상임을 상징합니다. 우리가 몇 가지 계명을 지켰다고 만족해서는 안 될 것입니다. 오히려 더욱 자신을 삼가며 하나님의 뜻에 따르기를 힘써야 합니다.

지금 이 순간 우리는 그리심 산과 에발 산 중에서 과연 어느 쪽에 서 있습니까?

기도(기도 제목)

주기도문

년 월 일 요일

사도신경 **찬송** 449, 333, 461장 **말씀** 신 28:1~14

28

2

3

4

5

6

7 ●

8

9

10

11

12

13

14

복의 비결은 하나님에 대한 순종입니다. 그러면 순종이 가져다 주는 복은 구체적으로 어떤 것들입니까?

총칼로 세계를 정복하려고 한 사람들이 종종 있었지만 결국 이들은 역사의 수레바퀴 속으로 사라지고 말았습니다. 그러나 하나님의 말씀에 순종하면 진정으로 세계 모든 민족 위에 뛰어나게 될 수 있습니다. 세계 역사는 하나님께서 다스리십니다. 하나님의 손을 벗어나서는 아무 것도 할 수 없습니다.

복의 비결은 하나님에 대한 순종입니다. 하나님께 순종하는 사람은 생활의 복(3), 자녀의 복(4), 소유의 복(4, 5), 출입의 복(6)등 경제적이고 물질적인 복을 누리게 됩니다(8, 11, 12). 이것들은 우리 삶에 필요한 모든 것을 의미하며 육적, 영적으로 모두 주시겠다는 약속입니다.

신

참된 승리의 비결은 하나님의 말씀에 순종함으로써 그 능력을 힘입는 데에 있습니다. 원수들이 우리를 대적합니다. 그러나 이들의 결국은 영원한 멸망과 죽음뿐입니다. 본문 7절의 '일곱 길로 도망하리라'는 표현은 대적의 완전한 패주를 의미합니다. 완전한 패주는 곧 완전한 승리입니다. 승리자는 승리의 영광을 누린다.

결코 다함이 없고 그 누구도 빼앗을 수 없는 복은 하나님께 대한 순종으로 말미암는 복입니다.

|**기도**(기도 제목)

|**주기도문**

년 월 일 요일

|**사도신경** |**찬송** 143, 525, 277장 |**말씀** 신 28:15~24

15

16

17

18

19

불순종하여 받는 저주

20 ●

21

22

23

24

본문에서 모세가 불순종으로 인한 결과가 어떠한지 교훈하고 있습니다.

하나님의 말씀은 이중성이 있습니다. 즉 순종하는 자에게는 축복의 근원이 되지만, 불순종하는 자에게는 저주의 올무가 되는 것입니다. 마치 십자가는 구원을 받는 자들에게는 하나님의 능력이지만, 멸망받는 자들에게는 어리석은 것으로 비치는 원리와 같습니다(고전 1:18). 하나님을 거역하고 불순종하면서도 저주 아래 놓이게 됩니다.

'혼란'에 해당하는 히브리어 '메후마'는 하나님께 대한 불순종이 불안과 혼란을 가져다 줌을 의미합니다. 그리하여 본문 28절에 언급된 '미치는 것'과 '정신병' 즉 이유없이 자주 놀라게 되는 상황에 처하게 되는 것입니다. 현대인들이 그 안에 평화가 없고, 작은 일에도 놀라는 것도 원인이 있는 것입니다.

하나님께 대한 불순종은 필연적으로 책망을 당하게 되어, 결국 파멸을 초래하고 맙니다. 그 어떤 인간의 자구책에도 불구하고, 불순종으로 말미암은 파멸은 회피할 길이 없습니다. 하나님의 심판은 우주적이며 세계성을 갖는다. 피할 길은 어디에도 없습니다. 자연 현상마저도 우리를 외면하게 되는 것이 불순종의 결과입니다.

하나님께서 베푸시는 은혜와 복과 동시에 심판과 징벌로 두려워할 줄 알아야 합니다.

|**기도**(기도 제목)

|**주기도문**

년 월 일 요일

|**사도신경** |**찬송** 149, 528, 279장 |**말씀** 신 28:25~35

25 ●

신

26

27

28

29

30

31

32

33

34

35

본문은 20:5-7과 좋은 대조를 이루고 있는데 여기서 발견할 수 있는 교훈을 찾아보도록 합시다.

하나님께서는 결혼 생활을 축복하시고 그것이 철저히 보호받도록 배려하십니다. 여자와 약혼하고 전쟁터에 나간 자가 있다면 고향으로 되돌려 보내어, 결혼 생활의 기쁨을 누릴 수 있도록 하였습니다. 전시와 같은 상황에서도 결혼 생활의 보장을 명령하셨는데, 불순종하는 자들은 결혼 생활의 파탄을 맛보는 저주가 있게 됩니다.

순종은 평안과 번성을 보장하지만, 불순종은 자기가 애써 건축한 새 집에도 거주할 수 없게 만든다(비교 20:5). 불순종은 늘 방황이라는 삶을 살게 하여 나그네 길을 가며 밤이면 이슬을 맞고 가는 자가 되게 합니다. 하나님께 불순종하는 자에게는 저주의 자유도 주어지지 않습니다.

20:6에 보면, 하나님께서는 포도원의 첫 과실을 반드시 주인이 먹을 수 있도록 배려를 하고 계십니다. 그러나 불순종은 그와 같은 하나님의 배려를 무산시키고, 땀 흘려 벌어들인 모든 소득이 남의 손에 넘어가고 마는 결과를 불러일으킨다(학 1:6). 그는 굶주려야 되고 압제받고 학대받는 자가 됩니다.

우리의 실패는 원인이 운수가 사나와서, 또는 노력이 부족해서가 아니라, 하나님께 대한 불순종 때문입니다.

기도(기도 제목)

주기도문

년 월 일 요일

사도신경 | **찬송** 450, 428, 459장 | **말씀** 신 28:36~44

36 ●

37

38

39

40

41

42

43

44

본장은 순종이 가져다 주는 축복과 불순종이 가져다 주는 저주를 극명령하게 대조시키고 있습니다.

하나님께 순종함으로써 세계 모든 민족 위에 뛰어나게 된 이스라엘(1)이지만, 불순종하게 될 때에는 도리어 이방의 가련한 포로 신세를 면할 길이 없었습니다. 불신자들보다 하나님의 백성들이 범죄하면 더 큰 징계를 받게 되는 원리가 이것입니다. 성도들은 더욱 더 근신함으로써 조심하여야 합니다.

순종으로 말미암아 칭찬과 명예와 영광을 받는 이스라엘이지만(26:19), 불순종에 빠질 때에는 놀람과 속담과 비방거리가 되는 것입니다. 성도의 허물과 실수가 불신자의 심각한 죄악보다 더 큰 화제거리와 비난의 대상이 되는 원리와 같습니다. 불순종은 심각한 민족적인 비극을 초래합니다.

하나님께서 순종할 때, 세계 만민이 이스라엘을 보고 두려워하지만, 불순종하게 되면 도리어 이스라엘이 이방을 두려워하게 되는 상황에 처하고 마는 것입니다. 세상 사람이 성도를 향해 능히 감당하지 못할 자라고 두려워하는 것이 아니라, 성도가 세상을 두려워하게 되는 것은 순종과 확신에서 비롯되는 용기가 없기 때문입니다.

타협하고 굴복하는 생활이 아니라, 늘 승리하는 생활이 되기 위해서는 믿음의 결단과 선택이 요구됩니다.

기도(기도 제목)

주기도문

년 월 일 요일

사도신경 **찬송** 449, 333, 347장 **말씀** 신 28:45~46

45

46

어려움에 빠질 때, 하나님을 원망하거나 더욱 거역하게 되면 결국 더 큰 징벌을 당하게 됩니다.

하나님의 징벌을 당하면서도 우연의 결과로 여기거나, 순종하지 않으면서도 운좋게 징벌을 면하게 될 것이라는 생각은 정말 헛되다. 순종하지 않는 자에게 임하는 것은 성경에 기록된 저주 바로 그것입니다. 하나님의 징계는 결코 벗어날 수 없습니다. 하나님은 끝까지 징계하십니다. 그가 행하시는 일을 아무도 막을 자가 없습니다.

하나님의 명령을 거역하고 다시스로 가는 배를 탄 요나에게 재앙이 그의 뒤를 따라 갔듯이(욘 1:1-17), 순종하지 않는 자는 어디서 무슨 일을 하든지 저주가 그의 뒤를 따라다니게 됩니다. 그 어떤 방법으로도 막을 수 없고 결코 떼어 놓을 수 없는 것이 불순종으로 인한 저주입니다. 한마디로 심각한 저주입니다.

불순종에 빠진 자가 땅 끝 어디에 숨어 있는지, 아무리 재빠르게 피신할지라도 반드시 그에게 저주가 미치고 맙니다. 완전한 파멸과 실패에 이르기까지 저주의 손길에서 벗어날 수가 없는 것입니다(시 139:12). 사람들은 하나님의 손이 미치지 않는 곳이 있어 그곳으로 피신할 수 있다고 여긴다. 얼마나 어리석은가!
성도는 죄악과 불의에 대한 부단한 경계심을 갖고 날마다 하나님께 순종하는 삶을 영위하도록 해야 하겠습니다.

|기도(기도 제목)

|주기도문

년 월 일 요일

|사도신경 |찬송 150, 526, 272장 |말씀 신 28:47~57

47 ●

48

49

50

51

52

53

54

55

56

57

인간에게 엄청난 재앙과 저주를 불러 일으키는 불순종은 도대체 어디에서 비롯된 것일까?
이미 자신의 모든 것이 풍족함에도 불구하고 결코 만족할 줄 모르는 탐욕이 불순종의 원인입니다. 하나님께로부터 받아 누리고 있는 은혜와 복을 깨닫지 못하거나, 알아도 만족하지 않는 자는 결코 하나님께 순종할 수가 없습니다. 욕심은 어리석은 자의 주인이 되어 그를 지배하기 때문입니다.
기쁨과 즐거운 마음으로 하나님 앞에 서지 않는 자는

신

순종할 수가 없습니다. 그의 마음은 견딜 수 없는 종교적 중압감과 의무감에 눌려 있으므로 결코 자발적인 순종을 기대하기가 어렵다 감사에 넘치는 자야말로 하나님께 기꺼이 순종할 모든 준비를 갖춘 자입니다. 하나님은 감사로 자기의 행위를 드리는 자를 받으십니다.

하나님께 대한 든든한 믿음과 그의 말씀에 대한 확신이 없는 자는 불순종에 빠질 수밖에 없습니다. 하나님께서 과연 어떤 분이시며 그분의 말씀이 우리에게 어떤 복과 은혜로 우리를 인도하시는지 확신하지 못한다면 결코 순종할 수 없습니다. 하나님과 그 말씀에 대한 확신이야말로 순종의 가장 확실한 비결입니다.

진정으로 자족할 줄 알고 감사하는 사람이 상황에 흔들리지 않는 믿음을 갖고 하나님께 순종하게 됩니다.

|**기도**(기도 제목)

|**주기도문**

년 월 일 요일

|**사도신경** |**찬송** 525, 538, 537장 |**말씀** 신 28:58~68

58 ●

59

60

61

62

63

64

65

66

67

68

신

본문에서는 복에 대한 약속에 비해서 저주에 대한 다양한 재앙과 징벌을 묘사하고 있습니다.

인간은 근본적으로 선을 행하기보다 악을 행하는데에 더 재빠르며, 할 수만 있으면 불순종과 불의에 빠지려 하는 것입니다(롬 7:19). 따라서 죄악으로 인해 부패한 인간의 심성으로 말미암아 초래되는 징벌과 저주에 대해 성경은 자세하게 언급하고, 보다 강력하게 경고하고 있는 것입니다.

죄악이 인간에게 자져다 주는 대가는 치명적입니다. 하나님께서 대한 불순종으로 말미암아 처하게 되는 인간의 상황이 얼마나 끔직한 것인지 모릅니다. 따라서 본장은 대부분의 지면을 할애해서 죄악과 불순종의 심각한 결과를 교훈하고 있는 것입니다. 죄악의 심각성을 깨닫는 자야말로 그리스도의 의를 사모하게 됩니다(롬 7:24).

인간은 원래 하나님의 진노와 저주 아래서 죄와 허물로 죽었던 처지였습니다. 그런데 그리스도께서 우리를 은혜와 복으로 인도하셨고 구원의 새생명을 베푸셨습니다. 그러므로 이제 새로운 피조물이 된 성도들은 저주에 대한 두려움 때문이 아니라 하나님께 대한 감사 때문에 기꺼이 순종의 삶을 영위하게 되는 것입니다.

저주는 복을 위한 것입니다. 성도에게 복을 주시기 위해 잘못된 길로 가지 않게 하려고 저주의 경고를 주십니다.

기도(기도 제목)

주기도문

년 월 일 요일

사도신경 **찬송** 366, 433, 440장 **말씀** 신 29:1~9

모압 땅에서 세우신 언약

29

2 ●

3

4

5

6

7

8

9

본문에는 깨닫는 마음과 눈, 그리고 듣는 귀에 대해서 교훈하고 있습니다.

이스라엘 백성들은 40년 동안 하나님의 은혜와 능력을 체험했지만 여전히 깨닫는 마음과 보는 눈, 듣는 귀가 없었습니다. 그것은 그들의 완악함 때문이었습니다. 마음이 무감각하고 눈과 귀가 닫혀 있다면 아무리 놀라운 은혜와 능력을 체험해도 소용이 없습니다. 자신의 하나님을 하나님 되게 하지 못하는 것은 인간의 완악함입니다.

하나님께서 우리의 마음을 열어 주시고 눈과 귀를 밝게해 주시도록 날마다 기도해야 됩니다(시 119:18). 또한 그렇게 할 때만이 우리가 자신의 형편과 처지를 정확히 진단할 수 있습니다. 깨닫는 마음과 밝은 눈, 열린 귀를 가지지 아니하면 결코 하나님의 은혜와 사랑을 자신의 것으로 삼을 수 없습니다.

이미 우리가 누리고 있는 은혜와 사랑이 족함에도 불구하고 또 다른 새로운 은혜와 능력을 체험하기 원하는 것은 잘못입니다. 어려움과 시련을 당할 때, 우리는 지난날에 받은 은총을 생각함으로 소망과 용기를 지니게 되는 것입니다. 그 때 우리 마음에 은혜가 있고 복을 받는 것입니다.

우리가 들어도 깨닫지 못하고 보아도 알지 못하는 상태는 아닌지 점검해 봅시다(사 6:9, 롬 11:8).

|기도(기도 제목)

|주기도문

년 월 일 요일

|사도신경 |찬송 285, 304, 294장 |말씀 신 29:10~17

10 ●

11

12

13

14 ●

15

16

17

계약에 참가하지 않는 자는 책임도 없고 권리도 없습니다. 과연 누가 하나님과의 언약에 참여했는가?

고대의 히브리 사회는 철저한 남성 본위였으며, 여자와 어린이는 계수하는 셈에도 넣지 않았습니다. 그러나 하나님과의 언약은 여자와 어린아이까지 참여했습니다. 그리스도 안에 우리가 누리게 된 새 언약은 남녀의 차별, 노소의 차등이 결코 없습니다. 모든 사람이 하나님 앞에서 각각 언약에 참여하는 것입니다.

나무를 패고 물을 긷는 종들도 하나님과 맺는 언약에 참여했다는 것은 실로 놀라운 일입니다. 하나님 언약의 전 세계성도 나타냅니다. 그리스도 안에서 하나님과 맺은 새 언약의 효력은 신분과 학식, 재산과 지위에 상관없이 동등합니다. 그러므로 그리스도 안에 있는 자들은 서로를 향해 형제요 자매라고 부르는 것입니다.

이스라엘 백성들이 시내산에서 하나님과 맺은 언약은 그들의 민족이 존재하는 한 계속될 성질의 것입니다. 그리스도께서 언약의 제물이 되셔서 인간이 하나님과 맺게 된 언약은 영원한 효력을 지닌 것입니다. 시·공을 초월하시는 언약의 유효선입니다. 그렇기 때문에 2천년이 지난 현재의 우리가 언약에 참여하고 있지 않습니까?

우리는 언약에 참여한 자입니까? 하나님의 언약에는 차별이 없습니다. 또한 영원합니다.

|기도(기도 제목)

|주기도문

년 월 일 요일

|사도신경 |찬송 525, 273, 282장 |말씀 신 29:18~21

18

19

20

21

년 월 일 요일

|사도신경 |찬송 69, 78장 |말씀 신 29:22~29

22 ●

23

24

25

26

27

28

악독한 교훈에 빠져 회개할 줄 모르고 끝까지 완악한 자들이 하나님께서 가장 미워하시는 사람들입니다.

불순종과 죄악에 빠진 자들은 자신이 하나님의 저주와 진노 아래 있으면서도 스스로 평안하다는 착각에 사로잡혀 살아갑니다. 그러나 이런 자들은 그들이 평안하다 안전하다 할 그때에 임신한 여자에게 해산의 고통이 이름과 같이 멸망이 갑자기 이르기 때문에 결코 피하지 못합니다(살전 5:3).

하나님의 저주와 진노 아래 있으면서도 스스로 평안하다는 착각에 빠진 자들은 도무지 회개하지 않습니다. 이런 자들을 하나님이 제일 미워하십니다. 회개의 필요성을 알지 못하기 때문입니다. 따라서 이런 자들은 자신이 죄악에서 돌이키지 않음은 물론이며, 다른 사람들까지 유혹해 함께 파멸로 달려갑니다(히 12:17).

결코 하나님의 용서를 받지 못하고, 진노와 심판의 불에 처하게 되며, 천하에서 그 이름이 지워지고, 성경에 기록된 모든 저주를 받게 됩니다(20, 21). 그리하여 마침내 그들이 당하게 되는 징벌은 아무도 구해주지 못하고 소망이 없는 영원한 사망입니다. 그 안에서 영원한 고통을 당할 뿐입니다.

자주 실패하는 우리 인간에세 '회개'라는 죄 용서의 방편을 허락하신 것은 얼마나 감사한 일인지 모릅니다.

|**기도**(기도 제목)

|**주기도문**

신

29

모세는 이스라엘이 하나님을 떠나 이방신을 섬기게 될 때에 어떤 재앙이 있을 것인가를 말하고 있습니다.

본문에는 온 땅이 유황이 되며 소금이 되며 불에 타서 심지도 못하며 결실함도 없다고 말하고 있습니다. 이것은 과거 소돔과 고모라가 멸망당한 것과 같다는 표현입니다. 이것은 하나님께서 내리시는 최대의 징계의 표현입니다. 인간이 삶의 터전을 잃어버리는 상태로 유리함과 기근이 있을 것을 나타냅니다.

우리는 일찍이 하나님께서 애굽에 내리신 재앙을 기억합니다. 하나님의 뜻을 끝까지 거역하고 대적하는 애굽 사람의 땅에 열 가지 재앙을 내리셨고, 그들은 마침내 손을 들고 하나님의 명령에 따르게 되었습니다. 그와 같은 온갖 종류의 재앙이 불순종하고 배반하는 이스라엘에 내려질 것이라는 경고입니다.

끝내 순종하지 않고 죄에 빠져 하나님을 대적하는 때는 하나님께서 이웃나라를 들어 치시되 그들이 이스라엘 백성을 포로로 잡아갈 것이라고 말하고 있습니다. 포로가 된다는 것은 모든 것, 즉 기업과 가족과 자유까지도 잃어버리는 것입니다. 이것은 후에 바벨론에 포로 잡혀감으로써 적중했습니다.

하나님을 떠난 인생은 그 자체로는 삶의 의미가 없습니다. 살았다고는 하나 실은 죽은 것과 다름이 없습니다.

기도(기도 제목)

주기도문

년 월 일 요일

사도신경 **찬송** 531, 276, 282장 **말씀** 신 30:1~10

복 받는 길

30

2

3

4

5

6

7

8

9-10

12

13

14

신

하나님의 용서와 축복이 주어지는 '회개'의 바른 원리와 요소는 무엇입니까?
회개의 첫째 요소는 죄에 대한 자각입니다. 자신이 얼마나 큰 죄에 빠져 있으며, 그 결과 어떤 징벌 아래 놓여 있는지를 깨달을 때 비로소 회개가 시작되는 것입니다. 죄에 대한 심각한 인식 없이는 누구도 하나님의 은혜와 회개의 필요성을 느끼지 못합니다. 죄에 대한 깨달음이 없는 사람이 가장 불쌍한 사람입니다.
반드시 죄를 입으로 고백하면서 하나님 앞에 겸손히 서는 것이 회개의 두 번째 요소입니다. "마음으로 믿어 의에 이르고 입으로 시인하여 구원에 이르듯이", 죄에 대한 구체적인 고백을 통해서 사죄의 은총에 도달하게 되는 것입니다. 누구든지 죄를 인정(고백)하고 하나님 앞으로 돌아오지 않으면 참된 회개가 아닙니다.
온전히 마음과 뜻을 다하여서 하나님의 말씀대로 새 삶을 시작하는 것이 회개의 세 번째요소입니다. 옛 성품과 생활에 대한 청산과 새 삶에 대한 의지가 없다면 결코 온전한 회개가 아닙니다. 회개는 결코 죄에 대한 미봉책이 아닙니다. 회개와 하나님의 용서를 빙자하여 죄를 반복하는 것은 용납될 수 없는 신성모독 행위입니다.
성도가 하나님의 풍성한 사랑과 은혜에 대해 회개한 죄는 다시 범하지 않는 것이 바른 태도입니다.

|기도(기도 제목)

|주기도문

년 월 일 요일

|사도신경 |찬송 199, 202, 357장 |말씀 신 30:11~14

11 ●

하나님의 말씀은 세상의 어떤 철학보다 고상하고 심오하지만, 모든 인간이 받아들이기에 어려움이 없습니다.
우리가 성경을 읽을 때 종종 이해되지 않는 부분이 있고, 그대로 지켜 살기에 부담스러운 내용들이 있다 할지라도, 그것은 하나님의 말씀 자체가 어렵기 때문이 아니라, 우리의 마음이 어두워져 있고 손과 발이 게으르기 때문입니다. 하나님의 말씀은 결코 우리에게 힘들고 벅찬 것이 아닙니다.
하나님의 말씀은 어떤 철학처럼 지나치게 애매모호하고 추상적이지 않습니다. 달콤한 환상도 아니며, 우리의 실상과 무관한 형이상학도 아닙니다. 그것은 우리의 삶에 영원하고 절대적인 원리와 방법을 제시해 주는 너무나 구체적인 말씀입니다. 그리하여 우리가 그대로 지켜 따르기만 한다면 생명과 축복이 보장되는 진리인 것입니다.
하늘의 별을 따고 바다 끝까지 헤엄쳐 건너가듯이, 불가능한 것들에 관한 이야기가 아닙니다. 언제나 우리 곁에 있어서 인생의 길을 제시해 주고, 위로와 소망을 가져다 주는 말씀이며, 우리가 따라가면 복을 받는 말씀입니다. 신화와 전설이 아닌, 창조와 인간의 역사에 관한 하나님의 계시가 곧 성경입니다.
이렇게 쉽고 가까이 있는 생명의 말씀을 받아들이지 않는 사람이 많습니다. 힘써서 전해야 하겠습니다.

|기도(기도 제목)

|주기도문

년 월 일 요일

|사도신경 |찬송 328, 204, 459장 |말씀 신 30:15~20

15 ●

16

17

18

19

20

본문은 이스라엘 백성들에게 결단과 선택을 요구하는 내용입니다.

먼저 그들에게 요구된 것은 순종이냐 불순종이냐 하는 양자택일이 그들에게 주어졌습니다. 하나님을 사랑하여 그에게 순종함으로써 계명을 준행할 것입니까? 아니면 우상숭배에 빠져 불순종 가운데서 살아갈 것인가에 대한 결단이었습니다. 작은 선택과 결단이지만 중요하고 일생이 바뀔 수 있는 중요한 일입니다.

이스라엘 백성들이 선택해야 할 것은 생명과 사망 중 어느 한 쪽이었습니다. 생명되신 하나님 편에 설 것인가 아니면 사망의 지름길인 우상숭배에 빠질 것인가를 선택하여야만 되었습니다. 결코 하나님과 우상을 함께 섬길 수는 없었는데, 왜냐하면 생명과 사망이 한 사람에게 동시적으로 주어질 수는 없기 때문입니다.

성경에 약속된 모든 복을 누릴 것인가 아니면 성경에 기록된 모든 저주 아래 놓일 것인가를 선택해야만 되었습니다. 마치 그리심 산과 에발 산에 각각 갈라선 자들처럼(27:11-13)복과 화 중에서 어느 한 쪽을 결단해서 취해야만 되었던 것입니다. 어느 쪽이 쉬우냐의 결단이 아니라, 어느 쪽에 서야 할 것이냐의 선택이요 결단입니다.

이스라엘 백성들에게 요구되었던 순종과 불순종, 생명과 사망, 복과 저주가 우리 앞에도 놓여 있습니다.

|기도(기도 제목)

|주기도문

년 월 일 요일

|사도신경 |찬송 215, 320, 461장 |말씀 신 31:1~8

여호수아가 모세의 뒤를 잇다

31

2

3

신

4

5

6

7

8

이스라엘 지도자 모세가 가나안 땅이 눈앞에 보이는 시점에서 퇴임하는 사건은 어떤 교훈을 주는가?
아무리 뛰어난 능력의 소유자라 할지라도 혼자서 모든 일을 다 해내지는 못합니다. 여러 지체가 모여 한 몸이듯 모두가 협력하여 선을 이룬다. 따라서 적절한 시기에 알맞은 인물을 선출하여 지도자의 직임을 맡기는 것이 지혜로운 태도입니다. 이러한 질서의 체계를 하나님께서는 세우시는 것입니다.
아무리 여러 차례 지도자가 교체되어도 하나님은 여전히 한 분이십니다. 구약 시대의 많은 선지자들과 신약시대의 사도들을 거쳐서, 오늘날 우리들을 통해서도 하나님의 일은 끊임없이 계속되어 나가고 있습니다. 앞으로도 하나님께서 우리 후손을 통해 계속 일하실 것입니다. 나 아니면 안 된다는 식의 사고는 어리석은 생각입니다.
자신이 40년 동안 어려움을 넘기며 이끌어온 이스라엘 민족이 그토록 그리던 가나안 땅에 들어가려는 순간인데, 정작 모세 자신은 모압 땅에서 죽어야 한다는 사실이 안타깝기는 했으나 절대로 불평하거나 원망에 빠지지 않았습니다. 다만 그는 여호수아를 후계자로 삼으리라고 말씀하신 하나님의 뜻에 겸손히 순종했을 뿐입니다.
우리는 하나님의 일을 수행하는 선한 도구입니다. 하나님 나라가 더 굳게 세워지도록 묵묵히 일해야 합니다.

기도(기도 제목)

주기도문

년 월 일 요일

사도신경 **찬송** 331, 459, 586장 **말씀** 신 31:9~13

일곱 해마다 율법을 낭독하여 주라

9 ●

10

11

12

13

모세는 죽기 전에, 하나님의 율법을 글로 기록했습니

다. 그 이유를 살펴봅시다.

인간의 기억력은 한계가 있습니다. 그리고 입에서 입으로 전달되는 말이란 곧잘 왜곡되거나 와전되기 십상입니다. 하나님의 말씀은 영원 세세토록 가르치고 배우며, 지키고 따를 진리이므로 결코 인간에 의해 취사선택, 발췌되거나 첨가되어서는 안 됩니다. 바로 그러한 잘못을 방지하기 위해서 분명한 기록으로 남긴 것입니다.

레위 제사장들의 임무는 종교 의식을 주관하면서 신앙 교육을 담당하는 것이었습니다. 그러므로 그들에게 모세가 기록된 율법을 맡긴 것은 하나님의 말씀이 믿음과 예배의 표준임을 가르치도록 하기 위해서였습니다. 말씀은 모든 것의 표준이요 기준이며 척도입니다. 항상 말씀에 비추어 보아야 합니다.

이스라엘 모든 장로들과 제사장들이 모세로부터 기록된 율법을 받은 것은 하나님의 말씀이 행함과 생활의 원리이기 때문이었습니다. 백성들의 생활을 실제적으로 지도하며 이끄는 자들은 각 지파의 장로들이었습니다. 따라서 그들이 먼저 하나님의 말씀을 철저히 준수하는 자들이 된 후, 백성들을 율법으로 지도해야만 되었습니다.

기록된 율법을 대하는 성도의 바른 태도는 그것을 자신의 마음에 기록하여 그대로 준행하는 것입니다.

기도(기도 제목)

주기도문

년 월 일 요일

사도신경 **찬송** 272, 280, 282장 **말씀** 신 31:14~23

여호와께서 모세에게 하신 마지막 지시

14 ●

15

16

17

18

19

20

21

22

23

27

무슨 일이 일어났을 때 그 원인을 파악하는 것은 중요합니다. 원인을 알아야 문제를 해결할 수 있습니다.

환난은 공연히 무의미하게 오지 않습니다. 하나님께서 의미없이 우리에게 환난을 주시지 않기 때문입니다. 대부분의 환난은 우리의 죄악된 행실 때문입니다. 우리의 죄에 대한 징계로 환난이 임하기 때문에 환난이 임하면 우리는 우리의 죄악을 깨닫게 됩니다. 따라서 환난의 의미를 바로 깨닫는 자는 그 환난이 유익합니다.

환난은 대부분 우리의 죄에 대한 징계이지만 때로는 무고히 임하는 경우도 있습니다. 이렇게 무고히 임하는 환난에도 우리를 향한 하나님의 깊은 뜻이 반드시 있습니다. 결코 하나님께서 우리를 버리셔서 우리에게 환난을 주시는 것이 아닙니다. 이때 우리는 하나님을 의지하고 그의 도우심을 구함으로써 그것을 이길 수 있습니다.

우리는 몸이 더러워지면 목욕을 합니다. 마찬가지로 우리의 영혼도 새롭게 할 필요가 있는데 바로 환난을 당할 때 하나님께 더욱 가까이 나아감으로써 가능합니다. 그러므로 환난은 우리의 영혼을 새롭게 하는 좋은 계기를 마련해 줍니다. 비록 이유 없이 겪게 되는 환난일지라도 하나님께 더욱 의지하는 계기로 삼아야 합니다.

성도는 환난을 당할 때 원망하거나 낙심치 말고 회개하고 하나님께 더욱 가까이 나아가야 하겠습니다.

|**기도**(기도 제목)

|**주기도문**

년 월 일 요일

|**사도신경** |**찬송** 204, 349, 381장 |**말씀** 신 31:24~29

24 ●

25

26

28

29

모세는 자신의 사후에 이스라엘 백성들이 부패하여 범죄에 빠질 것을 내다보면서 안타까워하고 있습니다.

이스라엘이 하나님의 거룩한 백성으로 선택된 것은 그들의 의나 정직 때문이 아니었습니다. 오히려 그들은 목이 곧은 백성으로서 하나님께 불순종하는 자들이었습니다(9:5-8). 따라서 모세는 원래 목이 곧은 백성들인 이스라엘이 결국 자신의 사후에 부패하여 범죄할 것임을 알았던 것입니다.

광야 40년 동안 끊임없이 반역과 불순종 속에서 살아온 이스라엘 백성들이었으므로, 모세마저 죽고 나면 더더욱 그러할 것은 너무나 명백한 이치였던 것입니다. 그렇기 때문에 "오늘 내가 살아서 너희와 함께 있어도 너희가 여호와를 거역하였거든…"이라고 말하는 것입니다(27). 그리하여 법도의 준행을 당부하는 것입니다.

하나님께서는 이스라엘 백성들이 또다시 범죄하여 타락할 것을 알고 계셨습니다. 그럼에도 불구하고 약속의 땅 가나안으로 인도하심은 전적으로 하나님의 풍성하신 은혜와 사랑 때문이었고 동시에 아브라함에게 약속하신 언약을 끝까지 이루시고자 하는 하나님의 신실하심 때문이었습니다(9:4, 5).

패역하던 우리를 구원하셔서 성도로 삼으신 측량할 수 없는 그리스도의 은혜와 하나님의 사랑 때문입니다.

|기도(기도 제목)

|주기도문

년 월 일 요일

|사도신경 |찬송 10장 |말씀 신 31:30~32:9

모세의 노래

30

32

2

3

4

5

6

7

8

9

하나님께서 누구신지를 아는 것은 매우 중요합니다. 왜냐하면 그분을 알아야 바로 섬길 수 있기 때문입니다.

하나님께서는 결코 흔들리거나 변함이 없으신 완전하신 분으로 그 모든 것이 공평하시다. 또한 그의 행하시는 모든 일은 공의로우시고 정직합니다. 따라서 죄와 허물이 많은 우리가 온전히 믿고 따를 수 있으며 남녀 노소 신분의 귀천에 상관없이 동일한 은총을 누리며, 모든 것을 맡기고 기도할 수 있습니다.

본문은 이렇게 말씀하고 있습니다. "그는 네 아버지시요너를 지으신 이가 아니시냐 그가 너를 만드시고 너를 세우셨도다." 하나님께서 우리의 아버지가 되신다고 분명령하게 말씀하셨습니다. 아버지란 보호자요 도와주시는 분이요 인도자이십니다. 우리 육신의 아버지가 그같이 하셨으며 하나님 아버지께서도 우리에게 그같이 하시겠다는 것입니다.

하나님은 부족하거나 모자라는 것이 없으신 분입니다. 그럼에도 죄인된 우리를 당신의 분깃으로 삼으시고 환난과 곤고에서 지키시고 자기 눈동자같이 보호하시겠다고 말씀하십니다. 여호와의 분깃이 되었을 때 우리는 항상 평안과 안식을 누릴 수 있습니다. 오직 감사와 기쁨이 넘칠 뿐입니다.

우리는 바른 신앙고백으로써 하나님을 부를 때 승리의 역사를 얻을 수 있습니다.

|기도(기도 제목)

|주기도문

년 월 일 요일

|사도신경 |찬송 305, 301, 432장 |말씀 신 32:10~12

10

11

12

14

15

하나님께서는 그들의 반역과 허물에도 불구하고 그들의 위기와 곤고에서 항상 보호하시며 인도하셨습니다.

그들은 황무지와 짐승의 부르짖는 광야에서 방황했으므로 극단적인 곤고와 절망에 빠졌습니다. 먹을 음식이나 마실 물이 전혀 없는 불모의 땅에 처한 이스라엘 백성들에게 나타난 것은 울부짖으며 달려드는 사나운 맹수였습니다. 즉 먹을 것이 없어 어려움을 겪는 이스라엘 백성들이 도리어 맹수의 먹이가 될 처지에 놓인 것입니다.

곤고와 절망에 빠진 이스라엘을 하나님께서 친히 그들을 찾아가셔서 눈동자 같이 지켜주셨습니다. 특히 '눈동자 같이 지키셨도다'는 말은 이스라엘 백성들을 변함없이 보살피고 돌보셨다는 뜻입니다. 그리스도께서도 죄인된 인간을 위해 하나님께서 친히 육신의 몸으로 찾아오셔서 자신의 사랑을 확증해 보이셨습니다(롬 5:8, 요일 4:9).

곤고와 절망 속에서 이스라엘을 구원해 내신 것은 바알이나 아세라 같은 우상이 아니라 오직 하나님 한 분뿐이셨습니다. 그러므로 이스라엘 역시 오직 하나님만 섬겨야 마땅했던 것입니다. 이것은 오늘날 우리에게도 여전히 마찬가지입니다. 왜 우리는 구원자이신 하나님을 떠나서 다른 것을 섬기려 합니까?

하나님께서는 우리가 연약할 때 또는 하나님을 떠나 있을 때도 결코 버리지 않으십니다.

16

17

18

19

20

기도(기도 제목)

주기도문

년 월 일 요일

사도신경 **찬송** 277, 563, 294장 **말씀** 신 32:13~36

13

21

22

23

24

25

26

27

28

29

30

31

32

33

34

35

36

본문에는 하나님의 은혜를 입고도 배은망덕한 태도를 보이는 '여수룬'에 대한 책망이 언급되어 있습니다.
여수룬이란 말은 히브리어 '야솰'에서 유래된 말로서 '옳은 자'라는 의미를 지니고 있는데, 의로운 백성으로 택함을 받은 이스라엘이 실제로는 그렇지 못하게 살고 있음에 대한 역설적 표현입니다. 하나님께서는 우리에게 '성도'라는 호칭을 주셨는데, 진정으로 '거룩한 자'답게 살고 있는지 우리 자신을 돌이켜 봅시다.
가난하고 어려울 때 간절히 하나님을 찾고 의지하던

사람도 자기 형편이 조금 나아지면 하나님을 잊어버리기 쉽습니다. 그리하여 현재와 장래에는 다시는 하나님이 필요치 않다고 장담하게 됩니다. 따라서 우리는 잠 30:9의 "혹 내가 배불러서 하나님을 모른다 여호와가 누구냐 할까 하오며"라는 말씀에 주의해야 합니다.

환난 가운데서 하나님을 의지하는 것은 물에 빠진자가 지푸라기라도 잡는 것과 같기 때문에, 그것만으로는 참된 신앙이라 할 수 없습니다. 성도의 바른 태도는 가난할 때는 물론 부유할 때도, 병약할 때뿐만 아니라 건강할 때도, 어려울 때뿐만 아니라 편안할 때에 더욱 하나님을 기억하고 진실되게 의지하는 것입니다.

우리는 늘 하나님께 받은 은혜를 기억하며 살아야 합니다. 그때에 더 큰 은혜를 받게 됩니다.

기도(기도 제목)

주기도문

년 월 일 요일

사도신경 **찬송** 149, 531, 503장 **말씀** 신 32:37~38

37

38

본문을 통해서 우상숭배의 특징과 그에 비교하여 우리의 모습은 어떠한지 살펴봅시다.

우상숭배의 특징은 남다른 희생과 봉사를 요구하고 감히 상상도 못할 열심을 내도록 하는 데에 있습니다. 가짜일수록 더 그럴 듯 하며, 거짓된 우상숭배야말로 온갖 그럴 듯한 교리와 장엄한 종교 의식을 내세우게 됩니다. 이단의 신봉자일수록 타의 추종을 불허하는 광적인 열심을 앞세우기 마련입니다.

그토록 엄청난 희생과 봉사, 열심에도 불구하고 결국 우상숭배가 가져다 주는 것은 실망과 재앙 외에는 아무것도 없습니다. 기대가 크면 실망도 클 수밖에 없듯이, 정작 환난에 처했을 때 우상으로부터 얻을 수 있는 도움이란 전혀 없습니다. 그저 가만히 앉아서 재앙을 당하고 운좋게 재앙이 지나가기만을 기대할 수밖에 없습니다.

거짓되고 무익한 우상숭배자들이 그토록 열심을 낸다면, 참되고 영원한 믿음을 가진 성도는 더욱 헌신하고 봉사할 수 있지 않겠는가? 성도의 헌신과 봉사는 분명한 상급과 축복이 보장되어 있으니 더욱 그러합니다. 하나님을 바라보는 믿음 안에서 더 큰 승리의 역사를 이루어야 하겠습니다.

우리의 시간과 관심이 집중된 것이 무엇인지 살펴봅시다. 하나님보다 더 관심을 쏟고 있는 것이 우상입니다.

기도(기도 제목)

주기도문

년 월 일 요일

사도신경 **찬송** 68, 79장 **말씀** 신 32:39~47

39

40

41

42

43

44

45

46

47

정확한 '신 지식'이 없으면 맹목적이고 광적인 신앙에 휩쓸리기 쉽습니다. 하나님을 올바로 알아야 합니다. "나 외에는 신이 없도다"라는 구절이 보여주듯이, 하나님께서는 유일무이하신 분이십니다. 천지만물을 창조하실 때에도 어느 누구의 도움없이 홀로 창조하셨으며, 인간의 구원 역사 또한 전적으로 하나님께서 완성하십니다. 그러므로 유일무이하신 하나님을 떠나서는 인간에게 그 어떤 희망이나 구원의 가능성이 없습니다.

하나님은 "죽이기도 하시고 살리기도 하며" 상하게도 낫게도 하는 분(삼상 2:6, 7)이십니다. 그분은 생사화복을 홀로 주관하시는 하나님이십니다. 생명과 사망, 복과 화, 구원과 멸망이 오로지 그분의 손에 달려 있습니다. 그럼에도 불구하고 폭군으로 군림하시는 하나님이 아니라, 자비로운 아버지처럼 우리를 돌보시는 분이십니다.

자비로운 아버지처럼 우리에게 사랑과 은혜를 베푸시며, 구원과 복을 허락하시는 하나님은 동시에 심판과 공의의 하나님이십니다. 하나님을 떠나며 그 법도를 준행하지 아니하는 자에게는 공의로 심판하시는 분이십니다. 하나님의 공의는 두려움의 대상이 아니요 오히려 우리를 지키시는 원리입니다.

올바른 신 지식에 근거한 참 믿음을 가진 자로서 합당한 헌신과 봉사를 삶 가운데서 드러내야 합니다.

기도(기도 제목)

주기도문

년 월 일 요일

사도신경 **찬송** 449, 333, 347장 **말씀** 신 32:48~52

48 ●

49

50

51

52

이제 눈앞에 가나안 땅을 두고 모세의 발걸음은 하나님에 의해 저지당했습니다.

모세는 40년 동안 많은 고난과 시련을 겪으면서 이스라엘 백성을 이끌어 왔습니다. 그는 때때로 놀라운 이적을 베풀기도 했고 때로는 엄청난 좌절을 맛보기도 했습니다. 그러나 그는 끝까지 참고 견디어 바로 가나안 땅의 목전에 이르렀다. 이제 조금만 더 가면 될 지경에서 모세는 하나님의 허락이 없어 들어 가지 못하게 되었습니다.

모세가 가나안 땅에 들어가지 못하게 된 결정적 이유는 므리바 물가에서 범한 모세의 죄 때문이었습니다. 그는 므리바 물가에서 하나님의 명령에 순종하지 않고 자신의 감정에 따라 하나님의 거룩함을 훼손했기 때문에 하나님으로부터 가나안 땅에 들어가지 못하리라는 경고를 이미 들었습니다.

모세의 입장에서 볼 때 가나안 땅의 목전에서 그 땅을 포기해야 한다는 것이 크나큰 고통이었을 것입니다. 참기 힘들고 어쩌면 금방이라도 뛰어가고 싶은 욕망을 지녔을지도 모릅니다. 그러나 모세는 하나님의 말씀에 잠잠히 순종하고 있습니다. 위대한 지도자가 보여주는 아름다운 모습입니다. 그는 두 번의 실수는 하지 않았습니다. 모세는 자신의 잘못에 의해 하나님께서 막으심으로 가나안 땅에는 들어가지 못했습니다.

|기도(기도 제목)

|주기도문

년 월 일 요일

|사도신경 |찬송 449, 333, 347장 |말씀 신 33:1~5

모세의 축복

33

2

3

4

5

하나님과 이스라엘의 관계는 오늘 성도된 우리와 하나님의 관계에도 반영됩니다.

하나님은 이스라엘의 자애로운 아버지이시고, 이스라엘은 하나님의 사랑받는 자녀들이었습니다. 아버지가 자녀들을 지혜와 사랑으로 훈계하며 보살피듯이 하나님께서는 이스라엘을 주의 말씀과 은총으로 교훈하시며 인도하셨습니다. 그러므로 아버지와 자녀의 관계로 표현된 하나님과 이스라엘은 사랑과 감사의 관계라고 할 수 있습니다.

하나님은 이스라엘의 신실한 주가 되시고, 이스라엘은 순종하는 종이었습니다. 그리하여 종이 주인의 수중에 있듯이 이스라엘은 하나님의 소유로서 마땅히 주인된 그분의 뜻에 합당한 삶을 살아야 했습니다. 종에게 요구되는 것이 순종이듯이, 하나님께 대해서 이스라엘은 철저히 순종하는 것이 행복과 축복의 비결이었습니다.

하나님은 이스라엘의 주권적 왕이시고, 이스라엘은 하나님의 충성스러운 백성이었습니다. 왕이신 하나님께서는 이스라엘의 삶을 보호하고 모든 환난에서 지켜주며, 백성된 이스라엘은 참되고 영원한 왕이신 하나님께 충성을 변함없이 바치게 되는 것입니다. 이것은 기쁨으로 이루어지는 일입니다.

하나님은 영원한 우리의 아버지요 주인이시며 왕이십니다. 우리는 감사와 순종과 충성을 바쳐야 마땅합니다.

|기도(기도 제목)

|주기도문

년 월 일 요일

|사도신경 |찬송 183, 197, 362장 |말씀 신 33:6~23

6

7

8

9

10

11

12

13

14

15

16

17

18

19

20

21

22

23

27

모세가 예언한 12지파에 대한 축복 가운데 유다 지파와 레위 지파에 관한 내용이 우리의 주의를 끈다.

모세가 유다 지파에 대해 예언한 축복은 그들이 온 이스라엘을 이끄는 지휘권을 가질 것이라는 내용입니다. 이러한 모세의 축복은 창세기 49장에 나타난 야곱의 축복과도 일치합니다. 결국 이 예언은 유다 지파가 이스라엘의 왕권을 차지하고 또 그리스도께서 유다 지파를 통해서 탄생하심으로 이루어졌습니다.

유다 지파가 이스라엘의 왕권을 계승하는 지위를 누리게 된 데에 비해서 레위 지파는 영적인 면에서 지도적 위치를 누리도록 예언되었습니다. 즉 영적 지도자로서의 제사장 직분과 율법의 교수자가 레위 지파에게 예언된 지도적 위치였던 것입니다. 레위 지파가 누린 위치는 유다 지파가 누린 지도적 위치에 비해 못하지 않습니다.

메시야이신 그리스도는 이 땅에 오셔서 유다 지파가 누린 이스라엘을 이끄는 지도적 위치와 레위 지파가 누린 영적인 면에서의 지도적 위치인 왕의 직분과 제사장의 직분을 모두 이루셨습니다. 따라서 그리스도는 이 땅에 오셔서 모든 믿는 이의 왕이 되시고 친히 제물이 되시면서 동시에 대제사장이 되셨습니다.

오늘날의 성도들은 예수 그리스도의 십자가의 사역을 통해 유다와 레위 지파의 복을 모두 받았습니다.

기도(기도 제목)

주기도문

년 월 일 요일

사도신경 **찬송** 183, 197, 362장 **말씀** 신 33:24~27

24

25

26

본문은 하나님께서 성도의 처소가 되신다고 교훈하고 있습니다. 이것은 구체적으로 어떤 의미입니까?

어떤 삶의 폭풍우도 하나님의 장중에 거하는 성도를 해치지 못합니다. 어려움이 닥칠 때마다 우리는 즉시 하나님께로 나아감으로써 안전하게 피할 수 있습니다. 성도가 계속해서 어려움과 환난을 겪는 것은 하나님의 보호에 하자가 있기 때문이 아니라, 하나님께로 즉시 피하지 않기 때문입니다.

하나님께서 성도의 '처소'가 되신다는 것은 참되고 완전한 안식처가 되신다는 뜻입니다. 그분만이 우리의 참된 안식처가 되십니다. 이 세상에서 우리가 지치고 낙심될 때 언제라도 위로받고 새로운 힘과 소망을 부여받을 분이 하나님이십니다. 장차 영원한 하나님 나라에서 누리게 될 안식을 생각할 때 더욱 그러합니다.

지금까지 이스라엘을 인도하던 지도자 모세는 죽음을 눈앞에 두고 있으나, 자기 백성을 인도하시는 하나님의 팔은 영원합니다. 모세가 죽어도 하나님께서는 변함없이 이스라엘을 인도하셨던 것처럼, 세상에서 우리가 모든 소망을 다 잃어버려도 오직 하나님의 영원하신 팔을 의지하는 이상 전혀 염려할 바 없습니다.

하나님께서 우리에게 주시는 것은 완전한 보호와 안식, 그리고 변함없는 인도입니다.

기도(기도 제목)

주기도문

년 월 일 요일

사도신경 **찬송** 197, 309, 549장 **말씀** 신 33:28~29

28

29

신

본문은 광야 생활에 지친 이스라엘을 향해 '행복한 사람'이라고 선언하고 있습니다. 그 이유는 무엇입니까?

이스라엘의 외형적 형편은 행복하다고 말할 만한 조건을 갖추고 있지 않습니다. 그러나 그들에게는 눈에 보이지 않는, 다른 사람들이 가지지 못한 구원의 확신이 있었습니다. 하나님께서 자신들을 가나안 땅으로 인도해 주시리라는 그리고 영원히 하나님과 함께 산다는 소망이 있었기 때문에 그들은 행복자입니다.

본문에서 하나님은 이스라엘을 돕는 방패시요 그들의 영광의 칼이라고 말씀하고 있습니다. 세상을 지으시고 다스리시고 섭리하시는 하나님께서 지켜주시므로 그들에게 어려움과 위험이 온다 해도 두려울 것이 없습니다. 그렇기 때문에 그들이 그들의 대적을 복종시키고 높은 곳에서 밟겠다고 말씀하고 있는 것입니다.

하나님께서는 이스라엘 백성에 대해서 젖과 꿀이 흐르는 땅을 주시리라고 거듭해서 약속하셨습니다. 본문에서도 샘이 있고 하늘이 이슬을 내리는 곳이라고 말하고 있습니다. 이는 소산이 풍부하고 살기에 넉넉한 곳이라는 뜻입니다. 이런 곳을 하나님께서 주시겠다고 약속하고 있습니다. 그러므로 그들은 행복합니다.

성도는 세상 사람들과는 다른 행복관을 가져야 합니다. 하나님께서 주시는 행복만이 참 행복입니다.

기도(기도 제목)

주기도문

년 월 일 요일

사도신경 **찬송** 610, 480, 493장 **말씀** 신 34:1~8

모세의 죽음

34

2

3

4

5

6

7

8

이스라엘 역사에서 모세야말로 파란만장한 삶을 살다 간 가장 위대한 인물입니다.

모세는 호렙산 떨기나무 불꽃에서 직접 부르심을 받은 이래 이 세상을 떠나기까지 계속해서 하나님을 직접 대면하고 하나님의 명령을 받아 자신의 임무를 수행하였습니다. 본문에서도 모세의 마지막 순간까지 하나님께서 함께하셨음을 볼 수 있습니다. 이같은 인물은 이스라엘 역사 속에서 모세 외에는 없습니다.

모세는 120세까지 살았습니다. 당시의 나이를 오늘날과 동일하게 비교할 수는 없지만 120세라는 나이는 상당히 많은 나이임에는 틀림없습니다. 그런데 모세는 그 나이까지 눈이 흐리지 않았고 기력이 쇠하지 않았다고 말합니다. 물론 하나님께서 주신 은혜입니다. 그러나 매우 특별하게 건강하였음을 보여줍니다.

모세는 모압 땅 어느 골짜기에 장사되었습니다. 그러나 그 위치는 아는 자가 없다고 했습니다. 만일 모세의 묘가 알려졌다면 그곳은 마치 장대 위의 구리뱀이 우상이 된 것처럼 우상이 되었을 것입니다. 그것은 모세가 그만큼 위대한 지도자였으며 백성들이 얼마나 존경했는가를 드러내는 것입니다.

모세는 이스라엘의 해방자요 하나님의 신실하고 충성된 사역자였습니다.

기도(기도 제목)

주기도문

년 월 일 요일

사도신경 **찬송** 320, 459, 461장 **말씀** 신 34:9~12

9

10

11

12

신명기 전체를 통해서 어떤 점에서 모세가 그리스도의 모형인지 살펴보도록 합시다.

여기서 '알다'라는 말은 지각적인 의미가 아니라 전 인격적인 교제를 가리킵니다. 하나님께서는 모세에게 특별한 계시를 허락하시고 그와 더불어 깊고 친밀한 교제를 나누셨습니다. 그런데 예수 그리스도야말로 하나님의 유일하신 아들로서 계시의 완성자이며, 성부 하나님과 가장 친밀한 교제를 나누시는 분이십니다.

선택된 백성들을 구원하기 위해 죄와 사망의 상징인 애굽으로 보냄을 받은 모세에게서 우리는 택한 자들을 건지시기 위해 이 세상에 오신 예수 그리스도의 모습을 발견하게 됩니다. 이스라엘 백성을 애굽에서 해방시키기 위해 모세가 보냄을 받았듯이, 인간들을 구원하시기 위해 그리스도께서 한 사람으로 이 땅에 오셨던 것입니다.

거듭해서 범죄하는 이스라엘 백성들을 위하여 자신의 모든 것을 희생할 각오로 중보 기도를 드린 모세의 모습은 성도들을 위하여 지금도 말할 수 없는 탄식으로 간구하며 중보하시는 예수 그리스도를 보여줍니다. 모세가 목숨을 건 것처럼 예수께서도 자신의 목숨을 내놓으심으로 죄에서 우리를 살리셨습니다.

신명기 전체를 통해서 우리는 그리스도의 공로와 은혜를 다시 한 번 깨닫고 감사하게 되는 것입니다.

기도(기도 제목)

주기도문

신

예배가 있는 필사 성경

www.huram.co.kr
smartstore.naver.com/huram
hurampub@naver.com

십계명

하나님이 이 모든 말씀으로 말씀하여 이르시되 나는 너를 애굽 땅,
종 되었던 집에서 인도하여 낸 네 하나님 여호와니라.

제일은,

제이는,

제삼은,

제사는,